D1691716

Johann Franzl

Ferdinand II.

Kaiser im Zwiespalt
der Zeit

Verlag Styria

Das Bild des Schutzumschlags ist ein Ausschnitt eines Porträts Ferdinands II. aus der Werkstatt Justus Sustermans, entstanden um 1624. Das Original befindet sich auf Schloß Ambras bei Innsbruck, Tirol, und ist im Besitze des Kunsthistorischen Museums Wien. (Foto Albrecht, Innsbruck.) Sämtliche Bilder sind dem Bildarchiv der Österreichischen Nationalbibliothek entnommen.

1978 Verlag Styria Graz Wien Köln
Alle Rechte vorbehalten
Printed in Austria
Umschlaggestaltung: Christoph Albrecht
Gesamtherstellung:
Druck- und Verlagshaus Styria, Graz
ISBN 3-222-11119-7

Inhaltsverzeichnis

Einleitung	7
Vorgeschichte	11
Das fromme Kind	22
Ingolstadt	25
Heimkehr	32
Der Landesfürst	38
Annales Ferdinandei	47
Die italienische Reise	51
Religionis Reformatio	58
Betrachtung	71
Heirat	76
Kanizsa	82
Zwischenspiel	89
Die große Politik	96
Von den gefährlichen Plänen des Erzherzogs Matthias	103
Erzherzog Ferdinand und der Bruderzwist in Habsburg	110
Die Regensburger Briefe, Diagramm seiner Persönlichkeit	120
Erzherzog Leopolds törichte Händel	127
Im Vorhof der Macht, Klostergründer und Mäzen	140
Der Krieg mit Venedig und die Ränke des Melchior Klesl	147
König von Böhmen	158
König und Kardinal	170
Die böhmische Revolution	177
Der Sturz des Widersachers	185
Von der Macht grenzenlosen Gottvertrauens	189
Um die Kaiserkrone	201
Freunde und Feinde	208
Die Schlacht auf dem Weißen Berg	222
Poena et praemium	230
Kein Friede	242
Zweite Heirat	249

Ein Schritt mit bösen Folgen 255
Wallenstein 264
Blut und Tränen 269
Die Herren Deutschlands 277
Der Kaiser und sein Ratgeber —
Versuch einer Charakteristik 286
Die große Wende, das Restitutionsedikt 292
Der Sturz von der Höhe, Wallensteins Entlassung 300
Gustav Adolf von Schweden 309
Der Retter 316
Steigende Verwirrung 326
Wallensteins Tod 333
Versöhnlicher Ausklang, der Prager Friede 348
Der Abend des Lebens 354
Quellen und Literatur 359
Anmerkungen 363
Personenregister 378

Einleitung

Ferdinand II. zählt nicht zu den bedeutendsten Gestalten in der langen Reihe der Kaiser des Heiligen Römischen Reiches. Er war auch kein tragischer Held, so wie ihn die Dramatiker und auch die Biographen gerne haben. Sein Feldherr Wallenstein hat Schaffenskraft und Phantasie vieler Generationen von Historikern beflügelt und fungiert als Held eines der bekanntesten Dramen der deutschen Literatur. Ferdinand hingegen, obwohl Kaiser, erschien den Dichtern nur als eine Nebenfigur. Man hat ihn als einfältig, unselbständig, ja tückisch und grausam hingestellt und ihm jedes Verständnis für die Zusammenhänge der Politik abgesprochen. Man hat ihn verniedlicht als frömmelnden Schwachkopf, der am liebsten Heiligenlegenden las; der lieber auf die Jagd ging, anstatt sich den Regierungsgeschäften zu widmen. Dennoch war Ferdinand II. eine Zentralfigur der europäischen Geschichte seiner Zeit und war groß im Beharren auf seinen und des Hauses Habsburg Ansprüchen und im Bestreben, den verfallenden katholischen Glauben zu restaurieren, so weit seine Macht reichte. Für diesen Glauben und für die Größe seines Hauses hat er sein Leben lang gekämpft gegen Ketzer und Rebellen, innere und äußere Feinde, und nie in all diesen Kämpfen verließ ihn die Überzeugung, allein Gott und der gerechten Sache zu dienen. Aus der Bibel war sein Wahlspruch „Legitime certantibus corona" entnommen, wonach jenen die Krone, der Siegespreis, gebühre, die einen gerechten Kampf führten. Ob denn dieser Kampf in der Tat auch rechtmäßig war, ist Streitfrage der Historiker bis in unsere Tage.

Die Epoche an der Wende vom 16. zum 17. Jahrhundert, in der Ferdinand lebte, hat man das „Konfessionelle Zeitalter" genannt, weil alles im Schatten der Religion stand, das öffentliche wie das private Leben. Das Seelenheil galt den Menschen noch als ein ernstes Anliegen, doch auf welche Weise jenes zu erlangen wäre, darüber herrschte nicht mehr Einigkeit unter den Theologen seit den Tagen Martin Luthers.

Der Historiker Felix Stieve, ein profunder Kenner der Zeit, hat so geurteilt: „Die theologischen Schulstreitigkeiten wurden für alle Stände, von den Fürsten bis zu den Handwerkern und Bauern herab, der vornehmste und häufig der einzige Gegenstand des geistigen Interesses; das gesamte Denken und Empfinden der Menschen jener Zeit war von Theologie durchsäuert und durchdrungen." Der Streit wurde hitzig ausgefochten und spielte ins Politische, die Argumente der Streitenden waren grob, verletzend, manchmal auch unsinnig. Religiöser Fanatismus regierte überall das Denken der Menschen.

Man war überaus fromm, doch hinter der Fassade der Frömmigkeit verbargen sich nur allzuoft Herrschsucht und hemmungsloses Machtstreben. Die Politiker begannen sich mit den Thesen Machiavellis vertraut zu machen, die Idee von der Staatsräson, obwohl gern durch fromme Floskeln verschleiert, beherrschte sie das Denken der Mächtigen. Es war eine Zeit, wo Altes und Neues mit seltener Wucht aufeinanderprallten: Während der Physiker Galilei auf dem Schiefen Turm zu Pisa die Gesetze des freien Falles ergründete, brannten in Spanien die Scheiterhaufen der Inquisition, und während der Astronom Johannes Kepler die Bahnen der Planeten erforschte, trieb der Hexenwahn seine ärgsten Blüten. Die Natur war den Menschen noch unergründliches Geheimnis, und diejenigen, die eben sich anschickten, ihre Gesetze ans Licht zu bringen, galten vielen als suspekt, besonders aber den Theologen. Die Theologie war noch immer die dominierende Wissenschaft, doch sie hatte einen erbitterten Kampf mit der Naturwissenschaft auszufechten, die durch eine Fülle neuer Erkenntnisse das überkommene Weltbild des Mittelalters zu zerstören drohte.

Der Historiker Karl Eder schrieb einmal anläßlich einer Festschrift über „Rahmen und Hintergrund der Gestalt Ferdinands II." resignierend: Schwer sei die Rekonstruktion der äußeren Tatsachen, noch schwerer, die psychischen Elemente in ihrem Ineinander zu erkennen, am schwersten aber sei es, die treibenden Motive der handelnden Personen aufzudecken. Man könne feststellen und verstehen, kaum aber urteilen und richten.

Es spricht vieles für die Meinung dieses Gelehrten, denn zweifellos ist manch Gegensätzliches, Verworrenes, Hintergründiges an der Geschichte dieser Zeit und an den Personen, die sie prägten. Dennoch hat es an Urteilen über Ferdinand II. nie gemangelt, wenn auch gerade darin die Gegensätze sich spiegeln, welche die Epoche beherrschten: Des Kaisers beste Freunde, die Jesuiten, haben seine Tugenden gerühmt, der päpstliche Nuntius Caraffa nannte ihn gar einen heiligen Fürsten. Seine Gegner aber haben an ihm die „notae tyranni", die Merkmale eines Tyrannen, zu erkennen geglaubt, ihn verhöhnt als einen Bluthund und blinden Bösewicht und ihn mit einer Spinne verglichen, die im geheimen Unheil brüte.

Zwiespältig wie seinen Zeitgenossen erschien er der Nachwelt: Es gab Historiker, die Ferdinand II. als das Idealbild eines christlichen Fürsten darstellten, tugendhaft, freundlich gegen jedermann, staatsklug handelnd und grausam höchstens dann, wenn ihn die Not der Dinge zur Grausamkeit zwang. Andere Gelehrte behaupteten, es habe ihm völlig an Einsicht, Urteilskraft und politischem Verständnis gemangelt. Doch er wußte sich durchzusetzen. Zäh verfolgte er seine Ziele und harrte aus, wo andere längst resigniert hätten; vielleicht, weil er ein starker Charakter war, manchmal vielleicht auch gerade deswegen, weil es ihm an Einsicht fehlte. Meistens blieb er Sieger, wobei es nicht selten seine eigenen Untertanen waren, über die er siegte. Als Landesfürst von Innerösterreich rottete er den Protestantismus aus, dem die Mehrzahl der Bewohner dort anhing; und als König von Böhmen führte er Krieg mit den böhmischen Ständen, die sich gegen ihn erhoben hatten. In Böhmen, dem Königreich im Zentrum Europas, gärte es schon lange, man war mit der Herrschaft des Hauses Habsburg unzufrieden. Schlimm standen die Dinge auch in dem Staatsverband, der respektvoll Heiliges Römisches Reich genannt wurde. Mißgünstig belauerten einander dort Katholiken und Protestanten, und es stand zu befürchten, daß die Kampfhähne, der verbalen Auseinandersetzung überdrüssig, demnächst mit Waffengewalt aufeinander losgehen würden, der Tatsache nicht eingedenk, daß beide doch zum selben Gott beteten: wie denn auch jeder der Meinung war, Gott würde allein ihm beistehen zur Vernichtung seiner Gegner. Denn im Recht glaubten sie sich alle.

Der Konflikt entlud sich in Böhmen, der Funke im Pulverfaß war der Prager Fenstersturz im Mai 1618. Es gab nur einige wenige Einsichtige, die einem Kompromiß, einem friedlichen Ausgleich das Wort redeten. Zu ihnen zählte Ferdinand nicht, denn auch er glaubte sich im Recht, gleich seinen Gegnern. So kam es denn, wie ein kluger Kopf, der Erzbischof von Köln, es voraussah, als er gegenüber dem pfälzischen Gesandten folgendermaßen sich äußerte: „Wenn es wahr sein sollte, daß die Böhmen im Begriff ständen, Ferdinand abzusetzen und einen Gegenkönig zu wählen, dann möge man sich gleich auf einen zwanzig-, dreißig- oder vierzigjährigen Krieg gefaßt machen." Er dauerte in der Tat dreißig Jahre, von 1618 bis 1648. Es ist über diesen Krieg in den mehr als drei Jahrhunderten, die seither vergangen sind, immens viel geschrieben worden, und naturgemäß auch über das Kaisertum Ferdinands II., das zur Gänze in diese blutige Epoche fällt. Kaum gab es je einen Geschichtsschreiber, der leidenschaftslos, ohne Emotionen über diese traurigen Jahre gehandelt hätte. Gewiß hat Ferdinand seinen Anteil daran, daß diese Jahre so trist waren und gar nicht enden wollten. Wenn aber ein Historiker meint, von der kleinen Grazer Hofburg, wo der Fürst zur Welt kam, habe der Dreißigjährige Krieg seinen Ausgang genommen, dann kann man ihm denn doch nicht beipflichten. Nicht Ferdinands II. Unduldsamkeit und Starrsinn allein waren Ursache, daß der große Krieg ausbrach.

Die Geschichtswissenschaft ist sich nicht einig, worin Ferdinands Schuld lag und wie groß sie eigentlich war. Es bildeten sich zwei Parteien unter den Historikern. Die einen haben sein Tun verteidigt und gute Argumente zu seiner Rechtfertigung gefunden. Es ist jedoch für sein Andenken von Nachteil, daß diejenigen, die ihn verurteilen, zumeist die besseren Historiker gewesen sind. So gilt auch für Ferdinand II. das Wort, welches Friedrich Schiller auf seinen Feldherrn Wallenstein prägte:

„Von der Parteien Gunst und Haß verwirrt, schwankt sein Charakterbild in der Geschichte."

Vorgeschichte

Graz, die Hauptstadt der Steiermark, liegt heute im Südosten dieses Landes. Zur Zeit Ferdinands II. aber, an der Wende vom 16. zum 17. Jahrhundert, und bis zum Ende des Ersten Weltkrieges bildete die Hauptstadt ungefähr den Mittelpunkt, etwa gleich weit entfernt von der nördlichen und südlichen Grenze, die damals am Flusse Sau oder Save lag. Das Gebiet, das von Graz aus regiert wurde, reichte aber noch weit über die steirischen Grenzen hinaus. Es umfaßte auch die Herzogtümer Kärnten und Krain, die Grafschaft Görz und ein Stück Adriaküste mit der Stadt Triest, die sich einst aus Angst vor dem mächtigen Venedig freiwillig dem Schutze der Habsburger unterstellt hatte. Habsburgisch waren diese Gebiete seit dem späten Mittelalter und wurden unter dem Namen Innerösterreich zusammengefaßt. Nicht immer besaßen sie einen eigenen Landesfürsten; blühte das Haus Habsburg, dann schlug wohl einer seiner Fürsten in Graz seine Residenz auf; herrschte jedoch Mangel an habsburgischen Prinzen, stand die Grazer Burg jahrzehntelang öd, und die innerösterreichischen Länder wurden von Wien aus regiert, was der landesfürstlichen Autorität nicht förderlich war, dafür aber günstiger dem Wachsen der ständischen Macht. Einst war Graz eine mächtige Festung mit Bastionen und breiten Gräben, die vom Wasser der Mur gespeist waren. Alle diese festen Werke, welche die Stadt vor den Angriffen der Türken geschützt hatten, sind längst dem Erdboden gleichgemacht, und auch die Ravelins und Kontereskarpen, wie sie die italienischen Festungsbaumeister liebten, gibt es nicht mehr. Doch die Murbrücke überspannt den Fluß noch an derselben Stelle wie ihre hölzerne Vorgängerin vor Hunderten von Jahren; und es stehen noch die vielen Kirchen, steinerne Zeugen mittelalterlicher und frühbarocker Frömmigkeit. Mitten aus dem Gewirr der engen Häuser und Gassen der Altstadt erhebt sich der Schloßberg, ein schroffer, nach allen Seiten hin steil abfallender Felsen aus Dolomitgestein, darauf der ein halbes Jahrtausend alte Uhrturm, Wahrzeichen der Stadt, und von Efeu malerisch umrankt die Reste einer einst mächtigen Festung, die mehr als 200 Jahre lang den Türken und dann noch im Jahre 1809 den sieggewohnten Truppen Kaiser Napoleons erfolgreich trotzte.

Auf einem südlichen Ausläufer des Schloßberges steht die Burg; unscheinbar, dem städtischen Getriebe ein wenig entrückt, hält sie enge Nachbarschaft mit der mächtig aufragenden gotischen Hallenkirche zum heiligen Ägydius und dem ehemaligen Kollegiengebäude der Jesuiten. Burg und Kirche hat im 15. Jahrhundert der Kaiser Friedrich III. errichten lassen, jener Habsburger, der alle seine Bauten mit den Initialen AEIOU schmückte, der rätselhaften und vielfach gedeuteten Devise, die, wie manche Historiker lehren, den Herrschaftsanspruch des Hauses Habsburg vor aller Welt kundtun sollte. „Austriae est imperare orbi universo", „alles Erdreich ist Österreich untertan". Von einer Weltherrschaft des Hauses Österreich war in den Tagen Friedrichs III. aber noch keine Rede, im Gegenteil: Der Kaiser hatte viele Feinde, die ihm arg zusetzten mit Fehden, Belagerungen und Kriegen. Dennoch hielt Friedrich zäh an allen seinen wirklichen oder vermeintlichen Rechten fest und gab darin seinen Nachfolgern ein Beispiel.

Sein Sohn Maximilian I. hat die steinerne Doppelwendeltreppe errichten lassen, die in einander wunderlich kreuzenden Windungen die Stockwerke der Burg verbindet und als ein Meisterwerk spätgotischer Steinmetzkunst in der Steiermark gilt. Gewohnt aber hat Maximilian höchst selten in Graz, er war ein unsteter Wanderer, Kriege und die Geschäfte der Politik trieben ihn in halb Europa umher, und wenn er einmal zur Ruhe kam, weilte er lieber in Innsbruck oder Augsburg, wo er den Brennpunkten des Geschehens näher war.

Im Jahre 1564 zog nach einer Unterbrechung von mehr als 60 Jahren endlich wieder ein Habsburger als Landesfürst in die Grazer Burg ein: Erzherzog Karl von Innerösterreich, Urenkel Kaiser Maximilians I., ein frommer, rechtlich denkender Mann. In friedlicheren Zeiten, als diese es waren, hätte er wohl ein erfolgreicher Fürst sein können, seinen Untertanen ein gütiger

Landesherr. Er kümmerte sich um eine gerechtere Justiz in seinen Landen, suchte die Wirtschaft zu fördern und den auf den Bauern lastenden Steuerdruck zu mildern. Die Zeit aber war friedlichen Fürsten nicht günstig, sie erforderte Kämpfernaturen, starke Charaktere, die sich durchzusetzen verstanden sowohl gegen die Widersacher im Innern, welche die landesfürstliche Macht durch allerlei Winkelzüge zu beschneiden trachteten, als auch gegen die Türken, die an den Grenzen drohten. Ein starker Charakter aber war Erzherzog Karl nicht.

Die Macht des türkischen Sultans reichte damals sehr weit, über die ganze Balkanhalbinsel und bis tief nach Ungarn hinein, so daß den Habsburgern nur der äußerste Westen dieses einst machtvollen Königreiches verblieb, ein schmaler Streifen Landes, dessen Grenze von Kaschau in der heutigen Slowakei ausgehend östlich der Festung Raab die Donau querte und über den Plattensee und Kroatien nach Südwesten bis zur dalmatinischen Küste verlief. Was jenseits dieser Grenze sich befand, war türkisch.

Vom Plattensee ist es nur eine kurze Strecke Weges bis zur steirischen Grenze, leicht und rasch zu durchmessen für tatarische Reiterhorden, die geübt waren, überraschend vorzudringen in ungeschütztes Hinterland, die Bewohner heimzusuchen mit Mord und Brand, die Ernte auf den Feldern zu verwüsten, das Vieh wegzuführen und die Überlebenden in die Sklaverei zu verschleppen. Solch drohendes Unheil zu verhüten, den türkischen Erbfeind von seinen Ländern mit allen Kräften fernzuhalten, war daher die wichtigste Aufgabe des innerösterreichischen Landesfürsten. Allein vermochte er aber diese Aufgabe nicht zu bewältigen, denn er war ein armer Fürst und steckte tief in Schulden. Die Einkünfte seiner Güter und Domänen reichten gerade aus, um den Aufwand seiner gar nicht allzu kostspieligen fürstlichen Hofhaltung zu decken. Soldaten aber kosteten viel Geld. Wer bereit war, im Dienste eines Fürsten sein Leben zu wagen, der wollte auch anständig entlohnt sein. So war Erzherzog Karl auf die finanzielle Unterstützung befreundeter Potentaten angewiesen, des Königs von Spanien etwa oder des Papstes, und auf das Einverständnis des innerösterreichischen Adels, der sich im Laufe der Jahrhunderte viele Privilegien erworben hatte, von denen eines das Recht der Steuerbewilligung war. Viele dieser Herren gedachten aber diese „Türkenhilfe" nur unter Bedingungen zu gewähren, die der Landesfürst nicht gut erfüllen konnte, selbst wenn er gewollt hätte: Man schrieb das Jahr 1566; noch einmal hatte der greise Sultan Suleiman ein schlagkräftiges Heer auf die Beine gestellt, ähnlich dem, das unter seiner Führung einst im Jahre 1529 Wien belagerte, und war mit seiner Armee nach Westen gezogen, vor die ungarische Stadt Sziget. Er wäre wohl noch weiter vorgedrungen, hätte ihn nicht vor den Mauern der belagerten Festung der Tod ereilt. Es drohte ein türkischer Einfall in die Steiermark. In dieser gefahrvollen Lage berief Erzherzog Karl seine Stände zu einem Landtag nach Graz und schilderte der Versammlung eindringlich, wie grausam der türkische Erbfeind wüte und alle angrenzenden Länder bedrohe. Alle müßten nun zusammenstehen, appellierte der Erzherzog, und zur Abwendung der großen Gefahr ihren Beitrag leisten. Viele der Herren im Landtag murrten. Die ausgreifende Macht des türkischen Erbfeindes sei ein Zeichen göttlichen Zornes, behaupteten sie. Der beste Weg aber, diesen Zorn Gottes abzuwenden, stehe offen: Man solle allerlei Abgötterei wie Wallfahrten und Prozessionen abschaffen und überall Prediger einsetzen, die das heilsame Wort der Augsburgischen Konfession verkündeten, denn der Osmanen erfolgreiches Vordringen sei eine Strafe Gottes dieser Unterlassungen wegen.

Die Herren, die auf diese Weise die Türkengefahr bannen wollten, nannten sich „die löbliche Landschaft der Herzogtümer Steiermark, Kärnten und Krain, der Augsburger Konfession zugetan", und es war der religiöse Konflikt zwischen dem katholischen Landesfürsten und den lutherischen Ständen, der in dieser Antwort zum Ausdruck kam. Der Zwist ging so tief, daß er die politische Atmosphäre Innerösterreichs ein Menschenalter lang vergiftete und die Abwehrkraft des Landes gegen die Türken entscheidend zu schwächen drohte. Man hat das Schlagwort vom Dualismus zwischen Landesfürst und Ständen geprägt, doch was sich in Innerösterreich damals abspielte, war kein Miteinander, eine Zweiheit nur insofern, als zwei Parteien um die Macht im Lande stritten, obwohl doch beide aufeinander angewiesen waren in dieser schweren Zeit, der Landesfürst nicht gut existieren konnte ohne die Stände.

Zu den Ständen zählten als deren vornehmste die Prälaten, Vorsteher der zahlreichen Stifte und Klöster der innerösterreichischen Länder, loyale Untertanen des Landesfürsten zumeist, brave Steuerzahler obendrein. Sie wurden aber an Zahl weit übertroffen von den Herren und Rittern, die, in ihrer überwiegenden Mehrzahl Protestanten, im Landtag das Wort führten. Es waren stolze Geschlechter, die Herberstein, Saurau, Khevenhüller, Stubenberg, Attems, um nur die wichtigsten zu nennen. Sie lebten auf ihren Burgen und Herrensitzen, widmeten sich der Verwaltung ihrer ausgedehnten Güter und Ländereien und sprachen Recht ihren Bauern, über deren Leib und Leben sie Gewalt hatten. In ihrer Freizeit gingen sie auf die Jagd oder feierten Feste und Trinkgelage in ihren geschmackvoll im Stile der Renaissance ausgestatteten Rittersälen. Manchmal zogen sie auch in den Türkenkrieg mit stattlichem Gefolge, wie es sich für so vornehme Herren geziemte: auf prächtig gezäumten Rossen einherreitend, in glänzender Rüstung, umgeben von ihren Trabanten und Leibwächtern, versorgt von Stallmeistern, Dienern, Köchen, die ihren Herren das harte Leben im Felde möglichst erträglich zu machen die Pflicht hatten. Sie bekleideten die höchsten Ämter am landesfürstlichen Hofe, wirkten in der Landesverwaltung, und die Klügsten von ihnen traten als Diplomaten in den Dienst des Kaisers, wo sie auf Ehren und Auszeichnungen hoffen durften, kaum jemals aber auch auf anständige Bezahlung.

Das Landhaus in der Grazer Herrengasse gibt Zeugnis von ihrer Macht. Mit prächtigen Sälen ausgestattet, an der Hofseite mit Arkaden geschmückt, zählt es zu den bedeutendsten Baudenkmälern der Renaissance nördlich der Alpen. Hier berieten die Stände über die Probleme des Landes, wobei sie selten auf ihren eigenen Vorteil vergaßen. Zu den Ständen zählten auch die landesfürstlichen Städte, doch deren Vertreter waren zumeist biedere Bürger und hatten bescheiden aufzutreten in dieser illustren Versammlung. Die vier Stände der Prälaten, Herren, Ritter und Städte nannten sich Landschaft, so als ob nur sie allein das Land verkörperten. Die Bauern aber, die Masse des Volkes, waren kein Stand.

Einigkeit zwischen Bauer und Grundherr bestand sehr oft im Religiösen, in der Sympathie für das Luthertum. Auf den meisten Schlössern in der Steiermark, in Kärnten und Krain lebten damals Prädikanten, wie die evangelischen Prediger allgemein genannt wurden. Sie verkündeten das Wort Gottes in protestantischer Auslegung, spendeten das Abendmahl und schimpften über die „abscheulichen papistischen Irrtümer", worunter sie die Lehren der römischen Kirche verstanden. Und ihre Worte fanden zumeist Beifall, bei Grundherr und Untertanen gleichermaßen.

Erzherzog Karl aber war dem katholischen Glauben treu geblieben. Täglich ging er zur Messe, und vom Glauben seiner Väter wollte er nicht abweichen.

War aber der Landesfürst katholisch, dann hätten auch die Untertanen es sein sollen, vom Adeligen herab bis zum ärmlichsten Taglöhner. „Cuius regio, eius religio", so war es abgemacht worden auf dem Reichstag zu Augsburg anno 1555 und galt als gutes Reichsrecht seitdem. Die Untertanen hatten nach dem Bekenntnis des Landesherrn sich zu richten. Wechselte dieser aus politischen Gründen die Religion, wie des öfteren geschehen, dann mußten auch seine Untertanen ihm nachfolgen. Wer bei solch radikalem Gesinnungswandel nicht mitmachen wollte, durfte auswandern, was immerhin einen Fortschritt bedeutete gegenüber der früher nicht selten angewandten Praxis, den Widerspenstigen dem Scheiterhaufen zu überantworten.

In der Theorie galt der Augsburger Religionsfriede auch für die innerösterreichischen Länder, denn sie gehörten zum Reiche, ebenso wie Bayern etwa oder die Pfalz, wenn sie auch öfters ihrer exponierten Lage wegen als des „Heiligen Römischen Reiches Grenzzaun" bezeichnet wurden. Um die Sache der römischen Kirche aber stand es nicht gut in der Steiermark, in Kärnten und in Krain. Erzherzog Karl klagte über Übelstände in der Geistlichkeit, die ja auch seine eigene Position gegenüber den Protestanten schwächten: Die hohe geistliche Obrigkeit sorge sich mehr um das Weltliche und um ihr eigenes Wohlergehen als um ihr Amt, Kirchen und Pfarren seien gar übel versehen und bei der gemeinen Priesterschaft ein so hochsträfliches und ärgerliches Leben eingerissen, daß man über den Abfall von der römischen Kirche und die Zerrüttung in Religionssachen sich nicht wundern dürfe.

Dem wachsenden Verfall der römischen Kirche in der Steiermark versuchten die Jesuiten Herr zu werden, die sich auf Einladung des Erzherzogs im Jahre 1572 in Graz niederließen, eine Schule gründeten und durch eindrucksvolle Predigten und Aufführung prunkvoller Dramen Sympathien für die katholische Religion zu wecken trachteten. Ihr frommes Wirken nützte vor allem dem Landesfürsten und dem Katholizismus in der Steiermark, weniger dem Lande und manchem seiner Bewohner.

Die Kluft zwischen Landesfürst und Ständen vertiefte sich noch mehr durch das Wirken der Jesuiten, die verhaßt waren bei den Protestanten wegen ihres Eifers für die katholische Religion. Giftig war die Atmosphäre, in welcher der katholische Fürst und seine lutherischen Herren und Ritter miteinander verhandelten. Verhandeln mußten sie jedoch miteinander, denn der Fürst wollte Geld, die Stände wollten Freiheit des Bekenntnisses, und an den Grenzen lauerte der Türke. Die Türkengefahr war die Trumpfkarte im politischen Spiel, das die Protestanten alljährlich mit dem Landesfürsten trieben. Ein Grazer Jesuitenpater durchschaute die Situation, indem er urteilte: „Der Türke seye der Lutheraner Glück, wäre dieser nicht, dann würde man ganz anders mit ihnen verfahren." Die Osmanen aber waren Tatsache, ebenso des Erzherzogs leerer Staatssäckel, und nicht zu überhören auch die immer schriller werdenden Klagen der Stände über die Unterdrückung ihrer lutherischen Religion. Könnte nicht, gab ein mißtrauischer Lutheraner einmal bei den Beratungen zu bedenken, der Erzherzog die mit ständischem Geld geworbenen Söldner anstatt gegen den türkischen Erbfeind gegen die Herren Stände einsetzen, um sie mit Gewalt zum Katholizismus zu bekehren? Hartnäckig wurde gefeilscht, um jedes kleinste Zugeständnis, um die geringste Summe Geldes. Wollte der Erzherzog von den Ständen finanzielle Hilfe erlangen, mußte er ihnen versprechen, sie in ihrem Gewissen nicht beschweren zu wollen. Weigerte er sich aber, dann ging er leer aus und konnte nur hoffen, daß die Türken an der Grenze sich ruhig verhielten. Was aber die wahren Opfer all dieser langwierigen Händel dachten, die Soldaten, die an der öden, unwirtlichen Grenze ohne den versprochenen Sold ihr Leben fristeten, danach fragte niemand.

Es sei aber zur Ehre der protestantischen Stände festgestellt, daß sie trotz aller Streitigkeiten um Gewissensfreiheit das Ihre zur Verteidigung der Heimat beigetragen haben und in Zeiten wirklicher Gefahr stets das Gemeinsame vor das Trennende stellten.

Doch war die Gefahr an der Südostgrenze ein treffliches Instrument in den Händen der Lutheraner, um vom Landesfürsten immer neue religiöse Zugeständnisse zu erringen. Diese Tatsache muß man festhalten, denn sie ist ein Schlüssel zum Verständnis der Persönlichkeit Ferdinands II.: In demselben Jahr 1578, als Ferdinand zur Welt kam, fand zu Bruck an der Mur ein großer Ausschußlandtag der innerösterreichischen Länder statt. Vor versammelten Ständen gab Erzherzog Karl in Gegenwart seiner Geheimen Räte das feierliche Versprechen ab, daß niemand mehr, auch die Bürger in den Städten nicht, in seinem Gewissen beschwert werden solle. Auch aus den privilegierten Städten Graz, Judenburg, Klagenfurt und Laibach sollten die lutherischen Prädikanten nicht vertrieben werden. Solch weitreichende Zugeständnisse ließen sich die protestantischen Stände einiges kosten. Mit dem Geld, das sie zusammenbrachten, entstand die Festung Karlstadt an der Kulpa, die Innerösterreich vor einem türkischen Angriff von Süden her schützen sollte.

Man hat diese Brucker Religionspazifikation des Jahres 1578 als die Magna Charta des innerösterreichischen Protestantismus gefeiert, was sie gewiß nicht war. Vor allem aber im katholischen Lager tat man so, als ob sie dies wäre. Den Erzherzog Karl überhäuften seine eigenen Glaubensgenossen mit bitteren Vorwürfen, obwohl er nur etwas bewilligt hatte, was schon vorher ohne landesfürstliches Einverständnis gegolten hatte. Selbst Papst Gregor XIII. schaltete sich ein. Ein päpstliches Mahnschreiben erinnerte den Erzherzog daran, daß er einmal vor Gottes Richterstuhl über den Verlust so vieler Seelen werde Rechenschaft abgeben müssen. Und feierlich erklärte der Heilige Vater alle Zugeständnisse, die Karl den Protestanten gewährt hatte, für null und nichtig.

Der Erzherzog hätte nur zu gerne dem Wunsche des Papstes entsprochen und die Brucker Pazifikation zurückgenommen, denn auch er fürchtete um sein Seelenheil, das ihm gewiß ebenso teuer war wie den lutherischen Ständen das ihre. Doch er hatte ihnen nun einmal sein Wort gegeben, und dieses offen zu brechen zögerte er, wie sehr auch seine Frau, Maria von Bayern, und der päpstliche Nuntius ihn drängen mochten. Besserer Rat kam von seinem Bruder, Erzherzog Ferdinand von Tirol. Er möge künftig Eingriffe in seine Hoheitsrechte nicht dulden, riet dieser verständige Fürst, die gewährten Bewilligungen freilich müsse Karl einhalten, keinesfalls jedoch über diese hinausgehen und niemanden schonen, wer immer es wage, die daran geknüpften Bedingungen zu verletzen.

Anders Herzog Wilhelm von Bayern, Karls Schwager: Man solle einige Fähnlein gut katholischer Söldner unter dem Vorwande der Türkengefahr in Graz einquartieren, dann könne man den Protestanten alle religiösen Freiheiten wieder nehmen. Erzherzog Karl zögerte, denn die Gefahr eines Bürgerkrieges wollte er nicht heraufbeschwören. Wohl wurde nun der Ton schärfer in den Verordnungen, die gegen die Ausbreitung des Luthertums erlassen wurden, hie und da auch ein Prädikant, der allzu vorwitzig gegen die katholische Religion und den Landesfürsten aufgetreten war, des Landes verwiesen, manchmal wurden sogar protestantische Bürger zur Messe gezwungen. In seinem Wesen aber blieb der innerösterreichische Protestantismus unangetastet bis zum Tod des Erzherzogs.

„Weil wir allhier keine bleibende Stätte haben, sondern als Pilgrim und Wanderer einer anderen entgegenziehen", heißt es im Testament des Erzherzogs aus dem Jahre 1584, habe er es für notwendig erachtet, „rechtzeitig den Wanderpinkel zuzurichten." Er wolle in „der heiligen katholischen Religion leben und sterben". Sein ältester Sohn, der ihm in der Regierung nachfolgen würde, solle verpflichtet sein, die katholische Religion in seinen Ländern zu erhalten und das „schädliche sektische Wesen so viel als möglich ausrotten". Und da dem Erzherzog dieser Passus des Testamentes noch zuwenig deutlich schien, bestimmte er noch einmal ausdrücklich, daß seine Erben und Nachkommen „schuldig und verbunden" seien, die Fürstentümer nicht zu zerteilen und außer der katholischen Religion keine andere zu gestatten oder zu dulden. Denn an seine dem innerösterreichischen Adel gewährten Konzessionen in Religionssachen sollten seine Nachkommen nicht gebunden sein.

Es ist kaum jemals ein Testament gründlicher vollstreckt worden als dieses. Der aber zum Vollstrecker ausersehen war, zählte anno 1584 erst sechs Jahre, und die Aufgabe, die er dereinst erfüllen sollte, war überaus heikel und im Grunde eine politische, denn Religion war damals untrennbar verwoben mit Politik, und es gab kein Schwert, das diesen gordischen Knoten hätte zerhauen können. Wenn die innerösterreichischen Stände vom Landesfürsten Religionsfreiheit forderten, meinten sie zugleich ihre politische Unabhängigkeit, und im Grunde nur diese, obwohl das Faktum den Frömmsten unter ihnen vielleicht gar nicht bewußt sein mochte. Nach der Meinung tiefer blickender Historiker war die ständische Bewegung eigentlich eine konservative, ein Festhalten an den Traditionen des Mittelalters, während die geschichtliche Entwicklung auf den absoluten Fürstenstaat sich zubewegte.

Es war ein langer, zäher, am Ende jedoch vergeblicher Kampf, den die Stände gegen den fürstlichen Absolutismus führten.

Der kleine Ferdinand in der Grazer Hofburg aber wußte von alldem nichts. Fröhlich spielte er im Kreise seiner Geschwister, behütet von Hauslehrern und Kinderfrauen. Und niemand konnte ahnen, welch gewaltige geschichtliche Umwälzungen einmal mit seinem Namen verknüpft sein würden.

Daß Erzherzog Karl im letzten Jahrzehnt seines Lebens die Protestanten ein wenig härter anfaßte, war nicht zuletzt dem Einfluß seiner Frau zuzuschreiben. Mit Maria von Bayern, einer Prinzessin aus dem Hause Wittelsbach, war der Erzherzog seit dem Jahre 1571 vermählt, nachdem zuvor ein Plan, ihn mit Königin Elisabeth von England zu verheiraten, am mangelnden Interesse der „jungfräulichen Königin" für den biederen Habsburgerprinzen gescheitert war. Nach dieser Enttäuschung hatte Karl seine Nichte Maria geheiratet, die Tochter seiner Schwester, der Herzogin von Bayern. Hochzeiten unter so nahen Verwandten kamen damals bei fürstlichen Familien nicht selten vor. Um die unguten Folgen, die solche Verbindungen manchmal haben konnten, machte man sich keine großen Sorgen.

Die Wahl, die Erzherzog Karl mit seiner um elf Jahre jüngeren Nichte getroffen hatte, war durchaus nicht schlecht, wenn auch die Charaktere der beiden Eheleute trotz der nahen Verwandtschaft sich gründlich unterschieden. Die ruhige, besonnene Art des Erzherzogs stand in schroffem Gegensatz zum herrschsüchtigen, aufbrausenden Temperament seiner Gattin. Im häuslichen Bereich galt ihr Wort, und auch in die Politik begann sie sich bald einzumischen. Die Protestanten verfolgte sie mit maßlosem Haß, ebenso wie sie die Jesuiten liebte, daß böse Zungen später behaupteten, die Patres besäßen gar den Schlüssel zu ihren Privatgemächern. Sie war es auch, die ihren zögernden Gemahl zu einem etwas energischeren Kurs gegen die Protestanten trieb. Von dem vorsichtigen Regierungsstil des Erzherzogs hielt sie nichts: „Wan ich was tan oder geschafft hab", urteilte sie nach seinem Tod, „ist schier mehr gewest als wenn er es tan hätt." Ihre Bewunderer haben ihren geradezu männlichen Charakter gerühmt, mit dem sie sich selbst gegen Kaiser und Fürsten durchzusetzen verstand. Ihrem Temperament entsprach auch die übergroße Leidenschaft für die Jagd, die sie auch auf ihren Sohn vererbte, und eine unbändige Lust zu reisen, was damals auch für fürstliche Persönlichkeiten mit einigen Strapazen verbunden war. Gern kümmerte sie sich um Arme, Kranke und Bittsteller und übertraf ihren Gatten nicht nur an Tatkraft, sondern auch an Religiosität. Drei- oder gar viermal feierte sie täglich die Messe, und die bei den Protestanten so verhaßten Wallfahrten und Prozessionen waren ihre Leidenschaft.

Dennoch war die Ehe glücklich, davon zeugen die 15 Kinder, die Maria ihrem Mann gebar. Der Erzherzog fühlte sich recht wohl an der Seite seiner energischen Gattin und fand im Kreise seiner beinahe jährlich wachsenden Familie die Erfüllung, die ihm die Regierungsgeschäfte, vor allem wegen des Streites mit den Protestanten, kaum zu geben vermochten.

Dieser Gegensatz aber war dauerhaft und sein Ende nicht abzusehen.

Das fromme Kind

Ferdinand wurde am Morgen des 9. Juli 1578 in Graz geboren. Er war das sechste Kind des Erzherzogs Karl von Innerösterreich und seiner Gemahlin Maria von Bayern. Dieser Ehe waren vorher schon vier Töchter und ein Sohn entsprossen, der jedoch, von Geburt an schwächlich, den ersten Monat nicht überlebt hatte.

Das Zimmer der Grazer Burg, wo Ferdinand zur Welt kam, kennt man nicht, und auch über das Datum der Taufe herrscht Unklarheit. Wahrscheinlich wurde er am 20. Juli 1578 vom Seckauer Bischof Johann Agricola in der Ägydiuskirche getauft. Den Namen gab man ihm nach seinem Großvater, Kaiser Ferdinand I., der infolge der nahen Verwandtschaft der Eltern zugleich auch mütterlicherseits sein Urgroßvater war. Daher scheint auch dessen Mutter, Johanna die Wahnsinnige, in seinem Stammbaum gleich zweimal auf. Dennoch überwog in des kleinen Ferdinand Erbanlagen das gesunde Blut, und die genealogischen Mängel in seinem Stammbaum haben ihm nicht spürbar geschadet.

Über Ferdinands frühe Kindheit gibt es nur recht dürftige Quellen, die vor allem von seiner außergewöhnlichen Frömmigkeit zu berichten wissen: Wie der Kleine, ehe er noch richtig beten gelernt hatte, es dennoch wohl verstand, beim Läuten der Aveglocke niederzuknien und mit Andacht die Hände zu falten, oder wie er sich im Sprechen der Namen Jesus und Maria übte. Daß ein frommer Katholik aus ihm werde, war ja auch das oberste Prinzip seiner Erziehung. Darüber wachte die Erzherzogin Maria streng und suchte auch den geringsten fremden Einfluß von ihren Kindern fernzuhalten; wobei sie auch, eines eigentlich recht unbedeutenden Anlasses wegen, den Konflikt mit ihrem Mann nicht scheute: Es hatten einmal protestantische Adelige dem Erzherzog Karl ein kostbares Gebetbuch überreicht und ihn höflich eingeladen, am nächsten Tag ihren Gottesdienst zu besuchen, was Karl angesichts des prächtigen Geschenkes auch zusagte. Als Maria davon erfuhr, war sie empört und versuchte, diesen Gottesdienstbesuch zu verhindern. Als am nächsten Morgen der Erzherzog sein Gemach verließ, um zu diesem Gottesdienst zu gehen, begegnete ihm seine Frau, die den kleinen Ferdinand an der Hand führte. „Wo gehen Euer Liebden mit dem Kinde hin?" fragte der Erzherzog erstaunt. „Nach Bayern in meine Heimat", antwortete Maria, „denn hier ist in diesem Augenblick sein Seelenheil höchst gefährdet." Diese Lehre soll sich der Erzherzog zu Herzen genommen und nie mehr den Fuß über die Schwelle eines protestantischen Gotteshauses gesetzt haben. Diese Geschichte erzählte ein Grazer Domherr dem Historiker Friedrich von Hurter, und wenn sie sich in Wahrheit vielleicht auch nicht ganz so zugetragen hat, wirft sie dennoch ein bezeichnendes Licht auf die Wachsamkeit, mit der die Erzherzogin Maria jeden protestantischen Einfluß von ihrem Sohn fernzuhalten trachtete.

Unterrichtet wurde der kleine Ferdinand zusammen mit seinen älteren Geschwistern von Hauslehrern, von denen einige dem Namen nach bekannt sind. Wie er sich aber bei diesem Unterricht bewährt hat, davon erzählen die Quellen kaum etwas. Mit fünf Jahren soll er schon imstande gewesen sein, seinem Vater einen Brief zu schreiben, den dieser freilich nur mit Mühe entziffern konnte. Auch soll Ferdinand gern gezeichnet haben. Die Erziehung war streng: Im Alter von viereinhalb Jahren wurde er schon mit der Rute gezüchtigt, welche die gestrenge Mutter eigenhändig führte. Einmal weigerte sich Ferdinand, seinem Vater Lebewohl zu sagen, und blieb hartnäckig in seinem Zimmer. Darauf erhielt er Gelegenheit, mehrere Tage im Karzer bei „Wasser und Steinen" über sein ungebührliches Benehmen nachzudenken. Gewiß, man verfuhr damals nicht nach den heute üblichen pädagogischen Grundsätzen, und körperliche Züchtigung war an der Tagesordnung; dennoch könnten diese harten Erziehungsmethoden auf Ferdinands Persönlichkeit hemmend gewirkt haben: Er wird bis in seine späten Jünglingsjahre als schüchtern beschrieben, als unselbständig, verzagt und grüblerisch. Besonders vor der Mutter zeigte er noch als Erwachsener beinah angstvollen Respekt, der an Unterwürfigkeit grenzte. Auf den überlegenen Geist der Erzherzogin allein wird diese unnatürliche Ergebenheit wohl nicht zurückzuführen sein.

Ferdinand war acht Jahre, als er feierlich als erster Kommilitone in die Matrikel der von seinem Vater eben gestifteten Grazer Universität aufgenommen wurde. Ob der Knabe aber tatsächlich in der Lage war, an den „Vorlesungen einigen Anteil zu nehmen", wie dies sein wohlwollendster Biograph allen Ernstes behauptet hat, muß denn doch bezweifelt werden.

Wenn man den Knaben auf seine ihm künftig zugedachte Rolle als Gegenreformator vorbereiten wollte, war Graz für ihn kein guter Boden. Leicht konnten sich hier Kontakte zu den Protestanten ergeben, Freundschaften zu Gleichaltrigen, die dem Luthertum anhingen, und des Vaters immer noch protestantische Räte würden auf den jungen Fürsten Einfluß gewinnen, wenn sie mit ihm die Angelegenheiten des Landes besprachen.

Er mußte in streng katholischer Umgebung aufwachsen, damit er, ungehemmt durch persönliche Bindungen, durchführen könnte, wozu er ausersehen war.

Erzherzogin Maria plante, Ferdinand nach Ingolstadt zu schicken; dort würde er unter der Aufsicht seines Onkels stehen, des Herzogs Wilhelm von Bayern. Es lehrten dort auch die Jesuiten, so daß einer streng katholischen Erziehung ihres Sohnes nichts im Wege war. Erzherzog Karl war einverstanden, weil ihm, was das Familiäre betraf, zumeist nur zu billigen übrigblieb, was seine energische Frau ins Werk setzte. Es wurden nun eifrig Briefe gewechselt zwischen der Erzherzogin Maria und ihren bayerischen Verwandten, zwischen Erzherzog Karl und dem Kaiser, und auch Oheim Ferdinand von Tirol wurde um Rat gefragt, denn es war bisher noch niemals vorgekommen, daß ein Sproß des Hauses Habsburg an einer öffentlichen Lehranstalt ausgebildet worden war. Frucht all dieser Korrespondenzen, in denen alles Für und Wider umständlich erwogen wurde, war dann doch der Entschluß, Ferdinand nach Ingolstadt zu schicken. „Unzweifelhaft", hatte Wilhelm von Bayern gemeint, „würde es Ferdinand dort weiter bringen als anderswo."

Ingolstadt

Ingolstadt, am Oberlauf der Donau gelegen, war im späten Mittelalter Residenz der Herzöge von Bayern gewesen, als das Land geschwächt war durch Teilungen und drei zumeist miteinander verfehdete Linien der Wittelsbacher in Bayern mehr schlecht denn recht die Regierung führten. Das Zeitalter der Herrschaftsteilungen aber ging vorüber, und nunmehr war München wieder die einzige Hauptstadt des Landes. Dabei sollte es für alle Zukunft bleiben, doch von seinem einstigen Glanze als Residenz hatte Ingolstadt doch einiges in die neue Zeit herübergerettet: Es galt als die stärkste Festung Bayerns, und innerhalb seiner trutzigen Mauern blühte eine Universität, die gemäß ihrer Bestimmung ein Bollwerk römisch-katholischen Geistes in den Stürmen der Reformation war, einst ein Dorn im Auge auch dem Doktor Martin Luther, der höchstpersönlich einen „Articul" der „Elenden und schändlichen Universität zu Ingolstadt" widmete, worin ihm folgende Bemerkung entschlüpfte: „Mich dunkt, daß alle Säue in Bayernland sind in die berühmte Hochschul gen Ingolstadt gelaufen, Doctores und Magistri worden; kein besserer Verstand ist fortan in Bayerland zu hoffen." In Ingolstadt lehrten schon seit langem die Jesuiten. Zur Heranbildung des Nachwuchses für die Universität hatten sie ein Gymnasium gegründet, und der katholische Adel Süddeutschlands, die Herzöge von Bayern an der Spitze, vertraute ihnen seine Söhne zur Erziehung an. Denn es galt als Maxime der Gesellschaft Jesu, für das Seelenheil vieler zu wirken, indem man sich der Seelen einzelner versicherte, der Fürsten und Herren nämlich, die ja über die Seelen ihrer Untertanen zumeist uneingeschränkte Gewalt besaßen. Hochschulen, die unter der Leitung der Gesellschaft Jesu standen, unterschieden sich zumeist von jenen, wo weltliche Rektoren und Professoren im akademischen Senat das Wort führten. Keine Krawalle und Trinkgelage der Studenten dort, keine Raufhändel, die rechtschaffene Bürger um die verdiente Nachtruhe brachten. Statt dessen gab es bei den Jesuiten Gottesdienste, Prozessionen und prunkvolle Theateraufführungen, an denen teilzunehmen jeder Jesuitenzögling verpflichtet war.

Unter den Professoren, die damals in Ingolstadt lehrten,

waren Theologen und Historiker von Rang. Merkwürdiges wird von dem Rechtsgelehrten Hubert Giphanius berichtet: In seiner Jugend Calvinist, war er mit einer Wendigkeit, die Juristen des öfteren eignet, zum Luthertum übergetreten, um in Altdorf Professor zu werden. Nun aber, da er zu Ingolstadt auf Einladung der Gesellschaft Jesu die Jurisprudenz lehrte, hatte er sich zu einem braven Katholiken gewandelt. Es sei aber zu Professor Giphanius' Ehrenrettung gesagt, daß flinker Wechsel der Konfession aus opportunistischen Gründen gerade in diesem glaubensbetonten Zeitalter durchaus nicht selten geschah. Man war nicht nachtragend, das galt im Militärischen, in der Politik und auch im Religiösen.

Im Umgang mit Männern der Wissenschaft seinen Geist zu schärfen und seine Kenntnisse zu vermehren konnte dem jungen Ferdinand von Steiermark nicht schaden. Doch hat der Erzherzog von dem Wissen, das ihm in Ingolstadt beigebracht wurde, dann im Leben nur selten Gebrauch gemacht. Der Mühe, einen akademischen Titel zu erwerben, unterzog sich Ferdinand nicht. Dieses hohe Ziel hatte man ihm gar nicht gesteckt. In der Hauptsache diente sein Aufenthalt in Ingolstadt einem anderen Zweck, und der wurde auch erreicht.

Am 11. Jänner 1590 brach Ferdinand von Graz auf, begleitet von einem ansehnlichen Hofstaat, wie es der Würde des jungen Fürsten angemessen war: Unter der Leitung des Hofmeisters Balthasar von Schrattenbach hatten an die vierzig dienstbare Geister für das leibliche Wohl des erzherzoglichen Knaben zu sorgen: Kammerdiener, ein Leibschneider, genannt Guarderoba, ein Leibbarbier, Kammerheizer, Türhüter, Leibwäscherin, ein Pfennigmeister, Ziergärtner und Binder, ein Mundkoch mit vier Gehilfen, Reitknecht, Stallknecht, Leibkutscher und was eine fürstliche Hofhaltung sonst noch an fleißigen Leuten erforderte. Selbst ein Hofzwerg befand sich in des Erzherzogs Gefolge. Zu Ferdinands persönlichem Gepäck zählte ein kleines Gebetbuch, welches noch heute in der geistlichen Schatzkammer der Wiener Hofburg zu bewundern ist. Seine Eltern und Geschwister versahen es vor seiner Abreise mit allerlei frommen Sprüchen, und auf einer der ersten Seiten steht von Ferdinands eigener Hand geschrieben jene Devise „legitime certantibus corona", die ihn sein ganzes Leben lang begleiten sollte. Er nahm seinen Weg über München, wo er dem Onkel Wilhelm von Bayern einen Besuch abstattete. Der Herzog sollte über die Erziehung seines jungen Neffen wachen.

Am 9. März 1590 begann Ferdinand seine Studien am Ingolstädter Gymnasium und war gleich mit solchem Feuereifer bei der Sache, daß er sich „aufs Essen nicht habe wollen Zeit lassen", wie Hofmeister Schrattenbach berichtete. Bald schloß der Erzherzog auch Bekanntschaft mit seinen Vettern, den Söhnen Wilhelms von Bayern, von denen Maximilian, der älteste, damals siebzehn Jahre zählte. Gleichwohl mochte der um fünf Jahre jüngere Habsburger vor dem Wittelsbacher nicht zurückstehen, woraus ein Konflikt sich entspann, der beinahe Ferdinands Aufenthalt in Ingolstadt, kaum daß er begonnen, auch schon wieder beendet hätte: Eines Tages ging Maximilian zur Kirche und nahm, wie er es für seinen fürstlichen Rang geziemend glaubte, in der ersten Stuhlreihe Platz. Kurz darauf erschien Erzherzog Ferdinand zum Gottesdienst, und da er den vordersten Stuhl schon besetzt fand, stellte er sich einfach davor hin, um auf diese Weise den Vorrang Habsburgs vor Wittelsbach vor aller Welt zu dokumentieren. Gekränkt räumte darauf Maximilian dem jüngeren Vetter seinen Platz ein, beschwerte sich aber bei seinem Vater über die erlittene Demütigung. Verstimmung darauf zwischen München und Graz: Man war überaus empfindlich in den Fragen des Protokolls, so daß auch die Geschäfte der Politik darunter zu leiden hatten, wenn in endlosen Diskussionen um die Frage gestritten wurde, welcher hohe Herr dem anderen seine Aufwartung zu machen, welcher Gesandte vor dem anderen den Vortritt zu nehmen hätte, wenn selbst Briefe wichtigen Inhalts uneröffnet an den Absender zurückgingen, falls dieser aus Versehen in der Adresse die zahlreichen Titel des Empfängers nicht vollständig angeführt hatte. Verzweifelt versuchte Erzherzogin Maria den Zwist zu schlichten, den Vorfall zwischen den beiden Vettern als harmlos hinzustellen, was er im Grunde ja auch war. Doch man dachte damals anders darüber. Der alte Erzherzog Ferdinand von Tirol griff ein: Man hätte die Frage über Ferdinands Vortritt schon vor seiner Abreise nach Ingolstadt regeln sollen, tadelte er die Erzherzogin Maria. Bei einem Vorfall, welcher der Würde des Hauses Habsburg abträglich sei, dürfe man nicht tatenlos zusehen. Das beste sei es nun, forderte der Erzherzog, Ferdinand aus Ingolstadt abzuberufen. Dagegen aber wehrte sich Erzherzogin Maria vehement, und da auch der Herzog Wilhelm bereit war, den Vorfall zu vergessen, durfte Ferdinand schließlich seine Studien in Ingolstadt fortsetzen.

Ferdinand studierte mit Eifer. Er erhielt Unterricht in Dialektik und Rhetorik, auch die Lektüre der altrömischen Klassiker, der Schrecken vieler Gymnasiasten noch heutzutage, blieb ihm nicht erspart; als Vierzehnjähriger hörte er bereits Vorlesungen über Politik und Ethik und übte sich in der Erstellung von Kalendern, welche Kunst damals sehr beliebt war und als Sparte der Mathematik galt. Sogar an philosophischen Disputationen nahm er teil, wobei seine Professoren nicht versäumten, ihn des öfteren mit Preisen auszuzeichnen.

Neben den Studien hatte die Frömmigkeit einen festen Platz bei der Erziehung des Knaben. Jeden Tag besuchte er die Messe in der Pfarrkirche St. Mauritius, war eifriger Zuhörer bei den Predigten der Jesuiten, und da er eine wohlklingende Stimme besaß, ließ er sich als Vorsänger beim Gottesdienst gut gebrauchen. Eine ansehnliche Summe Geldes, die ihm seine Mutter für die Lustbarkeiten des Faschings gesandt hatte, verwendete er lieber für die Stiftung eines Altars. Gern beteiligte er sich an den zahlreichen Prozessionen: Bei einem Bittgang sah man den schwächlichen Jüngling im Büßergewand ein riesiges Kreuzesbild durch die Gassen Ingolstadts schleppen, und unter den Bürgern, die in dieser Beziehung ja einiges gewohnt waren, soll sich andächtiges Staunen verbreitet haben ob dieses Beispieles tätiger Frömmigkeit.

Sorgen machte Ferdinands schwächliche Gesundheit. Einmal litt er an einem rätselhaften Fieber, kurz darauf warfen ihn die Blattern neuerlich aufs Krankenlager. Vetter Maximilian kümmerte sich persönlich um die Genesung des Leidenden: „Heute hat er in mein Beysein ein Cassium eingenommen, welches hart in ihn ist kommen; aber Ich habe ihn dennoch überredet, daß ers fast alles hat eingenommen." Seine schwächliche Konstitution hielt Ferdinand keineswegs davon ab, öfters zu fasten. Die vegetarische Kost dürfte ihm nicht schlecht bekommen haben: Hofmeister Schrattenbach an Erzherzogin Maria im März 1592: Er habe an Ferdinands Tafel teilgenommen, um zu sehen, wie er das Fasten aushalte. Bisher sei es gutgegangen, und Ferdinand befinde sich auch bei Entbehrung des Fleisches ganz wohl.

Wie sah er aus? Wir besitzen ein Porträt, das ihn im Alter von etwa vierzehn Jahren darstellt. Breitbeinig steht er da, modisch gekleidet, mit pelzverbrämtem Umhang, den Degen an der Seite. Der recht wohlgeformte Kopf steckt in einer weißen Halskrause, das Haupthaar ist kurz geschnitten: Es ist ein stattlicher Jüngling, der uns aus dem Bilde ein wenig gravitätisch entgegenblickt. Und fürstliche Würde vermag er durchaus auszustrahlen. Der Herzog von Württemberg äußerte sich nach dem Besuch bei Ferdinand anerkennend, er hätte nie geglaubt, daß die von Österreich solche Herren wären. Man darf dem Gemälde also durchaus Authentizität beimessen, selbst wenn man die Vermutung in Rechnung stellt, der Hofmaler habe des jungen Fürsten Züge noch ein wenig ansprechender darzustellen versucht, als sie tatsächlich waren. Ferdinand war mittelgroß, von aufrechter Haltung, „zu einem jungen Herrn wohl geformt"; so schildert ihn der mantuanische Gesandte Äneas Gonzaga im Juni 1594. Eine Zeitlang litt er jedoch an einem Auswuchs an der Schulter, wohl eine erbliche Veranlagung, die er mit einigen seiner Schwestern geteilt zu haben scheint. Der Herzog Maximilian werde eine Prinzessin aus Lothringen heiraten, wußte eine bayerische Hofdame, denn nach Österreich habe er keine Lust, weil dort die meisten krumm wären. Auf Geheiß der Mutter mußte ein Diener das Gewächs an Ferdinands Schulter jeden Tag fleißig mit „nüchternem Speichel" bestreichen. Ob durch diese etwas sonderbare Behandlung eine Besserung sich einstellte, ist unbekannt. Jedenfalls dürfte der Auswuchs nicht allzu bedeutend gewesen sein: Im Kleid sehe man Ferdinand gar nichts an, wurde der ängstlichen Frau Mutter nach Graz berichtet, und da er meist im Harnisch herumgehe, sei ein Verwachsen weniger zu besorgen.

Seine Freizeit verbrachte Ferdinand bei den Jesuiten, bei ernsten Gesprächen oder bei der Pflege der Musik, die er sehr liebte. Er suchte sich auch einige Fertigkeit im Reiten und Fechten zu erwerben. Ferdinand soll ein guter Reiter gewesen sein, der in jüngeren Jahren sein Roß wohl zu tummeln verstand, und an Pferden hatte er seine Freude; weniger an der

Kunst des Degens, den er, wie man weiß, im Leben nie brauchte. Gipfelpunkt allen fürstlichen Vergnügens aber war die Jagd. Stolz berichtet der Fünfzehnjährige seiner Mutter über eine Treibjagd, bei der gleich sieben Bären ihr Leben lassen mußten, und was für „eine gute Lust" er bei dieser Hatz empfunden hatte.

Von Ferdinands eigener Hand besitzen wir auffallend wenige Briefe aus seiner Ingolstädter Zeit, zumeist hatte sich Hofmeister Schrattenbach der Mühe des Briefeschreibens zu unterziehen. Manchmal aber beehrte der junge Fürst seine Mutter auch mit eigenhändig Geschriebenem: Was er zu berichten hat, besticht nicht durch besondere Geistesschärfe, doch immerhin weiß er sich einigermaßen gewandt auszudrücken. Er bedankt sich für Geschenke, einen Degen und zwei Rösser, von denen er eines „gnädigsten Befehl nach" seinem „Bruder Maximilian" schenken wird. Er verspricht, „wider den Türkischen Tyrannen" fleißig zu beten, erzählt begeistert von der Jagd oder verwendet sich für einen seiner Diener, „weil er sich redlich gehalten". Kein Wort über seine Lehrer, kein Wort auch über seine Studien. Da gab es keinen Grund zur Klage, denn er war ein Musterschüler, so wie ihn die Jesuiten gerne hatten, brav und gelehrig. Der Rektor des Ingolstädter Kollegiums berichtet seinem Münchner Amtsbruder im Jänner 1594 in wohlgesetztem Latein: Das vierte Jahr verbringe Erzherzog Ferdinand schon bei seinen Studien, und er ziehe keinen geringen Nutzen daraus, sowohl in der Frömmigkeit als auch in den Wissenschaften. Es verdirbt nichts, was immer man auf einen solchen fruchtbaren Acker säen möge, „nihil perit, quicquid in tam fertili agro seras". Wenn nur etwas Männlichkeit und Stärke hinzukämen, führte der Rektor weiter aus, könne man sich Ferdinand nicht besser wünschen.

Weniger vorteilhaft war der Eindruck, den Ferdinand von Tirol über seinen Neffen gewonnen hatte: Er habe sich selbst überzeugen können, äußerte sich der Erzherzog schon im Jahre 1592, daß Ferdinand „von den Jesuiten sehr eingenommen und durch sie etwas blöde, verzagt und schwach gemacht" worden sei.

Zweifellos hatten die Argumente des Tiroler Landesfürsten gegen eine allzu fromme Erziehung seines Neffen einiges

Gewicht. Ferdinand, mahnte er die Erzherzogin Maria, stehe nunmehr in einem Lebensalter, in welchem er sich fürstlichen Übungen, besonders dem Waffenhandwerk, dem „exercitium armorum" widmen und im übrigen darauf Bedacht nehmen solle, daß er Land und Leute regieren lerne. Es murrten auch die lutherischen Stände Innerösterreichs: Ihr Erbherr sei in der Gewalt ihrer ärgsten Feinde, der Jesuiten, diesen zeige er sich überaus geneigt, sie übten entscheidenden Einfluß auf ihn, und es sei vorauszusehen, daß in der Zukunft Schwierigkeiten erwachsen würden. Als diese Vorstellungen nichts fruchteten, wurden die Herren direkter: Der junge Erzherzog werde zu Ingolstadt unmännlich erzogen, nicht wie es für einen Fürsten sich zieme, schon gar nicht für einen, dessen Land täglicher Kriegsgefahr durch die Türken ausgesetzt sei. Ob man denn glaube, er werde einst mit Büchern die Feinde in die Flucht schlagen? Die energische Erzherzogin Maria aber wollte von einer Abberufung ihres Sohnes aus Ingolstadt nichts wissen. Dabei blieb sie, mochten nun der Kaiser anderer Meinung sein oder gar der Papst, der mit dieser Sache allen Ernstes befaßt wurde. Immer wieder fand Marias mütterliche Schlauheit Ausflüchte. Einmal hieß es, daß Ferdinand die lateinische Sprache noch nicht ausreichend gelernt habe, ein andermal, daß er sich noch in der Rechtswissenschaft vervollkommnen müsse. Ob denn die Rechtswissenschaft nicht notwendiger sei als das „exercitium armorum", gab die Erzherzogin dem Kaiser zu bedenken, damit Ferdinand als künftig regierender Herr sein Land treulich verwalte und jedermann zu seinem Recht verhelfe? Sie hoffe daher, der Kaiser werde gestatten, ihren Sohn „noch zwei, wenigstens aber ein Jährchen" dort zu belassen. Es waren beinahe fünf Jahre, die Ferdinand in Ingolstadt verbrachte. Ein subtiler Kenner des römischen Rechts aber ist er in dieser langen Zeit nicht geworden und auch kein Feldherr, wofür er von Natur aus wenig geeignet war. Doch seine Mutter hatte anderes mit ihm vor. Und für die Aufgabe, auf die ihn die Jesuiten so unermüdlich vorbereiteten, bedurfte es keiner Übung im Waffenhandwerk und auch keiner Kenntnis des römischen Rechtes. Was Ferdinand dazu brauchte, war grenzenloses Gottvertrauen, und das besaß er in reichem Maße.

Heimkehr

Mehr als vier Jahre hatte Ferdinand jetzt schon in der Fremde zugebracht, und fremd war er in der Tat seiner Heimat und den Menschen dort, die er nun bald regieren sollte. Über die Vorgänge zu Hause erhielt er Nachricht durch die Briefe seiner Mutter. Besuch aus der Steiermark empfing er selten. Spärlich war, was er über das Geschehen dort erfuhr, und wenig erfreulich. Im Juli 1590 starb Erzherzog Karl von Innerösterreich. Ferdinands Abschied vom Vater vor seiner Abreise nach Ingolstadt war ein Abschied für immer gewesen. Der Kondolenzbrief Ferdinands an die Mutter hat sich erhalten. Mit knappen, gemessenen Worten spricht er ihr sein Beileid aus. Was er wirklich fühlte, wie er über seinen verstorbenen Vater dachte, erfährt man aus diesem Schreiben nicht.

Schon vor Erzherzog Karls Ableben waren die Dinge immer schlechter gegangen. Die landesfürstliche Autorität wurde nicht nur von den Adeligen mißachtet, sondern auch von den Bürgern in den Städten. Im Juni 1590 ereignete sich in der Residenzstadt Graz ein großer Tumult. Ein Grazer Bürger namens Ruepp Binder führte kecke Reden gegen die Jesuiten und gegen die katholische Religion im allgemeinen. Auch weigerte er sich beharrlich, dem landesfürstlichen Befehl zu gehorchen und seinen Sohn zu den Jesuiten in die Schule zu schicken. Der Stadtrichter, Herr Andreas Spiegel, ließ ihm ausrichten, er solle entweder Gehorsam angeloben oder die Stadt verlassen. Meister Binder quittierte diesen Befehl der Obrigkeit mit Hohngelächter. Er werde nicht vor ihm erscheinen, ließ er dem Stadtrichter sagen, und sollte Herr Spiegel es wagen, ihn gewaltsam zu holen, dann möge er nur sehen, wie er wieder nach Hause käme. Der Richter wagte den Besuch dennoch, wobei er sich von einer Schar bewaffneter Stadtknechte begleiten ließ. Es war diese Vorsichtsmaßnahme allerdings vergeblich, denn des Faßbinders Freunde ließen ihn nicht im Stich, so daß die Vertreter des Magistrats zwar mit blutigen Köpfen heimkehrten, aber ohne den Störenfried, zu dessen Festnahme sie ausgezogen waren. Statt dessen griffen sie sich des Faßbinders Buben und legten ihn in Ketten, worauf sich die Volkswut gegen den Stadtrichter kehrte. An die vierhundert Bewaffnete, Bürger,

Schüler und Handwerksburschen stöberten den bedauernswerten Juristen in seiner Wohnung auf, die Anführer des Haufens zausten ihn beim Bart, traktierten ihn mit Maulschellen und bedrohten ihn mit dem Tode, falls er den Gefangenen nicht freigäbe. In seiner ungemütlichen Lage blieb dem Richter nichts übrig als nachzugeben. Worauf der Haufe unter Freudengeschrei und Hohngelächter die umliegenden Schenken stürmte, um den Sieg über die Obrigkeit ausgiebig zu feiern. Auf die Nachricht von diesem bösen Vorfall entschloß sich Erzherzog Karl, obwohl todkrank, von seinem Kuraufenthalt nach Graz zurückzukehren. Den Strapazen der Reise war der Schwerkranke nicht gewachsen. Er erreichte zwar noch seine Residenzstadt, doch dort starb er am 10. Juli 1590, erst fünfzig Jahre alt.

In seinem Testament hatte der Erzherzog den Kaiser, seinen Bruder Ferdinand von Tirol, Herzog Wilhelm von Bayern und seine Gattin als Vormünder seiner Kinder eingesetzt und deren Volljährigkeit mit Erreichen des 18. Lebensjahres festgesetzt. Da Ferdinand bei seines Vaters Ableben erst zwölf Jahre zählte, mußte eine Regentschaft die Geschicke Innerösterreichs lenken, bis der junge Fürst selbst dazu imstande war. Über die Frage, wer diese Regentschaft führen sollte, wurde heftig gestritten. So kam es, daß in den Jahren zwischen 1590 und 1595 offiziell zwar die Erzherzöge Ernst und Maximilian als Landpfleger die Regierung Innerösterreichs führten, die Erzherzogin Maria aber auf alle ihre Entscheidungen Einfluß nahm, was dem inneren Frieden des Landes nicht immer förderlich war. Kaum jemand kümmerte sich jetzt mehr um die Erlässe und Verordnungen der Regierung. Selbst was die Protestanten einst in Bruck an der Mur mit Erzherzog Karl abgemacht und als großes Zugeständnis gefeiert hatten, achteten sie nun gering. Jetzt saßen sie auf dem längeren Hebelarm, weil die Zustände an den Grenzen sich verschlimmerten und jederzeit ein neuer Türkenkrieg ausbrechen konnte. In Graz wetterten die ständischen Prädikanten Fischer und Zimmermann gegen die römische Kirche und ihre Anhänger, und ihr religiöser Eifer erhitzte sich derart, daß sie sogar untereinander zu streiten begannen, wer von ihnen denn den richtigen Glauben besäße. Einig waren sich die Herren in der Verachtung des Papstes, den sie einen mordgierigen Drachen und Bluthund nannten, und auch die Erzherzogin Maria wurde von ihnen von der Kanzel herab übel beschimpft, weil sie drei Tage lang Gebete und Prozessionen veranstaltete, um die drohende Türkengefahr abzuwenden. Der Erzherzogin frommes Wallfahren war nun gewiß kein „Greuel vor Gott und lautere Abgötterei", wie dies die ständischen Prediger von den Kanzeln schrien, doch war leider so viel wahr, daß der Friede an der türkischen Grenze selbst durch solch inbrünstige Frömmigkeit nicht mehr zu retten war. Nach der eigenwilligen türkischen Auslegung des Jus gentium galten lokal begrenzte Raubzüge mit nur einigen hundert Mann und ohne schwere Artillerie nicht als Friedensbruch. Folge dieser etwas sonderbaren Rechtsansicht war eine permanente Atmosphäre des Kleinkrieges an der Grenze mit den Türken, ein wechselseitiges Sengen, Brennen, Beutemachen, Wegschleppen von Viehherden und von Menschen, da auch die christlichen Soldaten sich wohl oder übel an die Spielregeln hielten, die der Gegner ihnen aufzwang. Diese Plänkeleien hätten vielleicht noch einige Jahre fortgedauert, wäre nicht Hassan, Pascha von Bosnien, im Sommer 1593 auf den Gedanken gekommen, einmal in größerem Stile zu versuchen, was in kleinem Rahmen so gewinnträchtig geübt wurde. Mit 18.000 Mann zog der Pascha vor die schwach verteidigte Festung Sissek und schien mit den wenigen Verteidigern leichtes Spiel zu haben, die sich dem Ansturm seiner Soldaten zu erwehren suchten. Da eilte in höchster Not ein christliches Heer herbei, angeführt vom kriegserfahrenen Rupprecht von Eggenberg, und trotz vierfacher Übermacht der Osmanen wagte der christliche Feldherr den Angriff. Man focht mit höchster Erbitterung. Gefangene wurden nur wenige gemacht. Wer von den Türken den Säbelhieben und Musketenkugeln der Angreifer glücklich entkam, versank in den Fluten der Kulpa. Groß war der Jubel im christlichen Lager über diesen glänzenden Sieg. Aber es mischte sich auch ein dicker Tropfen Wermut in den Freudenbecher. Mit dem Scheinfrieden zwischen Habsburg und der Hohen Pforte war es nun zu Ende, daran konnte niemand mehr zweifeln. In Konstantinopel wurde der Heilige Krieg ausgerufen und der kaiserliche Botschafter, wie bei solchen Anlässen üblich, samt seinem Gefolge in Ketten gelegt. Großwesir Sinan Pascha persönlich kommandierte die Armee, die nach Westen aufbrach, um für die Schmach Rache zu nehmen.

Als Erzherzog Ferdinand in Ingolstadt die Nachricht von dem glänzenden Erfolg der christlichen Waffen bei Sissek erhielt, soll er sich gewünscht haben, er hätte selbst bei diesem Treffen mitgekämpft. Die Euphorie des Sieges schlug jedoch bald in ernste Besorgnis um, als sich die Kunde vom Heranrücken des türkischen Heeres verbreitete. Die Zeiten waren hart, und nicht recht verständlich auch, wie der Fürst, der bald Innerösterreich regieren sollte, im sicheren Ingolstadt hinter seinen Büchern hocken konnte, während die Bewohner seiner Länder vor den Türken zitterten. Die Entscheidung über Ferdinands Heimkehr aber lag beim Kaiser, so wollten es die Familienusancen der Habsburger. Von Rudolf II. hatte Ferdinand schon viel gehört, gesehen hatte er ihn aber noch nie. Man erzählte seltsame Dinge über den Kaiser. Es hieß, er sei von der Melancholie befallen und habe Verkehr mit allerlei finsteren Mächten. Hundert Jahre nach seinem Ableben konnte man in Prag noch den Thronsessel bestaunen, auf dem er mit dem Teufel Zwiesprache gehalten haben soll. Er residierte auf dem Prager Hradschin, umgeben von Künstlern und Wissenschaftern, Astronomen, Malern, Bildhauern, Gemmen- und Kameenschneidern, umgeben aber auch von allerlei Schwarzkünstlern, Sterndeutern, Magiern und Alchimisten. Viele Tage und Nächte verbrachte der Kaiser in ihrer Gesellschaft oder verweilte dumpf vor sich hinstarrend in seiner Kunst- und Wunderkammer, inmitten von herrlichen Kunstschätzen und allerlei abartigen und seltenen Dingen, die seine Sammlerleidenschaft dort gehortet hatte. Da gab es Gemälde von der Meisterhand Albrecht Dürers ebenso zu bewundern wie Nägel aus der Arche Noah, und neben kostbaren Edelsteinen und uralten Handschriften fand man dort das Gebiß einer Sirene aus dem Ägäischen Meer, dazu noch eine bunte Vielfalt von allerlei sonderbar geformten Muscheln, Haifischzähne und Rhinozeroshörner, denen magische Kräfte zugeschrieben wurden.

Über seinem Grübeln und Experimentieren vernachlässigte der Kaiser die Geschäfte des Regierens fast vollständig. Seine Abscheu vor der trockenen Aktenarbeit war so tief, daß selbst Schriftstücke von höchster Dringlichkeit in der kaiserlichen Kanzlei unerledigt herumlagen und die ohnehin zäh und träge unter allerlei bürokratischen Widerständen sich bewegende

Verwaltungsmaschine beinahe ganz zum Stillstand gekommen wäre.

Rudolf II. war nicht nur römischer Kaiser, er regierte zugleich auch über Böhmen, Mähren, Schlesien, Ungarn — oder besser: er regierte nicht, er ließ die Dinge treiben, so daß allenthalben Zweifel laut wurden, ob er denn zum Regieren überhaupt noch fähig sei. Im Sommer 1594 war Rudolf in Regensburg, wo ein Reichstag abgehalten wurde, und Ferdinand konnte es nicht schaden, wenn er bei seinem kaiserlichen Vetter Audienz erhielte, da doch bei ihm als des Hauses Ranghöchstem die Entscheidung über seine nahe Zukunft lag. Die Gelegenheit war jetzt günstig. Ferdinand brauchte nur zu Schiff die Donau hinabzufahren, um von Ingolstadt nach Regensburg zu gelangen. Beim Kaiser Audienz zu erhalten aber war schwierig, weil Rudolf II. überaus menschenscheu war und ihm die Angelegenheiten seiner Familie viel Ärger und Verdruß bereiteten. In der Tat wünschte der Kaiser seinen jugendlichen Vetter vorerst nicht zu sehen. „Die unlustigen Geschäfte" auf dem Reichstag hätten die Majestät „ganz melancholisch gemacht", entschuldigte Geheimrat Rumpf im Juli 1594 seinen kaiserlichen Herrn. Darauf fruchtloses Korrespondieren hin und her, schrille Klagen der Mutter. Erzherzogin Maria an Geheimrat Rumpf: Schon rede alle Welt davon, daß ihr Ferdinand nach Regensburg gehen solle. Werde nun nichts daraus, müsse dies ihr und ihrem Sohn zur Schande gereichen. Am Kaiserhof machten solche Interventionen wenig Eindruck. Es verstrichen noch viele Wochen, ehe in den ersten Septembertagen ein reitender Bote des Kaisers Einladung an Ferdinand doch noch überbrachte. Der Erzherzog mußte sich beeilen, ihr Folge zu leisten, denn man sprach schon von des Kaisers bevorstehender Abreise aus Regensburg. Wider Erwarten empfing Rudolf seinen jungen Vetter sehr freundlich. Er ging Ferdinand bis in das äußerste Gemach seiner Wohnung entgegen, was als Auszeichnung galt. In freundlicher Atmosphäre verliefen auch die drei Tage, die der Besuch währte: Gemeinsamer Gang zum Gottesdienst, lange private Gespräche, huldvolle Fragen der Majestät nach Ferdinands Studien, wie lang es her sei, daß er Graz nicht mehr gesehen habe, was für Rosse er reite. Unterhaltung über die Jagd und die Mathematik, die, wie der Kaiser bemerkte, „eine gar lustige Wissenschaft" sei; ausgesuchte Höflichkeit der Majestät: Ferdinand erinnere sehr an seinen seligen Vater, diese Ähnlichkeit berechtige zu der Hoffnung, er werde ebenso in allen christlichen und fürstlichen Tugenden denselben nachzuahmen versuchen. Zum Abschied gab der Kaiser das Versprechen, Ferdinand werde bald heimkehren können. Er hatte einen guten Eindruck hinterlassen. „Möge Eure Fürstliche Durchlaucht mir bei meiner Ehre glauben", schrieb der Geheimrat Corraduz an die Erzherzogin Maria, „daß Ferdinand dermaßen des ganzen Hofes und der anwesenden Botschafter, ja Ihrer Kaiserlichen Majestät selbst Herz und Gemüt eingenommen hat, daß ich es nicht genugsam zu beschreiben weiß."

Und noch ein Lob über ihren Sohn durfte die stolze Frau Mutter entgegennehmen. Er könnte vor Gott bezeugen, schrieb der Diplomat Äneas Gonzaga, daß er bei dem jungen Herrn Gottesfurcht, große Bescheidenheit und fürstliche Gesinnung gefunden habe. Es findet sich außerdem eine interessante Bemerkung, Ferdinands Zukunft betreffend, in Gonzagas Brief: Die Erzherzogin Maria möge bedenken, „daß aus dem jungen Herrn mit Gottes Hilfe ein Römisch Kaiser möge werden". War es berechnende Schmeichelei oder wahrhaft erstaunliche Menschenkenntnis, die dem wendigen Gesandten die Feder führte, als er das niederschrieb?

Um seine fernere Zukunft kümmerte sich der junge Ferdinand damals freilich noch nicht. Er wollte jetzt vor allem nach Hause kommen, zu seiner Mutter und zu seinen Geschwistern. Bei dem schleppenden Gang der kaiserlichen Geschäfte dauerte es aber noch eine ganze Weile, bis sein Wunsch in Erfüllung ging. In Ingolstadt waren die Koffer längst schon gepackt, und es wurde Abschied gefeiert, obwohl die Stunde der Trennung noch ungewiß war. Die Feier fand in der Aula der Universität statt und war prunkvoll mit allem Pomp, wie die Jesuiten ihn liebten: Vortrag von acht panegyrischen Gedichten auf Ferdinands Zukunft; Jesuitenzöglinge aus Bayerns Hochadel hatten des Erzherzogs Tugenden darzustellen: Einer trug, mit Schwert und Harnisch angetan, auf einer Lanze einen Türkenkopf aufgespießt, was Ferdinands künftig zu erringende Siege über den türkischen Erbfeind symbolisieren sollte; ein anderer hatte mit einem Palmzweig wedelnd den Frieden darzustellen, ein dritter brachte Waage und Schwert, Sinnbilder der Gerechtigkeit, ein vierter war gar mit Banden umschlungen, was Ferdinands Sieg über die fleischlichen Begierden darstellen sollte. Und zum Abschluß dieses denkwürdigen Festes sangen zwei Jesuitenzöglinge als Engel verkleidet ein Abschiedslied.

Es dauerte fünf Monate, ehe der Kaiser endlich die Erlaubnis zur Heimkehr erteilte. Am Vortag der Abreise ehrte Ferdinand die Ingolstädter Geistlichkeit, der Pfarrer erhielt 50 Gulden, die übrigen geistlichen Herren hatten mit weniger sich zu bescheiden. Daran anschließend letzter Besuch der Jesuiten bei ihrem gelehrigsten Zögling; man schämte sich der Abschiedstränen nicht.

Am Morgen des nächsten Tages brach Ferdinand auf. Ingolstadt würde er nie wiedersehen. Er reiste mit kleinem Gefolge und nahm seinen Weg über München, genau wie vor fünf Jahren, als er ausgezogen war in die Fremde. Herzog Wilhelm überreichte seinem Neffen einen Regentenspiegel, worin ausführlich verzeichnet stand, wie Ferdinand sich künftig als Fürst verhalten solle.

Im März 1595 war Ferdinand wieder in Graz. Auf der letzten Strecke Weges nach der Residenzstadt gaben ihm die Vertreter des innerösterreichischen Adels das Geleit, viele Protestanten darunter. Sie kannten ihn kaum noch, denn die Zeit der Trennung war lang gewesen. Der schüchterne junge Mann, den sie da geleiteten, würde bald ihr Landesherr sein. Daß er in Ingolstadt bei den Jesuiten gewesen war, verhieß nichts Gutes. Doch im Ernst vermochte keiner der Herren sich vorzustellen, daß Ferdinand es einmal wagen könnte, ihre religiösen Freiheiten anzutasten, die sie sich so mühsam erworben hatten. Die nahe Zukunft sollte sie eines Besseren belehren.

Der Landesfürst

Den Heimgekehrten überhäufte man mit Glückwünschen und guten Ratschlägen. Herzog Wilhelm von Bayern hörte nicht auf, seinen Neffen zu ermahnen, dem katholischen Glauben in seinen Ländern unter allen Umständen zum Siege zu verhelfen. Der siebzehnjährige Ferdinand durfte von jetzt ab seinen Onkel mit „getreuer Freund" anreden, weil er, wie der Bayernherzog bemerkte, ebenso ein regierender Fürst sei, wie er selber. Glückwünsche auch von den Jesuiten: Pater Georg Scherer, ein unerbittlicher Feind der Protestanten und wortgewaltiger Prediger, wünschte dem Erzherzog den Segen des Himmels für seinen Regierungsantritt. Er wolle für ein glückseliges Regiment immerdar beten und opfern, versicherte der Pater, „insonderheit damit Eure Fürstliche Durchlaucht ein heroisch, heldenmütig und recht Löwenherz haben und behalten in allen fürfallenden Handlungen und sich weder von Türken noch türkenmäßigen Leuten im wenigsten schrecken lassen". Die Evangelischen würden vom Erzherzog „Bewilligung und sicheres Geleit begehren, in die Höllen hinunter zu fahren". Aber er sei dessen gewiß, meinte Scherer, daß unter Ferdinands Siegel, Handschrift und Paßbriefl keine Seele zum Teufel fahren werde, denn „Eure Fürstliche Durchlaucht sind allzu hochverständig und gewissenhaft dazu".

Anders dachte der Protestant Bartholomäus Khevenhüller, Landmarschall von Kärnten, ein weitgereister und hochgebildeter Mann: „Die Pfaffen wollen anfangen, unseren jungen frommen Herrn zu regieren. Es ist das Ärgste zu befürchten, wenn das Kinder-, Weiber- und Pfaffenregiment erst angehen wird." Beide, Pater Scherer wie Khevenhüller, sollten auf ihre Weise recht behalten.

Ferdinand, von den Jesuiten erzogen, geriet auch in Graz bald unter den Einfluß eines Paters: In seinem Beichtvater Bartholomäus Viller fand der Siebzehnjährige einen väterlichen Freund und Berater. Viller war kein Fanatiker, sondern ein überaus temperamentvoller, den Dingen des Lebens aufgeschlossener Charakter, der auch für die weltlichen Sorgen des heranwachsenden Erzherzogs ein offenes Herz hatte. Der weltkluge Beichtvater wußte die Fähigkeiten seines Schützlings richtig einzuschätzen. Was Ferdinand von dem Pater über die Art zu regieren erfuhr, behielt er sein Leben lang bei. Ein Fürst, so lehrte Viller den aufmerksamen Jüngling, sei verantwortlich für das Wohl seiner Untertanen, für das leibliche wie für das seelische — und für dieses vor allem. Nun seien die Zeiten aber leider so beschaffen, daß viele Untertanen sich von den heilbringenden Lehren der römischen Kirche abgewandt und der Ketzerei sich schuldig gemacht hätten. Höchstes Ziel eines jeden rechtschaffenen Fürsten müsse daher sein, diese Ketzereien zu unterdrücken und das Seelenheil seiner Untertanen zu retten. Tue er dies nicht, dann bringe er ungeachtet seiner eigenen Frömmigkeit auch sein eigenes Seelenheil in Gefahr. Überdies führten Ketzereien auch in weltlichen Dingen zu allerlei Aufruhr und Widersetzlichkeit, die ein Fürst keineswegs dulden dürfe. Immer müsse er das Gott Wohlgefällige im Auge behalten, ja sogar bereit sein, lieber Land und Leute zu verlieren und an den Bettelstab zu geraten, als der Sache Gottes in irgendeiner Weise Abbruch zu tun. Was aber das Gott Wohlgefällige wäre, darüber habe er mit seinen Räten und besonders mit seinen Beichtvätern und Theologen sich ins Einvernehmen zu setzen. Denn höchst verwerflich sei es, wenn ein Fürst, ohne vorher den Rat weiser und frommer Männer eingeholt zu haben, Entscheidungen treffe, die der heiligen katholischen Religion von Nachteil sein könnten. Diese Lehren, oft und eindringlich vorgetragen, machten Eindruck auf den unerfahrenen jungen Mann. Seine Räte würden ihm also sagen, was im Politischen das Vorteilhafteste sei, seine Beichtväter und Theologen dann darüber befinden, ob das, was die Räte vorschlugen, auch der Sache Gottes und der Religion förderlich sei. Danach würde er handeln, dann könnte er niemals sein Seelenheil gefährden.

Ferdinand war ein gehorsames Beichtkind und behielt die Ziele, auf die ihn der Pater hinwies, stets im Auge. „Er empfängt jeden Sonntag die heilige Kommunion", berichtete der Beichtvater im März 1597, „und brennt vor Begierde, die katholische Religion zu restaurieren." Den Einfluß auf den jungen Erzherzog neideten dem Pater Viller sogar einige seiner Mitbrüder: Der Pater Viller, beklagte sich der Rektor des Grazer Jesuitenkollegiums, habe „extravagante und gefährliche Affekte" und sei „auch für das Kolleg kein gutes Beispiel". Viller schade seinem Beichtkinde sehr, behauptete der Rektor, da Erzherzog Ferdinand seines Beichtvaters Redeweise und Ungestüm allmählich lerne und nicht so sehr die Gesellschaft Jesu und ihre Oberen als vielmehr diese oder jene ihm genehmen Patres liebe. Der Pater Rektor dürfte demnach nicht zu denen gehört haben, die Ferdinand besonders liebte. Sogar in Rom wurde gegen den

Beichtvater heftig intrigiert, so daß der Jesuitengeneral Pater Aquaviva ernstlich erwog, ihn abzusetzen. Pater Viller aber wußte sich zu wehren: „Am Anfang freuten wir uns alle, wenn einer bei seinem Fürsten in Gunst stand, und man arbeitete dahin, daß die Fürsten uns gewogen waren. Jetzt sind einige darüber böse und neidisch." Er sei für Milde, verteidigte sich Pater Viller, daß andere mehr Strenge forderten, sei nicht seine Sache. Als man am Grazer Hofe von der beabsichtigten Versetzung Villers erfuhr, brach die Erzherzoginmutter in Tränen aus, und Erzherzog Ferdinand ließ wissen, er werde „seinen Beichtvater nicht ändern". Wenn ihm aber die Gesellschaft diesen Beichtvater nehme, dann werde er sich einen Mönch wählen. Die Drohung wirkte. Der mächtige Jesuitengeneral kapitulierte vor dem achtzehnjährigen Erzherzog. Viller durfte Beichtvater bleiben. Er übte sein Amt bis ins hohe Greisenalter aus, unangefochten von seinen Neidern und Widersachern.

Diese Affäre zeigt, daß Ferdinand keineswegs der unterwürfige Sklave der Gesellschaft Jesu war, als den viele seiner Kritiker ihn darstellten. Nicht die Institution gewann den überragenden Einfluß auf ihn, sondern die Persönlichkeit. Den Jesuiten bewahrte er stets seine Freundschaft, er erfüllte alle ihre Wünsche, solange sie mit seinen Interessen vereinbar waren. Das waren sie wohl zumeist, aber nicht immer.

Einfluß auf den jungen Erzherzog suchte auch der päpstliche Nuntius, Hieronymus Graf Portia, zu gewinnen. Der Vertreter des Papstes forderte allen Ernstes, in den innerösterreichischen Ländern die Heilige Inquisition einzuführen so wie in Spanien. Dagegen aber wehrten sich selbst Ferdinands geistliche Berater, so daß Portia seinen unheilvollen Plan wieder fallenließ. Des Nuntius Aktivitäten waren am Grazer Hof nicht immer gern gesehen. Er mische sich gern in allerlei ein, hieß es, und stehe bei den Leuten in Verdacht, es müsse manches nach seinem Willen gehen. Der Haß der Protestanten auf den Kirchenfürsten war so tief, daß man in Hofkreisen befürchtete, des Nuntius Anwesenheit in Graz könnte die Erbhuldigung gefährden, welche die Stände Ferdinand erst noch leisten mußten. Denn er war noch nicht großjährig und vorläufig nur Regent seiner Länder, im Namen des Kaisers und vom Kaiser eingesetzt, und kein Fürst, der sein Amt aus eigener Machtvollkommenheit übte. Die Protestanten, die Mehrheit im Lande, durfte er nicht zu hart anfassen. Die Folgen wären unabsehbar gewesen, wenn sie ihn als Landesfürsten nicht anerkannten, indem sie ihm die Huldigung verweigerten oder die Türkenhilfe, auf die er unbedingt angewiesen war, weil das Haus Habsburg mit dem Sultan Krieg führte. Da mußte man besser vorsichtig vorgehen, den zweiten Schritt nicht vor dem ersten tun und die Protestanten nicht vor den Kopf stoßen. Wäre er erst einmal großjährig und im vollständigen Besitz seiner Länder, dann würde er schon ganz anders mit ihnen verfahren. Wie dann zu verfahren sei, darüber zerbrachen sich viele mehr oder minder berufene Leute die Köpfe, die Erzherzogin Maria etwa, die sämtliche lutherische Prädikanten kurzerhand am Galgen baumeln sehen wollte. Emsig wurden Gutachten und Denkschriften für den jungen Erzherzog ausgearbeitet, von denen eine ihrer präzisen Logik wegen ein wenig ausführlicher behandelt werden soll. Sie betitelt sich „Deliberatio de modo, quo res catholica ab Archiduce Ferdinando in Austria interiori restitui possit", zu deutsch: „Ratschlag, wie und durch was mittl die catholische Religion möcht widerstellt werden." Sie wurde vor Dezember 1596 verfaßt, da in ihr von der bevorstehenden Huldigung die Rede ist. Der Verfasser war wahrscheinlich ein Priester, jedenfalls verrät der Text eine umfassende Kenntnis der Heiligen Schrift. Schon der erste Satz läßt nichts an Schärfe zu wünschen übrig: Nicht nur die Häretiker und Verführer (haeretici et seductores), sondern auch die Verführten und solche, die den Häretikern vertrauen, heißt es da, seien verrufene Leute, Taugenichtse und alles andere als brave Männer (infames, nebulones, minimeque viri boni). Die Ketzerei, schließt der Autor daraus, müsse also ausgerottet werden. Pflicht des Fürsten sei es, Aufruhr und Rebellion zu verhüten, gegen welche aber ein durch zweierlei Religion geteiltes Land zu keiner Zeit gesichert sei. Niemals werde nämlich ein Fürst da vollkommenen Gehorsam finden, denn sobald den Unkatholischen etwas befohlen werde, was ihnen nicht gefiele, nähmen sie zu ihrem Gewissen Zuflucht und mißbrauchten das Schriftwort: Man müsse Gott mehr gehorchen als den Menschen. Von den Protestanten werde nämlich als unbestreitbar der Satz aufgestellt, daß jeder in seinem Gewissen frei bleiben müsse. Diese Freiheit des Gewissens jedoch werde dem Fürsten nicht zugestanden, sobald er zur Duldung solcher gezwungen sei, die seinem eigenen Gewissen zuwider wären. Wenn der Fürst keinem von den Landständen aufzwinge, was er glauben solle, wie könnten die Landleute dann den Fürsten zwingen, durch unterlassenen Schutz der Kirche das eigene Gewissen zu beschweren? Ferdinand mag das Gutachten mit Wohlwollen gelesen haben. Unbestreitbar war die These von der Gewissensfreiheit ein zweischneidiges Schwert, ebenso gegen die Protestanten zu gebrauchen, die dort, wo sie die Stärkeren waren, ebensowenig die Toleranz übten, die sie von Ferdinand so stürmisch begehrten. Die Situation war verworren und im guten Einvernehmen kaum mehr zu lösen. Es erhebt sich die Frage, warum die beiden Konfessionen durchaus nicht friedlich nebeneinander leben konnten, ohne daß der eine den anderen auf das übelste beschimpfte oder in seinen Rechten zu verkleinern trachtete. Die Zeit war dafür noch nicht reif. Es bedurfte erst eines dreißig Jahre währenden Krieges, ehe die Menschen zur Einsicht kamen.

Ferdinand besaß diese Einsicht nicht, ebenso wie seine Gegner wenig Einsicht zeigten. Noch immer hatte der Erzherzog die Huldigung nicht empfangen, obwohl er im Juli 1596 für großjährig erklärt worden war. Doch selbst Regent war er nur dem Namen nach. Wer in Wahrheit damals am Grazer Hofe die höchste Autorität hatte, zeigt ein Brief, den die Erzherzogin Maria im Juni desselben Jahres an ihren Bruder schrieb: Ferdinand, berichtete die Erzherzogin, habe eine „Spazierreise" an die windische Grenze getan. Dort sei Musterung gehalten worden, und da ihr Sohn zuvor das Fieber gehabt hatte und der frischen Luft bedurfte, habe sie ihm erlaubt, bei diesem militärischen Schauspiele anwesend zu sein. „Also hat er mich gebeten, ich soll ihm auch die Grenze zu besichtigen erlauben. Hab ihm's also mit dieser condition erlaubt, im Falle es die Obristen für ratsam erkennen, so mag er's tun." Er stand damals im 18. Lebensjahre, kurz vor seiner Volljährigkeit, und brav mußte er seine Mutter um Erlaubnis fragen.

Was hielten die Protestanten von ihrem künftigen Landesherrn? Manche von ihnen unterschätzten ihn wohl ein wenig.

Was sollte der schwächliche, ein wenig einfältig wirkende Jüngling ihnen schon anhaben können, wenn er auch auf die Jesuiten hörte und auf die Einflüsterungen seiner Mutter, die die Protestanten haßte. Wenn die lutherischen Prädikanten ihm begegneten, grüßten sie nicht und blickten hochmütig zur Seite. Die Bürger der protestantischen Residenzstadt Graz aber lachten ihn aus, wenn er inmitten seiner Priester hinter dem Allerheiligsten durch die Straßen schritt. Daß ihnen bald das Lachen vergehen sollte, vermochten sie sich nicht ernsthaft vorzustellen. Die Position der Protestanten schien gefestigter denn je; ein Tor, wer jetzt, mitten im Türkenkriege, diese Position anzutasten wagte. Die Herren wären wachsamer gewesen, hätten sie gewußt, was der junge Ferdinand zu seinem Onkel Wilhelm von Bayern gesagt hatte: Lieber wolle er Land und Leute verlieren und im bloßen Hemde von dannen ziehen, als zu Bewilligungen sich verstehen, die der heiligen katholischen Religion nachteilig werden könnten.

Daß es ihm Ernst war mit diesen Worten, mußten die Protestanten im Dezember 1596 zur Kenntnis nehmen, als sie zusammenkamen, um ihren Huldigungseid zu leisten. Vorerst aber gedachten sie bei dieser Gelegenheit eine lange Liste ihrer Beschwerden vorzulegen und von dem jungen Fürsten zu fordern, all diese Ärgernisse abzustellen, wie sie ihn auch um die Zusage baten, sie bei ihrer bisherigen Übung der Augsburger Konfession ungehindert zu belassen, damit sie „desto fröhlicheren Gemütes zur vorhabenden Erbhuldigung schreiten möchten". Wohlweislich vergaßen sie auch nicht, auf den gefährlichen Krieg mit dem türkischen Erbfeind hinzuweisen und auf die damit verbundene Notwendigkeit, „alle Verbitterung der Gemüter aus dem Wege zu räumen". Die Herren waren wie vom Donner gerührt, als sie die Antwort vernahmen, die Ferdinand ihnen schriftlich erteilte: Dies alles stünde mit der Erbhuldigung in keinerlei Zusammenhang, allein um diese handle es sich jetzt, und er erwarte, die Stände würden „derlei Difficultäten beiseite stellen" und ohne Verzug die Huldigung leisten. In solchem Tone hatte der verstorbene Erzherzog Karl niemals mit ihnen zu sprechen gewagt. Also wollten sie in gleicher Münze zurückzahlen. Sie seien entschlossen, ließen sie den Erzherzog nun wissen, keinerlei Beschränkung ihrer Religionsfreiheit zuzugeben. Und wer ihr Bestreben anzufechten sich unterstehe, der greife in Gottes eigene Sache und in dessen Augapfel ein. Es war eben die Crux dieses traurigen Streites, daß beide Parteien die Sache Gottes zu vertreten meinten und glaubten, im Recht zu sein.

Ferdinand war zweifellos auf dem richtigen Wege, seine Widersacher mürbe zu machen. Denn bald begannen diese unter sich uneins zu werden. Die Prälaten und mit ihnen die Minderheit der katholischen Stände erwogen ernsthaft, die Versammlung zu verlassen. Wenn nicht ehestens eine Einigung zustande käme, drohten sie, würden sie Ferdinand separat die Huldigung leisten. Unter den protestantischen Ständen wurde noch hitzig gestritten. Einige wollten unter keinen Umständen nachgeben, die Mehrheit aber dachte in den Prinzipien der Legitimität. Durfte man das Odium auf sich nehmen, als Aufrührer zu gelten, indem man einem Erzherzog die Huldigung verweigerte? Der Arm des Hauses Habsburg reichte weit, und unerschöpflich waren seine Hilfsquellen. Das Erzhaus würde sich für die angetane Schmach zu rächen wissen. Später, versuchten sie sich Mut zu machen, werde noch Gelegenheit genug sein, um Ferdinand in den Arm zu fallen, wenn er es allzu arg mit den Bekennern des Evangeliums treiben wollte. Nach langer, hitziger Debatte fügten sie sich und erklärten ihre Bereitschaft, den Huldigungseid zu leisten. Es war die Tragik des innerösterreichischen Protestantismus, daß seine mächtigsten und einflußreichsten Bekenner, die Stände, ihre Religion zwar mit großen Worten und eindrucksvollen Denkschriften zu verteidigen wußten, zu einer energischen Tat aber sich niemals aufraffen konnten. Immer wieder wichen sie zurück und hofften auf die Zukunft, so lange, bis es zu spät war. Ferdinand behandelte sie nun überaus freundlich. Für den Montag nach Weihnachten wurden sie auf den fürstlichen Turnierplatz zum Ringelrennen eingeladen. Manchen Herren mochte es nicht recht wohl gewesen sein bei diesem fröhlichen Spiel.

Am 12. Dezember 1596 fand im großen Saale der festlich geschmückten Grazer Burg die Huldigungszeremonie statt. Vorerst schwur Erzherzog Ferdinand, die Stände des Fürstentums Steyer bei all ihren Rechten, Freiheiten und Gewohnheiten bleiben zu lassen, „als die von Alters Herkommen sind".

Gewissensfreiheit gehörte demnach nicht zu den Privilegien, die Ferdinand den Ständen zugestand. Die Stände aber schwuren „dem durchlauchtigsten Fürsten und Herrn Ferdinand als dem rechten und natürlichen Erblandesfürsten Treue und Gehorsam". Diese Treue würde bald auf eine harte Probe gestellt werden. Nach der Huldigung begab sich Ferdinand zum feierlichen Tedeum in die Domkirche. Dem wollten die protestantischen Stände lieber nicht beiwohnen. Und in der Tat hatte der Erzherzog weitaus mehr Ursache, Gott zu loben. Dennoch wurde der Tag festlich begangen. Die Trompeten schmetterten, und in ihren Schall mischte sich der Donner der Geschütze, die vom Schloßberg mit ihrem Salut den neuen Landesherrn begrüßten. Von allen Grazer Kirchtürmen klangen die Glocken. Sie läuteten den Untergang des innerösterreichischen Protestantismus ein. In einer stillen Kammer des Landhauses aber saß der Schreiber der protestantischen Stände über seinen Bericht von der Huldigung gebeugt. Und während von draußen der Lärm der Festlichkeiten hereindrang, schloß er seine Arbeit voll tiefem Pessimismus: „Bleib bei uns, Herr Jesu Christ, denn überall jetzt Abend ist."

Ferdinand hatte nun nichts mehr zu befürchten. Die Stände Kärntens und Krains folgten dem Beispiel, das die Steirer ihnen gegeben hatten. Da fiel es nicht ins Gewicht, daß die Kärntner darauf bestanden, beim heiligen Evangelium ihre Treue zu beschwören, während der Erzherzog lieber bei allen Heiligen gelobte, ihre angestammten Rechte nicht anzutasten. Die Wirkung war die gleiche: Die ständische Bewegung Innerösterreichs hatte eine Niederlage erlitten. Bald würde die nächste folgen.

Nach der so glücklich erlangten Huldigung begab sich Ferdinand nach Prag zum Kaiser. Diesmal wurde er sofort empfangen und mit dem Orden des Goldenen Vlieses ausgezeichnet. Doch war dies nur der äußere Anlaß seines Besuches. Man beriet hinter verschlossenen Türen. Nun sei es an der Zeit, meinte Ferdinand, mit den Protestanten härter zu verfahren. Denn die neue Lehre führe dahin, daß das Ansehen des Landesfürsten immer mehr herabgesetzt werde und die Landleute mit dem Gedanken sich vertraut machten, es den Niederländern und Schweizern gleichzutun. Die kaiserlichen Räte hegten Bedenken. Ferdinand solle doch überlegen, mahnten sie, ob die Zeitverhältnisse seinem Unternehmen auch günstig seien. Leicht könne er nämlich durch vorschnelles Handeln der katholischen Religion noch größeren Schaden bereiten, sich selbst aber der Gefahr aussetzen, Land und Leute zu verlieren. Groß sei die Zahl der protestantischen Adeligen, sie seien in Verbindung mit ihren Standesgenossen in den übrigen habsburgischen Erbländern, dürften auch auf Unterstützung aus dem Reiche zählen. Dann sei da noch der Türkenkrieg. Er fordere Anstrengungen, die bei offenem Zwist gelähmt würden. Gleichfalls stände zu befürchten, daß die arglistige Nachbarin, die Republik Venedig, jede innere Störung in den Ländern des Erzherzogs sich zunutze machen würde. Die braven Räte hatten keine Mühe gescheut, Ferdinand vor dem kühnen Vorhaben zu warnen. Er aber wußte es besser und gebrauchte ein Argument, das schwer zu widerlegen war: Es gehe hier um die Sache Gottes und der Religion, und deswegen werde der Allmächtige seine Hilfe bei diesem Vorhaben nicht versagen.

Annales Ferdinandei

Beinahe jede Epoche hat einen ihr adäquaten Geschichtsschreiber gefunden. Wie der altgriechische Historiker Thukydides den peloponnesischen Krieg zwischen Athen und Sparta beschrieb, mit all der Meisterschaft, die der hohen kulturellen Blüte seines Volkes entsprach, oder der Historiker Publius Cornelius Tacitus die Intrigen der römischen Cäsaren des 1. nachchristlichen Jahrhunderts mit bitterem Sarkasmus geißelte, hat der Kärntner Graf Franz Christoph Khevenhüller die Zeit Ferdinands II. beschrieben. In der Qualität seiner Darstellung konnte sich Khevenhüller natürlich mit seinen großen antiken Vorbildern nicht messen, wohl aber übertrifft er sie im Umfang des Geschriebenen um ein Vielfaches. Sein Hauptwerk, die Annales Ferdinandei, umfaßt zwölf dicke Foliobände. Daneben versuchte er sich noch an einer Selbstbiographie und an einer Lebensbeschreibung Wallensteins, der wie kein zweiter die Gemüter der Zeit bewegte.

Khevenhüller war ein Zeitgenosse Wallensteins und Ferdinands II. und ein überaus honoriger Mann, was sich aus seinen vielen Titeln leicht erkennen läßt: Oberster Erblandstallmeister in Kärnten und Generaloberster der windisch-kroatischen Grenze, Vorschneider, oberster Silberkämmerer und Geheimer Rat der römischen Kaiser Matthias und Ferdinand II. Anders als sein Vater Bartholomäus Khevenhüller, der es mit den protestantischen Ständen hielt und als einer ihrer Wortführer galt, war Franz Christoph Katholik, Parteigänger der Habsburger und unerschütterlich in seiner Treue zu diesem Herrscherhaus. Den Botschafterposten in Madrid versah er vierzehn Jahre lang zur besten Zufriedenheit seiner Auftraggeber, doch mußte er in seinem Amt manche bitteren Stunden erleben, was ihn aber in seiner Treue zu Ferdinand II. nicht wankend werden ließ. Die kaiserlichen Finanzbürokraten vergaßen nämlich, dem Herrn Botschafter ein anständiges Gehalt auszuzahlen, ein Schicksal, das in diesen verworrenen Zeiten manch treuem Diener des Hauses Habsburg widerfuhr. Er habe seinen Hausrat und seine Kleinodien verkauft, ja seine Kleider versetzen müssen, schrieb Khevenhüller klagend an Ferdinand, und nun wisse er oft nicht, wo er für die Seinen einen Bissen Brot finden könne. Dies waren nur die Nachteile seines Botschafterdaseins, er zog auch Vorteile daraus: Kraft seiner Stellung hatte er Zugang zu amtlichen Dokumenten, die er fleißig für sein Geschichtswerk benützte.

Der Weg zum Geschichtsschreiber war ihm vorgezeichnet. Auch Vater und Großvater Khevenhüller hatten sorgsam aufgeschrieben, was sich in der Welt Merkwürdiges zugetragen hatte. Franz Christoph kannte die weite Welt. In seiner Jugend hatte er in Italien studiert und war dann auf einer Kavalierstour bis nach Brüssel und London gekommen. Als der junge Mann von seiner weiten Reise zurückgekehrt war, legte Vater Bartholomäus, alt und schwach geworden, das begonnene Geschichtswerk in die Hände seines Sohnes: „Du wirst dich mit diesem Werk bei deinen Nachkommen unsterblich machen und selbst daraus großen Nutzen schöpfen", sagte der greise Vater, indem er seinen Sohn segnete: „Der Allmächtige verleihe, daß alles zu seinem Lobe, zu deines Herrn, deines Vaterlandes und eigenem Nutzen gedeihe und du es viele Jahre continuieren mögest."

„Mit dieser Benediction", so Franz Christoph über sich selbst,

„ist Herr Khevenhüller verreist und seines Vaters Ermahnung treulich nachkommen, wie aus der Continuation der Histori zu lesen."

Vorerst aber hinderten den jungen Khevenhüller noch private Sorgen an der Erfüllung des väterlichen Auftrages, und mit dem Geschichtswerk wollte es nicht so recht vorwärtsgehen. Eben damals hatte er sich nämlich in die schöne Barbara von Teufel verliebt, deren Vater jedoch von einer Heirat nichts wissen wollte. Vier Jahre machte Franz Christoph der jungen Dame geduldig den Hof, ohne mit seinen Werbungen beim alten Herrn Teufel erhört zu werden. Da entführte er kurzerhand Barbara mit ihrem Einverständnis, und noch am selben Tage wurde im Hause Khevenhüller die Hochzeit gefeiert. Diese Händel, die langwierige Werbung um Barbara, die Streitigkeiten mit dem starrsinnigen Schwiegervater, beschrieb Khevenhüller in seiner Selbstbiographie. Was aber in der weiten Welt vorging, an deren Geschehen er regen und aktiven Anteil nahm, schrieb er in seinen Annales Ferdinandei nieder, weitschweifig und umständlich, nach Art der Diplomaten in dieser Zeit, dennoch aber nicht uninteressant und mit enormer Kenntnis der Details. Monumental wie das gesamte Werk ist auch der Titel: „Annales Ferdinandei oder wahrhaffte Beschreibung Kaysers Ferdinandi des Andern mildesten Gedächtniß, Geburth, Aufferziehung und bißhero in Krieg und Friedenszeiten vollbrachten Thaten, geführten Kriegen und vollzogenen hochwichtigen Geschäfften samt kurtzer Erzehlung deren in der gantzen Welt von höchstgedachter Kayserl. Majestät Geburthen biß auf derselben seeligsten Hintritt, das ist von Anfang des 1578. biß auf das 1637. Jahr vorgelauffenen Handlungen und denckwürdigen Geschichten." Er wollte also eine Universalgeschichte schreiben, verbunden mit einer Lebensbeschreibung Ferdinands II. Es wurde aber eher eine Chronik nach Art der mittelalterlichen Geschichtsschreiber, eine bunte Aufzählung höchst unterschiedlicher Begebenheiten, ein Gemälde der Zeit mit ihren blutigen Kriegen, politischen Intrigen und pompösen Festlichkeiten.

Dennoch sind die Annales Ferdinandei in Stil und Inhalt charakteristisch wie kein zweites Geschichtswerk dieser Epoche. Khevenhüller erzählt von prachtvollen Festen mit genau der gleichen liebevollen und zugleich umständlichen Ausführlichkeit wie von grausamen Folterungen und Hinrichtungen, an denen sich seine Leser auch in der rauhen Wirklichkeit mit Vorliebe zu delektieren pflegten. Über alldem, was ihm als „denkwürdige Geschichte" erschien, verschwieg der Verfasser aber manches, was moderne Historiker weit mehr interessieren würde. So hat Khevenhüller über die Beziehungen zwischen den Höfen von Wien und Madrid nur recht allgemein gesprochen, obwohl er als Botschafter gewiß Einblick gehabt hat.

Mit seinem Gönner und Helden seines Geschichtswerkes wußte sich der Graf eines Sinnes. Ebenso wie Ferdinand war er ein Freund der Jesuiten und ein entschiedener Gegner des Protestantismus. In den Annales Ferdinandei treten die Protestanten meist als Schelme und Bösewichte auf, während „Kaiser Ferdinand", wie er ihn schon als jungen Erzherzog zu nennen pflegt, immer das Rechte tut. Khevenhüller gehörte zum engeren Kreis der Paladine des Kaisers, wenn er auch nie auf Regierung und Verwaltung größeren Einfluß nahm. Aber er hielt stets seine Ohren offen und erfuhr dort manches, was er in seinen Annalen verwerten konnte. An diesem riesigen Werk hat Khevenhüller bis zu seinem Tode im Jahre 1650 gearbeitet, ohne es vollenden zu können, ein unermüdlicher Sammler von Quellen und fleißiger Kompilator. Bei Tag und Nacht, sagte er von sich selbst, habe er viel Zeit, Sorge und Mühe, aber auch Unkosten für sein Werk aufgewendet. Er beschäftigte Agenten, die neue Quellen aufstöbern, bereits bekannte ihm beibringen mußten. Er korrespondierte mit bedeutenden Persönlichkeiten, Diplomaten und Wissenschaftern. Den Johannes Kepler ersuchte er um Stammbücher und Genealogien, die dieser noch aus seiner Grazer Zeit in Verwahrung hatte. Dennoch unterliefen ihm manche Irrtümer. Was er über den Bruderzwist im Hause Habsburg, über die Böhmische Revolution des Jahres 1618 und über Wallensteins Glück und Ende zu erzählen wußte, hat der Genauigkeit moderner Forschungsmethoden nicht recht standhalten können. Khevenhüller mag es geahnt haben, wenn er in der Vorrede zu den Annalen schrieb: „Der errores, muß ich bekennen, werden viele sein; wer aber meine Dienstgeschäfte, meine Reisen kennt, wird mich entschuldigt halten und meine mehr für die Posterität als für mich angelegte Mühe im Guten aufnehmen!"

Von der Kindheit und Jugend Ferdinands hat Khevenhüller kaum mehr als flüchtige Daten überliefert, und nichts erzählt er von dem Unheil, das im Jahre 1598 seinem Vater widerfuhr: Bartholomäus Khevenhüller war damals als Wortführer einer Protestdelegation der evangelischen Stände nach Graz gereist und dort von Erzherzog Ferdinand so lange in den Arrest gesteckt worden, bis er seinen Protest sein ließ und sogar einwilligte, einen katholischen Pfarrer auf seinen Gütern zu dulden.

Damals war Franz Christoph erst zehn Jahre alt. Das Mißgeschick des Vaters aber mag dazu beigetragen haben, daß der Sohn die Zeichen der Zeit erkannte, als Katholik und treuer Diener Ferdinands II. eine erstaunliche Karriere machte und als loyaler Biograph alles niederschrieb, was er von seinem Gönner und Brotherrn Gutes erfuhr, das Schlechte aber lieber verschwieg oder mit ein paar nichtssagenden Floskeln überging. Dennoch ist Khevenhüllers Werk bedeutend, nicht nur seines Umfanges wegen, sondern weil es ein imposantes Denkmal der Zeit ist in all ihrer Unzulänglichkeit, Grausamkeit, Streitsucht, aber auch in ihrem Heldentum, ihrem positiven Idealismus, ihrer Geistigkeit und ihrem Fleiß.

Die italienische Reise

Den innerösterreichischen Protestanten wurde noch eine Frist gewährt. Bevor Ferdinand durchführte, was er sich vorgenommen hatte, reiste er nach Italien.

Solche Kavalierstouren waren unter den jungen Adeligen dieser Zeit groß in Mode. Man lernte fremde Länder kennen und erweiterte seine Bildung. Bei Ferdinands Italienreise aber stand das Streben nach Weitung seines geistigen Horizontes ein wenig im Hintergrund. Er wollte eine Pilgerreise unternehmen, die heiligen Stätten Roms besuchen, dem Oberhaupt der katholischen Christenheit seine Aufwartung machen und im Gnadenort Loreto die Gottesmutter um Beistand anflehen für sein Bekehrungswerk, das durchzuführen er trotz aller Warnungen fest entschlossen war. Es hat diese Reise die Gemüter der Historiographen bis lange nach Ferdinands Tod beschäftigt. Er habe zu Rom, so die allgemeine Meinung, dem Papste feierlich gelobt, die Rekatholisierung seiner Länder kompromißlos durchzuführen; ein Irrtum, dem auch Franz Christoph Khevenhüller in seinen Annalen erlag. Tatsächlich traf jedoch Ferdinand den Papst nicht in Rom, sondern in Ferrara. Und eines feierlichen Gelübdes bezüglich der Bekehrung seiner Untertanen bedurfte es nicht. Man sprach über ganz andere Dinge: Ob der zwölfjährige Erzherzog Leopold, Ferdinands Bruder, mit päpstlicher Dispens Bischof von Passau werden könne, und wie groß die Türkenhilfe sei, die der Heilige Vater zur Verteidigung der Grenzen Innerösterreichs beizusteuern bereit war. Dafür brauchte Ferdinand den Papst. Was er aber mit den Protestanten in seinen Ländern plante, das hatte er mit seinem Gott abgemacht. Und nur Gott allein hätte ihn davon abbringen können.

Ferdinand reiste inkognito unter dem schlichten Namen eines Grafen von Cilli, und er reiste mit verhältnismäßig kleinem Gefolge: Samt Dienerschaft begleiteten ihn etwa vierzig Personen, darunter Hans Ulrich von Eggenberg, ein gewandter Jurist und schlauer Finanzmann, mit dem der junge Erzherzog eine Freundschaft für das ganze Leben schloß, und der Geheimschreiber Peter Casal, ein enger Vertrauter der Erzherzogin Maria, dem wir viele anschauliche Berichte über diese Reise verdanken. Mit von der Partie waren auch der Nuntius Hieronymus Graf Portia und der Beichtvater Bartholomäus Viller. Man reiste in Kutschen, und die Stimmung war ausgezeichnet. Erstes Reiseziel war Venedig. Mit den Beziehungen zwischen der stolzen Markusrepublik und dem Grazer Hof stand es nicht zum besten, da die Venezianer die freie Schiffahrt auf der Adria hinderten und einer gedeihlichen Entwicklung der unter habsburgischer Herrschaft stehenden Häfen, vor allem Triests, im Wege waren. Dann gab es noch das leidige Problem mit den Uskoken, wilden Gesellen, die an der dalmatinischen Küste als habsburgische Untertanen siedelten und als Seeräuber den venezianischen Handel empfindlich störten. Dennoch empfingen die Venezianer ihren Besucher aus dem Nachbarland mit ausgesuchter Höflichkeit. Doch der wollte ihre Gastfreundschaft nicht in Anspruch nehmen. Die höchste Ehre, so ließ er wissen, würde man ihm damit erweisen, wenn er, ohne daß man ihn kennen möchte, die Stadt in Ruhe besehen könne. Denn er sei als einfacher Reisender erschienen, nicht als Fürst. Die Signoria, erfahren in der Kunst der Diplomatie, beeilte sich, Ferdinands Wunsch zu respektieren, so daß er, von offiziellen Verpflichtungen unbehelligt, die Reize der Lagunenstadt genießen konnte. Er fuhr mit einer Barke durch das Labyrinth der Kanäle, besuchte den Markusdom und auch das Arsenal, wo die Republik es sich nicht nehmen ließ, ihn mit einem Gastmahl zu ehren.

Das Fest Christi Himmelfahrt fiel im Jahr 1598 auf ein frühes Datum, auf den 30. April. Alljährlich an diesem Festtag war es in Venedig Brauch, daß der Doge, der höchste Beamte der Republik, einen goldenen Ring in die Fluten der Adria versenkte, als Zeichen der Vermählung mit dem Element, auf dem die Stärke und Bedeutung der Seemacht Venedig von alters her beruhte. Bei diesem Fest wollten natürlich auch Erzherzog Ferdinand und sein Gefolge nicht fehlen. Des Erzherzogs Barke fuhr nahe der goldstrotzenden venezianischen Staatsgaleere, so daß der Doge ihm einen Gruß zunickte, den Ferdinand durch Entblößung seines Hauptes auf das höflichste erwiderte. Den Dogen besuchte er dann am folgenden Tag, dem 1. Mai, und trotz des inoffiziellen Charakters, den dieser Besuch trug, gaben dem Erzherzog dreißig Senatoren das Geleit, alle in scharlachrote Gewänder gekleidet.

Die Höflichkeit kannte keine Grenzen. Es erging der Befehl, Ferdinand und seinem Gefolge auf ihrem Weg durch das Gebiet der Republik alle nur erdenkliche Aufmerksamkeit zu erweisen, überall sie gastfrei zu halten. Den Pferde- und Wagenverleihern wurde gar bei Strafe des Stranges verboten, die Stadt zu verlassen, damit der Erzherzog an der Weiterreise in keiner Weise gehindert sei. „Die Venezianer", berichtete ein Begleiter Ferdinands nach Graz, „haben sich in aller Weise zuvorkommend erzeigt; wäre ihr Herz ebenso beschaffen, dürften sie wohl als gute Nachbarn gelten."

Am Morgen des 3. Mai 1598 brach Ferdinand von Venedig auf und langte am Abend desselben Tages in Padua an. Vier Tage verweilte er dort. Eifrig besuchte er die zahlreichen Kirchen und das Grabmal des heiligen Antonius. Die blühende Universität aber, damals wohl die führende Stätte der Wissenschaft in Europa, wo kein Geringerer als Galilei lehrte, interessierte den Fürsten nicht.

Am 8. Mai reiste er weiter nach Ferrara. Diese Stadt war reich geschmückt mit Fahnen, Girlanden und Triumphbögen, denn am selben Tage hatte hier Papst Clemens VIII., der neue Landesherr, seinen Einzug gehalten. Die Gastfreundschaft des Papstes mochte Ferdinand nicht ausschlagen. Unmittelbar nach seiner Ankunft, noch „in Stiefeln und Sporen", erschien er beim Heiligen Vater, der ihn, so wird berichtet, wie einen Sohn empfing und sich beim Anblick des jungen Habsburgersprosses, auf dem so viele Hoffnungen ruhten, sich der Freudentränen nicht schämte. Auf den Tag nach Ferdinands Ankunft fiel das Pfingstfest. Er feierte die Messe des Papstes in der Kapelle des Palastes mit, durfte dem Heiligen Vater das Handtuch reichen und empfing aus seiner Hand die Kommunion. Beim Mittagessen speiste Clemens VIII. zwar an einem gesonderten Tisch, wie es seiner Würde entsprach, doch war dieser Tisch nahe zu dem seines Gastes gerückt, so daß die Herren bequem Konversation pflegen konnten. Ausgezeichneter und ehrenvoller hätte selbst der Kaiser nicht behandelt werden können, wurde der Erzherzogin Maria berichtet. Das ging so weit, daß am Abend der Befehlshaber der Stadtwache bei Ferdinand erschien, um sich von ihm die Losung für die bevorstehende Nacht geben zu lassen. „Der gnädigste Herr", schrieb ein Edelmann aus Ferdinands Gefolge nach Hause, „ist sogar Stadthauptmann geworden." Die frohe Stimmung aber wich bald darauf panischem Entsetzen: Ein Teil des päpstlichen Palastes stand in Flammen. Ein Feuerwerk, unvorsichtigerweise in unmittelbarer Nähe des Gebäudes abgebrannt, hatte die Dachsparren entzündet. Unter dem Gewicht einer Glocke brach der Dachstuhl eines Turmes zusammen und verschüttete an die vierzig Personen. Nur mit Mühe wurde ein noch größeres Unglück verhindert, als die Flammen auf ein Pulvermagazin überzugreifen drohten.

Am folgenden Morgen ließ Papst Clemens besorgt bei seinem Gaste sich erkundigen, wie er die Schreckensnacht überstanden habe. Der Heilige Vater brauchte sich nicht zu sorgen. Ferdinand und sein Gefolge waren heil geblieben, und es gefiel ihnen beim Papste so gut, daß sie noch weitere fünf Tage in Ferrara verweilten. Der Abschied war dann überaus herzlich. Der Papst:

Er wünsche, daß Ferdinand der erste Fürst der Welt werden möge. Dieser erwiderte: „Das, Heiliger Vater, begehre ich selbst nicht. Mein einziger Wunsch beschränkt sich darauf, Euer Heiligkeit und dem päpstlichen Stuhl stets mich dienstlich erweisen zu können." Das war nicht nur eine Höflichkeitsfloskel, er meinte es ehrlich.

Ferdinands Reise durch den Kirchenstaat glich einem Triumphzug. Überall, wo er hinkam, begrüßten ihn Trompetenschall, Geschützdonner, fahnengeschmückte Stadttore. Dies war gar nicht nach seinem Geschmack. Das Salutschießen, schrieb er nach einem Besuch beim Herzog von Urbino, habe ihm schier den Appetit zum Gastmahl verdorben. Lieber hätte er sein Inkognito gewahrt, doch die Höflichkeit der Italiener ließ dies nicht zu. Seine üble Laune besserte sich rasch, als er nach Loreto kam. Er beichtete, empfing die Kommunion, inspizierte auch den Kirchenschatz und sah zu, wie einer Besessenen der Teufel ausgetrieben wurde. Das arme Geschöpf sei sehr still gewesen, berichtete Ferdinand, doch habe sich der böse Geist wohl spüren lassen. Der Dämon wurde vorerst einmal gezwungen, seinen Namen zu verraten, der lautete Insalata, doch hartnäckig, wie er war, wollte er von dem Mädchen nicht so schnell lassen. Schließlich, nach langen Bemühungen, hatte der Exorzismus dann doch die gewünschte Wirkung: Unter gräßlichem Geschrei suchte der Dämon das Weite. Mit der vom Banne des bösen Geistes Befreiten unterhielt sich der Erzherzog persönlich, und zu seiner Freude konnte er aus ihrem eigenen Munde erfahren, daß sie nunmehr vom Teufel wirklich erlöst sei.

In Loreto, so wird berichtet, soll Ferdinand auch das Gelübde getan haben, alle seine Untertanen, wenn notwendig mit Gewalt, wieder in den Schoß der römischen Kirche zurückzuführen. Man darf die Nachricht glauben, ihr aber nicht die große Bedeutung beimessen, die ihr frühere Historiographen beimaßen. Sein Entschluß stand fest, lange bevor er nach Italien aufbrach. Das Quartier in Loreto war schlecht, doch erwies sich der Erzherzog als braver Wallfahrer. „Ihre Durchlaucht mußten aber Geduld tragen und gedenken, sie wären auf einer Wallfahrt begriffen, auf welcher dem Pilger Gottes Gutes und Schlimmes widerfährt." Der Mutter brachte er aus Loreto ein Geschenk, wie es fromme Leute nach vollbrachter Pilgerfahrt gern mitzubringen pflegen: geweihte Rosenkränze.

Die Reise ging weiter nach Süden, der Ewigen Stadt zu. In Castelnuovo ließ Ferdinand sein Gefolge zurück und eilte auf Postpferden weiter. Am Abend des 24. Mai 1598 langte er in Rom an. Er nahm sein Quartier nicht im päpstlichen Palaste auf dem Quirinal, wo alles zu seinem Empfang vorbereitet war, sondern bei den Jesuiten. Den Relikten heidnischer Vergangenheit widmete er, frommer Pilger, der er war, nur geringe Aufmerksamkeit. Er stieg für kurze Zeit auf das Kapitol, besuchte flüchtig auch das Flavische Amphitheater, wo er ehrfürchtig verharrte, weil hier so viele Christen den Märtyrertod erlitten hatten. Den Großteil seiner knappen Zeit aber widmete er den vielen Kirchen. Überall empfing ihn die Geistlichkeit auf das freundlichste. Er durfte die großen Heiligtümer und Kirchenschätze schauen, die dem gewöhnlichen Volke nur an hohen Festtagen gezeigt wurden. Er besuchte St. Johann im Lateran, plagte sich auch nach altem Pilgerbrauche mit seinem ganzen Gefolge auf Knien die vielen Stufen der Heiligen Treppe empor. Bei St. Sebastian stieg er in die Katakomben hinab, begleitet vom Geheimschreiber Peter Casal. Der wußte über diesen Besuch Schauerliches zu berichten: „Es gehen hin und wieder solche Gruft so weit, daß die Personen, die zum Sehen hineingegangen, dort verloren wurden. Aber hernach hat man einen Teil vermauern lassen und etliche finstere Gäng verhindert. Viel heilige Leiber und Gebein sind noch darinnen vorhanden."

Ein ganzer Tag war der Besichtigung des Vatikans vorbehalten. Die herrlichen Kunstschätze, Raffaels Stanzen oder die Fresken der Sixtinischen Kapelle machten auf Ferdinand und seine Begleiter wenig Eindruck. Die altehrwürdigen Bibeln und Meßbücher der Vatikanischen Bibliothek hingegen fanden den Beifall der Besucher. Peter Casal: „Ich hätte viele Lutherische dabei gewünscht, ich mein, sie würden in Anschauung der uralten Meßbücher und der Altväter rechten unverfälschten Evangelisch Text wegen zu Schanden werden." Nachdem Ferdinand am folgenden Tage, dem 29. Mai, noch einige Kirchen und die Gärten des Quirinal aufgesucht hatte, glaubte er genug gesehen zu haben von dem, was die Hauptstadt der katholischen Christenheit an Sehenswertem bot, und trat die Heimreise an. Er nahm seinen Weg über Siena und Florenz, wo er im Palazzo Pitti als Gast des Großherzogs Quartier nahm. Dieser tat alles, um seinem Besucher den Aufenthalt so angenehm wie möglich zu gestalten. Im großherzoglichen Theater wurde zu Ferdinands Unterhaltung ein Singspiel aufgeführt, eines von der neuen Art, mit Arien und Rezitativen dazwischen, wie es von Italien aus bald seinen Siegeszug um die ganze Welt antreten sollte. Des Erzherzogs Begleitung fand mehr Vergnügen an den Ringelrennen und Tierhetzen. Da wurden einmal mehrere Löwen auf einen Ochsen losgelassen, doch zum Bedauern des Publikums hatten die stolzen Wüstenkönige nicht den rechten Appetit, so daß der Ochse unversehrt die Arena wieder verlassen konnte. Bei soviel Kurzweil verging die Zeit wie im Fluge, und die Heimkehr verzögerte sich um mehrere Tage; Grund genug für Ferdinand, um seiner Mutter einen demütigen Entschuldigungsbrief zu schreiben: „Ich bitt Eure Fürstliche Durchlaucht um Gottes Willen, seid halt nicht zornig auf mein Ausbleiben, mir ist von Herzen leid." Er war nun schon zwanzig Jahre alt, regierender Landesherr in Innerösterreich, er kannte keine Furcht, wenn es gegen die mächtigen protestantischen Barone ging.

Dennoch nahm die Heimreise noch einige Zeit in Anspruch. In Graz freuten sich auf seine Rückkehr nur die Katholiken, die Protestanten ahnten Böses. Johannes Kepler, Landschaftsmathematikus und Lehrer an der ständischen Schule im Eggenberger Stift zu Graz, schrieb am 11. Juni 1598 an einen Freund, daß die Heimkehr des Erzherzogs mit Bangigkeit erwartet werde. Vor einem Jahr, im Frühsommer 1597, hatte sich Kepler noch weniger Sorgen um seine Zukunft gemacht: „Auch werde ich dieses Land wohl kaum je verlassen, außer es tritt ein öffentliches oder ein persönliches Unglück dazwischen; ein öffentliches, wenn nämlich für den Lutheraner das Land nicht mehr sicher wäre."

Das Unheil kam schneller, als Kepler und seine Glaubensgenossen es gedacht hatten. Am 9. Juni 1598 war Ferdinand noch in Bologna. Zu Ende des Monats traf er wieder in seiner Residenzstadt ein. Die große Kraftprobe mit den Protestanten konnte beginnen.

Religionis Reformatio

Wer von den Räten des Erzherzogs die These vertrat, daß zweierlei Religion dem inneren Frieden schädlich sei, ja zu Aufruhr und Rebellion führen könne, fand sich durch mehrere unliebsame Ereignisse bestätigt: In der landesfürstlichen Stadt Radkersburg (Steiermark) wurde eine Kommission, die einen katholischen Pfarrer einsetzen wollte, von den lutherischen Bürgern mit großem „Schimpf und Spott" davongejagt. Im Kärntner Wallfahrtsort Maria Saal hatten sich Lutheraner unter die frommen katholischen Pilger gemischt. Mitten im Gottesdienst fingen sie an zu pfeifen und zu johlen, fielen über die Mädchen und Frauen her, rissen ihnen die Kleider vom Leibe oder banden ihnen die Röcke über den Köpfen zusammen und trieben sie ins Freie hinaus. In Wolfsberg (Kärnten) mußten zwei Jesuiten, die friedlich des Weges kamen, vor dem aufgebrachten Pöbel in den nahen Wald fliehen. Doch auch die Katholiken ließen ihre protestantischen Widersacher nicht immer in Ruhe: Die Grazer Prädikanten klagten über die „jesuitischen Studenten", die ihnen Steine nachwarfen oder ihre Predigten mit Zwischenrufen wie „Pfaff, du lügst!" empfindlich störten. Meist aber waren es katholische Priester, denen vom protestantischen Volk übel mitgespielt wurde. Selbst der päpstliche Nuntius bekam am eigenen Leibe die feindselige Stimmung zu spüren, die man den Vertretern der römischen Kirche in Innerösterreich entgegenbrachte. Es geschah wohl aus Unkenntnis der verworrenen Verhältnisse im Lande, daß er auf seiner Reise nach Bayern ausgerechnet in Eisenerz (Steiermark) Quartier nahm. Dort gab es nämlich seit langem eine evangelische Gemeinde. Die Bergknappen, die am Erzberg in harter Arbeit das eisenhältige Gestein förderten, mußte man möglichst bei guter Laune halten, denn das Bergregal war eine wichtige Einnahmsquelle des landesfürstlichen Fiskus. Erzherzog Karl hatte daher die Bergleute in ihrem Eifer für die Augsburgische Konfession nicht ernsthaft gestört, solange sie nur recht fleißig zum Wohle der landesfürstlichen Finanzen arbeiteten. Die Dinge änderten sich unter Erzherzog Ferdinand. Der war solch kommerziellen Erwägungen nicht zugänglich. Die Eisenerzer Knappen, ein mit Recht stolzer und selbstbewußter Menschenschlag, forderten den Zorn des Landesfürsten auch noch heraus, indem sie den katholischen Pfarrer verjagten und einen Lutheraner an seine Stelle setzten, wobei gleich an die zweitausend schwuren, von diesem Prädikanten unter keinen Umständen zu lassen, durch wen immer sie deswegen angegangen werden sollten.

Der Nuntius hatte sich in seiner Herberge bereits zur Ruhe begeben, „da schmeckten die Eisenerzer einen Papisten" und rotteten sich vor dem Wirtshaus zusammen, bewaffnet mit „Hellebarden, Spießen, Büchsen und anderen Wehren". Vom Fourier des Nuntius begehrten sie zu wissen, wer der fremde Gast sei. Der gebrauchte eine Notlüge: Der Fremde, suchte er die aufgebrachte Menge zu beschwichtigen, sei ein weltlicher Herr aus Italien, der im Auftrage des Erzherzogs Ferdinand reise. Den Namen des Landesfürsten hätte des Nuntius Diener lieber nicht erwähnen sollen, denn sogleich tönten Schmährufe gegen den Erzherzog aus der Menge; er solle nur kommen, riefen sie, man würde sich und die Religion schon zu verteidigen wissen. Der Fourier sah ein, daß Ausflüchte nichts halfen. Flink ließ er daher für seine lästigen Besucher Wein auftragen und bewirtete die ungebetenen Gäste so reichlich, daß sie den Zweck ihres Kommens völlig vergaßen und einige der Zecher beim Nachhausegehen sogar ihre Hellebarden und Spieße liegenließen. Der Nuntius aber zog es dennoch vor, im Schutze der Nacht aus Eisenerz zu fliehen.

Die Geschichte von den trinkfreudigen Eisenerzer Protestanten überliefert Propst Jakob Rosolenz in einem Traktat aus dem Jahre 1607, als diese Ereignisse schon ein Jahrzehnt zurücklagen. Rosolenz war gewiß kein Freund der Protestanten, doch er schöpfte aus verläßlichen Quellen. Von der Grazer Regierung wurde denn auch sofort der Geheime Rat Kugelmann als „landesfürstlicher Kommissarius" nach Eisenerz entsandt, um die Vorfälle zu untersuchen. Mit Feuereifer, so wird berichtet, unterzog sich der Kommissarius seiner Aufgabe und begab sich eilends an den Ort des Geschehens. Der Empfang dort war anders, als er ihn sich vorgestellt hatte: Die Eisenerzer drängten in Massen in die Herberge, wo er abgestiegen war. Nicht einmal eine Erfrischung gönnten sie ihm und stellten spöttische Fragen nach dem Befinden des Erzherzogs. Ob er etwas Neues bezüglich der Religion vorhabe? Er solle nur kommen, sie wüßten schon die rechte Antwort zu geben. Den armen Kommissär ließen sie kaum zu Wort kommen. Je eindringlicher er sie vor solcher Beleidigung Gottes und der Obrigkeit warnte, desto kecker wurden seine Widersacher. Drei Stunden währte das Spiel, ehe man zum Abschluß den erschöpften Abgesandten auf eine elende Schindmähre setzte und zum Tor hinausjagte. „Haben ihn überaus verächtlich und mit höchster Gefahr seines Leibes und Lebens tractiert", wußte Franz Christoph Khevenhüller über Kugelmanns Unglück zu berichten. Die Kunde vom kläglichen Mißerfolg des Kommissarius verbreitete sich mit Windeseile. In Graz freuten sich die Protestanten. Der Satan möge nur toben, sagten sie, jetzt zeige sich, daß man das heilige Evangelium zwar drücken, nicht aber unterdrücken könne.

Was die Eisenerzer gewagt hatten, grenzte an Rebellion. Zwar war dem erzherzoglichen Kommissär kein Leid geschehen, die landesfürstliche Autorität aber war aufs schwerste beleidigt worden. Nahm die Regierung diese Herausforderung hin, dann war es um den letzten Rest ihres Ansehens geschehen. Die Dinge harrten einer Lösung. Allein durch administrative Maßnahmen aber, so hatte die Eisenerzer Affäre gezeigt, konnte man jetzt schwerlich mehr zum Ziele kommen.

Ferdinand war nach seiner Rückkehr aus Rom mehr denn je entschlossen, den Protestantismus in die Schranken zu weisen, nicht weil er es mit dem Papste so abgemacht oder der Gottesmutter in Loreto ein Gelübde abgelegt hatte. Die Zeitgenossen glaubten dies, wie denn überhaupt Gerüchte manchmal leichter Glauben finden als die Wahrheit. Die Ursachen lagen tiefer: Ferdinand war von Jugend an auf dieses Ziel hingewiesen worden mit all dem Fanatismus, der zu dieser Zeit üblich war. Er kannte kein anderes. Wie aber sollte er es anstellen, um zum gewünschten Erfolg zu kommen? Der junge Erzherzog wandte sich hilfesuchend an seine Geheimen Räte. Unleugbar war es höchst gefährlich, den Zorn der Protestanten gerade jetzt herauszufordern. Ob nicht ein günstigerer Zeitpunkt abgewartet werden solle, gaben sie daher zu bedenken, da man doch derzeit von neuen Rüstungen des Sultans höre. Ob nicht durch neuerliches Diskutieren eine Annäherung der gegensätzlichen Standpunkte zu erzielen wäre? Viele Kommandostellen im Heer seien von Protestanten besetzt. Die würden wohl schwerlich ruhig zusehen, wenn man ihren Glaubengenossen zu Leibe rückte. Sollte man zu dem Krieg mit den Türken noch das Unheil eines Bürgerkrieges heraufbeschwören? Im Halbdunkel des Beichtstuhles wirkten die Jesuiten. Sie waren gegen jedes Zögern. Konnte man es noch länger hinnehmen, daß so viele Seelen zur Hölle fuhren? Lud da Ferdinand nicht schwere Schuld auf sich? Es drängte ihn auch die Mutter. Ihr vor allem wollte er gerne gehorchen, doch seine Räte warnten, und er wußte noch immer nicht, wie er es anfangen sollte. Die lutherischen Prädikanten einfach aufzuhängen, wie ihm die Mutter allen Ernstes riet, schien doch nicht das rechte Mittel zu sein. Viel besser war der Rat, den der Bischof Stobäus ihm am 20. August 1598 erteilte. Georg Stobäus von Palmburg, Bischof von Lavant, war ein verständiger, vielbelesener Mann und ein kompromißloser Gegner der Protestanten. Ferdinand hörte gern auf seinen Rat, und selbst die Erzherzogin Maria, die zumeist den Einflüsterungen ihrer jesuitischen Berater Gehör zu geben pflegte, schätzte die Weisheit des greisen Bischofs. Was Stobäus riet, war immer wohl durchdacht; auch wußte er, ein Meister der Dialektik, in seinen Denkschriften das Für und Wider sorgfältig abzuwägen. Diejenigen seien mattherzige Politiker, spielte der Bischof auf Ferdinands Geheimräte an, die unter dem Hinweis auf den Türkenkrieg den Zeitpunkt der katholischen Restauration hinausschieben möchten. Denn die Protestanten seien nicht so mächtig und die Katholiken so ohnmächtig, daß ein Kampf im Innern zu befürchten wäre. Und könnte nicht, gab Stobäus zu bedenken, der Türkenkrieg gar eine Strafe Gottes sein für das Verschieben der katholischen Reformation? Verschiedene Meinungen gäbe es über die Frage, in welcher Weise diese Reformation durchzuführen sei. Strafen, Kerker und Waffen, meinte der Bischof, taugten da nichts. Die solches forderten, bewiesen zwar Eifer, jedoch keine Einsicht, denn Furcht sei ein schlechter Lehrmeister. Auch das Gegenteil helfe allerdings nichts. Lasse man nämlich Milde walten, sei dies ein Weg, mit dem man zehn Katholiken verliere, damit man vielleicht einen Nichtkatholiken gewänne. Auch Religionsgespräche würden nichts helfen, das lehre die Erfahrung. Sowohl

Waffengeklirre als auch Schmeicheleien seien demnach zu vermeiden. Statt dessen müsse das fürstliche Ansehen, die auctoritas principalis, eingesetzt werden. Drei Dinge seien sofort ins Werk zu setzen: Zuerst müsse man die Verwaltung der Länder und Städte nur Katholiken anvertrauen, dann dürfe man keinen Protestanten mehr unter die Landadeligen aufnehmen, drittens sei eine Verordnung zu erlassen, daß jedermann einen Eid auf die römische Kirche ablege. Zugleich seien Vorkehrungen zu treffen, die bei den Untertanen eine günstige Stimmung bewirken könnten, eine wirksame Polizeiordnung, parteilose Gerechtigkeitspflege, Maßnahmen gegen die Teuerung. Dann nämlich werde das Volk den Anordnungen in Sachen Religion williger nachkommen. Zuletzt aber gäbe es noch eine wichtige Frage zu klären: Wo solle man mit dem Bekehrungswerk beginnen? In des Erzherzogs Ländern gäbe es Adelige, Bürger, Bauern, Prädikanten, letztere in großer Zahl. Mit allen gleichzeitig zu beginnen wäre schwierig. Mit dem Adel? Dieser würde sich unfehlbar zum Widerstande rüsten. Die Bürger und Bauern, meinte der Bischof, würden schon selbst zur Besinnung kommen, wenn sie ihrer Anstifter, der Prädikanten, beraubt wären. Mit diesen, den „Lärmbläsern", den „turbatores publicae pacis", müsse der Anfang gemacht werden. Ihnen, und da vor allem den Grazer Predigern, müsse man befehlen, innerhalb einer gesetzten Frist das Land zu räumen. Ohne Widerspruch würden sie sich davonmachen, denn sie seien von Natur aus feige. Wäre erst einmal der Ausweisungsbefehl am Rathause angeschlagen, würden sie sich wie Schnecken in ihre Häuser verkriechen und ihr Bündel schnüren. Sollte daraus aber Unruhe unter der Bevölkerung entstehen, sei die Stadt durch eine Besatzung in Ordnung zu halten. Dies, schließt Stobäus, sei seine Meinung, dem Fürsten stehe es zu, auszuführen, was ihm zweckmäßig erschiene.

Dem Erzherzog erschienen die Ratschläge des Bischofs höchst zweckmäßig. Das Netz, in dem sich die Grazer Prädikanten fangen sollten, war schon ausgelegt und die Zeit zum Handeln günstig. Von den protestantischen Landleuten kämpften viele im Türkenkrieg, und die Protestanten im Grazer Stadtrat hatte Bischof Stobäus durch List und Drohungen veranlaßt, ihre Ämter Katholiken zur Verfügung zu stellen. Am

13. August 1598 richtete der Grazer Stadtpfarrer Lorenz Sonnabenter, ein enger Vertrauter des Erzherzogs, an die Prädikanten die Frage, wie sie es wagen könnten, in eines anderen Hirten Gebiet einzubrechen, in seinem Pfarrsprengel zu taufen, Ehen einzusegnen, das Abendmahl zu spenden und Begräbnisse zu feiern. Wie erwartet, antworteten die Prädikanten und ihre Beschützer, die protestantischen Landstände, teils ausweichend, teils höhnisch. Da wandte sich Sonnabenter an den Landesfürsten um Hilfe. Der half mit Freuden und auf recht drastische Weise: Am 23. September 1598 erging an sämtliche protestantische Prädikanten, Schulrektoren und Schuldiener der erzherzogliche Befehl, „alles Predigens und Schulhaltens müßig zu gehen" und bei Leibesstrafe binnen acht Tagen die Erblande zu verlassen. Unter den Betroffenen herrschte vorerst Ratlosigkeit. Die „rabies Jesuitarum", die Wut der Jesuiten, argwöhnten sie, habe ihnen diese bittere Suppe eingebrockt, die sie nun auslöffeln müßten. Sie wandten sich an ihre Brotherren, die protestantischen Stände, um Hilfe. Dort aber war nur schwacher Schutz. Sie pochten auf ihre Verdienste, und manche von ihnen hatten zweifellos überaus segensreich gewirkt. Doch sie stießen auf taube Ohren. Neunzehn Prädikanten und Lehrer, unter ihnen auch Kepler, der sich bei den religiösen Streitigkeiten nicht exponiert hatte, mußten eilends den Weg in die Verbannung antreten. Am 28. September hatte nämlich der Erzherzog einen neuen, strengeren Befehl erlassen: Die Prädikanten hätten sich „samt und sonders noch heutigen Tages bei scheinender Sonne aus Ihrer Fürstlichen Durchlaucht eigentümlichen Stadt Grätz und deren Burgfrieden zu erheben, nach acht Tagen ihre Lande zu verlassen und sohin der Fürstlichen Durchlaucht der Notwendigkeit einer Vollziehung der angedrohten Strafe zu entheben". Es ging das Gerücht, die Erzherzogin Maria habe auf die Verschärfung des Ausweisungsbefehles gedrängt, indem sie ihrem Sohne erklärte, sie werde nicht eher ihre geplante Reise nach Spanien antreten, als die Prädikanten aus der Stadt entfernt wären. Nunmehr konnte die Erzherzogin beruhigt abreisen.

Die Vertriebenen wandten sich nach Osten, der nahen ungarischen Grenze zu, dort waren sie vorläufig in Sicherheit. Noch war Hoffnung auf Rückkehr. Vielleicht würde der Kaiser die harten Maßnahmen rückgängig machen. Am trägen Prager Hofe aber ließ man die Dinge am liebsten so, wie sie gerade waren. Des Kaisers Räte erklärten dem Abgesandten Ferdinands ihr Einverständnis: Die Ausweisung der Prädikanten komme ihnen etwas verwunderlich vor; hätte man sie vorher gefragt, würden sie davon abgeraten haben, denn es hätte sie ein allzu schweres Werk gedünkt. Nun aber, da es so glücklich vollbracht sei, würden sie den Protestanten in dieser Causa kein Gehör geben.

Auch Melchior Klesl, Kaiserlicher Rat und Hofprediger, bevorzugter Korrespondenzpartner der Erzherzogin Maria und selbst überaus erfahren im Umgang mit Protestanten, lobte des Erzherzogs Bekehrungswerk: Ferdinand habe für die Erweiterung der Christenheit mehr getan, als man in Ungarn durch Millionen Geldes hatte ausrichten können. Wo nämlich das Volk bei einem Fürsten die Kraft der Gottesfurcht sehe, da hänge es ihm wahrhaft an. Wie Klesl vom fernen Prag aus die Dinge sah, waren sie in Innerösterreich natürlich nicht. Von einer Anhänglichkeit des Volkes an seinen Fürsten konnte dort trotz dessen unbestreitbarer Gottesfurcht keine Rede sein. Nur die Katholiken liebten den Erzherzog. Die waren jedoch noch bei weitem in der Minderzahl.

Dieser Umstand störte Ferdinand in keiner Weise. Er fühlte sich stark genug, das so verheißungsvoll Begonnene fortzuführen. Zwei Kompanien deutscher und windischer Knechte sorgten in Graz für Ruhe und Ordnung. Die Kanonen auf den Basteien des Schloßberges waren drohend auf die Stadt gerichtet; sie blieben es bis ins folgende Frühjahr, als die Stände im Grazer Landhaus zu einem Landtag zusammenkamen. Die Jesuiten verbreiteten das Gerücht, Erzherzog Ferdinand werde die Geschütze abfeuern lassen, wenn die Protestanten Widerstand leisteten. Sie wagten es dennoch, aber ihre wortreichen Proteste über die „Beschwerung ihrer Gewissen" waren nicht mehr wert als das Papier, auf dem sie geschrieben worden waren. Sie forderten von Ferdinand Wiederherstellung ihrer Kirchen und Schulen. Er blieb unerschütterlich: Ihre Fürstliche Durchlaucht, so schloß die Erklärung, die er den Ständen am 30. April 1599 zukommen ließ, wolle bei ihrer Entscheidung „bis in ihre Grube verharren". Die Klagen der Protestanten kümmerten ihn wenig. Sie beriefen sich auf den Augsburger Religionsfrieden; derselbe, bemerkten Ferdinands Räte kühl, sei bekanntlich nur zwischen den Reichs- und Kurfürsten und den reichsunmittelbaren Ständen, nicht aber zwischen Reichsständen und deren Untertanen geschlossen worden. Die Landtage Kärntens und Krains suchten Ferdinand mit dem altbewährten Mittel der Steuerverweigerung mürbe zu machen. Gegenüber Ferdinands Gottvertrauen aber war dies eine stumpfe Waffe. In seiner Festigkeit bestärkte ihn die Mutter. Sie war die Seele all seiner gegenreformatorischen Maßnahmen. Die Briefe, die sie ihrem Sohn von ihrer Spanienreise schrieb, sind voll von Ermahnungen, in der Frage der Religion keinesfalls nachzugeben. Maria an Ferdinand: „Nur keck hinein, Gott wird dir gewiß Gnade geben, daß es geht"; „treibe die Prädikanten aus, ehe der Landtag beginnt, sonst werden sie dir böses Spiel machen"; mit den Bewohnern von Aussee „wird es kein Gut tun, bis du etliche um einen Kopf kürzer machst"; „laß dich nur nicht schrecken, zeige ihnen die Zähne und fahre ihnen flugs in den Sinn", und so fort in allen ihren Briefen.

Der Sohn enttäuschte die Mutter nicht. Er verfechte nicht seine, sondern Gottes Sache, hatte er einmal seine in den Dingen der Religion weniger eifrigen Räte angefahren, und Gott habe ihm den Gedanken eingegeben, die Religion wiederherzustellen. Das sah in der Praxis dann so aus: Eine Reformationskommission mit einem Bischof oder Abt an der Spitze und einem Fähnlein Soldaten als Bedeckung zog durch das Land, bis in die entlegensten Gebirgstäler, überall Angst und Schrecken unter den Bewohnern verbreitend. Wo diese Kommission hinkam, wurden lutherische Bücher beschlagnahmt, zu Haufen geschichtet und verbrannt, Friedhofsmauern eingerissen, lutherische Gotteshäuser angezündet und dem Erdboden gleichgemacht. Die Untertanen mußten dem Landesfürsten Gehorsam geloben, im Geistlichen wie im Weltlichen. Wer den Eid auf die römische Kirche nicht schwören wollte, wurde mit Landesverweisung bedroht, in manchen Fällen eingekerkert. Den Anfang machte man mit dem aufrührerischen Eisenerz. Am 15. Oktober 1599 erschienen die Kommissäre mit ihren Soldaten vor dem Markt. Die Knappen hatten sich bewaffnet. Sogar ein Geschütz war aufgepflanzt. Im entscheidenden Augenblick aber verließ sie der

Mut, denn sie sahen, daß sie umzingelt waren. Sie übergaben ihre Waffen und lieferten die Kirchenschlüssel aus. Ihre Rädelsführer, sofern sie nicht geflohen waren, wurden am Pranger mit Ruten gepeitscht und in Ketten in die Verliese der Grazer Burg geschleppt, wo man sie erst zum Tode verurteilte, ihnen schließlich aber das Leben schenkte. Ein Galgen mitten auf dem Marktplatz warnte die Eisenerzer davor, noch einmal den Zorn ihres Landesfürsten herauszufordern.

Als nächster Ort kam Aussee im Salzkammergut an die Reihe, durch seine Salinen fast ebenso wichtig für die landesfürstlichen Finanzen wie Eisenerz. 800 Mann zählte die bewaffnete Streitmacht, die den erzherzoglichen Kommissären die notwendige Autorität verlieh. Angesichts solcher Übermacht dachten die Bewohner von Aussee nicht an Widerstand und baten fußfällig um Gnade. In Schladming, dem Hauptort des oberen Ennstales, wurden 3000 lutherische Schriften „dem Vulcano geopfert" und eine evangelische Kirche niedergerissen. Ebenso wurde die Kirche zu Rottenmann gesprengt, nachdem man pietätvoll die Gebeine der dort begrabenen Adeligen exhumiert hatte. Überall wurde den erschreckten Bewohnern der Eid abgefordert, der Ketzerei zu entsagen und dem Landesfürsten Gehorsam zu leisten. Durch den Terror eingeschüchtert, fügten sich die meisten. Noch blieb der Adel verschont. Getreu nach Bischof Stobäus' Ratschlägen hielt man sich zuerst an die Machtlosen, die Bürger und Bauern. Den Adeligen traute man immer noch zu, daß sie sich wehren würden. Wohl hatte schon das Jahr zuvor, als die Prädikanten vertrieben wurden, ein steirischer Adeliger die Befürchtung geäußert, daß des Erzherzogs Bekehrungswerk von den Prädikanten auf die Bürger und schließlich auch auf die Landherren ausgedehnt werden könnte. Nun war der erste Teil der Prophezeiung eingetroffen, doch die Edelleute halfen ihren bedrängten bürgerlichen Glaubensbrüdern nicht. Ihre papierenen Proteste konnte der Erzherzog ignorieren. Bald würden die Herren selbst an der Reihe sein, und es würde ihnen dann beinahe ebenso ergehen wie denen, die sie jetzt im Stiche ließen.

Erzherzog Ferdinand durfte mit dem Ergebnis des „Kriegszuges" gegen seine Untertanen zufrieden sein. Nirgends war ein Tropfen Blut vergossen worden. Von den Protestanten in der

Obersteiermark waren die meisten wenigstens äußerlich in den Schoß der römischen Kirche zurückgekehrt. „Das bewußte Werk", schrieb Ferdinand an die Prälaten Innerösterreichs, das einen so guten Anfang genommen habe, wolle er nun „fortsetzen und vollenden und so diese christlichen Länder, welche lange Zeit in der Ketzerei gesteckt und noch stecken, von allen hochschädlichen Secten einmal ganz reinigen".

An die Spitze der erzherzoglichen Reformationskommission, die im Dezember 1599 nach Süden aufbrach, trat Martin Brenner, Fürstbischof von Seckau, ein wortgewaltiger Prediger, der den lutherischen Prädikanten an Derbheit nicht viel schuldig blieb. Die Katholiken nannten ihn wegen seiner Verdienste um die römische Kirche den Apostel Steiermarks, bei seinen Gegnern aber hieß er der „Ketzerhammer", welchem Beinamen er alle Ehre machte. In der Südsteiermark war das Städtchen Radkersburg ein Zentrum des Protestantismus. Im Schutze der Nacht überrumpelten des Bischofs Musketiere die Stadtwache und bemächtigten sich auch gleich des städtischen Zeughauses, so daß den Bürgern jede Möglichkeit zu bewaffnetem Widerstand genommen war. Durch die ganze Untersteiermark bis nach Marburg und Cilli zog Martin Brenner mit seinen bewaffneten Scharen, predigte, strafte und brachte die Bewohner wenigstens äußerlich wieder zur römischen Kirche zurück. Vor den strengen Maßnahmen des Fürstbischofs aber mußten sich nicht nur die Protestanten fürchten: Mancher katholische Pfarrer, der nicht den Gesetzen seiner Kirche gemäß lebte, wurde von der Kommission verwarnt und seine Konkubine davongejagt.

Erzherzog Ferdinand war mit der Tätigkeit seiner Kommissäre höchst zufrieden. Den Landsknechthauptmann Friedrich von Paar, der mit seinen Soldaten die Kommission beschützt hatte, belohnte er mit einer „Ergötzlichkeit" von 1200 Talern. Bischof Brenner indessen rastete nicht. Er zog mit seinen Bewaffneten das Tal der Mur aufwärts, um auch die Bewohner dieser Landschaften der römischen Kirche zurückzugewinnen. Im Juli 1600 hatte er sein Ziel erreicht. Mit Ausnahme der Hauptstadt Graz gehorchte ganz Steiermark wieder dem Landesfürsten und dem Papste. Im Zuge dieser Bekehrungsmaßnahmen wurden 10 Kirchen zerstört, von 57 lutherischen Friedhöfen die Ummauerung niedergerissen und Tausende Bücher verbrannt. Die Protestanten hatten sich nirgends zur Wehr gesetzt, der Terror hatte sie gelähmt.

Jetzt ging es auch mit dem Protestantismus in der Hauptstadt Graz zu Ende. Seit der Vertreibung der Prädikanten vor zwei Jahren war kein öffentlicher evangelischer Gottesdienst mehr gehalten worden, die Schule im Eggenberger Stift geschlossen. Von den verbannten Lehrern hatte als einziger Johannes Kepler, wohl auf Fürbitte einflußreicher Gönner, zurückkehren dürfen, doch war ihm strengstens eingeschärft worden, „sich allenthalben gebührlicher Bescheidenheit zu gebrauchen und sich also unverweislich zu verhalten, damit Ihre Durchlaucht solche Gnade aufzuheben nit verursacht werde". Der Astronom hielt nicht viel von der erzherzoglichen Gnade, er wußte, daß seine Tage in Graz gezählt waren: „Welches Schicksal meiner auch warten mag, wenn ich mich anderswohin begebe, so weiß ich sicher, daß es nicht schlimmer sein wird als das, was uns hier bedroht, solange die gegenwärtige Regierung besteht."

Auf eine entscheidende Änderung der Verhältnisse aber durfte niemand hoffen, obwohl von einer Verschwörung gegen die erzherzogliche Familie dunkel die Rede war. Der ständische Agent Kandelberger wurde in Prag verhaftet und in Ketten nach Graz gebracht, weil man ihn als Verschwörer verdächtigte. Es fand sich auch ein armer Teufel, der auf der Folter gestand, er wisse von Plänen, Ferdinand und seine Geschwister zu ermorden. Die Gerüchte aber erwiesen sich als haltlos. Die Erzherzogin Maria richtete ihren Verdacht gegen die protestantischen Adeligen. Das „fleißige Aufwarten der Landleute", warnte sie ihren Sohn, gefalle ihr gar nicht. Bei Audienzen solle Ferdinand immer einige zuverlässige Personen in der Nähe haben und niemals die Türe ganz schließen. Denn den Sektierern dürfe man kein Vertrauen schenken.

Den Protestanten traute Ferdinand ohnehin nicht. Doch seine Autorität festigte sich allmählich trotz der Gewalt oder gerade wegen der Gewalt, die er gegen seine Untertanen übte. Die forsche Art, mit der die landesfürstlichen Kommissäre die Evangelischen im Lande behandelten, hatte die Bürger der Residenzstadt Graz schon eingeschüchtert, ehe noch die Reihe an sie kam. Viele hatten die Zeichen der Zeit richtig zu deuten gewußt, die Zahl jener, die sich mit mehr oder minder großem Eifer zur Religion des Landesfürsten bekannten, war sprunghaft gewachsen und die Bekenner des Evangeliums, einst die überwiegende Mehrheit in Graz, waren bereits in der Minderzahl. Am 27. Juli 1600 erließ Erzherzog Ferdinand den Befehl, daß am letzten Tag des Monats um sechs Uhr morgens sämtliche männliche Einwohner von Graz sich in der Stadtpfarrkirche einzufinden hätten. Vor einigen Jahren noch hätten viele über des Erzherzogs Befehl gelacht, nun aber kamen sie alle und füllten das Gotteshaus bis auf den letzten Platz. Ferdinand hielt Einzug mit großem Gefolge. Dann wurden die Kirchentore geschlossen; zum Schrecken der wartenden Bürgersfrauen, die zu jammern und zu klagen begannen, weil sie meinten, man würde ihre Männer alle hinrichten. Diese Befürchtungen trafen zwar nicht zu, doch waren die Folgen dieses Ereignisses für viele dennoch schlimm genug. Die Eingeschlossenen mußten sich mehrere Stunden lang eine Predigt des Bischofs von Seckau anhören. Sie handelte von Luthers Abfall, Melanchthons Wankelsinn und auch über des Erzherzogs Liebe zu seinen Untertanen und seine Milde gegen die Irrgläubigen. Von Milde war dann wenig zu spüren. Jeder hatte den landesfürstlichen Kommissären über seinen Namen, Stand, Beruf und Religionsbekenntnis Auskunft zu geben. Drei Tage währte dieses Befragen und Verhören. Wer sich nicht zur römischen Kirche bekennen wollte, wurde mit kurzbemessener Frist des Landes verwiesen. Säuberlich trugen die Kommissäre die Namen aller ungehorsamen Untertanen in eine Liste ein. Diese Liste hat sich erhalten. 150 Grazer Bürger mußten mit ihren Familien das bittere Los der Verbannung auf sich nehmen, unter ihnen „Hans Kepler, Mathematicus". Die Spur seiner Leidensgenossen verliert sich im Dunkeln. Über ihr Schicksal weiß man wenig. Dem berühmten Astronomen aber eröffnete sich ein neues Betätigungsfeld. Kaiser Rudolf nahm ihn in seinen Dienst. Bei Männern des Geistes pflegte der Kaiser selten nach der Religion zu fragen und war darin trotz seines dumpfen Charakters den meisten seiner fürstlichen Standesgenossen weit voraus.

Erzherzog Ferdinand aber machte sich kaum Gedanken über den Verlust so vieler braver und fleißiger Bürger. Noch während der Verhöre reiste er zur Jagd auf seinen Landsitz Weinburg und überließ seinen Beamten das traurige Bekehrungswerk. Geheimschreiber Peter Casal erstattete am 2. August 1600 Bericht: Das Zusammentragen der Bücher sei noch nicht zu Ende. Das werde ein schönes Sonnabendfeuer geben, freute sich der Sekretär. Das Sonnabendfeuer fand statt am 8. August 1600 vor dem Paulustore am Fuße des Schloßberges. Am Morgen deselben Tages hatten alle Grazer, die eine Bekehrung zur römischen Kirche der Verbannung vorzogen, das katholische Glaubensbekenntnis ablegen und zur Beichte gehen müssen. Am Abend durften sie dann Zeuge sein, wie auf acht Wagen die Bücher, „welche dem Vulcano destiniert und consecriert sollen werden", herangeschafft wurden. Man hatte mit dieser makabren Feier gewartet, bis Erzherzog Ferdinand von seinem Jagdausflug zurückgekehrt war. Zehntausend Bände, Bibeln, fromme Traktate, aber auch Schmähschriften gegen den Papst und die römische Kirche gingen in Flammen auf.

Zwei Tage darauf, am Fest des heiligen Laurentius, gründete Ferdinand an derselben Stelle ein Kapuzinerkloster. Das Klostergebäude dient heute weltlichen Zwecken. Die Kirche aber steht noch so, wie sie in den Tagen Ferdinands errichtet wurde, ein einfacher, schlichter Bau ohne Turm und mit schmuckloser Fassade. Das Gemälde über dem Hochaltar aber steht in seltsamem Kontrast zum Gotteshaus. Ein Kunsthistoriker hat es eine Apotheose der Gegenreformation genannt, es ist aber wohl mehr ein Programm. In echt barockem Überschwang läßt der Hofmaler Pietro de Pomis eine bunte Vielfalt von Heiligengestalten über die Bildfläche schweben. Pausbäckige Engel tragen die Stadt Graz zum Himmel empor, wo der Heiland mit segnender Geste thront. Am rechten unteren Rand des Bildes aber kniet bescheiden Erzherzog Ferdinand. In voller Rüstung mit dem Degen an der Seite trägt er ein großes hölzernes Kreuz und bewahrt einen Bischofsstab vor dem Umstürzen. Die Romana Fides, der römische Glaube, eine helle Frauengestalt mit der Tiara auf dem Haupte, reicht ihm Schwert und Schild. Er wird die Waffen zu gebrauchen wissen. Auf einem anderen Gemälde, heute im steirischen Landesmuseum Joanneum zu bewundern, wußte der Hofmaler seinen Herrn als siegreichen Gegenreformator noch eindrucksvoller darzustellen: Von der Fortitudo, der Starkmut, begleitet, erscheint Ferdinand schwer gepanzert und setzt triumphierend seinen Fuß auf die häßliche Gestalt des Unglaubens, dem gerade die sonnengleiche Wahrheit die Maske vom Gesicht reißt. In den Händen hält Ferdinand Schwert und Waage, Symbole des Kampfes und der Gerechtigkeit. „Legitime certantibus corona", er nahm seine Devise ernst.

Betrachtung

Ferdinands erfolgreicher Kampf gegen die Protestanten erregte ungeheures Aufsehen weit über die Grenzen Innerösterreichs hinaus. Die Protestanten im Reiche verfolgten ihn mit Haß, sie beschuldigten ihn der Tyrannei, der Vergewaltigung der Gewissen. Für die Katholiken aber war der persönlich ein wenig schüchterne, kaum profilierte junge Mann mit einem Male zu einer Art Bannerträger der Gegenreformation geworden. Den Begriff „Gegenreformation" freilich, wie er heute in allen Geschichtsbüchern über diese Epoche zu finden ist, kannten Ferdinand und seine Zeitgenossen noch nicht, dieser Ausdruck wurde erst mehr als eineinhalb Jahrhunderte nach diesen Ereignissen geprägt. Für Ferdinand war das, was er mit den Protestanten trieb, schlicht eine „Reformation", denn eine Reform, so schlossen kirchliche Juristen messerscharf, könne nur von der römischen Kirche selbst ausgehen. Was Luther und seine Kollegen getan hatten, war nach Meinung dieser Männer keine Reformation, sondern Abfall, Ketzerei. Und so wurde denn neben all den anderen Problemen zwischen Katholiken und Protestanten auch über die Frage gestritten, wer nun wirklich zur wahren Reformation befugt sei.

Ob das, was Ferdinand mit seinen protestantischen Untertanen tat, auch tatsächlich rechtens wäre, darüber herrschte ebenfalls keine einhellige Meinung. Immerhin trat er als seines Vaters Testamentsvollstrecker auf und hielt sich im wesentlichen bei all seinen harten Maßnahmen an die Bestimmungen des Augsburger Religionsfriedens. Strenggenommen war er also im Recht. Die Art, wie er seinem Rechte Geltung zu verschaffen suchte, war grob und stürzte viele ins Elend. Doch unter den protestantischen Reichsständen gab es einige, die mit ihren katholischen Untertanen nicht viel glimpflicher verfahren waren. Ferdinand kümmerte sich nicht um das Gezeter der Reichsfürsten und auch nicht um die Klagen der bedrängten Untertanen, wie überhaupt die Mächtigen, ob sie nun katholisch waren oder evangelisch, sich wenig um das leibliche Wohl ihrer Untertanen zu kümmern pflegten. Was das Evangelium von der Liebe zum Nächsten zu künden hatte, achteten die Fürsten und Herren zumeist gering, obwohl viele von ihnen die Bibel gleich mehrmals durchgelesen hatten. Ihre Frömmigkeit war äußerlich, sie erschöpfte sich gewöhnlich in endlosen Gebeten und Gottesdiensten, Stiftung von Kirchen und Bethäusern, Bedrückung der Andersgläubigen. Im Grunde waren die meisten von ihnen kaltherzig, egoistisch, allein auf ihren Vorteil bedacht. Das war üblich damals unter den Fürsten, und Ferdinand war einer von ihnen. Er war einer der Frömmsten, persönlich aber auch einer der gutmütigsten, und er war nicht nachtragend. Wer von den protestantischen Adeligen die Zeichen der Zeit zu deuten wußte und zum Katholizismus übertrat, den nahm er mit Freuden in seine Dienste; sein bester Freund, Hans Ulrich von Eggenberg, war Konvertit. Ferdinand hat, wie glaubwürdig berichtet wird, die Protestanten gar nicht eigentlich gehaßt, er bekämpfte sie als politische Gegner und wollte ihre Seelen vor der Hölle bewahren. Das war die Theorie, die Praxis aber wurde in dieser Zeit anders geübt, und dem Einfluß der Zeit konnte und wollte Ferdinand sich nicht entziehen. Mochte rings um ihn alles in Trümmer gehen, Hauptsache, sein Gewissen war rein. So bleibt sein Name untrennbar verknüpft mit all den üblen Bedrückungen, Austreibungen, Zerstörungen, dem Verbrennen der Bücher. Daß er seinen Namen gern dafür hergab, gilt als erwiesen. Die eigentlich treibende Kraft dieses ebenso gigantischen wie unerhörten Bekehrungswerkes aber war er nicht. Gewiß, die starken Worte — „Lieber würde ich Land und Leute verlieren und im bloßen Hemde von dannen ziehen, als zu Bewilligungen mich verstehen, die der Religion nachteilig werden könnten" — gebrauchte er gern und oft. Und er meinte sie auch so, wie er sie aussprach, man mag das Charakterstärke nennen oder Starrsinn. Der Mann aber, der einen so schwerwiegenden, gefährlichen und gegen die Mehrheit der Bevölkerung gerichteten Entschluß mit solch rücksichtsloser Konsequenz in die Tat umzusetzen versucht, kann der kaum zwanzigjährige

Jüngling nicht gewesen sein, selbst wenn man seine einseitige, allein auf dieses Ziel hin gerichtete Erziehung in Rechnung stellt. Mit blind-fanatischem Glaubenseifer allein konnte man die Steiermark damals nicht mehr katholisch machen. Die Protestanten mögen den wahren Sachverhalt geahnt haben, wenn sie des öfteren von ihrem „gütigen Landesfürsten" sprachen, der „von Weibern und Jesuiten verleitet" werde. Die jesuitische Erziehung in Ingolstadt hat bei all ihren unbestreitbaren Vorzügen der Persönlichkeit Ferdinands nicht gutgetan, das haben auch dem jungen Erzherzog wohlgesonnene Leute wie sein Onkel und Vormund Ferdinand von Tirol immer wieder behauptet: „Dieweil man spürt, daß Seine Liebden (Ferdinand von Steiermark) von natur aus etwas schwach und blöd, dieselb zu Ingolstadt bei den Jesuiten gar still und eingezogen gehalten und gleichsam noch verzagter gemacht, daß es gut wär, ihn an einen andern ort zu geben", schrieb der Tiroler Landesfürst an den Kaiser am 22. August 1594. Und kurz darauf rügte Ferdinand von Tirol noch einmal die Jesuiten, „die ihn (den jungen Ferdinand) ziemlich weit eingenommen und zu besorgen, daß sie sich ihrem gebrauch nach noch immerdar unterstehen würden, sich S. L. mächtig zu machen und alles nach ihrem Gefallen zu dirigieren". Doch nicht die Jesuiten regierten dann den schwachen Ferdinand, sondern seine Mutter. Als Ferdinand aus Ingolstadt zurückkehrte, besaß er keine praktische Erfahrung in der harten Kunst des Regierens, und er lernte nur mühsam. Das war ganz im Sinne der Erzherzogin Maria. Er brauchte jemanden, der ihm Halt und Sicherheit bot und ihn, den schwachen Jüngling, auf dem Weg hielt, den er einschlagen sollte. Das waren nicht allein die Jesuiten, die natürlich dieses „gottgefällige Bekehrungswerk" mit Wohlwollen beobachteten und kräftig halfen, wo Hilfe nottat. Hinter all seinen Entscheidungen aber stand damals die Mutter, er hörte ihren Rat, und ohne ihr Vorwissen durfte er nichts tun. Was ihr der Erzherzog Karl verwehrt hatte, den Einfluß auf die Regierungsgeschäfte, gewährte ihr der Sohn ohne Widerspruch. Was er gegen die Mutter empfand, ging über die natürliche Ehrfurcht eines wohlerzogenen Kindes weit hinaus und war hart an der Grenze bedingungsloser Unterwerfung unter ihren Willen. Und selbst wenn sie auf Reisen war, konnte er sich ihrer Aufsicht nicht entziehen. Als sie in den Jahren 1598/99 nach Spanien reiste, um ihre Tochter Margarete dem König Philipp III. als Gemahlin zuzuführen, behielt sie dennoch ein wachsames Auge auf ihren Sohn und die Regierung Innerösterreichs. Die Briefe, welche sie damals schrieb, haben sich erhalten, 46 an der Zahl, Briefe mit Familienklatsch und Briefe hochpolitischen Inhalts, voll von Anfragen, Befehlen, Ermahnungen und auch scharfe Rügen. Ferdinand fügte sich. Die Mutter war ihm höchste Autorität. Er ließ ihren „hocherleuchteten Verstand" entscheiden, ob er die Widmung eines Buches annehmen solle, und er bat um ihr Gutachten, wenn über die Beziehungen zur Republik Venedig entschieden wurde. Er wurde gerügt, weil er seine Schwestern in Abwesenheit der Mutter hatte reiten lassen, und er freute sich über ihr Lob, weil er in der Sache der Religion nicht nachgegeben hatte. Selbst die Jesuiten sollten in manche Geheimnisse nicht eingeweiht werden. Maria an Ferdinand am 1. Februar 1599: Aus dem Grazer Jesuitenkolleg sei nach Mailand geschrieben worden, man habe aus Ferdinands eigenem Mund vernommen, er wolle im Falle eines allzu starren Widerstandes der Protestanten beim Landtag die Geschütze des Schloßberges gegen das Landhaus abbrennen lassen. Wollte er solches tatsächlich tun, dürfe er es weder seinem Beichtvater noch sonst einem Priester anvertrauen, denn bei diesen bleibe „nichts verwahrt". Ohne an die Folgen zu denken, schwatzten sie es aus. Und das Gerede, er tue nichts ohne Vorwissen der Jesuiten, würde neue Nahrung erhalten. Ein kluger Ratschlag. Wie auch Ferdinand selbst die Priester nicht immer mit dem großen Respekt behandelte, den man ihm nachsagte: Als er bei der päpstlichen Kurie für seinen Bruder Leopold das Bistum Passau forderte, schrieb er recht selbstbewußt nach Hause. Man habe ihm das Bistum für seinen Bruder zugesagt. Sollten ihn die Pfaffen in dieser Angelegenheit betrügen, glaube er ihnen kein Wort mehr. Wenn es um den Vorteil seiner Familie ging, konnte selbst der ruhige Ferdinand seine Besonnenheit verlieren. Im allgemeinen aber zollte er der Geistlichkeit die gebührende Ehrfurcht, und diese wußte es ihm zu danken. Im Kampfe gegen den Protestantismus und auch im späteren Leben hörte er nicht so sehr auf seine Priester als auf seine Mutter. Sollte er in einer wichtigen Staatsangelegenheit gefehlt haben, schrieb er noch als

Dreißigjähriger, wolle er sich gern ihrer „mütterlichen Strafe" unterziehen.

Dennoch war der Sieg über den innerösterreichischen Protestantismus sein Sieg, wenn auch die Rolle, die er dabei spielte, nicht ganz so dominierend war, wie seine Bewunderer rühmten und seine Gegner manchmal glaubten. Vor allem lernte er daraus für die Zukunft. Der Erfolg gab ihm Mut und Selbstvertrauen. Wenn er in anderen Ländern an die Regierung käme, würde er mit den Protestanten dort ebenso verfahren.

Opfer seines zweifellos erstaunlichen Sieges waren die 2500 steirischen und Kärntner Protestanten, die sich eine neue Heimat suchten. Die Auswanderer waren nicht gescheiterte Existenzen und „Lumpenpack", wie der Propst Rosolenz spöttisch bemerkte, die durch schleunige Auswanderung ihre Schulden loswerden wollten, sondern zumeist wohlbestallte und tüchtige Bürger gewesen. „Fast die Vermöglichsten", schrieb Ferdinand im April 1601 an seinen Vetter Maximilian von Bayern, seien ausgewandert und hätten viel Geld mit hinausgenommen. Opfer der Gegenreformation waren auch viele Zurückgebliebene. Nicht nur, weil ihnen nun nach ihrer Religion zu leben verboten war und sie grausame Strafen riskierten, wenn sie es dennoch taten. Sie mußten auch für die materiellen Verluste aufkommen, die das durch Türkenkrieg und Seuchen schwer mitgenommene Land durch den Weggang vieler tüchtiger Bewohner erlitt. So sollen in der kleinen Stadt Radkersburg 80 Häuser leergestanden sein. Auch die ehemals so sorgsam gepflegten geistigen Beziehungen mit den Protestanten im Reiche rissen ab. Johannes Kepler ist nur das sprechendste Symbol für diesen Verlust. Die evangelische Stiftsschule in Graz, geistiges und kulturelles Zentrum des innerösterreichischen Protestantismus, die sich einst durchaus mit den Jesuiten messen konnte, hatte ihre Pforten für immer geschlossen. Trotzdem setzten die protestantischen Stände ein neues Zeichen von verzweifelter Würdelosigkeit und Selbstaufgabe. Sie schenkten das traditionsreiche Stiftsgebäude im Jahre 1602 ausgerechnet der Erzherzogin Maria, die sich dieses Geschenk wohl gefallen ließ und ein Frauenkloster darin einrichtete. Es zeigt diese Begebenheit, wie traurig es um die Widerstandskraft der Protestanten damals bestellt war, von denen man gefürchtet hatte, sie würden zu den Waffen greifen, wenn man ihre religiösen Freiheiten ernsthaft antastete.

Ferdinand trug einen doppelten Sieg davon, im Religiösen wie im Politischen. Letzteres war beinah ebenso wichtig: Der Adel war nun als ernst zu nehmender Widerpart des Landesfürstentums ausgeschaltet, seine politische Kraft war zerstört. Noch nicht seine wirtschaftliche: Ihre Güter und Domänen durften die Herren vorerst behalten.

Selbst die Zeitgenossen, die an finsterer Intoleranz einiges gewohnt waren, haben sich über die gewaltsame Art entrüstet, mit der Ferdinand und seine Gehilfen den Protestanten zu Leibe rückten. Doch auf Toleranz durfte man damals im Römischen Reiche nirgends hoffen, und auf das Prinzip der Gewissensfreiheit beriefen sich nur die Schwächeren. Ohne Anwendung von Gewalt aber wäre Ferdinand niemals zum Ziele gekommen. Hätten aber die protestantischen Stände in dieser Auseinandersetzung gesiegt, wäre es den Katholiken wohl nicht viel besser ergangen. Daß Ferdinand ohne Zögern bereit war, sein wirkliches oder vermeintliches Recht mit den Waffen zu schützen, hätte die Protestanten im Reiche, die ihn jetzt so wortreich als einen Tyrannen und Bösewicht verdammten, in der Tat vorsichtiger stimmen sollen. Zu ihrem Schaden aber versäumten sie es, aus dem traurigen Schicksal ihrer steirischen Glaubensgenossen nützliche Lehren zu ziehen.

Über die Frage, ob die Vernichtung des innerösterreichischen Protestantismus politisch klug oder notwendig war, herrscht keine Einigkeit unter den Gelehrten. Daß Ferdinand persönlich daraus seinen Vorteil zog, ist unbestritten, bei allem Respekt vor seiner Frömmigkeit und Gottesfurcht. Ferdinand, schrieb ein Historiker, habe die Gefahr erkannt, die dem Fürstentum aus dem konfessionellen Widerstand der Stände drohte. Jedenfalls hat er danach gehandelt.

Heirat

Mitten in den Wirren mit den Protestanten fand Ferdinand Zeit zu heiraten. Während Fürstbischof Brenner mit seinen bewaffneten Scharen die Steiermark durchzog, um die Untertanen wieder katholisch zu machen, hielt der Landesfürst in der Residenzstadt Graz prunkvoll Hochzeit. Seine Braut, Maria Anna von Bayern, kannte Ferdinand von Jugend an, aus der Zeit seiner Lehrjahre in Ingolstadt, als er des öfteren nach München zu Besuch gekommen war. Von einer Heirat zwischen ihm und seiner um vier Jahre älteren Cousine aber war damals noch nicht die Rede gewesen, und selbst der Erzherzogin Maria vorausschauendes Planen hatte die Möglichkeit einer solchen Verbindung nicht ernsthaft ins Auge gefaßt. Im Juni 1596 sprach man in Münchner Hofkreisen von einer bevorstehenden Vermählung Maria Annas, wozu ihr die Tante aus Graz von Herzen Glück wünschte. Diese Verlobungspläne dürften sich jedoch bald darauf zerschlagen haben, und Herzog Wilhelm von Bayern mußte nach einem anderen Freier für seine ein wenig unscheinbare und nicht allzu hübsche Tochter Ausschau halten. Als Erzherzog Ferdinand auf seiner Reise nach Prag im Jahre 1597 in München Station machte, wurde schon ernsthaft von seiner Verlobung mit der bayerischen Prinzessin gesprochen, und auch dem Kaiser teilte Ferdinand seine Pläne mit. Wie immer, wenn es in seiner Familie ums Heiraten ging, war der gemütskranke Kaiser nicht recht einverstanden. Selbst noch Junggeselle, hegte Rudolf einen sonderbaren Neid gegen jene, die in dieser Beziehung glücklicher waren als er. Dabei war er bei seinen 45 Jahren schon in einem Alter, wo er ernsthaft an eine Ehe hätte denken sollen, nicht allein seines eigenen Familienglückes wegen, sondern weil der Mangel an legitimen Nachkommen zu politischen Verwicklungen führen konnte und, wie die Zukunft lehrte, tatsächlich führte. Verlobt war der Kaiser nunmehr schon 18 Jahre lang. Die Auserwählte war die spanische Infantin Isabella Clara Eugenia. Zu einer Heirat aber hatte sich Rudolf nie entschließen können. Obwohl der leidgeprüfte Brautvater, König Philipp II. von Spanien, sogar die Niederlande als Mitgift in Aussicht stellte, war der sonderbare Verlobte nicht zu bewegen gewesen, die Prinzessin endlich heimzuführen. Eben damals im Jahre 1597 erwog der alte König, seine nicht mehr ganz jugendfrische Tochter mit Erzherzog Albrecht, Rudolfs jüngerem Bruder, zu vermählen, worüber der Kaiser schwer verstimmt war, denn einem anderen Freier wollte er seine vernachlässigte Verlobte auch nicht gönnen. Mit dem einst sprichwörtlichen Heiratsglück im Hause Österreich war es damals längst zu Ende. Von den fünf erwachsenen Söhnen Kaiser Maximilians II. blieben drei überhaupt unvermählt, die zwei anderen heirateten erst im vorgerückten Alter und hatten keine Nachkommen. Es war dies eine Entwicklung, aus der Ferdinand später seinen Vorteil zog.

Daß sie keine gesunden Kinder gebären könne, war auch die Befürchtung, die man bei Maria Anna von Bayern hegte. Es war dies aber eine unabdingbare Forderung. Eine Fürstin mußte möglichst viele Kinder zur Welt bringen, um den Fortbestand der Dynastie zu sichern. Waren es Bedenken wegen Maria Annas Schwächlichkeit, „Leibesblödigkeit" nannte man es damals, die Ferdinand mit seiner Werbung noch zögern ließen? Der Papst hatte die Dispens wegen der nahen Verwandtschaft der Brautleute längst erteilt, und dennoch machte Ferdinand keine Anstalten, Maria Anna zu heiraten; er schützte dringende Geschäfte vor. Am bayerischen Hofe war man damals auf die Grazer Verwandtschaft auch einer anderen Sache wegen nicht gut zu sprechen, was zu einer Verzögerung der Heirat beigetragen haben mag. Es ging um die Frage, wer Bischof von Passau werden solle, der erst zwölfjährige Erzherzog Leopold oder sein Cousin Philipp von Bayern, der es im zarten Alter von drei Jahren dank väterlicher Protektion schon zum Bischof von Regensburg gebracht hatte. Der Zwist wurde recht heftig ausgetragen. Erzherzogin Maria an Herzog Wilhelm: Seine Bevollmächtigten hätten ihren Sohn unter Hinweis auf sein geringes Alter ungebührlich herabgesetzt. Sie wolle nicht in Abrede stellen, daß Leopold manchmal noch der Rute bedürfe; indes würden aus Kindern doch zuletzt Leute. Zur Zeit, da Wilhelms Sohn Philipp Bischof von Regensburg geworden sei, werde er auch kein Mann oder Doktor gewesen sein. Im Streit um das Passauer Bistum blieb Habsburg gegen Wittelsbach Sieger und Leopold wurde zum Bischof erhoben. Die Erziehung mit der Rute aber hatte keine rechten Früchte getragen, denn die Rolle, die der junge Bischof zu spielen begann, war ungut und eines Geistlichen selbst in dieser Zeit nicht würdig.

Die Angelegenheit der bayerischen Heirat ging indessen langsam und unter allerlei Hindernissen vonstatten. Besonders Herzog Wilhelm hätte Ferdinand gerne als seinen Schwiegersohn gesehen. Der aber zierte sich noch einige Zeit, wohl unter dem Einfluß seines väterlichen Freundes und Beichtvaters Pater Viller. Er sei durchaus nicht gegen die geplante Heirat, versicherte der Pater im November 1598, nur müsse man wegen der Unversehrtheit der fürstlichen Nachkommen über die Gesundheit der Braut ebenso vergewissert sein, wie man über ihre außerordentliche Frömmigkeit Bescheid wisse. Die Ehe sei eine heikle Sache, da müsse man sich wohl vorsehen, daß nicht wegen Mangel an körperlicher Gesundheit und Schönheit die aufrichtige Liebe mit der Länge der Zeit sich in Abneigung verwandle, wie es oft bei Ehen hochstehender Personen zu geschehen pflege. Und an anderer Stelle verriet der Pater kaum weniger deutlich seine Sorgen: „Daß ich aber auch körperliche Gesundheit und Schönheit bei der Braut wünsche für die Erhaltung der Nachkommenschaft und die Festigkeit der ehelichen Liebe und aus anderen naheliegenden Gründen, das kann mir niemand verübeln." Herzog Wilhelm verübelte es dem Beichtvater dennoch: Er forderte die Entfernung Pater Villers vom Grazer Hofe. Das aber wollte Ferdinand nicht zulassen, da hätte er lieber auf seine Braut verzichtet. Maria Anna aber hat es dem Beichtvater niemals nachgetragen, daß er von ihren körperlichen Reizen nicht sehr überzeugt gewesen war, und gewann ihn so lieb, daß auch sie später nur bei ihm zu beichten wünschte. Die Erzherzogin Maria aber verteidigte ihre künftige Schwiegertochter gegen solch böses Gerede: Was Krankheit oder Blödigkeit betreffe, so habe sie bei ihrem jüngsten Besuch in München hievon nichts wahrgenommen. Wenn aber die Herzogin „Gestalts halber" ihrem Sohne gefalle, ginge das andere nichts an.

Ob ihm die bayerische Prinzessin denn wirklich gefiele, wußte indes Ferdinand noch immer nicht genau. Es tauchten Gerüchte auf, er habe sein Herz einer anderen geschenkt und dieser jungen Dame eine bedeutende Verschreibung, wahrscheinlich in Geld, gemacht. Die Erzherzogin Maria suchte die Wogen des Unmuts wegen dieser Affäre am bayerischen Hofe persönlich zu glätten: „Voriges Frühjahr", erinnerte sie ihren Sohn, „wäre die Sache mit Maria Anna noch leicht rückgängig zu machen gewesen." Es tue ihr leid um ihn, aber so komme es eben, schrieb sie dem immerhin schon Zwanzigjährigen, wenn die Kinder ihren Eltern nicht folgten und lieber anderen Leuten glaubten. Schließlich siegte in Ferdinand doch die Staatsräson. Die Mutter hatte bei den bayerischen Verwandten die Dinge wieder ins Lot gebracht, und endlich im Herbst 1599, nach mehr als zweijährigem Taktieren, reisten der treue Max von Schrattenbach und Bischof Martin Brenner als Brautwerber an den Münchner Hof. Am 2. Oktober erhielten die Abgesandten die Zusage des Brautvaters. Hierauf begann ein hartnäckiges Feilschen um den Ehevertrag. Da galt es jede Klausel, jeden Satz genau zu prüfen, ehe man handelseins wurde. Neben vergleichsweise unbedeutenden Angelegenheiten wie Morgengabe, Mitgift und Versorgung der Braut im Falle der Witwenschaft wurden in einem solchen Vertrag auch hochpolitische Dinge geregelt. Ob und in welchem Falle die Verwandten der Braut erbberechtigt seien, war in einer Zeit, da die Dynastien die Länder und Völker als ihr Eigentum betrachteten, eine Frage, die über Krieg und Frieden entscheiden konnte. Nachdem auch diese heiklen Angelegenheiten zur leidlichen Zufriedenheit beider Seiten geregelt waren, begannen in Graz die Vorbereitungen für das große Hochzeitsfest. Aus dem Schloß Ambras bei Innsbruck wurden Tafelsilber und andere Gerätschaften herbeigeschafft, die Stadtwache der Residenz wurde neu eingekleidet, ein mantuanischer Baumeister schmückte die Stadt mit einem prächtigen Triumphbogen, der an die 4000 Gulden kostete. Für die Unterhaltung der Hochzeitsgäste sollte eine Musikkapelle aus Mailand sorgen, die Geistlichkeit der Hofkirche prunkte in neuen seidenen Gewändern.

Der Hochzeitstermin war für den 23. April 1600 festgesetzt. Am 19. April langte als kaiserlicher Gesandter der Erzherzog Matthias in Graz an und nahm Quartier in der Burg, was noch zu diplomatischen Verwicklungen führen sollte. Anwesend waren auch die Botschafter des Königs von Polen, der Republik Venedig und die Abgesandten der Kurfürsten. Am 21. April zog die fürstliche Braut mit großem Pomp in der Hauptstadt ein. Dreitausend zu Pferd gaben ihr das Geleit. Die Geschütze des Schloßberges schossen Salut, die Bürger und die erzherzogliche Wache bildeten vor dem Stadttor Spalier. Die bayerische Delegation, mit dem Herzog Maximilian, dem Bruder der Braut, an der Spitze, wurde ebenfalls in der Burg einquartiert.

Jetzt war kein Platz mehr für den päpstlichen Legaten Kardinal Dietrichstein, der am folgenden Tage in Graz anlangte. Dietrichstein war höchst verstimmt, doch war dies nur der Anfang der protokollarischen Schwierigkeiten. Eifersüchtig achtete der Legat darauf, daß er in allem dem kaiserlichen Gesandten Erzherzog Matthias gleichgestellt wäre. Die Tischordnung der Hochzeitstafel paßte dem Kardinal nicht, „denn der Legat hab den Rucken zur Thür, der Kayserl. Gesandt und die Fürstlichen Personen aber zu der Wand gewendt", das sei nicht „pro dignitate Summi Pontificis". Über diesen diffizilen Problemen stritten die hohen Herren einen halben Tag lang, so daß sie gar den Termin des Hochamtes versäumten. Der Legat drohte einige Male mit Abreise, ehe man endlich mit vieler Mühe zu einer allseits befriedigenden Lösung kam. Nun erst konnte man sich dem eigentlichen Zwecke der Zusammenkunft, der Hochzeit, widmen, die am Vormittag des 23. April 1600 mit aller Pracht in der Grazer Hofkirche vonstatten ging. Der Kardinal nahm Platz unter einem goldbestickten Baldachin auf der Evangelienseite, der kaiserliche Gesandte hatte seinen kaum weniger prachtvollen Thronsessel auf der Epistelseite, aber zur Genugtuung Dietrichsteins eine Stufe tiefer. Bischof Georg Stobäus rühmte in seiner Trauungsrede „die schönen Hoffnungen der Christenheit", welche durch die neuerliche Verbindung der beiden erlauchten Häuser Habsburg und Wittelsbach erweckt würden. Der päpstliche Legat nahm persönlich die Trauung vor, und „die Musica", wußte Khevenhüller zu berichten, „ist auff ein Endt stattlich gewesen".

Stattlich wie das Fest waren die Hochzeitsgeschenke: Erzherzog Ferdinand schenkte seiner Braut ein mit Perlen und Rubinen besetztes Halsband und eine Kette aus lauter Diamanten. Der Erzherzog Matthias überreichte ein Halsband mit Rubinen, Bruder Maximilian eine Kette aus 121 erlesenen Perlen. Das Land Kärnten spendete dem Brautpaar eine goldene Schale mit 100 Goldstücken, Krain ein silbernes Handbecken mit dem heiligen Georg und ebenfalls 100 Goldstücke. Die Landstände von Steiermark verehrten kostbares Silbergeschirr, das in vier Truhen säuberlich verpackt war. Angesichts der reichen Geschenke hätte man meinen können, es wäre zwischen dem Fürsten und den Landständen alles zum besten gestanden. Doch der äußere Schein trog, und manche vornehmen Herren zogen es vor, dem Feste fernzubleiben, was die Festesfreude aber nicht sonderlich störte. Acht Tage lang wurde getrunken, geschmaust und getanzt. Es gab Komödien bei den Jesuiten, Turniere und Ringelrennen. Herzog Maximilian von Bayern ließ sich die Hochzeit seiner Schwester eine halbe Tonne Goldes kosten.

Maria Anna war ganz anders geartet als ihre Tante und nunmehrige Schwiegermutter. Still und bescheiden lebte sie an der Seite ihres Mannes, und in die Politik hat sie sich niemals eingemischt. Über ihre Persönlichkeit weiß man nicht viel. Sie war fromm und soll durchaus einige Anmut besessen haben. Einige Porträts, die von ihr erhalten sind, geben aber eher denen recht, die ihr mangelnde Schönheit zum Vorwurf machten. Doch hat sie ihre Aufgabe erfüllt und ihre Kritiker Lügen gestraft. Nach einigen Jahren Ehe brachte sie pflichtgemäß den Thronfolger zur Welt, der den Fortbestand Habsburgs sicherte. Ihren Gatten liebte sie und schrieb ihm zärtliche Briefe, als er auf dem Reichstag zu Regensburg weilte. Daß er, solange die Mutter lebte, lieber mit ihr als mit der Gattin korrespondierte, hatte mehr politische als persönliche Gründe. Auch Ferdinand hat seine kränkliche und ein wenig unscheinbare Ehefrau aufrichtig gern gehabt; er nannte sie zärtlich sein „Ännele" und sorgte sich um ihre angegriffene Gesundheit. Was durchaus bei fürstlichen Eheleuten nicht alltäglich war, denn Liebe war in dieser harten Zeit ein Thema, das die Menschen im allgemeinen recht wenig interessierte.

Kanizsa

Im Südwesten Ungarns, unweit der Stelle, wo die Mur in die Drau mündet, erhob sich mitten in einem ausgedehnten Sumpfgebiet die Festung Kanizsa. Ähnlich wie Raab an der Donau oder Karlstadt an der Kulpa, tief im Kroatischen, war sie einer der bedeutendsten Plätze im Verteidigungsgürtel gegen die Türken, der sich von der Adria bis an die Grenze Polens erstreckte. Die Zeitgenossen nannten Kanizsa den „Schlüssel Deutschlands" und den „hohen Trost der deutschen Nation". Daran war so viel wahr, daß ein Feind, der Kanizsa eroberte, ungehindert bis nach Graz streifen konnte und sogar in das Vorfeld der Haupt- und Residenzstadt Wien. Um den „Schlüssel Deutschlands" war es aber trotz seiner strategischen Bedeutung im Jahre 1600 denkbar schlecht bestellt: Die Besatzung, deutsche und ungarische Knechte, fristete schon monatelang ohne Sold und Verpflegung ein trauriges Dasein und dachte an Meuterei. Das zum Leben Notwendige raubten die Soldaten aus den umliegenden Dörfern und hausten dort schlimmer, als der Türke es jemals zuwege brachte. Der Befehlshaber Georg Paradeiser war Protestant, ein kriegserfahrener Offizier. Gegen die kaiserlichen Bürokraten in Wien und Prag aber vermochte er sich nicht durchzusetzen. Die dringenden Botschaften, die er aus Kanizsa an den Hofkriegsrat, die zuständige kaiserliche Behörde, sandte, blieben ohne Erfolg. Die Herren in Wien stritten einige Monate hindurch vehement, wer von ihnen denn eigentlich für eine anständige Versorgung der wichtigen Festung wirklich verantwortlich sei. Die Türken blieben indes nicht müßig. Nachdem sie im Sommer 1600 einige kleinere Festungen erobert hatten, begann der Wesir Ibrahim Pascha am 9. September mit einem stattlichen Heer und schwerem Geschütz die Belagerung von Kanizsa. Schnelle Hilfe für die bedrohte Festung konnte jetzt nur aus der Steiermark kommen. Erzherzog Ferdinand berief auch eilends einen Landtag ein, doch jetzt rächten sich seine harten Maßnahmen gegen die Protestanten. Was wohl die meisten seiner protestantischen Standesgenossen dachten, sprach Georg Freiherr von Stubenberg freimütig aus: Bevor er nicht wisse, ob er mit seiner Familie im Lande bleiben dürfe, werde er keinen Finger zur Verteidigung Kanizsas rühren. Es sei nicht seine Sache, Fremde und Hergelaufene verteidigen zu helfen, damit er dann mit den Seinen ins Elend ziehen könne.

Während Erzherzog Ferdinand von den Ständen Geld und Soldaten zum Entsatze Kanizsas forderte, war ein Teil der landesfürstlichen Streitkräfte anderwärts gebunden: Bischof Martin Brenner, der „Ketzerhammer", zog mit mehreren hundert Musketieren in Kärnten umher und widmete sich mit gewohntem Eifer seinem Bekehrungswerk. Unter solchen Auspizien war die Verbitterung der lutherischen Stände nicht verwunderlich. Den Erzherzog aber kümmerten die Klagen der Protestanten wenig, dem Georg Paradeiser hatte er ein tröstliches Schreiben gesandt mit der Versicherung, es werde bald Entsatz kommen. Der kam dann nicht von Ferdinand, sondern von einem kaiserlichen Heer, das bis in die Sichtweite der Festung gelangte, dort aber von den Türken zurückgeschlagen wurde. Nun war es nur mehr eine Frage der Zeit, wann Kanizsa dem Feind in die Hände fiele. Die Vorräte an Fleisch und Munition gingen zur Neige. Besonders der Munitionsmangel war bedrückend. Am Ende bargen die Verteidiger die hereingeschossenen türkischen Kugeln, wo sie diese finden konnten, um sie wieder gegen den Feind zu schießen. Aus dieser mißlichen Lage zog Paradeiser eine vernünftige Konsequenz: Er kapitulierte am 20. Oktober 1600 gegen freien Abzug.

Die Botschaft vom Falle Kanizsas verbreitete sich wie ein Lauffeuer, und es wurden die bösartigsten Verleumdungen in Umlauf gebracht; die steirischen Landleute, hieß es, hätten die Türken selbst nach Kanizsa gelockt, um ihnen die Festung zu übergeben, und Paradeiser als Protestant habe ihnen in die Hände gearbeitet. Das war blanker Unsinn, doch beweist es den grimmigen Haß zwischen Katholiken und Protestanten. Der einflußreiche Melchior Klesl, Günstling des Erzherzogs Matthias, bildete sich vom fernen Wien aus ein ähnliches Urteil: Paradeiser habe Kanizsa nur deshalb dem Feinde übergeben, meinte dieser sonst recht verständige Prälat, um sich und seine Glaubensgenossen für die Verfolgung durch Erzherzog Ferdinand zu rächen. Selbst der dumpfe Kaiser Rudolf, dem seine Hofschranzen aus Angst vor seinem Jähzorn die böse Nachricht längere Zeit verschwiegen hatten, erwachte aus der gewohnten Lethargie. Mit einer Schnelligkeit, die sonst nicht seine Stärke war, ließ er den Georg Paradeiser vor ein Kriegsgericht bringen und 2000 Gulden für die Kosten des Verfahrens bereitstellen. Das Geld hätte für eine rechtzeitige Versorgung Kanizsas wohl bessere Dienste leisten können. Jetzt sollte Paradeiser für die Fehler büßen, die andere verschuldet hatten.

In diesen hektischen Tagen konnte auch Erzherzog Ferdinand seinen gewohnten Seelenfrieden nicht recht bewahren. Der Verlust Kanizsas bedrohte vor allem die von inneren Zwistigkeiten um die Religion gelähmte Steiermark. Ein Gerücht schwirrte durch das aufgeschreckte Land: Der Befehlshaber der Türken sei ein christlicher Renegat, aus Augsburg oder Memmingen stammend, er habe gedroht, dem obersten fetten Pfaffen in der Steiermark einen Besuch abzustatten; wenn er diesen auch von Person nicht kenne, wisse er sein Schloß sehr wohl zu finden.

Ferdinand bat um Hilfe. An seinen Schwager, den König Philipp III. von Spanien, schrieb er und an den Papst. Geld und Truppen sollten sie ihm leihen zur Wiedereroberung des verlorenen Platzes. Es mangelte vor allem an Geld. Die Vorbereitungen für den großen Kriegszug kamen nur schleppend vorwärts. Hätte der türkische Pascha seine angeblichen Drohungen wahrgemacht und wäre im Frühjahr 1601 in Steiermark eingefallen, er hätte ein beinahe wehrloses Land vorgefunden. Das Pulver für die erzherzogliche Armee erhandelte man in Augsburg auf Kredit. Geldmangel verzögerte auch den Bau von Plätten und Schiffen, mit denen das Heer die Mur abwärts transportiert werden sollte. Endlich im August 1601 lagerte die Armee marschbereit bei Radkersburg, ein bunt zusammengewürfelter Haufen, etwa 24.000 Mann stark. Das steirische Landesaufgebot führte der kriegserfahrene Siegmund von Herberstein, ein Protestant, auf dessen Ratschläge Erzherzog Ferdinand wohl aus diesem Grund nicht gerne hörte. Die spanischen Hilfsvölker, in Deutschland geworbene Knechte, standen unter dem Befehl des Obersten Gaudenz von Madrutz, und die päpstlichen Truppen befehligte der Papstneffe Franz Aldobrandini. Erzherzog Ferdinand hatte angekündigt, persönlich mit der Armee ins Feld zu ziehen. Wilhelm von Bayern sorgte sich um seinen Schwiegersohn. Ferdinand, mahnte er, dürfe seine Person nicht leichtfertig einer Gefahr aussetzen, er müsse im Felde auf warme Kleidung Bedacht nehmen und seine Familie zu deren Trost recht oft besuchen. Einer, der über die Türken siegen wollte, mußte wohl aus einem etwas härteren Holze geschnitzt sein. Den Ruhm eines Türkensiegers aber wünschte Ferdinand zu erwerben. Diesem würden die erbosten Untertanen seine gewaltsamen Bekehrungsmaßnahmen vielleicht eher vergessen. Daß er vom Kriege nichts verstand, wäre nicht ins Gewicht gefallen, wenn er sich einen tüchtigen Feldherrn gewählt hätte. Den Befehl über die Armee übernahm aber ein entfernter Verwandter, der Herzog Vinzenz von Mantua. Der wußte zwar seine Umgebung als Spaßmacher aufs beste zu unterhalten, und auch als Liebhaber schöner Frauen stellte der feurige Herzog seinen Mann. Im Militärischen aber erwies er sich als völlig unzulänglich.

Am 23. August 1601 empfing Ferdinand in der Grazer Ägydiuskirche aus der Hand des Nuntius das geweihte Heerbanner, nachdem er sein Testament gemacht und die Sakramente empfangen hatte. Es war schon recht spät im Jahr und der günstigste Termin ungenutzt verstrichen. Die Erntezeit stand vor der Tür, die Bauern weigerten sich, ihre Wagen und Pferde herzugeben, die sie für das Einbringen der Ernte dringend brauchten. In den ersten Septembertagen wälzte sich der träge Heerwurm murabwärts auf Kanizsa zu. Die Türken und ihr tüchtiger Kommandant Hassan hatten sich auf einen feindlichen Angriff besser vorbereitet als die Kaiserlichen das Jahr zuvor. Hassan wußte den Mut seiner Soldaten zu schüren: Diese Belagerung, redete er ihnen ein, könne niemals erfolgreich sein, da sie der Feind am Geburtstage des Propheten begonnen habe.

Nicht der Prophet rettete die Türken in Kanizsa, sondern die Unfähigkeit der Belagerer. Ferdinand, in Friedenszeiten gewohnt, auf seine Räte und Jesuiten zu hören, setzte auch im Felde uneingeschränktes Vertrauen in die Entscheidungen seiner Unterbefehlshaber; was ihm leicht das Leben hätte kosten können: Des Erzherzogs Prunkzelt wurde nämlich aus Versehen im Schußfeld der feindlichen Artillerie aufgestellt. Doch harrte Ferdinand an seinem ungemütlichen Platze tapfer aus und setzte sein Vertrauen auf Gott und seine Generale. Das Militärische interessierte ihn nicht recht. Tatenlos saß er in seinem wohnlich ausgestatteten Zelt und empfand aufrichtiges Mitleid mit seinen Soldaten, die es weniger gut hatten als er, weil ihnen das Wetter und der Feind arg zusetzten. Die deutschen Knechte aber dankten ihm sein Mitleid schlecht, sie spotteten über ihren unkriegerischen Oberfeldherrn: Er sei ein Kind, das vom Kriegswesen nichts verstehe und „der Jesuiter und Weiber Rat gebraucht hätte". Dennoch war man im erzherzoglichen Hauptquartier guten Mutes. Geheimschreiber Casal an Erzherzogin Maria am 23. September: Ferdinand habe ihm befohlen, sie zu benachrichtigen, „daß wir mit dieser belegerung unser sachen zimblich weit gebracht und die eroberung in guter Hoffnung stehe". Anderswo war man schon erfolgreich gewesen: Auf die Nachricht von der Eroberung Stuhlweißenburgs durch ein kaiserliches Heer wurde im Lager vor Kanizsa ein feierliches Tedeum gesungen und das Geschütz „dreymal losgeprennt, welches dann gewiß lustig zu sehen und zu hören gewest". Auch der Feind auf den Wällen der Festung mag bei dem Spektakel seinen Spaß gehabt haben. Außer bei diesem Böllerschießen war mit der erzherzoglichen Artillerie wenig Staat zu machen. Besonders die Treffsicherheit der italienischen Büchsenmeister ließ sehr zu wünschen übrig: „Die welschen pixenmaister aber haben so schlimme abmessungen, daß sich ihre landsleith selbst schämen und darob verwundern, dann viel kugeln gar die vestung gefehlt haben."

Indessen hielt sich Erzherzog Ferdinand an die Ratschläge seines besorgten Schwiegervaters und sah den Kämpfen lieber aus der Ferne zu. Den Soldaten zeigte er sich kaum, und was er bei seinen seltenen Inspektionen durch das Lager erblickte, war niederschmetternd. Seine Armee schmolz arg zusammen, und nicht nur Tod, Hunger und Krankheit forderten Verluste. Die Söldner des Papstes desertierten, zuerst zu zweien oder dreien, dann scharenweise. Dennoch gab sich der Herzog von Mantua optimistisch.

Während Ferdinands Truppen mit geringem Erfolg Kanizsa berannten, erfüllte sich im fernen Wien das Schicksal seines ehemaligen Befehlshabers. Fast auf den Tag genau ein Jahr, nachdem der unglückliche Georg Paradeiser Kanizsa den Türken übergeben hatte, wurde das Urteil gegen ihn vollstreckt, indem der Leib vom Scharfrichter mit dem Schwerte „in zwei Stück zerteilt" wurde, „so daß der Kopf der kleinst und der Leib der größt sey, ihm selbst zu recht- und wohlverdienter Straf, andern aber zum abscheulichen Exempel". Kaiser Rudolf vergaß des öfteren, seine treuen Diener zu belohnen. Wer ihm aber unglücklich gedient hatte, der durfte auf Nachsicht nicht hoffen. Indessen kamen vor Kanizsa die Belagerer trotz der optimistischen Miene, mit der ihre Befehlshaber umherstolzierten, nur langsam voran. Aufforderungen zur Übergabe beantworteten die Türken mit Hohngelächter und mit Salven aus ihrem groben Geschütz. Ein mit dem Mute der Verzweiflung begonnener und nur unzulänglich vorbereiteter Sturmangriff scheiterte am 28. Oktober. Die christlichen Soldaten versanken im Morast, weil die Brücken, mit denen man den Sumpf überqueren wollte, zu kurz waren. Als am 14. November der kaiserliche Feldmarschall Rußworm mit Verstärkungen zu Hilfe kam, war er entsetzt über die „Maßnahmen der welschen Kriegsofficialen", denen der Erzherzog noch immer blind vertraute. Die letzte Siegeshoffnung zerstörte ein Kälteeinbruch. In der Nacht auf den 15. November fiel Schnee, 1500 Mann und 300 Pferde sollen jämmerlich erfroren sein. Man mußte kein Stratege sein, um zu erkennen, daß es für dieses Jahr mit dem Kriegführen zu Ende und schleuniger Rückzug das Gebot der Stunde war, wollte man nicht elend erfrieren. Die Kanonen ließ man zurück, weil es an Zaumzeug und Zugtieren mangelte, und auch des Erzherzogs prunkvolles Zelt mit seiner kostbaren Einrichtung und dem vielen Silbergeschirr wurde eine Beute der Türken. Zurück blieben auch 6000 Kranke und Verwundete, denen, wie ein osmanischer Geschichtsschreiber zu berichten weiß, die Sieger allesamt die Köpfe abschnitten. Der Rest der geschlagenen Armee ging auf Radkersburg zurück, wo die Kriegsknechte abgedankt wurden. Statt der erhofften Siegesbeute brachten sie eine Seuche nach Hause, die vor allem in Krain zu grassieren begann und in der Stadt Laibach kaum eine Familie verschonte.

Den kläglichen Ausgang des Unternehmens, das mit so großen Hoffnungen begonnen worden war, nahm sich Ferdinand sehr zu Herzen. Er sei „sehr betrübt und perplex" gewesen, berichtet Khevenhüller. Bei der Tafel sprach er wenig, was sonst nicht seine Art war. Einer seiner Höflinge versuchte ihn zu trösten: Im Unglück habe mancher große Potentat oder Feldherr „offt mehr Reputation und Ehr als mit den größten Victorien gewunnen". Nicht vor dem Feinde sei Ferdinand gewichen, sondern vor der Kälte und dem bösen Wetter. Der Erzherzog ließ sich solch naive Schmeicheleien gefallen und gewann allmählich seine frühere Lebensfreude zurück. Der Schock der Niederlage aber wirkte dennoch weiter. In den Kriegen, deren er in seinem Leben noch mehrere führte, ist er niemals mehr persönlich ins Feld gezogen. Und zu seinem Glück fand er Feldherren, die ihr Handwerk weitaus besser verstanden als jene, denen er vor Kanizsa sein Vertrauen geschenkt hatte.

Auch die Protestanten machten sich ihren Reim auf die

Niederlage, doch sie gaben weniger dem Wetter die Schuld und auch nicht der offensichtlichen militärischen Unfähigkeit des Erzherzogs. Der unglückliche Ausgang des Unternehmens, mahnten sie, sei eine Strafe Gottes, weil Ferdinand die Protestanten nicht in Ruhe lasse. Kanizsa aber blieb nun fast ein Jahrhundert lang türkisch und gelangte erst durch die Siege des Prinzen Eugen wieder in habsburgischen Besitz. Ferdinand hat niemals mehr versucht, es zurückzuerobern. Seine Interessen wandten sich anderen Dingen zu, der Sicherung seines Bekehrungswerkes, den verworrenen Verhältnissen in den übrigen habsburgischen Ländern, der Nachfolge des geisteskranken Kaisers Rudolf. Dort gab es mehr Vorteile zu gewinnen als durch die Eroberung eines gottverlassenen Nestes an der Grenze mit den Türken.

Zwischenspiel

Erzherzog Ferdinand erholte sich allmählich von der Schlappe, die er vor Kanizsa erlitten hatte. Die Protestanten in Kärnten und in Krain ereilte nun dasselbe Schicksal wie ihre Glaubensbrüder in der Steiermark. Die Rekatholisierung ging ohne nennenswerten Widerstand vonstatten. Ein Bauernheer, das sich in Kärnten gesammelt hatte, wagte Bischof Brenners Landsknechte nicht anzugreifen und zerstreute sich wieder. In der Kärntner Landeshauptstadt Klagenfurt gab es allerdings Schwierigkeiten: Dort konnten die erzherzoglichen Kommissäre bei bestem Willen keine geeigneten Katholiken auftreiben, um mit ihnen den Stadtrat zu besetzen, so daß die Protestanten vorerst in ihren Ämtern belassen werden mußten. Am Sieg des Katholizismus aber änderte das nichts. Die Protestanten, die angesichts der schmählichen Niederlage vor Kanizsa auf ein Nachgeben Ferdinands in der Sache der Religion gehofft hatten, sahen sich bitter enttäuscht. Ihr Hinweis, daß der Mißerfolg gegen den türkischen Erbfeind eine Strafe Gottes sei, hatte nichts gefruchtet. Im Gegenteil: Jetzt kamen auch die Adeligen an die Reihe. Ihre Prädikanten hatten sie längst entlassen müssen; im Juli 1603 wurde ihnen auch verboten, sich außer Landes zu einem evangelischen Gottesdienst zu begeben oder dort Taufen oder Trauungen vornehmen zu lassen. Ein schwerer Schlag war auch, daß fortan gemäß den Ratschlägen des Bischofs Stobäus nur mehr Katholiken zu Ämtern und Würden gelangen konnten und die Protestanten daher immer mehr von ihrem einstigen Einfluß auf die Politik im Lande verloren. Ihre Söhne mußten sie nun an die Jesuitenschulen schicken, denn der Besuch ausländischer Universitäten war streng verboten.

Trotzdem wollten viele Adelige nicht katholisch werden, und auch einige Prädikanten hielten sich noch in der Steiermark auf. Welches Risiko sie damit eingingen, zeigt der Fall des Paulus Odontius, der über seine Abenteuer eine „kurze, wahrhafte historische Erzählung" verfaßte: Odontius lebte auf dem Schloß Waldstein, einige Meilen von Graz, beschützt von den Herren von Windischgrätz. In allerlei Verkleidungen wagte er sich auch in die Hauptstadt mit dem Erfolg, daß mehrere, die „allbereit dem römischen Antichrist im Rachen gesteckt, wiederum demselben entrunnen sind". Was, so Odontius, „den geschornen geistlosen Haufen zu Grätz über die Maß übel verdrossen" habe. Der Erzherzog traf seine Gegenmaßnahmen. 50 Knechte der Grazer Garnison überfielen Schloß Waldstein im Morgengrauen, brachen mit einem Rammbock das Tor und plünderten das Schloß. Der Prädikant, im Schlafe überrascht, hatte sich in die Selchkammer flüchten können, wo ihn die erzherzoglichen Knechte erst nach zweistündigem Suchen aufstöberten. Man brachte ihn nach Graz und legte ihn in ein Gewölbe der Burg, welches „die Brunnerin" genannt wurde. Dort wurde er streng verhört, doch seine Geheimnisse mochte er nicht preisgeben. Auch der Scharfrichter mit seinen Gehilfen, der ihn mit der Folter bedrohte, machte auf Odontius keinen Eindruck; was ihm umso leichter fiel, weil er in den vermummten Henkersknechten verkleidete Jesuiten zu erkennen glaubte. Die Patres kümmerten sich denn auch wirklich um seine Bekehrung, doch ihr Ansinnen, mit ihnen die Allerheiligenlitanei zu beten, schlug er trotzig ab. Man solle ihm „in der ganzen Bibel ein Modell zeigen, daß irgendein Prophet, Patriarch oder Apostel einen Verstorbenen angerufen oder angebetet habe". Da aller Bekehrungseifer der Jesuiten vergeblich blieb, wurde Odontius als verstockter Ketzer der weltlichen Gerichtsbarkeit übergeben und zum Tode verurteilt. Unter seinen Richtern seien einige gesessen, bemerkte maliziös der Delinquent, die früher zu seinen eifrigsten Zuhörern gezählt hätten. Doch die Zeiten waren jetzt eben anders und nicht jeder ein so standhafter Anhänger des Evangeliums wie Odontius. Das Todesurteil an ihm wurde nicht vollstreckt, sondern von Erzherzog Ferdinand persönlich am 29. Juli 1602 in Galeerenstrafe umgewandelt. Der Prädikant traute seiner Begnadigung nicht ganz: Er werde nun, fürchtete er sich, „dem höllischen Vater, dem Papste, als ein evangelisches Schlachtlamm und Brandopfer" überliefert und als Ketzer auf dem Scheiterhaufen enden. Odontius wurde in Ketten geschlagen, auf einen offenen Wagen gesetzt und von acht Söldnern eskortiert „durch die Städte und Märkte mit einem sonderlichen Schauspiel und Triumph geführt, als hätten sie einen türkischen Pascha gefangen". Kurz vor Triest gelang es Odontius, seine Bewacher zu überlisten. Er wurde in einen Stall gesperrt, und während ein Soldat geduldig vor der Stalltür Wache hielt, entfloh der Gefangene durch eine Hinterpforte. Verfolgt von seinen Häschern, gelangte er auf allerlei Schleichwegen glücklich nach Sachsen und schrieb dort seine trotz ihres ernsten Inhaltes amüsant zu lesende Geschichte nieder, wie er „durch göttliche Hülf allein wieder aus der Feinde Händen und Banden los und ledig worden".

Diese und ähnliche Geschichten wurden durch den Buchdruck weit verbreitet und ließen des Erzherzogs Maßnahmen bei den protestantischen Reichsständen in keinem günstigen Licht erscheinen. Doch mehr als papierenen Trost vermochten selbst die mächtigen Kurfürsten von der Pfalz und von Sachsen den bedrängten innerösterreichischen Protestanten nicht zu spenden. Auch im benachbarten Österreich, wo des protestantischen Adels Stellung nach wie vor unangetastet war, riefen Ferdinands harte Maßnahmen Unmut hervor. In den Thermen von Baden bei Wien, damals Treffpunkt der Prominenz, schmähte der niederösterreichische Freiherr Wolfgang von Hofkirchen den Erzherzog einen Studenten, Sklaven der Jesuiten und überaus unwissenden Menschen. Ferdinand sei, zürnte der Freiherr, „nur zu Blutvergießen und Tyrannei" geneigt und es mangle ihm an Verstand.

Erzherzog Matthias, ein Bruder des Kaisers, der als Statthalter die Erzherzogtümer Österreich ober und unter der Enns verwaltete, ahnte damals im Jahre 1601 schon künftiges Unheil: Zuletzt würden diese Leute noch zu den Waffen greifen, schrieb Matthias, auf Hofkirchen und seine Freunde anspielend, an den Vetter nach Graz, und „das erzherzogliche Haus aus dem Lande jagen". Früher als seine Verwandten erkannte dieser Erzherzog, dem man nachsagt, er sei denkfaul und träge gewesen, eine Gefahr, der die Dynastie Habsburg in späteren Jahren tatsächlich einige Male nur knapp entging.

Dem Wolfgang Hofkirchen kosteten die unbedachten Äußerungen über Ferdinand und seine Gemahlin den Posten in der niederösterreichischen Regierung. Doch schienen die Befürchtungen, daß Maria Anna keine gesunden Kinder gebären könne, bittere Wahrheit zu werden. Wohl brachte die Erzherzogin im Verlaufe von ein paar Jahren Ehe einen Knaben und ein Mädchen zur Welt; beide Kinder aber erwiesen sich als nicht lebensfähig und starben schon kurz nach der Geburt. Ferdinand verlor wegen dieser Unglücksfälle seinen unerschütterlichen Seelenfrieden nicht. Die Zahl der Kindlein im Himmel, die das Lob Gottes verkündeten, werde dadurch vermehrt, meinte der Erzherzog, und ließ sich in seinem Gottvertrauen nicht weiter erschüttern.

Daß es am Grazer Hofe düster und freudlos zugegangen wäre, wie manche Geschichtsschreiber behaupteten, entspricht nicht ganz der Wahrheit, wenn auch fromme Andachtsübungen einen festen Platz im Tagesablauf der erzherzoglichen Familie hatten. Manchmal unternahm Ferdinand mit seinem Hofstaat eine Wallfahrt nach Mariazell in der Obersteiermark, wobei man nicht nur die Beschwernisse des Wallfahrerlebens geduldig auf sich nahm, sondern auch dessen Annehmlichkeiten eifrig zusprach. Gern speiste die erzherzogliche Familie bei den Jesuiten zu Abend und erholte sich nachher im Garten des Kollegs beim Spaziergang mit den Patres. Doch waren auch durchaus weltliche Vergnügungen am Grazer Hof keineswegs verpönt, und rauschende Feste wußte man mit großem Pomp zu feiern. Es gab Ringelrennen, Fußturniere und im Februar 1604 ein Ritterspiel, an dem Ferdinand und sein Bruder Maximilian Ernst in glänzender Rüstung teilnahmen. Ein begeisterter Zuschauer meinte damals, es fiele ihm schwer, die schönen Aufzüge alle zu beschreiben, und ein ähnlich prächtiges Fest sei zuvor in Graz noch niemals gesehen worden. Im Fasching wurden Bälle und Maskenfeste veranstaltet, bei denen sich die erzherzoglichen Damen unter das Volk mischten und sogar selbst Musik machten. Die Erzherzogin Maria billigte solch fröhliches Treiben und beteiligte sich gern auch selbst daran. Das diene der Erholung, sagte sie, und helfe den Trübsinn vertreiben. Und ihr Wort galt sehr viel in der Grazer Hofgesellschaft. Erzherzog Ferdinand liebte die Musik und hielt sich eine eigene Hofkapelle, die bei der Tafel oder zur Verschönerung der Gottesdienste fleißig aufspielen mußte. Die Jesuiten, überaus erfahren in der Kunst barocken Theaters mit seinen Allegorien, üppigen Dekorationen, Verwandlungen, Theaterdonner und Lichteffekten, führten zu festlichen Anlässen ihre Dramen auf. Es spielten auch englische Komödianten am erzherzoglichen Hof, die jedoch darauf achten mußten, daß ihre Späße nicht allzu derb ausfielen und das vornehme Gemüt des fürstlichen Publikums beleidigten.

Im Winter gab es Schlittenfahrten in die nähere Umgebung der Hauptstadt. Sowohl der körperlichen Ertüchtigung als auch zum Zeitvertreib diente die Jagd. Ferdinand war ein leidenschaftlicher Jäger. Von seinem Vater, der dem Waidwerk ebenfalls eifrig gehuldigt hatte, erbte er eine reichhaltige Sammlung von prunkvollen Jagdwaffen, Armbrüsten und reichverzierten Radschloßbüchsen mit kunstvoll erdachten Schlössern. Die Jagd war das bevorzugte fürstliche Vergnügen. Das Wild wurde sorgsam gehegt; zum Verdruß der Bauern, auf deren Feldern die Tiere viel Schaden anrichteten. Beliebt waren Reiherbeize, Falknerei, vor allem aber Hetz- und Treibjagden, bei denen das Wild scharenweise hingeschlachtet wurde. Die Zeit war grausam mit Menschen, wie hätte sie mit Tieren weniger grausam sein sollen?

Auch an den langen Winterabenden, wenn es zeitig dunkel wurde, herrschte keine Langeweile. Da trieben Hofnarren ihre Späße, Spielleute traten auf, und es gab auch sonst viel lustigen Zeitvertreib: Da wurden einmal in Graz 100 lebende Hasen losgelassen, und unter dem Gebell der Hunde und den Klängen der Jagdhörner begann alsbald eine fröhliche Hatz auf die Tiere, die in den winkeligen Gassen der Stadt um ihr Leben liefen. Einige konnten sich in das Jesuitenkolleg flüchten, wo der

Rektor, durch den Lärm erschreckt, die Studenten mit Spießen und Prügeln bewaffnen ließ, um den vermeintlichen Feind abzuwehren. Während der zufällig anwesende Bischof von Lavant den Verteidigern Mut zusprach, flitzten einige erschreckte Hasen durch des Bischofs Beine, und unter allgemeinem Gelächter machten die Studenten mit ihren Spießen und Prügeln Jagd auf die armen Tiere.

Trinkgelage, die damals zur beinah täglichen Unterhaltung an deutschen Fürstenhöfen gehörten, waren am Grazer Hofe weniger gern gesehen. Ferdinand selbst war im Trinken für die Begriffe seiner Zeit überaus mäßig. Deswegen blieb er auch bis ins vorgerückte Alter von der Gicht verschont, die seine fürstlichen Standesgenossen infolge ihrer feuchtfröhlichen Lebensweise gern heimzusuchen pflegte. Doch von diesem ohnehin recht zweifelhaften Vergnügen abgesehen, war Ferdinand kein Stubenhocker und gab sich recht ausgiebig den Zerstreuungen hin, wobei er aber natürlich streng darauf achtete, daß dabei seine frommen Übungen, Messen, Gebete, Prozessionen nicht zu kurz kamen. Doch auch diese frommen Übungen waren ihm mehr ein Vergnügen als eine Pflicht, so daß sein Beichtvater über ihn schreiben konnte, er habe an keinem Ding mehr Freude gehabt als am Gottesdienst.

Die Zeiten aber, in denen man lebte, waren alles andere als fröhlich, und all der Schabernack und die bunten Festlichkeiten dienten den Menschen dazu, von der rauhen Wirklichkeit abzulenken. Daß die Jesuiten bei dem Lärm und Trubel um die losgelassenen Hasen einen Feind fürchteten, war keine Ausgeburt überhitzter Phantasien. In Graz herrschte Unsicherheit unter den Bewohnern, ganz Ungarn hatte sich gegen den Kaiser erhoben, und die magyarischen Reiterhorden plünderten auch innerösterreichisches Gebiet und streiften bis vor die Hauptstadt. Im Jahre 1605 mußte die Fronleichnamsprozession, an der sich die bekehrten Grazer zu Erzherzog Ferdinands Freude sehr rege beteiligten, aus Gründen der Sicherheit bei geschlossenen Stadttoren abgehalten werden.

Doch nicht nur die neuerliche Feindesgefahr machte Sorgen. Die landesfürstlichen Finanzen standen vor dem Zusammenbruch, und die erzherzoglichen Räte wußten keinen anderen Ausweg, als durch dunkle Geschäfte mit recht dubiosen Geldgebern wenigstens für den Augenblick Abhilfe zu schaffen. Nur die Subsidien seines Vetters, des Königs von Spanien, bewahrten Ferdinand vor dem Bankrott. Schon für seine Hochzeit hatte das vorhandene Geld nicht ausgereicht. Damals hatte er die Stände dringend um Vorschüsse bitten müssen, da er „einer starken Summe für die hochzeitlichen Freuden bedürfe". Die Stände gaben nur widerwillig. Durch den Türkenkrieg war das Land verarmt, und Geldmangel war ja auch im Falle Kanizsa eine der Ursachen gewesen, daß das Unternehmen so kläglich scheiterte. Die feudalen Strukturen, die wenig produktive Wirtschaft, die umständliche Verwaltung und nicht zuletzt die religiösen Streitigkeiten steuerten zur finanziellen Misere ihren Teil bei. Ferdinand selbst hatte keine Beziehung zum Geld, geschweige zu den komplizierten Mechanismen von Zins und Zinseszins, von Angebot und Nachfrage. Geld war ihm das Mittel, seine für einen Fürsten durchaus bescheidenen Bedürfnisse zu befriedigen und seine Günstlinge zu belohnen. Das Geld, sagte man später von ihm, schätze er so gering wie Kot. Er brauche es nur zur Belohnung verdienstvoller Männer. Ferdinands Vetter Maximilian von Bayern war ein Ökonom, der wußte sein erspartes Kapital zusammenzuhalten und auf pfiffige Weise zu vermehren. „Ich habe den Brauch", schrieb der Herzog an die Königin von Spanien, „daß alle Monate jeder Pfennig, so bei meinem Zoll- oder Finanzamt eingeht, mir ordentlich muß zugestellt werden." Seine Sparsamkeit brachte Maximilian den Ruf eines Geizhalses ein. Geizhals war Ferdinand keiner, aber auch kein Ökonom. Und selbst wenn er geizig gewesen wäre, hätte er diesem Laster gewiß nicht frönen können. Jeden Groschen, den er einnahm, mußte er gleich wieder ausgeben, zur Bezahlung seiner Schulden, zur Belohnung seiner treuen Diener, die des Erzherzogs Gutmütigkeit und Arglosigkeit in Geldsachen für ihre Zwecke zu nützen wußten. Wenn dabei noch ein schmaler Rest übrigblieb, mußte er zur Bezahlung der Soldaten verwendet werden, die an der Grenze mit den Türken fochten.

Trotz seiner zerrütteten Finanzen und der miserablen Zustände an der Ostgrenze durfte Ferdinand mit einiger Hoffnung in die Zukunft blicken. Die Zeit arbeitete für ihn. Seine habsburgischen Vettern näherten sich allesamt allmählich dem Greisenalter, verbittert, noch immer unvermählt und ohne

legitime Nachkommen. Ferdinand aber hatte einen Sohn. Am
1. November 1605 schenkte Erzherzogin Maria Anna einem
gesunden Knaben das Leben, so daß der Fortbestand des Hauses
Habsburg gesichert schien. In Ferdinand lag nun Habsburgs
Zukunft, und die Gefahren, die sie bringen würde, hoffte der
Erzherzog mit Gottes Hilfe zu meistern.

Die große Politik

In die Entscheidungen, die außerhalb seines Herrschaftsgebietes
fielen, hatte Erzherzog Ferdinand bisher nicht eingegriffen und
wäre auch schwerlich in der Lage gewesen, es zu tun. Zu sehr
war er mit den eigenen Problemen beschäftigt, den Streitigkeiten
mit den Protestanten, der Türkenabwehr, dem chronischen
Defizit seiner Finanzen; er hatte geheiratet und war stolzer
Familienvater geworden. Um das Jahr 1605 aber begannen ihn
allmählich auch die Vorgänge außerhalb der Grenzen Innerösterreichs stärker zu interessieren; nicht so sehr, weil er nach
Ausdehnung seiner Macht gestrebt hätte, sondern weil er in
Konflikte hineingezogen wurde, zu denen er als regierender
Fürst des Hauses Habsburg wohl oder übel Stellung nehmen
mußte.

Habsburg in seiner Gesamtheit war damals ohne Zweifel
immer noch die beherrschende Macht in Europa. Überall auf
dem Kontinent, von der Südspitze Siziliens, von Gibraltar bis
zur Nordsee, von der ungarischen Tiefebene bis zum Kanal,
hatte das Erzhaus seine Stützpunkte, gebot es über eine bunte
Vielfalt von Ländern und Völkerschaften. Seit dem Jahre 1521
war das Haus Habsburg in zwei Linien gespalten, die österrei-
chisch-deutsche und die spanische, von denen letztere die
weitaus mächtigere war. Spanien war ein Weltreich, in dem, wie
einer seiner Herrscher stolz bemerkt hatte, die Sonne nicht
unterging; mit unermeßlichem Überseebesitz, Mexiko, Peru,
Brasilien, dem ganzen portugiesischen Kolonialreich, da auch
dieser kleine Nachbarstaat auf der Iberischen Halbinsel an die
spanische Krone gefallen war. Sizilien, Neapel gehörten ebenso
dem spanischen König wie das Herzogtum Mailand, Burgund
und die Niederlande, mit denen Spanien das aufstrebende

Frankreich fest umklammert hielt. Das Weltreich war seit den Tagen Philipps II. im Niedergang, ein Koloß auf tönernen Füßen, trotz der gewaltigen Schätze, welche die Silberflotten aus den Kolonien ins Mutterland brachten. Langsam, beinahe unmerklich geschah dieser Verfall, das indianische Silber bremste zwar die Verwahrlosung, konnte aber auf Dauer keine Abhilfe schaffen. Mit der Seeherrschaft Spaniens war es zu Ende, seit die Armada, die stolzeste Flotte, welche die Welt je gesehen hatte, an der Tüchtigkeit der englischen Admirale und an den Klippen der britischen Inseln gescheitert war. Spanien, spottete bald darauf ein italienischer Dichter, sei ein Elefant mit der Seele eines Hündchens, ein Blitz, der wohl blende, aber nicht töte, ein Riese, dessen Arme mit Bindfäden gefesselt seien. Immer noch aber konnte dieser Riese furchtbare Schläge austeilen, und zu Lande war Spanien in den ersten Jahrzehnten des 17. Jahrhunderts nach wie vor die am meisten gefürchtete Militärmacht in Europa.

Bescheidener, wenngleich überaus respektabel und vor allem dauerhafter in seiner Konsistenz war der Besitz der österreichischen Habsburger: Österreich, geteilt in die beiden Erzherzogtümer ober und unter der Enns, Steiermark, Kärnten, Krain, Triest, Tirol, welche Gebiete man die Erblande nannte. Daß das Königreich Böhmen mit seinen Nebenländern Mähren, Schlesien, den Lausitzen, auch ein habsburgisches Erbland sei, wurde von der Dynastie zwar immer wieder behauptet, doch von den Ständen heftig bestritten, was bei einem Thronwechsel leicht zu bösen Verwicklungen führen konnte. Denn Böhmen war einer der Eckpfeiler, auf denen die Macht des Erzhauses ruhte. Seit dem Jahre 1526 waren die Habsburger auch Könige von Ungarn, obwohl sie nur über den Westen dieses geteilten Landes wirklich herrschen konnten. Ungarns Hauptstadt war Preßburg, eine halbe Tagereise östlich von Wien; und fuhr man noch ein Dutzend Meilen donauabwärts, gelangte man bereits in den Machtbereich des Sultans.

Die Erblande waren im Jahre 1564 unter den drei Söhnen Kaiser Ferdinands I. noch einmal geteilt worden, so daß vorübergehend drei im wesentlichen unabhängige Dynastien diese Länder regierten. Doch war nach außen hin Habsburg eine Einheit trotz der schroffen Gegensätze, die innerhalb der

Familie eben damals zum Ausbruch kamen. Der spanische König würde niemals gegen die Interessen seiner österreichischen Vettern handeln, und schon gar nicht diese gegen Spanien, da sie von den Subsidien abhängig waren, die der reiche Verwandte ihnen zukommen ließ. Auch die Gegner sahen das Haus Habsburg als eine einzige Macht, die es um jeden Preis zu zersplittern galt; und es gab viele, denen die habsburgische Hegemonie unerträglich war. So war denn die habsburgische Politik dieser Epoche darauf gerichtet, die weitgespannte, überspannte Macht des Hauses zu bewahren oder diese gar noch zu vermehren, wenn die Gelegenheit günstig war. Die Gegner wiederum suchten aus Furcht oder bisweilen auch aus Neid dem Hause Habsburg zu schaden, seine Kräfte zu verkleinern, wo immer sie konnten. Wenn in diesem diffizilen Spiele die Diplomaten mit ihrer Weisheit am Ende waren, was relativ oft vorkam, traten Soldaten an deren Stelle und trieben ihr blutiges Handwerk manchmal bis zum völligen Ruin ganzer Landstriche. Die Bewohner wurden dabei nicht gefragt, ob sie nun habsburgisch sein wollten oder nicht.

Hauptfeind des Imperiums der Habsburger war im ersten Jahrzehnt des 17. Jahrhunderts Heinrich IV. von Frankreich. Der König, einst selber Protestant und nur aus politischen Gründen zum Katholizismus übergetreten, hatte mit den Protestanten im Lande, den Hugenotten, seinen Frieden gemacht, so daß diese beinah zu einem Staat im Staate wurden, mit eigener Finanzverwaltung und Rechtsprechung und sogar eigenen Festungen. Dafür hatte Heinrich freie Hand erhalten, den habsburgischen Ring um Frankreich zu sprengen, und er arbeitete fleißig auf dieses Ziel hin. Bundesgenossen fand er unter den protestantischen Reichsständen, dem Kurfürsten von der Pfalz vor allem, der die Oberhoheit des katholischen Hauses Habsburg durch eine protestantische Vorherrschaft ersetzt wissen wollte. Das Heilige Römische Reich war kein Staat wie Frankreich, England oder auch Schweden, sondern eher ein loser Staatenbund mit einem Kaiser an der Spitze, der seit beinahe zweihundert Jahren immer dem Hause Habsburg entstammte. Gewählt wurde der Kaiser von den sieben Kurfürsten, drei geistlichen, den Erzbischöfen von Köln, Mainz und Trier, und vier weltlichen, Pfalz, Sachsen, Brandenburg und dem

König von Böhmen. Eben deswegen aber war der Besitz Böhmens für die Habsburger so wichtig. Gemeinsam mit den drei geistlichen Kurfürsten konnten sie die drei weltlichen Mitglieder des Kollegiums majorisieren, die sämtlich protestantisch waren. Solange Böhmen in der Hand Habsburgs verblieb, war einem protestantischen Fürsten der Weg zum Kaisertum versperrt, eine Tatsache, die vor allem dem Kurfürsten von der Pfalz ein Dorn im Auge war.

Grundlage des Zusammenlebens der mehr als 2000 Reichsstände, von stattlichen Fürstentümern wie Bayern, Pfalz, Sachsen bis herab zu den kleinsten Reichsabteien und reichsunmittelbaren Dörfern, war der Augsburger Religionsfriede, ein Kompromiß, den Katholiken und Protestanten im Jahre 1555 mühevoll ausgehandelt hatten. Die Zeit aber war seitdem nicht stehengeblieben, die Protestanten hatten sich allmählich immer mehr katholische Territorien angeeignet. Die reichen Erzbistümer Bremen und Magdeburg waren seit langer Zeit evangelisch, und auch andere Bistümer und Klöster wurden von protestantischen Administratoren anstelle von katholischen Bischöfen und Äbten verwaltet. Die Katholiken sahen dies als Unrecht an, und ihr Ziel war, diese Entwicklung zu hemmen und wenn möglich rückgängig zu machen. Der Erfolg, den Erzherzog Ferdinand in der Steiermark gegen die Protestanten errungen hatte, war ein Anzeichen dafür, daß das katholische Lager seine innere Schwäche und Unsicherheit überwunden hatte und zum Gegenangriff rüstete. Auf den Reichstagen prallten die Meinungen immer härter aufeinander. Im Jahre 1608 hörte das Reichskammergericht zu funktionieren auf, weil ein Protestant zum Vorsitzenden gewählt wurde, worauf die Katholiken die Beschlüsse und Urteile dieser Behörde nicht mehr anerkennen wollten. Dies war nur eines der üblen Vorzeichen, die auf einen kommenden Konflikt hindeuteten.

Zum Heiligen Römischen Reich gehörten auch die Niederlande, obwohl sie sich diesem schon lange entfremdet hatten und ihre eigenen Wege gingen. Die sieben nördlichen Provinzen hatten das spanische Joch abgeschüttelt, woraus sich ein langwieriger Krieg entspann, weil Spanien sich mit dem Verlust dieses reichen und fruchtbaren Landes nicht abfinden wollte. Der Freiheitskampf der Niederländer leitete zu einem noch grausameren und größeren Kriege über. Der hatte seinen Ursprung dann in Böhmen, im Zentrum Europas. Ohne die Niederlande konnte Habsburg zur Not noch bleiben, was es war, ohne Böhmen nicht.

In der europäischen Politik hing damals alles zusammen, obwohl die Straßen unwegsam, die Korrespondenzen langwierig und die Verbindungen zwischen den Fürstenhöfen unzulänglich waren. Ein Brief von Prag oder Wien nach Madrid brauchte fünf Wochen, und selbst von Prag nach Wien war eine Botschaft vier oder fünf Tage unterwegs. Dennoch waren die Politiker und die Diplomaten emsig am Werk und konnten geduldig warten, bis ihr Arbeiten und Planen die erhofften Früchte trug. Bündnisse und geheime Allianzen wurden eifrig geschlossen und wieder aufgelöst, die residierenden Botschafter sandten ihre Berichte, und über die Vorgänge auf der Bühne des großen Polittheaters berichteten Flugblätter und die Zeitungen, die eben damals sich ihren Platz im öffentlichen Leben erkämpften. Was in Polen geschah, interessierte Spanien zwar nicht unmittelbar, wohl aber aus dem Grunde, weil Polen an das habsburgische Ungarn grenzte; und ob der Sultan mit Habsburg Frieden hielt oder nicht, konnte für das Wohl Frankreichs von entscheidender Bedeutung sein. Einige Staaten, Frankreich selbst oder England, das seit dem Tode der Königin Elisabeth von Jakob I. regiert wurde, hatten den Zenit ihrer Macht noch nicht erklommen, von dem Spanien bereits im Absteigen war. Weit entfernt vom Range einer Großmacht, durch Thronwirren geschwächt und von seinen Nachbarn Polen und Schweden beunruhigt, war trotz seiner respektablen Größe Rußland. Von Schweden, dem großen Königreich im Norden, wußten die Gebildeten wenig. Er kenne Schweden kaum dem Namen nach, beteuerte der gelehrte Herzog Wilhelm von Bayern, wie solle er da über dessen Politik ein Urteil abgeben? Es korrespondierten aber die schwedischen Dinge mit den polnischen, Schweden war lutherisch, Polen katholisch, und beide strebten nach dem Dominium maris Baltici, der Herrschaft über die Ostsee. Und weil Polen im Konzert der europäischen Mächte eine durchaus ansehnliche Rolle spielte, war auch Schweden ein Faktor in diesem Kräftespiel, ehe noch ein schwedischer König als Eroberer ganz Deutschland durchzog.

Es waren ein paar Dutzend Familien, die über Europa herrschten, untereinander vielfach verschwägert, so daß einer, der die Erbtochter eines Fürsten heiratete, mit deren Hand zugleich auch das Recht erwarb, in dem fremden Lande die Regierung zu führen. Auf diese Weise hatten die Habsburger ihr gewaltiges Imperium zusammengeerbt, und die übrigen Fürstenhäuser suchten es ihnen in bescheidenerem Rahmen gleichzutun. Die Völker ließen es sich gewöhnlich gefallen, daß die Mächtigen auf ihrem Rücken ihre Zwiste austrugen, als seien es familiäre Streitigkeiten. Den Bauern, der Masse jedes Volkes, war es meist gleichgültig, wer über sie herrschte, solange man sie leben ließ und ihre Religion nicht bedrückte; was dennoch oft genug vorkam. Die Bürger in den Städten sahen mehr auf das Gedeihen ihres Handels als auf politische Freiheiten. Die ständische Ordnung des Mittelalters war noch festgefügt. Der Adelige, der Bürger, der Bauer und selbst der Bettler hatten in dieser Ordnung ihren Platz und ihre Aufgabe. Was man war, war man durch Geburt. Wer als Sohn eines Bürgers zur Welt kam, blieb zumeist sein Leben lang bürgerlich, wie auch der Bauer zeitlebens an die Scholle gebunden war. Davon gab es Ausnahmen, doch es waren dies solche, welche die Regel bestätigten. Man war von Gott an diesen Platz gestellt worden und mußte ihn nun ausfüllen nach bestem Wissen und Gewissen. Was für die breite Basis dieser Pyramide galt, für Bauern und Handwerker, galt ebenso für deren Spitze: Zum Fürsten war man geboren, Dei gratia, und von Gottes Gnaden auch die Gewalt, die man über die Untertanen übte. Diesen kam es kaum jemals in den Sinn, am Gottesgnadentum ihres Fürsten ernsthaft zu zweifeln. Selbst wenn er sich als Tyrann gebärdete, war die Geduld der Untertanen lang. Man dachte in den Prinzipien der Legitimität. Höchstens in Siebenbürgen kam es öfters vor, daß ein Fürst gestürzt wurde oder der Gewalt seines Rivalen weichen mußte. Siebenbürgen aber lag am äußersten Rande des zivilisierten Europa, und seine Fürsten waren den Türken tributpflichtig. Die Person des Fürsten war geheiligt und ein Frevler wider göttliches Gebot, wer diese Fürstenwürde anzutasten wagte. Theorien über Tyrannenmord wurden zwar eifrig entwickelt, hatten aber in der politischen Realität wenig Wirkung.

Die Potentaten durften sich ihrer überragenden Stellung relativ sicher fühlen, da selbst die Stände auf einen König oder Fürsten als Oberhaupt nicht gut verzichten zu können meinten. Wer von den ständischen Führern zum gewaltsamen Widerstand gegen die Fürstenmacht aufrief, fand nicht ungeteilten Beifall. Das erklärt, warum die innerösterreichischen Stände sich nicht gegen Erzherzog Ferdinand erhoben; es ist auch die Erklärung dafür, warum der geisteskranke Rudolf II. so lange Jahre sich einer ungeschmälerten Herrschaft erfreuen durfte. Das Gefühl, daß sie etwas Bessers seien, war allen Potentaten gemeinsam, den guten und den bösen. Als die Besten von allen dünkten sich die Habsburger, und dieser Glaube an sich selbst, an ihre Auserwähltheit, war ihre Stärke. Haus Habsburg war eine Art Mythos, eine Idee mit folgenschwerer Realität. Was die Habsburger taten, war primär Familienpolitik, Religionspolitik auch, weil ihre Interessen mit denen einer großen Religionsgemeinschaft zusammenfielen. Es gehe „um die Erhaltung Gottes und unseres Hauses", hat ein Habsburger die Ziele seiner Familie einmal charakterisiert. Haus Österreich, Casa de Austria, Maison d'Autriche; man sprach ihren Namen in vielen Zungen aus, respektvoll die Anhänger, haßerfüllt oder verbittert jene, denen Habsburgs Macht keinen Vorteil brachte. Zu letzteren zählte bisweilen auch der Heilige Vater in Rom. Als geistlicher Oberhirte durfte er sich über die strikte Katholizität eines Erzherzog Ferdinand wohl freuen, als italienischer Territorialfürst und Herr des Kirchenstaates aber mußte er die spanisch-habsburgische Hegemonie über die Apenninenhalbinsel als drückend empfinden.

Kein Freund der Spanier und der Habsburger im allgemeinen war auch die Republik Venedig, Beherrscherin der Adria und unbequemer Nachbar Innerösterreichs. Mit den Venezianern würde sich Erzherzog Ferdinand demnächst ernstlich auseinandersetzen müssen. War er für die großen Aufgaben gerüstet, die auf ihn zukamen? Er zahlte Lehrgeld, und die Erfahrungen, die er sammelte, waren manchmal bitter. Aber er war mutig, zäh und mit einem bewundernswerten Mangel an Phantasie begabt, der ihn auch in scheinbar ausweglosen Situationen nicht verzweifeln ließ. Er kannte seine Ziele. Er wollte für das Wohl seines Hauses wirken und für den römischen Glauben. Das

Bewußtsein, immer das Rechte zu tun, verlieh ihm Ausdauer und Selbstsicherheit. Die Idee von der Auserwähltheit seiner Familie und seiner Person hat auch Ferdinands politisches Denken beherrscht; wenngleich er gerne beteuerte, daß ihm die Erhaltung der katholischen Religion mehr bedeute als sein Fürstenamt. Das war eigentlich kein Widerspruch. Wenn der Katholizismus gedieh, dann würde auch Ferdinands Macht wachsen; stand es schlecht um die Sache der Katholiken, war auch Ferdinands Position gefährdet. Auf diese einfache Gleichung baute er seine Politik auf. In Innerösterreich hatte sich die Rechnung als richtig erwiesen. Nun mußte sich zeigen, ob sie auch in einem größeren Rahmen taugte.

Von den gefährlichen Plänen des Erzherzogs Matthias

Mit seinen innerösterreichischen Vettern hatte Kaiser Rudolf II. wenig Kummer. Er verkehrte mit Ferdinand freundlich, wenn sich dieser in Prag aufhielt, und dessen Bruder, den Erzherzog Leopold, Bischof von Passau, liebte der verbitterte Greis, soweit er solcher Gefühle noch fähig war. Hingegen verfolgte der Kaiser seinen Bruder Matthias, der nach den strengen Gesetzen des Hauses Habsburg einmal sein Nachfolger werden würde, mit Mißtrauen und Haß. Rudolfs Melancholie hatte sich so arg verschlimmert, daß an eine geregelte Regierungsarbeit überhaupt nicht zu denken war. Er schloß sich in seine Kunst- und Wunderkammern ein, und wer ihn in einer dringenden Angelegenheit zu sprechen wünschte, mußte zuerst den Kammerdiener Philipp Lang, einen gewissenlosen Schurken, der des Kaisers unumschränktes Vertrauen genoß, mit einer ordentlichen Summe Geldes bestechen. Der Prager Hof bot ein groteskes Bild. Fürsten, Botschafter und andere Würdenträger buhlten um das Wohlwollen von Bediensteten und Ofenheizern, die ihre Stellung schamlos ausnutzten, um den hohen Herren gegen klingende Münze beim Kaiser eine Audienz zu verschaffen. Seinen treuen Minister, den Freiherrn von Rumpf, hatte Rudolf längst davongejagt, weil er glaubte, dieser hätte ihn verraten. Es war dies aber nur ein Symptom seines Verfolgungswahnes. Sein besonderer Haß galt immer mehr den Priestern, vor allem den Kapuzinern, weil ihm prophezeit worden war, er werde einst durch einen Mönch ermordet werden. Seitdem ging er bewaffnet. Tobsuchtsanfälle, bei denen er mit seinem Rapier wild um sich schlug, wechselten mit Perioden stumpfer Apathie. Merkwürdig gleichgültig war er auch gegenüber den Vorgängen in den Ländern, die er hätte regieren sollen. In diesen herrschte das Chaos, besonders in Ungarn. Mitten im Türkenkrieg hatte die kaiserliche Regierung in dem überwiegend protestantischen Land mit der Gegenreformation begonnen. Das Beispiel, das Erzherzog Ferdinand in Innerösterreich gegeben hatte, machte Schule. Wenn ein Erzherzog seine Länder von der Ketzerei gereinigt habe, meinten des Kaisers kurzsichtige Räte, so müsse es ein römischer Kaiser „noch mehr tun". Folge dieser unsinnigen Maßnahmen war ein Aufstand, in dem sogar Lutheraner und Calviner gemeinsame Sache machten, die gewöhnlich einander erbittert bekämpften. An die Spitze der Erhebung trat der Magnat Stephan Bocskay, der ursprünglich als ein treuer Anhänger des Kaisers gegolten hatte. Anläßlich eines Besuches in Prag aber soll Bocskay seine Meinung gründlich geändert haben. Kaiser Rudolf, dem er über die Mißstände in Ungarn berichten wollte, weigerte sich beharrlich, den einflußreichen Magnaten zu empfangen. Während Bocskay in der Antecamera vergeblich auf seine Audienz wartete, machten sich kaiserliche Pagen ein Vergnügen daraus, mit Bällen nach ihm zu werfen. Vom Kaiser schwer enttäuscht, kehrte er nach Ungarn zurück, sammelte die Unzufriedenen um sich, ließ sich zum Fürsten von Siebenbürgen ausrufen und brachte ein gewaltiges Heer auf die Beine, dem die kaiserlichen Truppen nicht recht gewachsen waren. Seine Reiterhorden fielen in Österreich und Mähren ein und streiften bis gegen Graz. Erzherzog Ferdinand hatte nun mit den ungarischen Händeln gewiß nichts zu tun, doch pflegten sich Bocskays wilde Gesellen um derlei Spitzfindigkeiten wenig zu kümmern. Und immerhin führte ja Ferdinand Krieg gegen die Türken, und die Osmanen mußte sich der rebellische Magnat auf jeden Fall freundlich stimmen. Im Juli 1605 verlieh der Sultan dem Rebellenführer Ungarn und Siebenbürgen als türkische Lehen, stellte ihn unter seinen Schutz und schickte selbst ein Heer zur Unterstützung die Donau aufwärts. Der

Kaiser traf keine Gegenmaßnahmen. Nicht nur Ungarn konnte verlorengehen, es bestand die Gefahr, daß auch die Stände Österreichs, Böhmens und Mährens mit den Ungarn gemeinsame Sache machten. Dann aber wäre es wohl mit der Herrschaft des Hauses Habsburg in all diesen Ländern zu Ende gewesen.

Zum Retter in höchster Not fühlte sich der Erzherzog Matthias berufen, der älteste Bruder des Kaisers. Matthias zeigte keine Spur von Wahnsinn, war freundlich, ging gern unter Menschen, ein Liebhaber prunkvoller Aufzüge und üppiger Feste. Zwar war er kein Freund harter Arbeit und darin seinem Bruder ähnlich, doch besaß er in dem Bischof Melchior Klesl einen ebenso klugen wie arbeitsamen Berater, der dieses Manko bei weitem wettmachte. Klesl, eines Wiener Bäckermeisters Sohn, war ursprünglich Protestant gewesen. Nach seiner Bekehrung durch den Jesuiten Georg Scherer hatte er rasch die Stufenleiter des Erfolges erklommen: Student der Philosophie und Theologie bei den Jesuiten in Ingolstadt, Priesterweihe, Offizial des Bischofs von Passau, ein einflußreicher Posten, wenn man weiß, daß damals die Erzherzogtümer Österreich ober und unter der Enns kirchenrechtlich der Diözese Passau unterstanden und der Offizial der oberste Beamte des Bischofs in diesen Ländern war. Anders als seine Vorgänger wußte Klesl sein Amt zu nützen. Er zog in ganz Niederösterreich umher, gewann die Bewohner der römischen Kirche zurück und war auch nebenbei Kanzler der Wiener Universität und Dompropst von St. Stephan. Kaiser Rudolf verlieh ihm die Bistümer Wiener Neustadt und Wien. Für die Bischofsweihe allerdings fand Klesl keine Zeit, ihn zog es in die Politik. Der tüchtige Priester gewann das Vertrauen des Erzherzogs Matthias, der im kaiserlichen Auftrag als Statthalter Österreich verwaltete, und war bald rechte Hand des Habsburgerprinzen. Später, als Matthias Kaiser geworden war, nannte man im Volksmund Klesl den „Vizekaiser", was über den Einfluß, den er auf seinen Herrn übte, ein bezeichnendes Licht wirft.

Klesl war auch Geheimer Rat Kaiser Rudolfs, doch das hinderte ihn nicht, die Sache des Matthias zu vertreten, wobei er sich jedoch keineswegs, wie man ihm so oft zum Vorwurf machte, allein von eigensüchtigen Motiven leiten ließ. Rudolf war noch immer kinderlos, ohne legitime Nachkommen, und bei seinem bedenklichen Geisteszustand war zu befürchten, daß auch die Kaiserkrone den Habsburgern verlorenginge. Seit Generationen hatte das Erzhaus den römischen Kaiser gestellt, und so sehr auch das Kaisertum seit dem Mittelalter an realer Macht eingebüßt hatte, galt derjenige, der sich die Bügelkrone auf sein Haupt setzen durfte, immer noch unbestritten als der erste Fürst im christlichen Abendland. Da die Kaiserwürde nicht erblich war, bestimmte der Kaiser seinen Nachfolger, indem er von den Kurfürsten noch bei seinen Lebzeiten einen römischen König wählen ließ. Das hatte auch Rudolfs Vater Maximilian II. so gehalten. Vergebens bestürmte nun Matthias seinen Bruder, ihn doch zum römischen Könige wählen zu lassen, womit ihm nach Rudolfs Tod dessen Nachfolge gesichert gewesen wäre, was aber Rudolf starrsinnig verweigerte. War kein römischer König vorhanden, übernahm nach den Bestimmungen der Reichsverfassung bei Regierungsunfähigkeit des Kaisers der Kurfürst von der Pfalz als Reichsvikar die kaiserlichen Agenden. Der Pfälzer aber war das Haupt der protestantischen Partei und ein erbitterter Feind des Hauses Habsburg.

Geduldig versuchte Matthias seinen starrsinnigen Bruder auf gütlichem Wege umzustimmen. In des Kaisers verdüstertem Gemüte aber wuchs die Furcht, man wolle ihn um seine Kronen bringen, indes er nichts tat, um seine Herrschaft zu festigen oder wenigstens zu bewahren. Leider sei es augenfällig, schrieb ein Kritiker des Kaisers im April 1605, daß Seine Majestät keiner Sachen mehr sich annehmen wolle, an allem verzweifle und gleichsam mit Fleiß dem eigenen Untergange zusehe. Ob aus Nachlässigkeit eines einzelnen alles zugrunde gehen dürfe?

Es war dies in der Tat eine berechtigte Frage. Durch die ungarischen Wirren waren auch Erzherzog Ferdinands Länder in Mitleidenschaft gezogen, und es durfte ihm jetzt nicht mehr gleichgültig sein, was in Österreich und Böhmen geschah. Geriet dort die habsburgische Herrschaft ins Wanken, und alle Anzeichen sprachen dafür, war auch Ferdinands mühsam aufgebaute innerösterreichische Position gefährdet. Die Adeligen dort hatten ihm noch nicht vergessen, daß er sie zu politischer Machtlosigkeit degradiert und ihrer religiösen Freiheiten beraubt hatte. Sie konspirierten mit ihren Standesgenossen in Ober- und Niederösterreich, die sich nach wie vor beachtlichen politischen Einflusses und uneingeschränkter Religionsfreiheit erfreuten. Deutlich sah Ferdinand die Gefahr, die durch des Kaisers Untätigkeit sowohl der habsburgischen Herrschaft als auch der katholischen Religion erwuchs. Gern folgte er daher im April 1605 der Einladung des Erzherzogs Matthias nach Linz, um die Lage zu beraten. Sie war überaus düster. Ungarn sei so verbittert gegen des Kaisers Herrschaft, hieß es in der Denkschrift, die den Beratungen zugrunde lag, daß es nur durch einen anderen Erzherzog für Haus Österreich könne erhalten werden. Ebenso sei Aufruhr in Böhmen und Mähren zu befürchten, auch dort könne nur die Ernennung eines Erzherzogs zum Vizekönig das Ärgste verhindern. Daß er selbst dieser Vizekönig zu werden gedenke, darüber ließ Matthias seine Gesprächspartner nicht im Zweifel. Die Erzherzöge, neben Ferdinand und Matthias noch dessen Bruder Maximilian und Ferdinands jüngerer Bruder Maximilian Ernst, beschlossen gemeinsam nach Prag zu reisen, dem Kaiser ins Gewissen zu reden und ihre, wie sie meinten, gerechten Forderungen zu präsentieren.

In Prag war die Delegation der Erzherzöge höchst unwillkommen. Rudolf wollte sie unter keinen Umständen empfangen. Wie untergeordnete Bittsteller mußten sie sich um eine Audienz bemühen und wurden immer wieder abgewiesen. Der Kaiser, schrieb Ferdinand an seine Mutter, habe sich „durch gottlose Leute einbilden lassen, die Erzherzöge wollten ihm gemeinschaftlich nach dem Szepter greifen und die Cron vom Haupte reißen". Bisweilen wußte sich Ferdinand überaus gewandt und treffend auszudrücken. Und vor allem meinte er zumeist ehrlich, was er sagte. Das „Dissimulieren", das Täuschen, Verheimlichen der wahren Absichten, eine von den Politikern mit virtuoser Leidenschaft geübte Kunst, war seine Sache nicht. Er sagte gerne gerade heraus, was er dachte, und machte sich gerade wegen seines ehrlichen, aber auch kompromißlosen Wesens oft unbeliebt. Der Erzherzog Matthias wußte seine Pläne besser zu verbergen. Während es Ferdinand allein um die Rettung Habsburgs und der katholischen Religion zu tun war, hatten Matthias und sein Berater Klesl auch persönliche Ziele im Auge. Ihre Ambitionen waren wirklich darauf gerichtet, Rudolf „nach dem Szepter zu greifen". Ferdinand, arglos und rechtlich denkend, durchschaute diese Pläne nicht und ließ sich willig als Werkzeug zu deren Verschleierung gebrauchen.

Der Besuch in Prag aber brachte Matthias um keinen Schritt weiter. Man hatte sich vergeblich um eine Audienz beim Kaiser bemüht und mußte unverrichteter Dinge wieder abreisen. Geheimschreiber Peter Casal beklagte mit Recht die Zustände am Prager Hof: „Es durchbohrt das Herz, wenn man sehen muß, wie es an allem Eifer zur Beförderung der Sache gebricht, wie es den Anschein hat, als läge alles im tiefsten Schlaf." Doch hatte der Kaiser immerhin ein kleines Zugeständnis gemacht und seinem Bruder vage und beiläufig Vollmacht zu Verhandlungen mit Stephan Bocskay erteilt.

Bischof Klesl war mit Recht der Meinung, daß dieses magere Zugeständnis zur Rettung des Hauses Habsburg nicht genügte. Schlauer Politiker, der er war, veranlaßte der Bischof seinen Herrn, für den 25. April 1606 eine höchst geheime Konferenz nach Wien einzuberufen. Anwesend waren wieder die vier Erzherzöge, die das Jahr zuvor in Prag nichts hatten ausrichten können. Ferdinand ging höchst unvorbereitet in diese Konferenz; er war in der Meinung gekommen, es werde über die Verteidigung der Grenzen beratschlagt. Statt dessen sprach Erzherzog Matthias vom üblen Gesundheitszustand seines kaiserlichen Bruders, „wie er bei sich erzeigenden Gemütsblödigkeiten weder genugsam noch tauglich sich befinde", und daß es daher hoch an der Zeit sei, die Nachfolge endlich zu regeln. Man solle sich, forderte der Erzherzog, im Hinblick auf die Hausverträge auf ein Familienoberhaupt einigen und diesem volle Gewalt übertragen. Diesem solle der Kaiser die Regierungsgeschäfte abtreten und seinen Alterssitz in Linz oder anderswo nehmen, nur nicht in Böhmen. Wollte der Kaiser aber „diesen gelinden Weg nicht einschlagen", hieß es dunkel in der Proposition, die Klesl für seinen Herrn verfaßt hatte, „dann wäre anderes zu versuchen".

Ferdinand hatte keinen Einwand. War nicht der Kaiser tatsächlich unfähig, die Regierung zu führen? Unbestreitbar war auch, daß sich die Gefahr für den Fortbestand des Hauses immer mehr vergrößerte, je länger man Rudolf noch gewähren ließ. Arglos unterzeichneten daher Ferdinand und die beiden anderen Erzherzöge ein von Matthias bereitgehaltenes Schriftstück in lateinischer Sprache, in dem sie ihn, „damit des Hauses Macht und Würde nicht in Gefahr gerate", zu „dessen Haupt und Säule" bestellten und gleich alles genehmigten, was er hierüber mit dem Papst und dem königlichen Vetter von Spanien in dieser Sache verhandeln würde. Auch gelobten sie ihm, „durch Verfügung der Natur den ersten nach dem Kaiser", im Falle einer römischen Königswahl nach Kräften zu unterstützen.

Daß die Zugeständnisse zu weit gingen und seine eigene politische Zukunft gefährden konnten, begriff Ferdinand nicht gleich. Ohne die gewohnte Unterstützung seiner Ratgeber hatte er sich von Matthias und Klesl leicht überspielen lassen. Erst die Rüge seiner Mutter machte ihm klar, welch folgenschweres Dokument er in Wien unterschrieben hatte. Was man hier ausgehandelt hatte, war eine Verschwörung gegen das rechtmäßige Familienoberhaupt, und der so fromm und rechtlich denkende Ferdinand war mit einem Male Mitwisser und Teilnehmer dieses höchst fatalen Komplotts. Wohl hatte er im guten Glauben gehandelt, es gehe allein um die Rettung Habsburgs. Doch davon konnte nun, wie die Dinge lagen, vorerst keine Rede sein. Nutznießer des anrüchigen Handels war allein der Erzherzog Matthias, er hatte nun freien Spielraum, gegen seinen Bruder nach Gutdünken zu verfahren. Ferdinand, als unmittelbarer Nachfolger des alten Rudolf vage im Gespräch, hatte diese Anwartschaft zugunsten des Matthias aufgegeben und konnte aus dem Abkommen auch sonst keinerlei Vorteil ziehen, im Gegenteil: Matthias hielt nun ein wertvolles Faustpfand in Händen. Es konnte nicht in Ferdinands Interesse liegen, wenn der mißtrauische und rachsüchtige Rudolf von diesem Vertrag Kunde erhielt. Wer aber konnte garantieren, daß Matthias den geheimen Kontrakt nicht veröffentlichen würde, wenn es ihm für seine Zwecke förderlich schien? Vergebens beschwor Ferdinand seinen Vetter, das unglückselige Dokument doch zu verbrennen.

Matthias, vom listigen Klesl beraten, hütete sich wohl, diesen Trumpf aus der Hand zu geben. Er gedachte ihn auszuspielen, wenn die Gelegenheit günstig wäre.

Ferdinand befand sich in einer höchst ungemütlichen Lage. Teilte er den Vertrag dem Kaiser mit, war nicht sicher, ob dieser ihm verzeihen würde. Wenn auch Rudolf krank war und die

Zügel der Regierung schleifen ließ, würde er eine Verschwörung gegen seine Person, und als solche mußte er die Wiener Vereinbarungen ansehen, gewiß mit allen Kräften bekämpfen. Außerdem mußte Ferdinand in diesem Falle der Rache des Matthias gewärtig sein. Schwieg er aber, dann mußte er fürchten, daß sein Vetter das Dokument nutzte, um ihn zu kompromittieren. Das erschien Ferdinand noch als das kleinere Übel. Er beschloß vorerst zu schweigen und die Entwicklung der Dinge abzuwarten. Sie nahmen einen bösen und für das Haus Habsburg höchst gefährlichen Verlauf.

Erzherzog Ferdinand und der Bruderzwist in Habsburg

Die Ereignisse, welche die habsburgische Herrschaft während der letzten Lebensjahre Kaiser Rudolfs II. erschütterten, sind als „Bruderzwist in Habsburg" in die Geschichte eingegangen. Österreichs größter Dichter, Franz Grillparzer, hat daraus den Stoff für eines seiner gehaltvollsten Dramen gewonnen. Grillparzer hat sein Thema mit dichterischer Freiheit behandelt, indem er das Handeln und die Motive der Hauptpersonen poetisch verklärte und ihren Charakteren schärfere Konturen gab. Wesentliches aber hat sein Bühnenwerk der Wirklichkeit nichts hinzugefügt. An Intrigen, Verrat und Haßgefühlen, welche der Dichter mit poetischer Meisterschaft in seinem Drama darzustellen wußte, hat es auch in der wirklichen Tragödie des Bruderzwists nicht gefehlt.

Juni 1606: Matthias bringt durch Vermittlung des vom Kaiser als Verräter geächteten ungarischen Magnaten Illeshazy einen Friedensvertrag mit den aufständischen Ungarn zustande. Bocskay wird als Fürst von Siebenbürgen anerkannt, die Ungarn erhalten Religionsfreiheit.

Gewiß für den Kaiser kein schmeichelhafter Friede, aber er schafft die Voraussetzungen, den Türkenkrieg nach dreizehnjähriger Dauer zu beenden: Am 11. November 1606 schließen Gesandte des Erzherzogs Matthias bei Zsitva Torok an der Donau, auf freiem Felde zwischen den Fronten, einen Friedensvertrag mit den Türken auf der Basis des territorialen Status quo. Das bedeutet zwar für Erzherzog Ferdinand, daß die wichtige Festung Kanizsa endgültig in türkischer Hand verbleibt, für den Kaiser aber sind die Bedingungen höchst ehrenvoll. Zum ersten Mal wird er vom Sultan als ebenbürtig anerkannt, die demütigenden Tribute an die Pforte werden durch Verpflichtung zu wechselseitigem Austausch von Geschenken zwischen den beiden Potentaten ersetzt. Der störrische Rudolf aber will diesen Frieden nicht anerkennen, nicht zuletzt aus dem Grunde, weil er unter der Mitwirkung seines verhaßten Bruders zustande gekommen ist. Der geizige alte Mann plant, die Hälfte des vereinbarten Ehrengeschenkes an den Sultan für sich zu behalten, was praktisch den neuerlichen Ausbruch des Türkenkrieges zur Folge hätte. Den katholischen Räten des Kaisers ist vor allem der Friede mit den rebellischen Ungarn ein Dorn im Auge, da er diesen Religionsfreiheit läßt. Die ungarischen Stände wissen um die Gefahr, die dem Frieden von kaiserlicher Seite droht, und haben sich zu dessen Erhaltung mit den mährischen und österreichischen Ständen zusammengeschlossen, bei denen der oberösterreichische Calviner Georg Erasmus von Tschernembl eine führende Rolle spielt. Matthias, von den Katholiken wegen seiner religiösen Zugeständnisse an die Ungarn getadelt und von seinem eigenen Ratgeber Bischof Klesl auf die drohenden Höllenstrafen aufmerksam gemacht, sieht trotzdem keinen anderen Ausweg, als mit den Ständen gemeinsame Sache zu machen, um sein Erbteil zu retten. Denn ein neuerlicher Türkenkrieg und eine daraus resultierende Rebellion der vereinigten Stände könnte leicht zu einem Zusammenbruch der habsburgischen Herrschaft in Mitteleuropa führen.

Indessen betreibt Rudolf mit einer seltenen Beharrlichkeit die Rüstungen für den von seinem Bruder und den Ständen gefürchteten Türkenkrieg. Im Sommer 1607 beruft er einen Reichstag nach Regensburg, um von den Reichsständen Finanzhilfe zu erhalten. Zum kaiserlichen Kommissär ernennt er nicht wie früher seinen Bruder Matthias, sondern Erzherzog Ferdinand von Steiermark, was Anlaß zu allerlei Gerüchten gibt: Damals soll der Kaiser im Geheimen erwogen haben, Ferdinand den Reichsständen als römischen König vorzuschlagen und somit seinen Bruder von der Nachfolge auszuschließen. Matthias fühlt sich vom Kaiser und von Ferdinand hintergangen, zumal dieser die Ernennung zum kaiserlichen Kommissär annimmt, ohne ihn um seine Meinung zu fragen, und während sein vermeintlicher oder wirklicher Widersacher Ferdinand durch die Geschäfte auf dem Reichstag in Regensburg festgehalten ist, entschließt sich Matthias endgültig, den Bruderzwist mit Gewalt zu lösen.

Die Wahl, die Kaiser Rudolf getroffen hatte, als er Ferdinand zu seinem Stellvertreter auf dem Reichstag ernannte, war denkbar unglücklich. Das hatte weniger mit Ferdinands Jugend oder mangelnden Fähigkeiten zu tun. Auch ein gewandterer und weniger prinzipientreuer Politiker, als Ferdinand es war, hätte sich schwergetan, bei dem immer mehr sich verschärfenden Gegensatz zwischen den katholischen und den protestantischen Reichsständen ein brauchbares Ergebnis zustande zu bringen. Mit dem kompromißlos katholischen Ferdinand aber war eine ersprießliche Mitarbeit der Protestanten schon gar nicht zu erhoffen. Die Entrüstung im protestantischen Lager schlug hohe Wellen, als seine Ernennung zum kaiserlichen Kommissär bekannt wurde. Die Legende, er sei ein Knecht der Jesuiten, haftete Ferdinand an, obwohl sie, wie jede Legende, nur zum Teil auf Wahrheit beruhte. Selbst der besonnene und den Habsburgern durchaus wohlwollende Kurfürst von Sachsen erinnerte den Kaiser an die „hitzigen, von den Jesuiten angestifteten Persecutionen" in des Erzherzogs Landen. Lasse sich auch nicht zweifeln, schrieb höflich der Kurfürst im Juni 1607, daß Erzherzog Ferdinand „die Kommission mit allem Ruhm, Lob und Ehre verrichten" werde, so sei doch zu besorgen, er dürfte allzu sehr auf den Rat der Jesuiten hören, weswegen der Reichstag entweder sich zerschlagen oder doch das nicht erreicht werde, weswegen der Kaiser ihn einberufen habe. Der starrsinnige Rudolf war aber schon längst entwöhnt, auf den Rat vernünftiger Leute zu hören, und schlug diese Warnungen in den Wind. Ihm war es vor allem darum zu tun, seinen ungeliebten Bruder Matthias zu ärgern, und das gelang ihm so gründlich, daß er selbst seinen Schaden davon hatte.

Ferdinand nahm seine Aufgabe überaus ernst. Als kaiserlicher Kommissär hatte er möglichst prächtig aufzutreten, er würde Feste und Gastmähler geben müssen und durfte bei den

Ausgaben nicht sparen. Erlesene Weine aus der Steiermark wurden nach Regensburg hinaufgeführt, von des Erzherzogs eigener Meeresküste kamen Austern und Thunfische. Aus Österreich wurden 1137 Eimer Wein angekauft, welche die stattliche Summe von 7959 Gulden kosteten, denn auch unter Ferdinands Gefolge galt es viele durstige Kehlen zu laben; nach Regensburg begleiteten ihn über 400 Personen. An der Spitze des erzherzoglichen Hofstaates stand wieder der schon in Ingolstadt bewährte Balthasar von Schrattenbach; Kammerherren und eine große Dienerschar sorgten für des Erzherzogs leibliches Wohl. Um das Geistliche kümmerten sich gleich vier Kapläne, die unter der Leitung des Beichtvaters Bartholomäus Viller standen. Am 13. November 1607 brach Ferdinand von Graz auf. Es war ein langer Zug von Leib- und Hofkutschen, Sänften und Planwagen. 800 Pferde wurden benötigt, und 28 schwere Wagen, alle sechsfach bespannt, transportierten die Gerätschaften. Man reiste ohne Eile. Unterwegs besuchte Ferdinand seinen Bruder Leopold in Passau und hielt erst am 28. November um drei Uhr nachmittags seinen Einzug in Regensburg. Es erwarteten ihn dort die kaiserlichen Assistenzräte Stralendorf, Westernacher und der Geheime Rat Andreas Haniwald von Eckersdorf, der als besonderer Vertrauensmann des Kaisers galt.

Von den Vertretern der Reichsstände hatten sich die meisten noch nicht eingefunden, so daß von einer Eröffnung des Reichstages vorerst keine Rede sein konnte. Da der Kaiser nicht in Person erschien, fanden es auch die einflußreicheren Reichsstände nicht für angebracht, sich persönlich nach Regensburg zu bemühen. Auch die drei evangelischen Kurfürsten schickten Gesandte, wobei aber weniger ihre Abneigung gegen den glaubenseifrigen Ferdinand als ihr Desinteresse an den Zielen des Reichstages zum Ausdruck kam. Der Kaiser wollte von seinen Ständen vor allem Geld für den geplanten Türkenkrieg. Nebenbei, so war die listige Überlegung der kaiserlichen Räte, konnte man mit den geworbenen Truppen auch die widerspenstigen Ungarn zur Räson bringen, die mit dem Erzherzog Matthias paktierten. Die Meinung der Protestanten war hingegen, man solle mit den Türken Frieden halten und lieber über die Probleme im Reich verhandeln. Damit der Kaiser die Bedrükkungen gegen ihre protestantischen Glaubensbrüder in Ungarn fortsetzen könne, würden sie ihr Geld nicht hergeben.

Während Ferdinand auf das Eintreffen der Gesandten wartete und sich die Langeweile mit Entenjagd vertrieb, geschah in der kleinen Reichsstadt Donauwörth ein Ereignis, welches den Reichstag zum Scheitern verurteilte, ehe er noch recht begonnen hatte: Am 17. Dezember 1607 besetzten Truppen des Herzogs Maximilian von Bayern das Städtchen. Der Kaiser hatte über die Freie Reichsstadt die Acht verhängt, weil die recht aktive katholische Minderheit von der Mehrheit der Bürgerschaft gewaltsam an einer Prozession gehindert worden war. Herzog Maximilian war beauftragt worden, die Reichsacht gegen Donauwörth zu exekutieren. Der Herzog exekutierte gründlich, wie es seinem strengen und pedantischen Naturell entsprach, indem er die lutherischen Prädikanten einfach vertrieb und die verlassene Pfarrkirche den Jesuiten überantwortete. Eine bayerische Besatzung unterdrückte jeden Widerstand der Bevölkerung. Für die Protestanten war dies eine Niederlage. Sie schmerzte umso mehr, als sich über die Frage, ob der Kaiser und der Bayernherzog im streng reichsrechtlichen Sinn gehandelt hatten, sehr wohl streiten ließ. Wer konnte da noch garantieren, daß das, was in Donauwörth geschehen war, nicht auch über andere evangelische Reichsstände hereinbrach?

Als Erzherzog Ferdinand am 12. Jänner 1608 den Reichstag mit einer wohlgesetzten lateinischen Ansprache eröffnete, war die Atmosphäre gespannt. Die Protestanten wollten unter diesen Umständen von einer Türkenhilfe schon gar nichts wissen. Die Angst vor neuerlichen Machtdemonstrationen der Katholiken beherrschte ihre Verhandlungstaktik. Vor einer allfälligen Steuerbewilligung müsse der Religionsfriede feierlich bestätigt werden, forderten sie. Die Katholiken waren nur einverstanden unter der Bedingung, daß die Protestanten alle seit dem Jahre 1555 einverleibten Territorien zurückgäben, was den Ruin der protestantischen Machtstellung bedeutet hätte. Ferdinands Vermittlungsversuche waren schwach und kamen nicht von Herzen. Kaum einer hätte die völlige Niederlage der Protestanten lieber gesehen als er. 21 Jahre später würde er diesen Streit im Sinne der Katholiken entscheiden und durch sein „Restitutionsedikt" die Protestanten zu einem Verzweiflungskampf herausfordern. Im Jahre 1608 aber hielt er sich zurück, wenn er auch die Schuld an den schleppenden Verhandlungen bei den Evangelischen suchte: „Die Protestanten sind bisher ihrem alten Gebrauch nach ziemlich stettig", berichtete er seiner Mutter über die zähe Verhandlungstaktik seiner Kontrahenten und ärgerte sich auch über „das widerwärtige Benehmen der Gesandten dieser Reichsfürsten".

Während in Regensburg gereizt und lustlos verhandelt wurde, suchte Matthias das Bündnis mit den österreichischen, ungarischen und mährischen Ständen. Vom Kaiser, sagte er ihnen, sei keine Hilfe zu erwarten, er aber wolle mit den „getreuen Ständen Leib und Leben lassen". Es war ein höchst gefährliches Spiel, auf das sich Erzherzog Matthias hier einließ. Er gedachte die Stände gegen Rudolf auszuspielen, die Stände aber wollten das Machtvakuum, das der Bruderzwist schuf, für ihre Zwecke nutzen und erklärten sich vor allem deswegen für Matthias, weil er ihnen der Schwächere zu sein schien. Wortführer der ständischen Allianz waren die Österreicher unter dem wortgewaltigen Georg Erasmus von Tschernembl, einem fanatischen Verfechter des ständischen Prinzips. Es war denn auch ein recht seltsames Bündnis, das am 1. Februar 1608 zwischen Matthias und den Ständen zustande kam. Daß es nicht lange halten würde, war vorauszusehen, denn die Natur und die Ziele der Vertragspartner waren zu unterschiedlich. Bezeichnend für den ephemeren Charakter dieser Allianz war auch, daß das streng katholische Spanien den Matthias unterstützte, der wiederum mit den ketzerischen Ständen unter Führung eines fanatischen Calviners gemeinsame Sache machte. Matthias und seine ungleichen Vertragspartner verpflichteten sich in Preßburg, einander mit aller Kraft Beistand zu leisten, wenn sich ihnen und ihren Ländern wegen des Türkenfriedens, den „sie unverbrüchlich zu halten begehren", jemand widersetzen würde. Damit konnte eigentlich nur Kaiser Rudolf gemeint sein.

Was in Preßburg vereinbart wurde, interessierte in hohem Maße auch die protestantischen Reichsstände, vor allem die geschworenen Feinde der Habsburger. Eine Verschärfung des Bruderzwistes konnte ihren Zielen nur nützlich sein. Der Oberösterreicher Tschernembl stand in geheimer Korrespondenz mit dem Fürsten Christian von Anhalt, dem Ersten

Minister des Kurfürsten von der Pfalz. Anhalt hatte die Vernichtung der habsburgischen Vorrangstellung im Reiche zu seinem Lebensziel erkoren und wußte sich darin eines Sinnes mit Heinrich IV. von Frankreich, der die pfälzische Sache wärmstens unterstützte. Am 13. Februar 1608 wurde in Regensburg ein Bote der ungarischen Stände abgefangen, sein Kuriergepäck von Erzherzog Ferdinand und dem Geheimrat Haniwald erbrochen; es enthielt Briefe der Ungarn an die protestantischen Reichsstände mit dem vollen Wortlaut des Preßburger Vertrages.

Ferdinand wußte nicht recht, was er von dieser Nachricht halten sollte: „Ich kann nimmermehr glauben, daß Erzherzog Matthias seines Verstandes dermaßen beraubt seye, um dergleichen wider Gott und contra ius gentium laufende, böse und strafmäßige Vorsätze fassen zu wollen. Geschähe es dennoch, so wird und kann es Gott nicht ungestraft lassen." Noch eine Woche zuvor, am 6. Februar, hatte er vage gehofft, daß seine Vettern sich versöhnen würden: „Es wäre zu wünschen, daß zwischen beiden Brüdern mehr Liebe, Friede und Einigkeit walten möchte." Doch gleich darauf resignierend: „Ich besorge mich wohl, daß sie nimmermehr gut Brot miteinander backen werden." Dadurch, so meinte Ferdinand, werde die Christenheit sehr zu Schaden kommen. Von des Matthias Bündnis mit den Ständen hielt er nichts: „Des Erzherzogs Matthiae procediern ist gewiß seltsam zu vernehmen. Allen Catholischen Ständen gefällt es sehr übel, die lutherischen aber triumphiern sehr darüber." Dieses Werk könne keine Beständigkeit haben, „dann es ist nit mit Gott angefangen".

Um diesen Mangel kümmerte Matthias sich jetzt nicht mehr. Er rüstete gegen den Kaiser und versuchte auch, kaiserliche Söldner auf seine Seite zu ziehen. Die Stände stellten eigene Regimenter auf. Um sein zweifellos rechtlich sehr bedenkliches Vorgehen zu rechtfertigen, veröffentlichte Matthias nun den Wiener Geheimvertrag vom April 1606. Anfang März 1608 wurde in Regensburg ein Kurier des Matthias gefangengenommen, der den Text des Abkommens der Erzherzöge, in dem Matthias als Haupt des Hauses anerkannt wurde, den Reichsständen übergeben sollte. Des Kaisers Assistenzräte waren wie vom Donner gerührt. War auch Erzherzog Ferdinand ein

Verräter an der Sache des Kaisers? Stand er mit Matthias im Einvernehmen?

Dunkel hatte Ferdinand schon gefürchtet, er werde bald „in dieses Spiel hineingezogen werden". Matthias werde den „verfluchten Vertrag" für seine bösen Zwecke mißbrauchen, hatte er noch einige Tage vorher an die Mutter geschrieben und hoffnungsvoll hinzugefügt, er werde „der Sache schon zu entschlüpfen wissen". Als aber die kaiserlichen Räte mit dem erbrochenen Schreiben bei ihm erschienen und ihm Verschwörung und Verletzung von Pflicht und Eid vorwarfen, verlor er die Fassung. Er brach in Tränen aus, beteuerte, der Vertrag sei ganz anders gemeint gewesen, beschuldigte Matthias des Verrats und konnte sich stundenlang nicht beruhigen. Daß die Politik ein recht schmutziges Geschäft sei und daß man Verträge auch ganz anders auslegen konnte, als sie in Wirklichkeit gemeint waren, hatte der streng und rechtlich denkende Erzherzog trotz seiner Befürchtungen nicht wahrhaben wollen. Der Schock saß tief. Hätte man ihm in diesem Augenblick ein Messer ins Herz gestoßen, äußerte er später, würde ihm der Schrecken das Blut zurückgehalten haben.

In einem langen Brief an die Mutter schrieb er sich seinen Kummer von der Seele: Vertuschen könne man die Sache nun nicht mehr, es bleibe ihm zu seiner und seines Bruders Ehrenrettung nichts anderes übrig, als sich beim Kaiser zu entschuldigen. Das aber, fürchtete er mit Recht, werde Erzherzog Matthias gegen ihn „ungeandet nit fürüber gehen lassen". Leicht könnten er und Matthias „deßwegen ineinander kommen". Er wolle aber, beteuerte Ferdinand, gern um Gottes, der Religion und der gerechten Sache willen alles, sogar den Tod erleiden. Diesmal war seine Sache wohl wirklich die gerechtere, gerechter zumindest als die des Matthias, denn solche Praktiken, „dergleichen der Erz. Matthias füert, weder vor Gott noch der Welt zu verantworten sein".

Wortreich beteuerte Ferdinand beim Kaiser seine Unschuld. Er sei immer der Meinung gewesen, die Wiener Verhandlungen seien mit Wissen des Kaisers geschehen, und an einem solchen Mißbrauch der Verträge, wie jetzt durch den Erzherzog Matthias, habe man ja niemals denken können. Rudolf, von fast allen Getreuen verlassen, gab sich mit Ferdinands Entschuldigung zufrieden, es blieb ihm in seiner traurigen Lage wohl auch keine andere Möglichkeit. Dennoch war er von Ferdinand enttäuscht. Seine Sympathien wandten sich nun noch mehr seinem jungen Vetter Leopold zu. Als Bischof von Passau und Straßburg hatte der lebenslustige und übermütige junge Mann den Wiener Vertrag nicht zu unterschreiben brauchen. Leopold, dem seine geistlichen Würden nur eine lästige Verpflichtung waren, gedachte die Chance zu nützen, als der kaiserliche Greis ihm eröffnete, er wolle nun ihn zu seinem Nachfolger machen.

Auch das Vertrauen des Matthias hatte Ferdinand nun endgültig verspielt und sich dessen offene Feindschaft eingehandelt, obwohl sich die beiden Vettern gegenseitig in ihren Briefen nach wie vor auf das höflichste titulierten. Matthias an Ferdinand: „Durchleuchtiger Fürst. Euer Liebden sein meine freundt-, Vetter- und Brüderliche ganz willige dienst. Freundlicher, lieber Vetter und Bruder!" Beinahe noch ehrerbietiger schrieb Ferdinand: „Durchleuchtigster Fürst! Euer L. sein meine Jederzeit willigste dienst alles vleis Zuvor. Freundlicher, geliebter Herr Vetter und Brueder!" Der Briefwechsel zwischen den beiden Erzherzögen fand im März 1608 statt, als Matthias offen drohte, mit Truppenmacht in der Steiermark einzufallen.

Die weitschweifige Anrede in den Briefen hatte nichts zu besagen, wesentlich war der Inhalt, und der klang weit weniger freundlich. Die Verhaftung seines Kuriers in Regensburg sah Matthias als einen feindseligen Akt an. Noch nie, schrieb er an Ferdinand, sei auf einem Reichstag einem geringen Stand des Reiches ein solcher Schimpf zugefügt worden, wie jetzt ihm, einem ansehnlichen Glied desselben. Noch wolle er sich dem Glauben hingeben, daß die Gefangennahme des Abgesandten nicht auf Befehl Ferdinands geschehen, sondern aus einer Eigenmächtigkeit Haniwalds hervorgegangen sei. Ferdinand, mahnte Matthias, werde sich wohl noch an die brüderliche Vereinigung von Wien zu erinnern wissen. Sollte er sich aber so wenig an Brief und Siegel erinnern, dann würden dies zuallererst seine Länder zu entgelten haben. Das war eine unverhohlene Drohung des Matthias, und Ferdinand war sich der Zwickmühle wohl bewußt, in die er hineingeraten war, noch ehe er das Drohschreiben seines zornigen Vetters in Händen hielt. An die Mutter am 14. März: „Will mich gewiß hüten, mich weder mit dem einen noch mit dem andern zu weit einzulassen; wan ich mich zuvil des Erzherzogs annehmen sollte, dadurch Ihre Majestät höchlich offendiert würde; erzeige ich mich dan gar zu gut kayserisch, so lade ich mir den Erzherzog Matthias (welchen ich für desperadt halte) auf meinen Hals. Habe derentwegen wohl Ursach, Gott um Gnad und Verstand zu bitten, damit ich bey disen geferlichen Zeiten das recht mittl finde."

Wie immer, wenn er vor schweren Entscheidungen stand, suchte er Rat bei der Mutter. Derzeit, meinte die kluge Erzherzogin Maria, sei verständige Parteilosigkeit am besten. Der Kaiser könne Ferdinand leicht große Versprechungen machen, um ihn gegen Matthias zu gewinnen. Nachher aber würde er wenig halten. Wenn er Ferdinand zur römischen Königskrone verhelfen wolle, weiter aber zu nichts sich bereitfände, was dann? Demnach, riet die Erzherzogin ihrem Sohn, sei „beschaidene vernünfftige und verschwiegene Neutralität" das beste. Wohl schrieb Ferdinand der Mutter, daß der Kaiser „einmal nicht so ganz und gar verwerflich" sei, doch hielt er sich getreu an ihren Ratschlag.

Rat holte sich Ferdinand auch von seinem Vetter Maximilian von Bayern. Dieser meinte, Ferdinand habe recht getan, sich beim Kaiser zu entschuldigen, denn der Kluge pflege seine Entscheidungen den Umständen anzupassen, „prudentis est, consilia mutare". Der fromme Bayernherzog verschmähte die Weisheiten der alten Römer durchaus nicht, um sein und seiner Freunde politisches Handeln zu rechtfertigen. Ferdinand, nicht so gebildet wie sein bayerischer Cousin, ahnte dennoch, wie weit die Pläne des Matthias schon gediehen waren. Der gute Erzherzog, sagte er, dürfte sich in den Handel schon dergestalt vertieft haben, daß er nicht mehr herauskomme. Wie ein Hase werde dann Matthias allein im Pfeffer liegen.

Gewißheit, daß die Sache auf eine bewaffnete Auseinandersetzung hinauslief, erhielt Ferdinand aus einem Gespräch mit dem Grafen Harrach, einem Vertrauensmann des Matthias. In Güte, so der Graf, lasse sich bei dem Kaiser nichts ausrichten, man werde sich daher zu „scharfen Mitteln" gezwungen sehen. Schärfer wurde auch die Sprache, die Matthias selbst gegen seinen Vetter führte: Er gab Ferdinand an der Gefangennahme seiner Kuriere die Schuld, und das, so zeterte der Erzherzog, sei umso unverantwortlicher gewesen, als es sich Ferdinand während eines offenen Reichstages, auf welchem eigentlich ihm, Matthias, als dem Ältesten des Hauses, der erste Rang zukomme, wider die Reichsverfassung und das Völkerrecht sich erlaubt habe. In barschem Tone forderte er Auskunft, ob Ferdinand den Wiener Vertrag halten wolle, denn es wäre ihm unliebsam, wenn des „Vetters Landschaften daraus eine Ungelegenheit erwachsen würde".

Ferdinand suchte die Angelegenheit mit heiler Haut zu überstehen, indem er mit der Antwort zögerte, um Zeit zu gewinnen. „Wie schön und holdselig", schrieb er an die Mutter mit bitterer Ironie, sich Matthias geäußert habe, möge sie seinem beigeschlossenen Schreiben entnehmen. Inzwischen hatte auch Bischof Klesl seine Befürchtung ausgedrückt, daß sich ein offener Bruch zwischen Ferdinand und Matthias wohl nicht vermeiden lassen werde. In der Steiermark wurden diese unverhohlenen Drohungen durchaus ernst genommen. Erzherzogin Maria, die wie gewohnt während Ferdinands Abwesenheit die Regierung tatkräftig führte, ließ Musterungen abhalten und Truppen anwerben. Die Rüstungen des Matthias aber waren in Wahrheit nicht gegen Innerösterreich gedacht. Er brach an der Spitze seines Heeres nach Böhmen auf. Jetzt zeigte sich, wie morsch Kaiser Rudolfs Regime schon war. Ohne auf ernsthaften Widerstand zu treffen, rückte Matthias bis in die Gegend von Prag. Die Schande, den verhaßten Bruder als Eroberer in seiner Hauptstadt einziehen zu sehen, blieb Rudolf nur knapp erspart. Im Mai 1608 kam in Liben, einem Vorort von Prag, auf Vermittlung des spanischen Botschafters ein Vertrag zustande, in dem Rudolf auf alle seine Länder mit Ausnahme Böhmens zugunsten des Matthias verzichtete. Eine Versöhnung der feindlichen Brüder war das nicht, viel eher ein Anlaß zu neuem Streit.

Die Regensburger Briefe, Diagramm seiner Persönlichkeit

In seiner Würde als kaiserlicher Kommissär erfuhr Ferdinand auf dem Reichstag zu Regensburg mehr Ungemach als Ehre. Fast ein halbes Jahr, von Ende November 1607 bis Mai 1608, hat er dort zugebracht, geplagt von Heimweh, der Sorge vor einer feindlichen Invasion seiner Länder, und ohne die rechte Hoffnung auch, den Reichstag zu einem erfolgreichen Ende zu führen. Ein Großteil seiner Briefe aus Regensburg, von denen einige schon im vorigen Kapitel erwähnt wurden, hat sich erhalten. 22 davon schrieb er eigenhändig an seine Mutter; keine hochpolitischen Schriften, sondern Dokumente seiner persönlichen Intentionen und Stimmungen, seiner Ansichten über das sich überstürzende politische Geschehen, seiner privaten Freuden und Sorgen, allein der Erzherzogin Maria und allenfalls noch seinen übrigen Verwandten zu lesen bestimmt. Hier brachte Ferdinand seine eigenen Gedanken zu Papier, und kein Sekretär oder Geheimrat hat korrigierend eingegriffen. Er schrieb nieder, was ihm gerade einfiel, und es war ein breites Spektrum von Themen, die ihn beschäftigten: Der Reichstag, der Bruderzwist, dessen Gefahren er wohl durchschaute, die Religion, seine Lieben zu Hause, die Jagd und andere Vergnügungen, manchmal auch Klatsch und sensationelle Gerüchte, die er mit dem Wunderglauben seiner Zeit als wahres Geschehen weitererzählte. Er schrieb im damals üblichen Stil, weitschweifig, mit recht eigenwilliger Orthographie und einem Wortschatz, den er dem Dialekt seiner steirischen Heimat entlehnte. Manchmal gelangen ihm recht originelle Formulierungen. Die äußere Form kümmerte ihn wenig, er schrieb in seiner eigenwilligen, schwer lesbaren Handschrift. Selbst einen Tintenklecks von respektabler Größe hat er seiner verehrten Frau Mutter zugemutet. Die Entschuldigung für diesen „maculierten Brief" klingt recht plausibel: „Denn ich bin zu faul gewesen, solchen abzuschreiben, und ich habe vermeint, ich nehme das Streupulver, so habe ich das Tintenfaß genommen."

Muße zum Schreiben hatte er genug. Die Verhandlungen des Reichstages schleppten sich träge dahin: „Wenn die Stände nur wollten", meinte Ferdinand, „so könnte man sich gar leicht mit ihnen bis auf Ostern in allen Punkten vergleichen; aber sie lassen sich aus ihrem Trab nit treiben." Daß sein Amt heikel war und durch die Vorurteile über seine Person doppelt belastet, wußte er gut und gab sich redlich Mühe, die protestantischen Reichsstände nicht über Gebühr zu verärgern: „Man muß mit diesen Leuten subtiler als mit dem subtilsten Glas umgehen, damit man es nur nit zerbrech oder die ganze Handlung zerstoße." Seine Vorsicht trug nicht die erhofften Früchte: „Mit den allhiesigen Tractaten stehet es noch alles in altem Wesen. Mit so harten Köpfen" sei „halt schwer zu tractiern." „Der Reichstag stecket jetzunder mehr als zuvor nie, das denn wohl zu erbarmen; ich lern nämlich geduldig zu sein bei diesen losen Leuten."

Seine Geduld aber währte nur kurz, und bald ließ er seiner Entrüstung über die „Ketzer" freien Lauf: „Die Ketzer bleiben nämlich ihrem alten Gebrauch nach Ketzer und stetige Esel", und noch nie, schimpfte er, seien sie böser und starrsinniger gewesen als hier in Regensburg. Daß er selbst und seine katholischen Freunde ebenso keinen Schritt nachgeben wollten, fand Ferdinand durchaus in Ordnung: „Besser ist, man lasse den Reichstag zerstoßen, als daß etwas Gefährliches und der Religion Schädliches gepracticiert werde." Es waren zuletzt die Protestanten, die aus der Unvereinbarkeit der Standpunkte die Konsequenz zogen und sich „zur Vermeidung größerer Verbitterung der Gemüter" nach Hause begaben.

Auch Ferdinand wäre gerne nach Hause gefahren. Häufig finden sich in seinen Briefen die Klagen, daß er „mit höchster Unlust und Geduld" hier herumsitzen, „Zeit und Geld umsonsten verzehren" müsse. Gott, seufzte er einmal, möge ihn endlich aus diesem „Regensburgischen Gefängnis" befreien. „Hätte ich gewußt, daß der Reichstag so lang würde, hätte mich kein Mensch von zu Hause weggebracht."

Zu den Schwierigkeiten, die ihm Erzherzog Matthias mit seinem „furiosisch Procediern" bereitete, kamen die Sorgen um seine hochschwangere Frau, die von den erzherzoglichen Heilkünstlern trotz ihres Zustandes mit Aderlässen traktiert wurde. Man befürchtete eine schwere Geburt. „Wollte Gott, ich könnte bei ihrem Aderlaß sein, wollte sie schon laben, wenn ihr eine Ohnmacht zuginge." Maria Anna solle keinen schwermütigen Gedanken nachhängen, empfahl Ferdinand, denn dies mache auch ihn melancholisch, „da ich in Wahrheit allhie wenig Freud habe". Als Zeichen seiner Zuneigung und Anteilnahme will er seiner Frau eine goldene Kette schenken: „Vermeine doch, es soll nit gar zu viel kosten und wann es schon ein wenig etwas kosten solle, so ist's mein Ännele wohl wert." Seinem „Ännele" will er auch beistehen, wenn sie ihr Kind zur Welt bringt: „Wenn mir unser Herr die Gnad täte, daß ich bei ihrer Niederkunft sein könnte, so wollte ich alsdann gern alle allhie ausgestandene Unlust vergessen." Der Gemahlin längere Briefe zu schreiben, findet er nicht die Zeit, doch weiß er sich galant zu entschuldigen: „Mein güldener Schatz, verzeih mir's, daß ich nit mehr schreib, denn ich habe so viel zu tun und zu schreiben, daß ich ja nit allenthalben gefolgen kann; ich aber verbleibe Euer getreuer Mann bis in den Tod. Ferdinand, m.p."

Seine bevorzugte Korrespondenzpartnerin ist die Mutter, deren schlechter Gesundheitszustand ihm Sorgen macht: „Mir ist für das erste untertänigst leid, daß Euer fürstlichen Durchlaucht Kopfwehe also gar nit nachlassen will. Wollte Gott, ich könnte es für E. F. Dl. leiden, es sollte von Grund meines Herzens geschehen." Die Kunst der Bader, die der Erzherzogin Kopfschmerzen mit Schwitzbädern vertreiben wollen, ist Ferdinand suspekt, „denn die Dämpf, so von der Hitz in den Kopf steigen, können nit viel nutzen". Gleichwohl wünscht er seiner Mutter viel Glück „zu der fürgenommenen Kur", während er dunkel schon zu ahnen beginnt, daß er sie in diesem Leben nie wiedersehen wird.

Diese Sorgen werden ein wenig aufgewogen durch die Freude über den Sohn, den zweijährigen Johann Karl. Jeden seiner Briefe nach Graz schließt er mit einem „ordinari Busserle" für den Kleinen. Nach ihm und allen seinen Lieben sehne er sich mehr als die Juden nach dem Messias, hat er einmal beteuert.

Ablenkung suchte er durch fromme Gespräche, Komödien bei den Jesuiten, Musik: „Mein Fastnacht betreffend, so habe ich keine andere gehabt als daß ich den letzten Fastnachttag ein 4 Stund Musica gehabt." Seine Hofkapelle, Instrumentalisten und Sänger, hat er sich nach Regensburg mitgenommen und weiß als musikalischer Fachmann und ehemaliger Vorsänger bei den Jesuiten in Ingolstadt die Leistungen der Solisten wohl zu beurteilen: „Der Bresciano ist vor drei Tagen herkommen, der Unflat hat sich um vieles gebessert in dem Singen, daß es sich zu verwundern." Man solle ihm ein schönes Weib geben, scherzte Ferdinand, dann würde er schon ein beständig guter Sänger bleiben.

Der Kammerherr Offenheimer, der gerne zu tief ins Glas guckte, mußte auf Befehl Ferdinands zum Gaudium seiner

Kollegen einen „Rauschzettel" anlegen, wo er alle seine Sünden säuberlich einzutragen hatte. „Der Offenheimer läßt sich deswegen gar nit sehr anfechten, denn wann er nur sein Gläsl Wein hat, dann ist er schon contento."
Der Erzherzog, ein recht mäßiger Trinker, liebte vornehmere Zerstreuungen: „Weiß E. F. Dl. derzeit anderes nit zu schreiben, allein daß wir vorgestern einen schönen Dialogum in dem hiesigen Collegio gehabt." Die Schauspieler, berichtete Ferdinand, hätten sich recht wohl gehalten, „allein den unsrigen actoribus sein sie nit zu vergleichen". Auch das Jagen in den Mooren und Donauauen in der Umgebung Regensburgs bereitete ihm weit weniger Vergnügen als die Pirsch im heimatlichen Hochwald: „Es hat allhie so wenig Kraa (Krametsvögel, Rebhühner), daß man oft ein, zwei Stund herum, bisweilen auch wohl länger reiten muß, bis man ein Kraa findet. So verschwinden auch die Anten ganz und gar, also daß ich bedacht, die Revierfalken innerhalb acht Tagen heimzuschicken." Die Entenjagd hat ihm anfangs noch Spaß gemacht: „Ich bin gleichwohl ein alter Narr, aber es gefällt mir dies Ding bisweilen noch wohl."
Daheim in der Steiermark hatte der harte Winter dem Wildbestand arg zugesetzt, so daß er sich darüber Bericht erstatten ließ: „Das Verzeichnis des umgefallenen Wildprets habe ich empfangen. Es ist ziemlich viel, aber um die Wahrheit zu bekennen, habe ich mich eines viel größeren Schadens besorgt. Ich wollte wünschen, daß so viel Prädikanten und rebellische Rädelsführer dafür verreckt wären." War das ein übler Scherz oder Ausdruck seiner innersten Überzeugung? Jedenfalls eine böse Geschmacklosigkeit, die sich mit den gröbsten Tiraden fanatischer Polemiker durchaus vergleichen konnte. Ein Zug von Grausamkeit, welcher der Epoche immanent war, hat auch im Wesen des frommen Ferdinand keineswegs gefehlt. In allen abscheulichen Einzelheiten schilderte er der Mutter die Mordtat des Don Julius, eines natürlichen Sohnes des Kaisers, der ein armes Bürgermädchen grausam zu Tode quälte. Alle Details des Verbrechens zählte Ferdinand auf bis hin zu dem Augenblick, wo der Unhold der im Todeskampf sich verzweifelt Wehrenden das Herz aus dem Leibe schnitt. Ein Wort des Mitleids oder wenigstens des Tadels und der Entrü-

stung über diese scheußliche Mordtat seines Verwandten fand Ferdinand nicht. Hingegen erzürnte ihn „das gottlose, schlimme Maul" eines protestantischen Gesandten, der sich über Ferdinands manische Neigung für Prozessionen lustig machte: „Könnte ich ihn einmal fassen, ich würde ihm das Bastonido zu kosten geben lassen."

Eine sonderbare Wertskala hatten sich die Potentaten damals zurechtgelegt: Ein Menschenleben galt ihnen nicht viel. Wer aber ihre geheiligte Person zu beleidigen wagte, der mußte wohl auf der Hut sein. Darin unterschied sich Ferdinands Meinung kaum von der seiner weniger frommen fürstlichen Standesgenossen. In den Belangen der Politik aber war er frömmer als seine Gegenspieler. Was nicht mit Gott begonnen sei, äußerte er immer wieder, könne keinen Bestand haben. Da meinte er vor allem seinen Vetter, den Erzherzog Matthias, dessen „furiosisch Procediern" er schärfstens verurteilte.

Gottes Wille aber ließ sich nicht festlegen. Niemand fiel Matthias in den Arm, als er sein Heer gegen den Bruder führte. Den biederen Ferdinand hingegen traf ein schwerer Schicksalsschlag. Am 29. April 1608 starb in Graz Erzherzogin Maria im Alter von 57 Jahren. Die kluge Mutter war ihm bis zuletzt Ratgeberin in allen Lebenslagen gewesen, und immer hatte er sich ihrer Autorität unterworfen, wenn es etwas Folgenschweres zu entscheiden galt. Nun trug er die Bürde der Verantwortung allein.

Daß er durchaus auch selbständig Entscheidungen zu treffen wußte, hat er in Regensburg einige Male bewiesen. Der Tölpel, als den ihn manche hinzustellen versuchten, ist Ferdinand nicht gewesen; sicherlich aber auch nicht der zum Handeln entschlossene Tatmensch, welchen Ruf er nach der Rekatholisierung der Steiermark bei den Katholiken im Reich genoß. Daß er in der Politik mehr zum Reagieren als zum Agieren neigte, hat die Ursache in des Erzherzogs von Natur aus zaghaftem Charakter und der autoritären Erziehung, die diese Eigenschaft wohl noch verstärkte. Nur wo es um das Wohl der heiligen Kirche ging, konnte der Erzherzog sich zu entschlossenem Handeln aufraffen. Meist aber hat sich seine in rein weltlichen Angelegenheiten angewandte Taktik des Zögerns, des gleichmütigen Abwartens, besser bewährt als das nervöse Ränkespiel seiner Widersacher.

Ob Ferdinand die Geschichte seines Vorfahren, des Kaisers Friedrich III., kannte? Der hatte vor rund eineinhalb Jahrhunderten dem wüsten Treiben rings um ihn ähnlich unentschlossen und tatenlos zugesehen wie jetzt Ferdinand. Dafür erhielt der Kaiser von den Zeitgenossen den wenig schmeichelhaften Spitznamen „des Heiligen Römischen Reiches Erzschlafmütze"; am Ende seines langen Lebens aber waren seine um so viel tatkräftigeren Gegner alle kläglich gescheitert, und des trägen Kaisers Friedrich Macht war größer als je zuvor. Ferdinand lebte sechs Generationen nach Friedrich III., und doch weisen die Charaktere dieser beiden Habsburger bemerkenswerte Parallelen auf. Beide waren mit einem erstaunlichen Mangel an Phantasie begabt, der sie die möglichen Folgen ihrer Passivität nicht erkennen ließ, der sie aber gleichzeitig befähigte, in den düsteren Situationen den Mut nicht zu verlieren.

Im Bruderzwist spielte Ferdinand eine ziemlich untergeordnete und bisweilen klägliche Rolle, und auch sein Wirken als kaiserlicher Kommissär auf dem Reichstag gestaltete sich wenig erfolgreich. Der aber hätte ein gottbegnadeter Politiker sein müssen, der in dieser gewaltigen Tragödie der Irrungen jetzt noch hätte Ordnung schaffen können. Ferdinand war gewiß keiner, aber es fand sich auch kein anderer, der diese Aufgabe zu lösen vermocht hätte. So tat Ferdinand das Vernünftigste, was er tun konnte, nämlich sich nicht zu exponieren, um das Ungewitter mit möglichst heiler Haut zu überstehen. Was ihm auch gelang.

Erfolgreich war er als Ehemann und Familienvater. Am 19. Juli 1608 kam sein zweiter Sohn Ferdinand zur Welt. Als einziger von dem halben Dutzend österreichischer Habsburger hatte er Erben, ein Erfolg, der sein wenig rühmliches Verhalten im Bruderzwist wohl aufwog. Eine Vermittlung dort hätte bei dem Haß der feindlichen Brüder aufeinander immer nur ephemer sein können. Das Faktum hingegen, daß Ferdinand den Fortbestand der Dynastie nun wohl endgültig gesichert hatte, war dauerhaft und durch keine diplomatische Finte mehr aus der Welt zu schaffen.

Erzherzog Leopolds törichte Händel

Erzherzog Leopold, Bischof von Passau und gleichzeitig von Straßburg, fühlte sich nicht recht wohl in seinem geistlichen Gewande. Das Kriegswesen und die Politik lockten den abenteuerlustigen jungen Mann, dem es für diese komplizierten Dinge zwar nicht an Eifer, wohl aber am rechten Verstand fehlte. Daß ihn der alte Kaiser Rudolf nunmehr vor allen anderen Erzherzögen so augenscheinlich begünstigte, erfüllte Leopold mit Stolz und ließ ihn allerlei krause Pläne wälzen, doppelt gefährlich, weil die Zeit an sich schon Gefahren genug in sich barg. Während Erzherzog Matthias im Frühjahr 1608 mit Heeresmacht gegen seinen Bruder zog, erlitt der Regensburger Reichstag endgültig das Schicksal, das ihm Einsichtige schon vor seiner Eröffnung prophezeit hatten. Sein einziges konkretes Ergebnis war negativer Art: Da Katholiken und Protestanten sich über eine Anerkennung des Augsburger Religionsfriedens auf der Basis des territorialen Status quo nicht einigen konnten, verließ der Vertreter der Pfalz Ende April 1608 den Reichstag und setzte damit ein Zeichen, auf das andere protestantische Stände nur gewartet hatten. Durch die Abreise der evangelischen Gesandten waren die Katholischen bald unter sich, und weil es nun nichts Konkretes mehr zu beschließen gab, hielt auch Erzherzog Ferdinand seine Pflicht für erfüllt und reiste heim. Kläglicher hätte diese Versammlung nicht enden können. Dafür brachte ein separater Konvent der Protestanten schon im Mai 1608 ein handfestes Ergebnis. Einige evangelische Stände, unter denen Kurpfalz, Württemberg, Baden-Durlach und Pfalz-Neuburg die bedeutendsten waren, schlossen ein bewaffnetes Bündnis auf zehn Jahre, die Union. Herzog Max von Bayern, der nicht ohne Grund die Rache der Protestanten für Donauwörth fürchtete, gründete das Jahr darauf unter seiner Führung „zum Schutze der katholischen Religion und zur Erhaltung des Reichsfriedens" einen Gegenbund, die Liga, deren Mitgliedschaft sich vor allem auf die geistlichen Fürsten Süddeutschlands stützte. Den Beitritt eines Habsburgers wünschte Maximilian vorerst nicht.

Ein Zankapfel zwischen Union und Liga war bereits vorhanden: Am 25. März 1609 starb Herzog Johann Wilhelm, Herr über die niederrheinischen Herzogtümer Jülich, Kleve und Berg und über die Grafschaften Mark und Ravensberg, ohne Nachkommen zu hinterlassen. Ansprüche auf das reiche Erbe am Niederrhein erhoben der Kurfürst von Brandenburg und der Pfalzgraf von Neuburg, beide mit Schwestern des Verstorbenen verheiratet. Die beiden Fürsten konnten sich einigen und nahmen gemeinsam die Lande in Besitz, weswegen man sie die „Possidierenden" nannte. Bis zu einer endgültigen Entscheidung der Streitfrage, ließen sie wissen, würden sie das Jülichsche Erbe gegen jedermann verteidigen.

Das Bündnis der Possidierenden richtete sich vor allem gegen das Reichsoberhaupt. Der Kaiser, der im Laufe seiner langen Regentschaft nicht selten selbst das Reichsrecht nach Gutdünken gebeugt hatte, fühlte sich jetzt als treuer Hüter der gefährdeten Reichsverfassung. Danach wären die rheinischen Fürstentümer als erledigte Reichslehen einzuziehen und durch einen kaiserlichen Kommissär zu verwalten gewesen, bis über den strittigen Erbfall entschieden wäre. Da jedoch das Reichskammergericht lahmgelegt war und der Reichshofrat als kaiserliche Behörde gern im Sinne seines Brotherrn zu entscheiden pflegte, meinten die Possidierenden auf eine rasche und vor allem rechtlich einwandfreie Klärung des Streitfalles nicht hoffen zu dürfen, zumal sie erfuhren, daß Rudolf II. seinen erklärten Liebling Erzherzog Leopold zum kaiserlichen Kommissär für Jülich ernannt und ihm die provisorische Regierung dieser Länder übertragen hatte. Spanien, der Papst und die Liga, so hoffte der tatendurstige Bischof, würden ihm bei der Eroberung Jülichs behilflich sein.

Die Herzogtümer am Niederrhein aber waren nicht das letzte Ziel von Leopolds Unternehmungslust. Nach vollzogener Eroberung Jülichs gedachte der Erzherzog mit Heeresmacht in Böhmen einzurücken und, wie er sagte, die Hoheit des Kaisers wieder aus dem Staube zu erheben. Als Lohn für seine Mühen, meinte Leopold, wären die böhmische Königskrone und nach Rudolfs Tod das römische Kaisertum gerade angemessen. Unermüdlich gaben sich die Menschen damals dem Planen und Intrigieren hin, und wäre nur ein Bruchteil dieser verworrenen und bizarren Pläne Wirklichkeit geworden, wer weiß, wie unsere Welt heute aussehen würde. Leopolds Pläne wurden niemals Wirklichkeit. Sie scheiterten an der Unzulänglichkeit ihres Urhebers und an einem anderen Plan, der gleichfalls nicht so in die Tat umgesetzt werden konnte, wie er ausgeheckt worden war.

König Heinrich IV. von Frankreich strebte mit allen Mitteln die habsburgischen Fesseln zu sprengen, die Frankreich von allen Seiten eisern umklammert hielten. Unlängst erst hatten die Regenten der Niederlande, Erzherzog Albrecht und die Infantin Isabella, dem König die Grenzen seiner Macht demonstriert, indem sie sich strikte weigerten, ihm die Prinzessin Conde auszuliefern, die ihr Gatte vor den Nachstellungen des königlichen Lüstlings in Brüssel in Sicherheit gebracht hatte. Die Sehnsucht nach der hübschen Prinzessin, die seinem Zugriff entzogen war, war dem König ein zusätzlicher Ansporn, die Macht Habsburgs in die Schranken zu weisen. Heinrichs Plan war folgender: Eine große Allianz aller Gegner der Habsburger sollte sein, Frankreich, England, die Holländer, Savoyen und die Republik Venedig sich zusammenschließen, den Habsburgern Mailand und die Niederlande entreißen und auf diese Weise der Vormachtstellung des Erzhauses einen empfindlichen Schlag versetzen. Erzherzog Leopolds Erscheinen in Jülich, dessen Kommandant ihm die Tore der Festung öffnete, verschärfte die Lage. Er werde den Possidierenden eine harte Nuß zu knacken geben, prahlte der junge Mann in einem Brief an seinen Bruder Ferdinand. Gott zur Ehre und dem Kaiser zuliebe wolle er sein Leben wagen und nächstens auch sein Testament machen. Hätte sich Leopold am Niederrhein behaupten können, wäre dies ein unerträglicher Zustand sowohl für Frankreich als auch für das ganze protestantische Europa gewesen. Heinrich IV. schloß daher im Februar 1610 auch ein Bündnis mit der Union, und ein Sieg der protestantischen Mächte unter der Führung des katholischen Frankreich stand außer Zweifel, zumal auch Spanien schlecht gerüstet war. Dazu kamen die inneren Wirren, die Habsburgs Macht entscheidend schwächten. Matthias, nunmehr König von Ungarn, Markgraf von Mähren und Erzherzog von Österreich, konnte seiner neuen Würden nicht recht froh werden. Die Stände dieser Länder forderten ihren Lohn für die Unterstützung im Bruderzwist. Matthias, beinahe ebenso schwach und starrsinnig wie sein Bruder, wollte nun die versprochenen Freiheiten nicht bewilligen, die ihn ja wahrlich zu einer Marionette der Stände degradiert hätten, worauf ihm in Österreich die Huldigung verweigert wurde. Die Not erfordere es, rief Tschernembl, die Waffen in die Hand zu nehmen, falls Matthias den evangelischen Österreichern nicht gewähre, was recht und billig sei. Die radikalen oberösterreichischen Protestanten fanden Unterstützung bei der Union. Der Kurfürst von der Pfalz schickte Waffen, wofür sich Tschernembl sehr höflich bedankte.

Indessen mußte auch Rudolf II. den böhmischen Ständen nachgeben, die ebenfalls gedroht hatten, die Waffen gegen ihren machtlosen König zu erheben. Im „Majestätsbrief" vom 9. Juli 1609 war zwar formell von Protestanten nicht die Rede, tatsächlich aber enthielt das Dokument die weitestgehenden Konzessionen, die je ein Mitglied des Hauses Österreich den evangelischen Ständen zugestanden hatte.

Habsburg wäre also nicht in der rechten Form gewesen, um der vereinigten Macht seiner Gegner, so wie Heinrich IV. sie aufzubieten gedachte, ernsthaft standhalten zu können. 33.000 Mann, eine Riesenarmee für damalige Begriffe, Engländer, Holländer und Franzosen, hatte der König im Sommer 1610 allein für die Belagerung Jülichs versammeln wollen. Im Süden sollte ein französisches Heer gemeinsam mit den Truppen des Herzogs von Savoyen Mailand angreifen. Die Tat eines Irren zerstörte diesen schönen und kunstvoll ersonnenen Plan. Am 14. Mai 1610 starb Heinrich IV. von Frankreich durch Mörderhand. Die Koalition war ihrer Seele beraubt. Die Ziele der Verbündeten beschränkten sich fortan allein auf die Behauptung der niederrheinischen Herzogtümer.

Bei all diesen Ereignissen, den ständischen Wirren in den Erblanden und dem Jülichschen Erbfolgestreit, spielte Ferdinand von Steiermark keine aktive Rolle. Der Erzherzog trat als Warner und Vermittler auf und war in beiden Funktionen wenig erfolgreich. Die Dinge entwickelten eine ungeheure Eigendynamik. Wie hätte gerade er sie hemmen sollen? Das Pläneschmieden und Intrigieren, das seine fürstlichen Standesgenossen mit beinahe manischer Leidenschaft übten, lag ihm fern. Und wenn man all die listig erdachten Ränke und Intrigen der Politiker näher besieht, die selten über das Stadium der Planung hinauskamen und ins Nichts zerstoben, um neuen, womöglich noch grotesteren Bestrebungen Platz zu machen, so scheint es, als habe Ferdinand den besseren Teil erwählt, wenn er mit solch ephemeren Hirngespinsten keine Zeit vergeudete. Mangel an Intelligenz allein war das nicht, viel eher sein stupendes Gottvertrauen, das dem Fatalismus mohammedanischer Prägung gar nicht so unähnlich war. Wenn Gott ihn für Höheres ausersehen hatte, dann würde er ihm auch Wege weisen, wie er dorthin gelangen könnte. Von den damals gebräuchlichen Methoden der Fürsten und Politiker hielt Ferdinand wenig. Diejenigen könnten nicht verständig handeln, meinte er, die mit Betrug umgingen. Es sei eine Torheit, wenn ein Fürst seine Herrschaft, die ihm ja von Gott verliehen sei, mit solch verwerflichen Mitteln zu befestigen trachte.

In dieser Meinung bestärkten ihn seine Räte und Beichtväter. Was durch Gewalt erzielt werde, verurteilte der greise Bischof Stobäus die Umtriebe des Matthias, habe selten dauerhaften Bestand. Die Stände forderten nun von Matthias Gewissensfreiheit, und diese, urteilte Stobäus, vertrage sich mit einem dauerhaften Frieden wie Wasser und Feuer. Er wolle nichts prophezeien, schloß der streitbare Bischof, doch wo er Rauch sehe, schließe er auf Brand. Ein Übergreifen des Brandes auf Innerösterreich versuchte Ferdinand zu verhindern, indem er sich mit Matthias aussöhnte. Er konnte es schon schwer ertragen, daß nun die Protestanten in den Nachbarländern, in Österreich und Ungarn, am Zuge waren. In Innerösterreich wollte er ein neuerliches Ausbreiten des Protestantismus keinesfalls dulden. Man kenne seinen unabänderlichen Vorsatz, ließ er barsch die evangelischen Stände wissen, die aus den Erfolgen ihrer Nachbarn Kapital zu schlagen suchten. Er wolle daher hoffen, sie würden ihn mit einem Gesuch, dessen Gewährung ihnen nur schädlich sein müßte, künftig nicht mehr betrüben. Die Reaktion der evangelischen Landstände war schwächlich wie immer. Sie fügten sich ohne Widerrede.

Ferdinand konnte auch deswegen so bestimmt auftreten, weil er die Feindschaft des Matthias nicht mehr zu fürchten brauchte. Zu Schottwien, einem Dorfe am Fuße des Semmerings, halbwegs zwischen Graz und Wien, war er schon im Juli 1608 mit Matthias zu einem versöhnlichen Gespräch zusammengetroffen. Eine Versöhnung der feindlichen Brüder indessen, wie sie Ferdinand als unumgänglich notwendig für die Erhaltung des Hauses und der katholischen Religion ansah, gelang nicht. Sie scheiterte am Mißtrauen des Kaisers. Erfolgreicher war Kurfürst Ernst von Köln. Durch gütliches Zureden brachte der Erzbischof Rudolf endlich dazu, einen Fürstentag einzuberufen, auf dem das Problem der Nachfolge ausführlich besprochen werden sollte.

Es war eine glänzende Versammlung, die Ende April 1610 in Prag zusammentrat. Mit Ausnahme des Herzogs von Bayern, der sich der unruhigen Zeiten und des Kriegsvolkes an seinen Grenzen wegen entschuldigte, waren alle Reichsfürsten erschienen, die an einer Lösung des Bruderzwistes Interesse hatten: die Erzbischöfe von Mainz und Köln, der Kurfürst von Sachsen, die Erzherzöge Ferdinand und Maximilian, der Landgraf Ludwig von Hessen-Darmstadt; Erzherzog Albrecht, Regent der Niederlande, ließ sich durch einen Abgesandten vertreten. Regen Anteil an den Verhandlungen nahm auch der Herzog Heinrich Julius von Braunschweig, ein charakterlich überaus integrer Mann, der eigentlich einer anderen Sache wegen nach Prag gekommen war.

Während die Verhandlungen äußerst schleppend vorwärtskamen und wiederholt sogar zu scheitern drohten, ging es in den Trinkstuben der Prager Burg hoch her. Ein Gelage jagte das andere, und die Versammelten waren zumeist recht fröhlicher Stimmung trotz der mühsamen Geschäfte. Kurfürst Christian von Sachsen, als Freund eines edlen Tropfens bekannt, wußte solch üppige Bewirtung am meisten zu schätzen. Der Kaiser habe ihn so wohl gehalten, bekannte der wackere Mann, daß er während seines Prager Aufenthalts fast keine Stunde nüchtern gewesen sei. Immerhin hatte der Kurfürst vier Monate in Prag zugebracht.

Während Kurfürst Christian auf Kosten des Kaisers nach Herzenslust zechte, reiste Ferdinand mit Ernst von Köln und dem Herzog von Braunschweig zu Matthias nach Wien, um die Bedingungen des kaiserlichen Bruders zu überbringen. Hoffnung auf Versöhnung war kaum vorhanden, denn Rudolf forderte als Preis für die Aussöhnung von Matthias die Rückgabe sämtlicher abgetretener Länder und den Verzicht auf die Anwartschaft auf die böhmische Krone. Während der ehrliche Herzog von Braunschweig sich abmühte, um eine Versöhnung zustande zu bringen und einmal die Strecke Wien—Prag in der Rekordzeit von 36 Stunden zurücklegte, blieb Ferdinand bei den Verhandlungen im Hintergrund. Er blieb in Wien, jagte in den Wäldern der Lobau oder in den Forsten des Wienerwaldes und wartete die Entwicklung ab.

Zwar hatte auch Ferdinand eingesehen, daß die wirre Herrschaft des Kaisers in der alten Form nicht zu restaurieren war. Daß aber Rudolf sich schließlich doch zur Preisgabe seiner unsinnigen Forderungen überreden ließ, war sicherlich nicht allein Ferdinands Verdienst. Erst als die Verträge ausgehandelt waren, reiste er wieder nach Prag. Am 9. Oktober 1610 leistete er dort zusammen mit Erzherzog Maximilian dem Kaiser im Namen des Matthias feierlich Abbitte. Formell bedeutete dies die Aussöhnung, in Wahrheit aber war nichts gewonnen. Von den fernen Niederlanden aus sah Erzherzog Albrecht die Dinge freundlicher, als sie tatsächlich waren, und überschätzte wohl auch die Rolle, die Ferdinand bei diesen heiklen Verhandlungen gespielt hatte. „In dieser leidigen Zeit", schrieb Albrecht an seinen Vetter nach Graz, sei er „derjenige, welchem die kaiserliche Majestät, das römische Reich und die liebe Nachkommenschaft die so hochnötige Herstellung und Besserung" zuzuschreiben haben.

Als Ferdinand dieses lobende Schreiben erhielt, war es durch die Ereignisse längst überholt, und schuld daran waren der ehrgeizige Erzherzog Leopold und sein starrsinniger kaiserlicher Mentor. In Jülich hatte sich Leopold nicht durchsetzen können, bis ihn zuletzt seine Gegner mit Schimpf und Schande aus dem Herzogtum jagten. Dennoch standen die Dinge im Reich für den Erzherzog nicht ungünstig; noch verfügte er über das Heer, das er unter Kaiser Rudolfs wohlwollender Förderung in seinem Bistum Passau gesammelt hatte, 9000 Mann Fußvolk und 4000 Berittene, eine stattliche Macht, auch zu anderen Zielen als zur Eroberung Jülichs wohl zu gebrauchen. Leopold erfreute sich auch der Gunst der geistlichen Kurfürsten, die den Kaiser wissen ließen, sie hätten gegen eine Wahl des Bischof-Erzherzogs zum römischen König nichts einzuwenden.

Es schien, als sei Leopold tatsächlich der aussichtsreichste

Kandidat. Die Erzherzöge Maximilian und Albrecht lehnten eine Kandidatur ab, Matthias, der die römische Krone so sehnlich begehrte, war den katholischen Kurfürsten wegen seiner nachgiebigen Haltung gegen die Protestanten suspekt, und gegen Ferdinand sträubte sich der Kurfürst von Sachsen trotz aller Sympathien, die er für den frommen Erzherzog empfand. Persönlich waren sich die beiden bei den Prager Gelagen nähergekommen, wo der Kurfürst, seinem eigenen Zeugnis nach, zumeist recht euphorischer Stimmung gewesen war. In nüchternem Zustand jedoch mußte sich Kurfürst Christian eingestehen, daß eine Kandidatur Ferdinands derzeit für die Sache der Protestanten im Reich höchst fatale Folgen haben könnte.

Während die Fürsten in Prag zwischen Matthias und Rudolf zu vermitteln suchten, trieb sich auch Erzherzog Leopold in der Stadt umher. Er mied jedoch nach Möglichkeit die Gesellschaft seines Bruders und pflegte lieber heimliche Kontakte mit dem Kaiser und den Kurfürsten. Gern stolzierte er in Stiefeln und Sporen einher, wobei er eine kriegerische Miene zur Schau trug, und prahlte mit seinem Kriegsvolk. Gegen wen er nun eigentlich seinen Landsknechthaufen führen würde, ob gegen Matthias, was nahelag, oder nach Tirol, wie ein Gerücht glauben wollte, blieb unklar.

Sibyllinisch gaben sich auch Leopolds Unterführer. Das Passauer Volk, verkündet hochmütig einer von ihnen, der Graf Althan, sei gegen alle gerichtet, die dem Kaiser Widerwärtiges zufügen wollten. Ein anderer Offizier, der Oberst Ramee, ein wilder und ungeschlachter Kerl, trug zwei Schreiben des Kaisers mit sich herum. Eines, von Ramee bereitwillig vorgezeigt und von der baldigen Abdankung des Kriegsvolkes handelnd, diente zur Beruhigung lästiger Frager. Das andere, streng geheime, kam der Wahrheit näher: „Zu sonderbarer Notdurfft", stand darin zu lesen, könne der Kaiser die Soldaten zur Zeit unmöglich entlassen.

Die zuchtlose Horde hauste im Gebiet des Bistums Passau, wie Landsknechte, gleichgültig ob Freund oder Feind, damals überall zu hausen pflegten: Gleich Heuschreckenschwärmen fielen sie über die Vorräte ihrer Wirte her, so daß bald Hungersnot herrschte. Da die Soldaten bald nichts mehr zu essen fanden, plünderten sie Kauffahrerschiffe auf der Donau und vertrieben sich die Zeit mit allerlei Greueln gegen die Bevölkerung, auf deren Kosten sie lebten. Beschwerden des Matthias, der seine Truppen vereinbarungsgemäß entlassen hatte, nützten nichts. Böses ahnte Erzherzog Maximilian: „Es seye höchlich zu wünschen, der Allmächtige wolle es fügen, daß das Passauer Kriegsvolk nicht noch Ursache zu des Kaisers Vertreibung aus Böhmen werde."

Was der Kaiser mit dem Passauer Haufen wirklich im Schilde führte, erfuhr Herzog Max von Bayern aus einem Brief des Erzherzogs Leopold im Dezember 1610: Der Kaiser beabsichtige einen Angriff auf seinen Bruder Matthias, um diesem zuvorzukommen und nicht wieder von ihm beraubt zu werden. Des Kaisers Astrologen hatten dem alten Manne prophezeit, er werde diesmal im Kriege glücklich sein und den Matthias sogar gefangennehmen. Es waren trügerische Hoffnungen, denen der rachsüchtige Greis nachhing. Vergebens beschwor der treue Herzog von Braunschweig den Kaiser, seine gefährlichen Pläne aufzugeben. Die Warnung, er möge sich „von hitzigen, jungen, unerfahrenen, unruhigen Leuten, die ihre Räte aus der Luft greifen und gerne weiter fliegen möchten als ihnen Flügel gewachsen", nicht verleiten lassen, schlug Rudolf in den Wind. Er vertraute lieber einem ehrgeizigen Tölpel und seinen falschen Astrologen als einem ehrlichen Manne. Die Verwicklungen, an denen Erzherzog Leopold und der Kaiser so eifrig gesponnen hatten, ließen sich bald nicht mehr entwirren. Am 21. Dezember 1610 fiel nämlich Ramee mit seinen verwahrlosten Kerlen von Hochstift Passau aus in Oberösterreich ein und wütete und brandschatzte dort mehr als einen Monat lang. Nachdem er mit seiner Soldateska viel Leid und einen Schaden von zwei Millionen Gulden angerichtet hatte, überschritt er am 30. Jänner 1611 die Grenze des Königreiches Böhmen und marschierte gegen Prag. Sein Kriegsvolk, ließ Ramee verkünden, stehe im Dienste Seiner Majestät des Kaisers, zum Schutze ihrer Person und ihres Ansehens. Auch prahlte der Bandenführer lauthals, er werde den Majestätsbrief, die Magna Charta der böhmischen Stände, in Stücke reißen.

Die böhmischen Herren, die ihre oberösterreichischen Kollegen mit vagen Vertröstungen abgespeist hatten, als diese um

Hilfe flehten, handelten nun, da sie das Treiben der Passauer am eigenen Leibe zu spüren bekamen, rasch und folgerichtig. Sie warfen Truppen in das bedrohte Prag und riefen den König Matthias zu Hilfe. Indessen legte Erzherzog Leopold siegesgewiß die Maske ab und erklärte sich offen als Obergeneral der Passauer, während der Kaiser Rudolf die Stände wissen ließ, daß diese Truppen in kaiserlichen Diensten stünden.

Der Verlauf der Ereignisse, wie sich die Passauer der Kleinseite und des Hradschins bemächtigen konnten, nicht aber der Altstadt, womit ihre Sache, wenn sie je Aussicht auf Erfolg gehabt hatte, schon verloren war; wie der Prager Pöbel, in der Meinung, die katholischen Geistlichen hätten die Passauer herbeigerufen, gegen den Klerus zu wüten begann und viele Priester ermordete; wie kläglich die Rolle war, die der Kaiser inmitten dieser Wirrnisse und Zerstörungen spielte, wäre wohl alles des Erzählens wert, hat aber mit Ferdinands Lebensgeschichte nur indirekt zu tun. Allein der Ausgang ist wichtig, denn er nahm Leopold die Möglichkeit, gegen seines Bruders Interessen zu handeln.

Als König Matthias mit Heeresmacht gegen Prag rückte, das zweite Mal innerhalb von drei Jahren, floh der Passauer Haufen. Am schmählichen Rückzug beteiligte sich auch Erzherzog Leopold und überließ den schwer gedemütigten Kaiser der Rache des Matthias. Feige versuchte er nun, die Schuld an der Katastrophe von sich abzuwälzen. Seine Entschuldigung klang dürftig, bei dem, was er angerichtet hatte. Selbst der Teufel, beurteilte der spanische Gesandte Zuñiga das Abenteuer des Erzherzogs, hätte nichts den Katholiken Schädlichers ersinnen können als diesen Marsch der Passauer. Nie wieder, beteuerte Erzherzog Leopold zerknirscht, werde er sich mit militärischen Dingen befassen, er wolle aller seiner Würden entsagen und als schlichter Kapuzinermönch künftig ein beschauliches Leben führen. Zu dem Vorgefallenen sei er durch schlimmen Rat verleitet worden, man möge dies seiner Jugend zugute halten.

Leopold entsagte wirklich seiner Würden als Bischof von Passau und Straßburg, doch nicht, um Kapuziner zu werden. Er trat in den weltlichen Stand, wurde später Landesfürst von Tirol und soll dort nicht schlecht regiert haben. Büßen mußten des Erzherzogs törichte Unternehmungen andere; Mitschuldige, wie der Oberst Ramee, der 1613 auf Befehl Leopolds enthauptet wurde, der Kanzler Tennagel, der dem Matthias in die Hände fiel und über die dunklen Absichten seines Brotherrn erst nach peinlicher Befragung erschöpfend Auskunft gab. Am bittersten aber büßten jene, die für die Händel der Herren am wenigsten konnten, die Passauer Bürger und die Bauern in Oberösterreich und Böhmen.

Für den alten Kaiser Rudolf war die Affäre um das Passauer Kriegsvolk, die der spanische Gesandte mit dem Hochmut des Diplomaten eine Komödie genannt hatte, die letzte Tragödie seines an traurigen Höhepunkten reichen Lebens. Während sich sein Liebling Leopold aus dem Staube machte, erwartete der Kaiser als Gefangener der böhmischen Stände die Ankunft des Matthias, der den Majestätsbrief, den Rudolf hatte zerreißen wollen, bereitwillig anerkannte. Zum Dank erhoben die Böhmen den Matthias zum König; ob es eine regelrechte Wahl war, wie die Stände später behaupteten, oder eine „Annahme", wie des Königs Kronjuristen meinten, blieb strittig. Dem verbitterten Rudolf ließ man einen Schein seiner Würde, die Kaiserkrone. Er starb schon einige Monate später, im Jänner 1612, bis zuletzt düsteren Racheplänen nachsinnend. Um den Kaiser trauerten nur ein paar Künstler und Astrologen, der Mann der Stunde hieß nun Matthias. Als die Nachricht vom Tode des ungeliebten Kaisers am Wiener Hofe eintraf, wurden nach Khevenhüllers Bericht „die vorhabenden Freuden zwar in Trauerkleider, nicht aber in Herzeleid verwandelt". Anlaß der „vorhabenden Freuden" war die Hochzeit des Matthias, zu der er sich im Herbst seines Lebens aus dynastischen Gründen endlich entschlossen hatte. Als Braut hatte er sich seine Cousine gewählt, Erzherzogin Anna von Tirol. Die Zeitgenossen zweifelten, ob die Verbindung auch Früchte bringen werde; es ging das Gerücht, der Bräutigam sei behext, und auch ein ärztliches Gutachten mochte Zauberei nicht ganz ausschließen: „Temporalis impotentia, quae saepe ex maleficio inducitur" lautete die Diagnose, welche die gelehrten Doktoren dem Matthias stellten. Blieb aber des Königs späte Ehe kinderlos, dann war Ferdinand der erste Anwärter auf seine Nachfolge.

Bei den letzten traurigen Höhepunkten des Bruderzwistes hatte sich Ferdinand wie gewohnt vollkommen neutral verhalten und die Entwicklung abgewartet. Selbst als sein Bruder Leopold mit seinem wilden Haufen nach der Krone Böhmens und noch nach Höherem strebte, ließ er es geschehen, ohne einen Finger zu rühren. Erst im April 1611, als Leopold mit den Resten seines geschlagenen Kriegsvolkes wieder in Passau lagerte, ließ er dem Bruder durch den Sekretär Casal seine Meinung über die Vorfälle mitteilen: Er, Ferdinand, empfinde es schmerzlich, daß Leopold mit dem Passauervolk um der böhmischen Krone willen so weit gegangen sei. Dadurch habe der Bruder nur neue Zwietracht ins Haus Habsburg getragen und es dahin gebracht, daß der König von Ungarn sich mit seiner Kriegsmacht in Bewegung gesetzt habe. Ursache dieser Verwirrung sei auch, daß Leopold nach der römischen Krone trachte. Er wolle ihm alle diese Würden von Herzen gönnen, solange Leopold mit zulässigen Mitteln danach strebe. Dennoch hätte der Bruder auch bedenken sollen, daß er selbst als der Älteste niemals nach der römischen Krone getrachtet habe. Leopold solle schleunigst den Rest des Kriegsvolkes entlassen, denn sonst, drohte Ferdinand, könnte er sich bewogen fühlen, trotz seiner brüderlichen Liebe auf die Seite des Matthias zu treten. Wolle der Bruder sich in Zukunft ordentlich betragen, dann werde er, Ferdinand, sich bemühen, alles wieder in Einklang zu bringen und bei jeder Gelegenheit sich gegen ihn brüderlich erweisen.

Er fand Worte der Versöhnung, die dennoch nicht ohne Schärfe und Bestimmtheit waren und die einen positiven Zug seines Wesens erkennen lassen. Er mißgönnte niemandem einen Erfolg, schon gar nicht dem Bruder, wenn er auf rechtmäßigem Wege zustande kam. Während die anderen um Kronen und Königreiche rauften, blieb er ruhig und wartete ab, bis er an die Reihe kam. Er hielt sich streng an seine Devise und richtete sein Handeln nach den Gesetzen aus, die seine Familie und die Religion ihm vorschrieben. Daß er mit dieser moralisch hochachtbaren Haltung, die freilich auch düsterste Intoleranz miteinschloß, schließlich mehr Unheil anrichtete als gewissenlose Abenteurer vom Schlage eines Erzherzogs Leopold, war nicht seine Schuld allein. Mißgünstige Menschen haben sein Zögern als Tücke ausgelegt und ihn mit einer Spinne verglichen, die geduldig auf ihre Opfer zu warten versteht. Der Vergleich, wohl auch etwas zu hart für den heutigen Geschmack, stimmt nur bedingt: Im habsburgischen Bruderzwist jedenfalls brauchte er nur zu warten, bis sich seine Rivalen in den Netzen verstrickten, die sie selber gesponnen hatten.

Jüngstes Opfer seiner eigenen Ränke war der Erzherzog Leopold. Auch der kurzsichtigste deutsche Reichsfürst mußte nach dem Debakel mit dem Passauer Kriegsvolk einsehen, daß der ungebärdige Bischof der rechte Mann nicht war, um das Heilige Römische Reich wieder in Form zu bringen. Daß auch der ältliche Matthias kaum für diese schwere Aufgabe sich eignete, wußte sein Berater Klesl geschickt zu überspielen, indem er seinen Herrn bei den protestantischen Reichsständen als Wahrer des Religionsfriedens ausgab und bei den Katholiken auf die Verdienste hinwies, die sich Matthias für das Wohl der römischen Kirche angeblich bereits erworben hatte. Die geistlichen Kurfürsten suchte Klesl mit dem Argument günstig zu stimmen, daß sein Herr an den Hauptfesten beichte und kommuniziere und auch fleißig an Prozessionen und Wallfahrten teilnehme.

Das wäre nun eigentlich die Domäne Erzherzog Ferdinands gewesen, und bei den geistlichen Kurfürsten war er auch als Kandidat im Gespräch. Ernsthaft beworben aber hat sich Ferdinand nicht, er kannte seine Grenzen sehr wohl. Wenn die Politik nach der Definition eines ihrer größten Virtuosen tatsächlich die Kunst des Möglichen ist, dann hat es Ferdinand in manchen Situationen an politischem Verstand durchaus nicht vollkommen gemangelt. Allein seine Kandidatur hätte ihm die Todfeindschaft des Matthias eingebracht, und aus diesem Konflikt wäre der römischen Kirche und dem Haus Habsburg unabwendbar neuer Schaden erwachsen. Die Religion aber und das Wohl seines Hauses galten ihm mehr als die römische Kaiserkrone. Er hat es, wenn auch in anderen Worten, oft genug beteuert.

So wurde denn am 14. Juni 1612 Matthias als Nachfolger seines verstorbenen Bruders in Frankfurt zum römischen Kaiser gewählt. Über die Energien des Kandidaten waren sich seine Wähler durchaus im klaren. „Der", äußerte abfällig der Erzbischof von Trier, ein Graf Metternich, über den neuen Kaiser, „wird keine großen Sprünge machen."

Im Vorhof der Macht, Klostergründer und Mäzen

Im Gegensatz zu seinem verstorbenen Bruder liebte es Matthias, sich im Glanze seiner Würden öffentlich zu zeigen. Auch gingen die Regierungsgeschäfte jetzt rascher voran, weil der Kaiser bereitwillig alles unterschrieb, was seine Sekretäre ihm vorlegten. Was aber der Inhalt dieser Schriftstücke sei, wußte Matthias zumeist nicht. Die Geschäfte des Regierens überließ der Kaiser vollständig seinem Minister Klesl, während er selbst nur noch an den bunten Dingen in der Prager Kunst- und Wunderkammer und an den Späßen seiner Hofnarren einigen Gefallen fand. Klesl war über seines Herrn Lethargie anfangs nicht einmal recht glücklich gewesen und hatte ihm ins Gewissen geredet wie ein Vater dem Sohne: „Jedermann verläßt sich, daß Eure Majestät nichts fragen, alles gehen lassen, wie es mag. E.M. müssen die Leute kennen, sich selbst um ihre Sache annehmen, reden, verhandeln und sorgfältig sein. Hoc est regere et imperare!" Der müde Matthias hörte sich's an und wandte sich wieder den bunten Steinen und seinen Hofnarren zu.

Es war daher kein Wunder, daß der unternehmungslustige Klesl die Möglichkeiten nutzte, die ihm der Kaiser bereitwillig eröffnete, und an seiner entliehenen Macht bald mehr Gefallen fand, als es seiner Position als Minister und Berater wohl angestanden hätte. Er ließ sich von Matthias zum Direktor des Geheimen Rates ernennen, und auch der inoffizielle Titel eines „Vizekaisers", den der Volksmund ihm beilegte, schmeichelte durchaus seiner Eitelkeit. Bald ging am Kaiserhofe wirklich nichts mehr ohne des Bischofs Einverständnis. Der Kaiser übergab an ihn gerichtete Schriftstücke uneröffnet seinem Minister, der dann nach Gutdünken mit ihnen verfuhr. Ohne dieses Mannes Willen und Interposition, meldete der Gesandte des Kurfürsten von Mainz, könne man am Kaiserhofe zu nichts gelangen.

Das Verhältnis zwischen Klesl und Erzherzog Ferdinand war korrekt und beinahe freundschaftlich. Als Mann der Kirche genoß der Bischof beim frommen Erzherzog naturgemäß große Sympathien, und der Briefwechsel zwischen beiden Herren war rege und in vertraulichem Tone gehalten. Auch der Kaiser hatte sich mit Ferdinand längst ausgesöhnt. Im Jänner 1613 brachte Ferdinand seine ganze Familie nach Wien, um dort mit Matthias und dessen junger Ehefrau den Fasching recht ausgiebig zu feiern, welches Vorhaben das Jahr zuvor durch die Nachricht vom Tode Kaiser Rudolfs jäh durchkreuzt worden war. Nun gedachte man den im Vorjahr entgangenen Spaß ausgiebig nachzuholen. Der Platz vor der kaiserlichen Burg war mit Fahnen und Girlanden festlich geschmückt; unter Trompetenschall und Böllerschießen fand ein prächtiger Festzug statt. Ferdinand selbst nahm daran teil in Gesellschaft einiger heidnischer Gottheiten, Bacchus, Venus und Merkur, was dem frommen Erzherzog aber in diesem Falle nichts ausmachte. Mit von der Partie war auch Franz Christoph Khevenhüller, der die Festlichkeit in seinen Annalen liebevoll beschrieben hat; wie Gott Bacchus auf seinem geschmückten Wagen dem Rotwein eifriger zusprach, als ihm guttat, und sich nur mit Mühe auf dem bauchigen Weinfaß halten konnte, das er als Thronsessel benützte; wie Venus ein brennendes Herz in den Händen hielt und Merkur „etliche Gedenkzettel von amorosischen Gedichten" unter die Leute verteilte. Der Graf Dampierre und sechs andere Kavaliere hatten sich zu aller Gaudium als die sieben weisen Jungfrauen aus der Bibel verkleidet, und auch Khevenhüller selbst steuerte zur frohen Stimmung bei, indem er sein Pferd vor der Kaiserin einen artigen Hofknicks vollführen ließ. Das Fest währte einige Tage mit Ritterspielen, Tierhetzen, Bauernhochzeiten und anderen Schwänken.

Matthias liebte solche Festlichkeiten, weil sie ihn von seinen Sorgen ablenkten. An seinen vielen Kronen, Titeln und Herrschaften, die er unter großen Gefahren und Anstrengungen erworben hatte, konnte der Kaiser jetzt keine rechte Freude mehr empfinden, und es graute den alten Mann, wenn er an die Zukunft dachte. Im November 1613 entwarf er in einem Brief an Erzherzog Ferdinand ein überaus düsteres Bild vom Zustand seiner Länder: Die Stände Österreichs seien in Verbindung mit der Union und den Ungarn und machten aus ihrer Absicht kein Hehl, einen Fremden zum Landesherrn zu nehmen. In Ungarn verachte man seine Befehle, und der Palatin spreche offen davon, man solle einen Einheimischen zum König wählen. In

Böhmen könne er keinen Landtag berufen, und ohne diesen sei es unmöglich, aus dem Lande Steuern zu erheben. Mähren gleiche mehr einer Republik als einem Fürstentum. Dort knüpfe der Landeshauptmann Karl von Zierotin nach Belieben Verbindungen mit dem Ausland an und mache die Ausführung der fürstlichen Befehle von Bedingungen abhängig. Solange er lebe, meinte Matthias, werde der Bau wohl noch zusammenhalten, nach seinem Tode aber werde alles aus den Fugen gehen.

Man kennt die Antwort nicht, die Erzherzog Ferdinand seinem tiefbetrübten kaiserlichen Cousin erteilte. Mochte der Kaiser die Lage in seinen Ländern auch etwas zu pessimistisch beurteilen, so war doch augenfällig, wie wenig Ferdinand sich um die Sorgen und Nöte seines Vetters kümmerte. Denn er galt ja nun als der erste Anwärter auf die vielen Kronen des Matthias; nicht nach den strengen Hausgesetzen, da hätten die Erzherzöge Maximilian und Albrecht als Agnaten der älteren Linie ein Näherrecht gehabt; und auch nicht nach den Vorstellungen der spanischen Kronjuristen, die nach eifrigem Stöbern in vergilbten Haus- und Heiratsverträgen einen Erbanspruch ihres Königs entdeckt zu haben meinten. Die politische Wirklichkeit abseits aller juristischen Kniffe und Spitzfindigkeiten aber sprach eindeutig für Ferdinand. Maximilian und Albrecht waren alt und ebenso ohne Nachkommen wie ihr kaiserlicher Bruder. Daß aber die Böhmen und Ungarn, wenn sie überhaupt noch einmal bereit waren, einen König aus dem Hause Habsburg anzuerkennen, sich ausgerechnet einen spanischen Prinzen wählen würden, daran vermochten nicht einmal politische Phantasten ernsthaft zu glauben. König Philipp III. überzeugte sich bald, daß sein Sohn Don Carlos als Nachfolger des Matthias nicht in Frage kam. Für den Verzicht auf sein ohnehin eher fiktives Recht aber gedachte der König erheblichen Gewinn herauszuschlagen. Man sprach von Tirol, dem Breisgau und dem Elsaß. Die Gedanken der spanischen Diplomaten kreisten immer um ihr Lieblingsthema, nämlich die Landverbindung zwischen Mailand und den Niederlanden, und mit dem Besitze Tirols und des Elsaß wäre Spanien seinem Traumziel um ein erhebliches Stück nähergekommen.

Ferdinand ging in dieser heiklen Erbschaftsangelegenheit äußerst vorsichtig und bedächtig zu Werke, wie es seine Art war, wenn nicht gerade das Wohl der heiligen Kirche unmittelbar auf dem Spiele stand. Man durfte die Gefühle des alten Matthias nicht verletzen, indem man sein Erbe schon zu seinen Lebzeiten aufteilte, und vorerst galt es ohnehin zu einer Einigung mit Spanien zu kommen. Denn Ferdinand erkannte recht gut, daß er sich ohne spanische Unterstützung in Österreich, Böhmen und Ungarn nicht würde behaupten können.

Die Interessen der Krone Spaniens vertrat der wendige und fintenreiche Don Balthasar Zuñiga. Erzherzog Ferdinand wurde von seinem Freund Hans Ulrich von Eggenberg beraten, der aber der aalglatten Intelligenz des spanischen Botschafters nicht ganz gewachsen war. Im Juli 1613 traf man sich in Linz in einem verschwiegenen Kapuzinerkloster, Ferdinand, Eggenberg und Zuñiga. Don Balthasar sprach vom Wetter und anderen belanglosen Dingen, ohne auch nur mit einem Wort das Thema zu erwähnen, weswegen die Zusammenkunft ja eigentlich stattfand. Wenn nämlich Ferdinand die Verhandlungen eröffnete, dann erschien er gleichsam als Bittsteller, und der Gewinn für Spanien würde umso größer sein. Wohl oder übel mußte also Ferdinand den heiklen Gegenstand der spanischen Erbansprüche aufs Tapet bringen, worauf sich sofort eine rege Diskussion entspann. Mit uralten Urkunden und spitzfindigen Argumenten, doch ohne die rechte Kenntnis von den komplizierten Klauseln des böhmischen und ungarischen Staatsrechtes verhandelten die Herren munter drauflos, und Zuñiga wußte den sonst recht schlagfertigen Eggenberg mehrmals in Verlegenheit zu bringen. Schließlich gab der spanische Gesandte gönnerhaft ein wenig nach, indem er durchblicken ließ, sein Herr werde seine Rechte nicht bis zum Äußersten verteidigen wollen, und spielte damit auf die umfangreichen Kompensationen an, die sich Philipp III. für den Verzicht auf seine ohnehin nur theoretische Anwartschaft auf Böhmen und Ungarn herauszuschlagen gedachte.

Die Konferenz endete erfolglos, und Ferdinand reiste wieder heim in die Steiermark. Dort gefiel es ihm immer noch am besten. Alles ging hier seinen geordneten Gang, indem die Stände kaum jemals wider ihren von Gott eingesetzten Landesfürsten aufzubegehren wagten und die Untertanen mit mehr oder weniger Begeisterung alle dem rechten Glauben anhingen.

Die Zustände in Österreich, Böhmen und Ungarn hingegen, wie sie ihm Kaiser Matthias geschildert hatte, der Adel mit seinem ausgeprägten Selbstbewußtsein, seiner offenen Feindschaft gegen das regierende Haus, seinen religiösen Freiheiten, waren ihm höchst zuwider und mit seinem Gewissen nicht zu vereinbaren.

So beschloß er abzuwarten, wie die Dinge sich entwickeln würden. Gott würde ihm schon den rechten Weg weisen. Nur widerwillig ließ er sich von Matthias mit Regierungsaufgaben in Österreich und Mähren betrauen, und daß ihn der Kaiser sogar adoptierte, nahm er recht gleichmütig zur Kenntnis. Ferdinand, bemerkte spöttisch ein Kritiker, sei damals mit der Stiftung von Kapuzinerklöstern und der Grundsteinlegung seines Mausoleums vollauf beschäftigt gewesen. Die Kritik, wenngleich übertrieben und satirisch gemeint, hat ihren wahren Kern. Tatsächlich gefiel er sich in diesen Jahren mehr in der Rolle des Bauherrn und Klostergründers als in der des Politikers, der seine Chancen konsequent wahrnimmt. Nutznießer dieser erzherzoglichen Gesinnung waren neben den Jesuiten vor allem die Kapuziner, deren Ordensgründer, der im Rufe der Heiligkeit stehende Laurentius von Brindisi, ein persönlicher Bekannter des Erzherzogs war. Kaum ein Jahr verging, in dem nicht Ferdinand und seine Gemahlin dem Orden ein Kloster stifteten, so daß bald ganz Innerösterreich mit einem Netz von Stützpunkten der Kapuziner überzogen war. Anders als die Jesuiten wandten sich die Mönche des heiligen Laurentius nicht an die gehobeneren Bevölkerungsschichten, sondern widmeten sich der Volksseelsorge und waren deshalb für die Festigung des Katholizismus in Innerösterreich unerhört wertvoll. Denn im Volke hatte man dem Erzherzog die Bücherverbrennungen, Kirchenzerstörungen und Austreibungen noch nicht vergessen, mit denen er einst den römischen Glauben restauriert hatte.

Es entstanden damals die Klöster in Bruck, Leoben, Cilli, und selbst das Städtchen Radkersburg, einst Hochburg des Protestantismus und Zentrum der Opposition gegen den Landesfürsten, wurde mit einer Niederlassung der Kapuziner bedacht. Bei den meisten dieser Grundsteinlegungen, die sehr feierlich begangen wurden, reiste Ferdinand mit Frau an, und stolz ließ er zu diesen Anlässen Medaillen mit seinem und der Gemahlin

Bildnis prägen, die den Ruhm des erzherzoglichen Stifterpaares verkünden sollten.

Die nüchternen, schmucklosen Fassaden der Kapuzinerklöster boten naturgemäß der Phantasie des Architekten wenig Spielraum, wie überhaupt die Zeiten für großzügig planende Baukünstler bei der Türkengefahr und den chronisch defizitären landesfürstlichen Finanzen wenig erfreuliche Aussichten boten. Dennoch hat der Erzherzog die Baukunst nach Kräften gefördert, und einige Bauten, die auf ihn zurückgehen, prägen heute noch das Bild seiner langjährigen Residenzstadt Graz. Im Nordosten der Stadt, am Fuße des Schloßberges, steht das Paulustor, im Stile der Spätrenaissance errichtet, ein Wehrbau und dennoch voll herber, wuchtiger Schönheit. Ferdinand und Maria Anna, lautet die lateinische Inschrift, haben das Tor zum Wohl des Vaterlandes, zur Abwehr der Feinde und zur Bewahrung ihres Andenkens errichten lassen.

Ferdinand wollte den Ruhm des Bauherrn und Stifters nicht für sich allein, er teilte ihn zumeist mit seiner Gattin und einmal auch mit seinem Freund Hans Ulrich von Eggenberg. Zusammen mit ihm stiftete er in der Murvorstadt Kirche und Kloster Mariahilf. Eine spätere Generation hat der Kirche eine prächtige zweitürmige Fassade angefügt, der Innenraum aber mit seinem wuchtigen Tonnengewölbe und der sparsamen Stuckverzierung bietet sich dem Beschauer heute noch ungefähr so, wie er in den Tagen Ferdinands aussah. Das Altarbild malte sein Hofmaler Giovanni Pietro de Pomis, ein überaus vielseitiger Künstler, Maler, Architekt, Medailleur und obendrein ein schlauer Wirtschafter, der aus seiner Vertrauensstellung am Hofe Erzherzog Ferdinands auch materielle Vorteile zu ziehen wußte. So erhielt er einmal vom Erzherzog die Erlaubnis zur steuerfreien Einfuhr von 15 Wagenladungen Rotwein aus Görz. Die Begründung, die der wendige Meister für solch umfangreichen Weinimport gab, verdient erwähnt zu werden: „Sintemalen mir die allhierigen Landwein gar zuwider, auch sehr übel mich dabei befinde, und keinen größeren Reichtum denn allein meine Gesundheit habe." Die stattliche Weinmenge, so hat ein Historiker einmal nachgerechnet, hätte zur Verproviantierung einer kleinen Festung wohl ausgereicht. Es ist demnach anzunehmen, daß der listige Hofmaler nicht all den Wein seiner

Gesundheit wegen persönlich ausgetrunken hat, sondern den größeren Teil desselben mit stattlichem Gewinn weiterverkaufte. Damals arbeitete de Pomis schon an seinem bedeutendsten Projekt, dem Mausoleum für Ferdinand und seine Familie. Es sollte neben der Hofkirche an der Stelle eines alten, der heiligen Katharina geweihten Kirchleins gebaut werden. 1615 nahm das erzherzogliche Paar die feierliche Grundsteinlegung vor. Das Mausoleum wurde dann nicht ganz so ausgeführt, wie es der Architekt entworfen hatte, doch kann dieses Faktum de Pomis' Verdienst nicht schmälern. Das mit zwei Kuppeln gekrönte Bauwerk ist Kirche und Grabstätte in einem. Die manieristisch übersteigerte Architektur, die schwer lastenden Segmentgiebel, die plastischen Zierstücke und Architrave, der schlanke, hoch aufstrebende Campanile waren neu in der alpenländischen Baukunst und geben dem Gebäude heute noch seinen fremdartigen, südländisch anmutenden Reiz. Bauherr und Architekt haben die Fertigstellung der Grabeskirche nicht mehr erlebt, beide nicht ganz ohne eigene Schuld. Ferdinand hatte für diesen monumentalen Repräsentationsbau bald kein Geld mehr übrig, so daß am Ende sogar Bußgelder verurteilter Protestanten zur Deckung der Unkosten herangezogen wurden. Der geniale Architekt erwies sich als schlechter Baumeister, indem er, wie die Grazer Finanzbehörde klagte, „dem hiesigen Kirchengebäu nie zusieht, eine Weil aufmauern, eine Weil abbrechen läßt, und wo zuvor ein Gulden in Anschlag gebracht, jetzt drei und mehr Gulden begehrt, derohalben das Geld unnütz verschleudert wird". Ferdinand aber verzieh „seinem getreuen lieben Johann Peter Pomis" die menschlichen Schwächen, und des Erzherzogs sprichwörtlicher Großzügigkeit verdankte der Künstler den Adelstitel, die Ernennung zum Geheimen Rat und ein Grundstück in Graz. Weniger großzügig verfuhren Ferdinands Finanzbürokraten, indem sie dem Hofmaler einmal infolge der „geldlosen Zeiten" gleich sieben Jahre lang kein Gehalt auszahlten.

Die geldlosen Zeiten dauerten lange fort, und darunter litt nicht nur der Künstler, sondern auch das Kunstwerk. Über ein halbes Jahrhundert lang stand das Mausoleum unverputzt im Rohbau, ein Schlupfwinkel für Fledermäuse. Erst unter Ferdinands Enkel, Kaiser Leopold I., erhielt das Mausoleum seine prachtvolle, der Würde des Stifters entsprechende Innenausstattung, und kein Geringerer als Johann Bernhard Fischer von Erlach hat an der Ausschmückung des Mausoleums in jungen Jahren sein Genie erprobt.

Die Gruft aber, ein schlichter Kellerraum tief unter der Erde, wurde früher als erwartet ihrer Bestimmung übergeben. Ein knappes Jahr nach der festlichen Grundsteinlegung, am 8. März 1616, starb Erzherzogin Maria Anna. Ferdinand hatte seiner Frau trotz ihrer Kränklichkeit die Treue bewahrt, und sie dankte es ihm, indem sie ihm gesunde Kinder gebar. Fromm und still hatte sie gelebt, geduldig ihr Leiden ertragen und niemals in die Regierungsgeschäfte eingegriffen. Ferdinand hörte von nun an bis zu seinem Lebensende jeden Morgen zwei Messen. Eine davon war dem Seelenheil seiner verstorbenen Frau gewidmet.

Der Krieg mit Venedig und die Ränke des Melchior Klesl

In der Stadt Zengg an der dalmatinischen Küste wohnten seit mehreren Menschenaltern die Uskoken, ein wilder, ungebärdiger Volksstamm. Ungenauerweise rechnete man sie zu den Untertanen Erzherzog Ferdinands, was nur insofern stimmte, als der Erzherzog durch sein vom Vater ererbtes Amt eines Generals der windischen und kroatischen Grenze eine Art militärische Obergewalt über sie auszuüben befugt war. Streng rechtlich genommen aber galten sie als Untertanen des Königs von Ungarn, und der König von Ungarn hieß Matthias. In Wahrheit kümmerten sich die Uskoken weder um die Befehle Erzherzog Ferdinands noch um die des Matthias. Der karge Karstboden ihrer Heimat ließ ihnen nicht viel Möglichkeit zu redlichem Broterwerb, und so hatten sie sich dem einträglicheren Gewerbe der Seeräuberei zugewandt, woran sie der Kaiser gar nicht und Erzherzog Ferdinand recht zaghaft hinderte. 1602 hatten sie einen erzherzoglichen Kommissär, der in Zengg Ordnung schaffen wollte und sich dabei etwas zu forsch gebärdete, kurzerhand niedergestochen. Ferdinand, der im allgemeinen eine hohe Meinung von Recht und Gerechtigkeit hatte, nahm die Untat hin, ohne den Versuch zu machen, das

Raubnest auszuräuchern und den Insassen ihr böses Handwerk zu legen. Genau besehen konnte ihm das räuberische Treiben der Uskoken gar nicht so unlieb sein, denn es waren vor allem Kauffahrerschiffe und Galeeren der Republik Venedig, die ihnen zum Opfer fielen.

Zwischen der Republik und Innerösterreich herrschte seit den Tagen Erzherzog Karls zwar nicht offene Feindschaft, aber doch harte Rivalität. Die Venezianer betrachteten nämlich die Adria als ihr „Mare nostrum" und demonstrierten diesen ein wenig vermessenen Anspruch der Grazer Regierung recht drastisch, indem sie den Hafen Triest blockierten oder erzherzogliche Handelsschiffe an der Weiterfahrt hinderten. Und einmal wurden venezianische Soldaten gar dabei ertappt, wie sie Grenzsteine von der Küste Istriens ein paar Meilen landeinwärts in innerösterreichisches Gebiet versetzten. In die Theorie von der Adria als venezianischem Hoheitsgewässer paßten auch die Uskoken nicht recht, und Venedig machte nicht etwa den Kaiser als deren eigentlichen Oberherrn, sondern den Erzherzog Ferdinand für die sich häufenden Untaten verantwortlich. Kategorisch verlangte die Republik, er solle in Zengg Ordnung schaffen, die Raubschiffe verbrennen und die Räuber ins Hinterland umsiedeln lassen, so daß sie dem venezianischen Interesse nicht mehr schaden könnten. Aus verständlichen Gründen zögerte Ferdinand, diesen Wünschen der Nachbarn zu entsprechen; nicht etwa weil er Mitleid mit den Zenggern gehabt hätte, wie ein dem Erzherzog besonders wohlgesonnener Geschichtsschreiber behauptete. Ein Fürst, der seine eigenen protestantischen Untertanen so rücksichtslos in die Verbannung trieb, kümmerte sich genausowenig um die Schicksale von ein paar Seeräubern. Für Erzherzog Ferdinand waren andere Gründe maßgebend. Es galt ihm vor allem, sein heiliges Recht zu schützen, denn auf eine freie Schiffahrt auf dem Adriatischen Meere meinte er wohl berechtigten Anspruch zu haben; wenn aber die Uskoken ein paar venezianische Galeeren plünderten oder in den Grund bohrten, war das so böse nicht, zumal diese Schiffe oft genug Waffen für den türkischen Erbfeind transportierten.

Die Geduld der Republik, zu lange und zu oft auf die Probe gestellt, ging allmählich zu Ende. Die Venezianer vergalten nun

Übergriffe der Seeräuber aus Zengg ihrerseits mit Feindseligkeiten gegen erzherzogliches Gebiet in Friaul. Ende 1615 wurde das Geplänkel an der Grenze zum offenen Krieg. Venezianische Truppen zerstörten einige erzherzogliche Dörfer am unteren Isonzo, wobei sie, was den Erzherzog besonders empören mußte, auch die Kirchen verwüsteten, Kelche, Meßkleider und Glocken als Beute mitschleppten. Ferdinand, friedliebend, wie er war, und obendrein noch schlecht gerüstet, bezwang seinen heiligen Zorn und bot ein letztes Mal die Hand zur Versöhnung. Er forderte einen Waffenstillstand auf drei Monate und Rückzug aller venezianischen Soldaten aus seinem Gebiet, dann werde er in Angelegenheit der Uskoken mit sich reden lassen.

Die Republik, gewitzigt durch frühere Erfahrungen, lehnte das Angebot ab und sah sich nach Bundesgenossen um. Da es gegen Habsburg ging, durften sich die Venezianer über mangelnde Unterstützung nicht beklagen. England, Frankreich, die Holländer, die Union, der Herzog von Savoyen, Graubünden, alles traditionelle Gegner des Erzhauses, sandten Truppen oder Subsidien zum Kriegsschauplatz. Allein die Türken blieben zurückhaltend: Ein paar venezianischer Fischer wegen, ließ der Großwesir dem Gesandten der Republik in Istanbul mitteilen, werde sein Herr, der Sultan, den Frieden mit dem römischen Kaiser nicht brechen.

Die vergleichsweise recht unbedeutenden Kriegsziele, um die gekämpft wurde, und der abgelegene Schauplatz waren die Gründe, warum aus diesem Konflikt, an dem so viele Nationen mehr oder weniger eifrig mitmischten, dennoch kein Krieg europäischen Ausmaßes entstand. Die paar Uskoken, darin hatte der Sultan wohl recht, lohnten den Aufwand nicht, und ob einige Dörfer in Friaul nun habsburgisch sein sollten oder venezianisch, war im Grunde eine Frage, die weder für Haus Habsburg noch für dessen Gegner von vitalem Interesse war. Die Venezianer wollten dem Erzherzog beweisen, wer der unumschränkte Herr der Adria sei, und Ferdinand meinte sein Recht auf freie Schiffahrt durchsetzen zu müssen. So kam denn ein recht sonderbarer Krieg zustande, lokal begrenzt, ohne entscheidende Schlachten und weiträumige Bewegungen. Im Brennpunkt der Kämpfe stand zwei Jahre lang die kleine Festung Gradiska am unteren Isonzo, die von zahlreichen im

Dienste der Republik kämpfenden Söldnern belagert wurde. Die Festung zu entsetzen war Aufgabe des kleinen erzherzoglichen Heeres. Um sie zu meistern, brauchte Ferdinand Hilfe. Was lag näher, als sich an den Kaiser zu wenden? Am kaiserlichen Hof aber stieß er mit seinem Gesuch auf taube Ohren, Matthias und sein Faktotum Klesl dachten nicht daran, dem Erzherzog in seiner mißlichen Lage unter die Arme zu greifen.

Melchior Klesl, Direktor des Geheimen Rates und neuerdings auch Kardinal der heiligen römischen Kirche, war ein überaus schlauer und sorgsam rechnender Politiker. Diese Tatsache mußten auch seine einflußreichen Gegner anerkennen, die ihm aber zum Vorwurf machten, er gebrauche seine Talente mehr zu seinem eigenen Besten als zum Nutzen des Hauses Habsburg, als dessen treuesten Diener sich Klesl gleichwohl gern bezeichnete. Er war 1616 schon 63 Jahre alt, ein Greis, wenn man in Rechnung stellt, wie gering damals die Lebenserwartung war. Ein gutes Beispiel hiefür war sein Herr, der Kaiser. Matthias war fünf Jahre jünger als sein Minister und dennoch ein müder alter Mann, ohne jede Tatkraft und Energie. Die Kämpfe in Friaul verfolgte er mit Sorge, denn sie gefährdeten sein einziges Ziel, das er in diesem Leben noch hatte. Er wünschte seinen Lebensabend zu genießen, unbehelligt von Kriegen und anderen bösen Händeln. Von der Zukunft erhoffte sich der Kaiser nichts Gutes mehr. Wenn einmal die Gruft ihn deckte, dann mochten sie ihre Konflikte ausfechten, die Erblande, das ganze Heilige Römische Reich in Brand stecken, jetzt aber wollte der Greis Ruhe haben und Frieden die paar Jahre, die er noch zu leben hatte. Auch Klesl verurteilte den Privatkrieg, den Erzherzog Ferdinand sich da eingebrockt hatte, und des Kardinals Argumente klangen plausibel: Viele Tausende christlicher Seelen würden dadurch gefährdet, Italien würde in Aufruhr versetzt, den Ketzern in Deutschland Grund zu Anschlägen gegen die Katholiken gegeben und noch viel anderes Unheil verursacht. Ferdinand sollte sich überwinden, mahnte der Kirchenfürst, und weniger auf die Uskoken sein Augenmerk richten als auf die Möglichkeit, Land und Leute zu verlieren.

Klesls Mahnungen fielen bei Ferdinand auf keinen fruchtbaren Boden: Krieg habe er nicht gewollt, schrieb er an den allmächtigen kaiserlichen Minister, vielmehr lange Zeit sich in Geduld geübt und dabei großen Schaden erlitten. Da aber die Gewalttaten kein Ende nahmen, hätten es ihm Amt, Pflicht und Ehre nicht gestattet, länger zu schweigen und Land und Leute trostlos zu lassen. Daß man Venedig nicht trauen dürfe, schloß Ferdinand, lehre die Geschichte. Nun sei es höchste Zeit, daß der Kaiser ihm ein wohlgerüstetes Regiment zu Hilfe schicke.

Die Hilfe, die der Kaiser dann tatsächlich gewährte, war eher symbolischer Natur. Ganze zwei Fähnlein Knechte wurden nach langem Palaver und Wehklagen nach Gradiska in Marsch gesetzt. Der Kaiser habe kein Geld, entschuldigte Klesl seinen Herrn wortreich in einem Memorandum, in dem von hungernden kaiserlichen Beamten, bettelnden Stallknechten, Lakaien in zerschlissenen Uniformen und mangelhaft bezahlten Hofräten recht eindrucksvolle die Rede war. „Purlautere Flickerei" nannte er die kaiserliche Finanzgebarung, da man ein Loch stopfe, indem man gleichzeitig zehn andere aufreiße. Es handelte aber der Kardinal, indem er Ferdinand so mangelhaft unterstützte, gewiß nicht allein aus staatsmännischer Weisheit und der Sorge um die leeren Kassen. Er bezog von der Republik Venedig eine ansehnliche Pension und hatte auch persönliches Interesse, daß Ferdinand möglichst lange in die friaulischen Händel verstrickt blieb. Klesl gefiel sich in der Rolle des allmächtigen Ministers, und diese Position hätte er wohl abgeben müssen, wenn Ferdinand einmal zum Nachfolger des Matthias bestimmt wäre. Denn der Erzherzog ließ gewiß mit sich nicht so verfahren wie jetzt der alte Matthias und würde lieber auf seinen Günstling Eggenberg und auf die Jesuiten hören als auf seine, Klesls, Einflüsterungen.

Zumindest wurde das Zögern des Kardinals bei seinen Gegnern so ausgelegt. Sie ahnten auch etwas von den geheimen Fäden, die sich vom Kaiserhof zum Dogenpalast spannen, bezichtigten Klesl offen, „venedigisch" zu sein, und wollten auch die Ausrede von den leeren Kassen nicht glauben. Obendrein legten sie ihm höchst sonderbare, beinahe hochverräterische Aussprüche in den Mund: Schreien müsse Ferdinand, bis ihm das Wasser ins Maul liefe, so sollte er gesprochen haben, und er gedenke den Erzherzog in dem Krieg sich verzehren zu lassen, wie das Fieber den Menschen verzehre. Ähnlich höhnische Worte, angeblich aus Klesls Munde stammend, erzählte man am Grazer Hof: Ferdinand habe sich die Suppe selbst eingebrockt und solle sie jetzt auch selbst auslöffeln. Wer solch unbesonnene und leichtfertige Reden führe, meinte ein Höfling zu Erzherzog Ferdinand gewandt, könne kein sehr witziger oder frommer Mensch sein. Ferdinand aber verbot solch despektierliches Gerede.

Die Intrigen des kaiserlichen Ministers nahm Ferdinand mit der ihm eigenen Gelassenheit zur Kenntnis. Klesl hatte ja zum Teil auch recht; ohne Spaniens Einverständnis war in der Frage der Erbfolge nichts zu machen. Bedenklicher war, daß er ihn gegen Venedig im Stich ließ. Aber auch dafür wußte der schlaue Fuchs Argumente vorzubringen, die so ohne weiteres nicht zu entkräften waren. Ganz anders als Ferdinand, der in dem Spiel um die Nachfolge des Matthias sich vorerst noch weise im Hintergrund hielt und seine Kräfte für den entscheidenden Moment aufsparte, verhielt sich Erzherzog Maximilian. Dieser Fürst, Hochmeister des Deutschen Ritterordens und Gubernator von Tirol, war selten in seiner Innsbrucker Residenz anzutreffen. Unermüdlich reiste der Erzherzog umher, nach Brüssel, Wien, Prag, Mainz, keine Strapazen scheuend trotz seines vorgerückten Alters. Immer war es dasselbe Anliegen, mit dem Maximilian bei seinem Bruder, dem Kaiser, und bei den dem Hause Habsburg befreundeten Fürsten vorsprach: Erzherzog Ferdinand sollte die Nachfolge des Matthias antreten, in den Erblanden wie im Römischen Reich. Es war ein eifriger und selbstloser, freilich nicht immer geschickter Anwalt, den Ferdinand sich in seinem Tiroler Vetter gewonnen hatte. Maximilian selbst hatte, um Zwietracht zu vermeiden, auf seine eigenen Ansprüche verzichtet und auch seinen Bruder Albrecht in Brüssel bewogen, seine Rechte an Erzherzog Ferdinand abzutreten. Nur bei Matthias fand er nicht das rechte Verständnis für sein ehrliches und uneigennütziges Streben. Der Kaiser, müde und krank, verwies den Bruder an Klesl, der ihm eine barsche Antwort erteilte: Erst müsse die „Komposition", der Ausgleich zwischen Katholiken und Protestanten im Reich und in den Erblanden erfolgen, dann werde sich die Frage der Nachfolge bestens regeln lassen. Und überhaupt könne man ohne Einwilligung Spaniens nichts Entscheidendes unternehmen.

Maximilian war auf den hochfahrenden Kardinal nicht gut zu sprechen, denn ohne Zweifel tat Eile not, um die Frage der Sukzession noch zu Lebzeiten des Matthias zu lösen. War der Kaiser erst tot, konnte es leicht dafür zu spät sein. Den Ständen in Österreich und Böhmen erschien der kompromißlos katholische Ferdinand nicht als der rechte Kandidat, um dem schwachen Matthias nachzufolgen. Dem alten Mann würden sie nichts mehr zuleide tun, nach seinem Tode aber, so dachte eine Mehrheit unter ihnen, mußte man eine große Änderung der politischen Verhältnisse ins Auge fassen. Die Patrioten in den österreichischen Landen, berichtete um diese Zeit der einflußreiche Oberösterreicher Tschernembl seinem Freund, dem Fürsten von Anhalt, wünschten keine übereilte Umwälzung. Wenn aber die Länder, wie bei des Kaisers Tod zu fürchten sei, dem Hause Österreich entrissen werden sollten, dann würden die Stände einen deutschen Fürsten als Nachfolger verlangen, der sie gegen den Papst und die Türken gleichermaßen zu schützen vermöge. Dieser Forderung entsprach Ferdinand gewiß nicht, und Anhalt, vornehmster Berater des jungen Kurfürsten von der Pfalz, freute sich, daß seine gegen Habsburg gerichteten Pläne nun endlich Aussicht auf Erfüllung hatten.

Die dunklen Pläne Tschernembls, Anhalts und ihrer protestantischen Freunde trieben Erzherzog Maximilian zur Eile. Klesl, erkannte er voll Bitterkeit, war der Stolperstein, der durch sein eigensinniges Taktieren das Wohl Habsburgs aufs höchste gefährdete. Es gehe nicht an, schrieb er an seinen kaiserlichen Bruder, daß das ganze Haus Habsburg und alle frommen Deutschen eines einzigen Menschen wegen leiden müßten, indem ja Klesls „Directorium fast das Imperium selbst seye". Der müde Matthias gab seines Bruders Schreiben ungelesen an Klesl weiter, und dieser, als Direktor des Geheimen Rates direkt von der Rüge betroffen, antwortete im Namen seines Herrn kühl und nicht ohne beißenden Hohn: Daß bei des Kaisers „gutem Vorhaben das Werk der Sukzession" in seiner, Klesls, Gewalt liege, werde Seine Fürstliche Durchlaucht und Liebden — solch vertrauliche Anrede an Erzherzog Max stand ihm als Kardinal wohl zu — „nicht im Ernst, sondern als Redeweise" geschrieben haben. Der Erzherzog wisse doch wohl selbst, „wie der Kaiser so guten Verstandes und festen Entschlusses" sei, daß

„ihn die ganze Welt von seinem Vorhaben nicht abzubringen vermöchte". Deswegen wolle er, Klesl, Erzherzog Maximilians kräftige Ausdrücke auf sich beruhen lassen und in keine Erörterung darüber eingehen, sondern sie als Gnade, Freundschaft und Vertraulichkeit ansehen.

Erzherzog Maximilian las das höhnische Schreiben mit ohnmächtiger Wut. Da erdreistete sich dieser verschlagene Bäckersohn, ein Mitglied des Erzhauses zum besten zu halten, und das Schlimmste war, daß die Zeit für derlei böse Scherze höchst ungünstig gewählt schien. Denn sie konnten dem Hause Habsburg nicht wiedergutzumachende Verlegenheiten bereiten. Der Kaiser selbst sah Klesls Verzögerungstaktik nicht ungern, hoffte er insgeheim doch noch immer auf Nachkommenschaft, und des Bruders hektisches Gerede, daß es hoch an der Zeit sei, die Sukzessionsfrage zu regeln, verletzte seine Gefühle als Ehemann und potentieller Familienvater tief. Hatte Matthias nicht unlängst geheiratet, um spät noch einen Erben zu bekommen? 1615 tuschelte man in Hofkreisen, die Kaiserin sei guter Hoffnung, was der Erzherzog Maximilian wenig diplomatisch geradezu als Unglück für das Haus Habsburg bezeichnete, während Klesl seine Freude nicht hatte verbergen können. Die Gerüchte aber hatten sich bald schon als falsch erwiesen, die gewaltige Leibesfülle der Kaiserin Anna hatte ihre Ursache nicht in ihrer Schwangerschaft, sondern in ihrem maßlosen Appetit. Im Spätsommer 1615 schließlich war es offenbar, daß der Kaiser auf keinen Leibeserben mehr hoffen durfte. Damals hatte man Matthias und Klesl gar zugetraut, sie wollten der Kaiserin ein fremdes Kind unterschieben, was sicherlich nur eine böse Verleumdung sein konnte.

Auch Klesl kam allmählich zur Einsicht, daß er den Ton seiner Aussagen werde ändern müssen. Er sei durchaus für Ferdinand, beteuerte der Kardinal nun treuherzig, er kenne den Erzherzog schon von Jugend auf und empfinde große Zuneigung für ihn. Zu Weihnachten, so schwärmte er im September 1616, hoffe er, Ferdinand die Krone Böhmens auf das Haupt zu setzen. Erzherzog Maximilian indessen glaubte nicht an solche euphorischen Versprechungen. Klesls Fähigkeiten als „erfahrener Linguist und vortrefflicher Skribent", schrieb der Erzherzog, seien unbestritten, doch daß etwas Ersprießliches in betreff der Nachfolge geschehen sei, könne er zu seiner Betrübnis nicht bemerken. Klesl solle endlich ins Werk setzen, was er mit Mund und Hand, ja bei Verlust seiner Seligkeit zugesagt habe, dann werde ihm die Dankbarkeit des gesamten Hauses gewiß sein. Wenn nicht, drohte Maximilian, werde er ihn für des Hauses ärgsten Feind und für dessen Verderber halten und auf Mittel sinnen, wie dasselbe gegen einen solchen Widersacher sicherzustellen sei und wie man diesem seine Taten entgelten könne.

Die Mittel aber, die Erzherzog Maximilian in seinem Groll gegen Klesl anzuwenden gedachte, entsprachen nicht den üblichen Vorstellungen von Recht und Gerechtigkeit, wie der Erzherzog überhaupt durch seinen unermüdlichen Eifer manchmal weit über das Ziel schoß und der Sache Ferdinands mehr schadete als nützte. Da hatte er in einem Gutachten leidenschaftlich dafür plädiert, daß Ferdinand auch ohne Einwilligung der Kurfürsten von der Pfalz und von Brandenburg als römischer König zu proklamieren sei, denn diesen als traditionellen Feinden Habsburgs könne man ohnehin nicht trauen. Man müsse auf alle denkbaren Fälle gefaßt sein, meinte Erzherzog Max, und dürfe die notwendigen Rüstungen nicht versäumen. Das Gutachten wurde durch eine Indiskretion auch jenen bekannt, die es wohl betraf, für deren Augen und Ohren es aber nicht bestimmt war, und wirbelte dort viel Staub auf. Kurfürst Friedrich von der Pfalz sah darin eine Vergewaltigung der Fürsten und eine Annullierung der kurfürstlichen Wahlrechte. Die Reichsverfassung sei durch die dunklen Machenschaften der Habsburger aufs höchste gefährdet, klagte Friedrich und versuchte auch seinen sächsischen Kollegen Johann Georg in seinem Sinne zu beeinflussen. Wäre aber Sachsen den Vorstellungen des Pfälzers gefolgt, hätte dies die Wahl Ferdinands zum römischen König arg gefährdet, wenn nicht gar unmöglich gemacht, da sich für ihn dann im Kurfürstenkollegium keine Mehrheit mehr gefunden hätte.

Hatte Klesl bei diesem Verrat die Hand im Spiele? Jedenfalls glaubte es Erzherzog Maximilian. Er schimpfte den Kardinal öffentlich einen „schelmischen Pfaffen" und setzte sich insgeheim mit Erzherzog Ferdinand ins Einvernehmen. Klesl müsse weg, forderte Maximilian, notfalls sei er durch Gift oder Dolch zu beseitigen. Ein Konvent gelehrter Theologen solle dann diese

„Hinrichtung" als gottgewollt rechtfertigen. Von solch gewalttätigen Plänen hielt Ferdinand nicht viel, und da er sein Leben lang schon mit Männern der Kirche vertraulichen Umgang pflog, wußte er ungefähr, was diese Herren allenfalls zum Wohle des Hauses Habsburg noch billigen würden und was nicht. Einen Mord an einem Kardinal konnte auch der spitzfindigste Theologe schwerlich als gottgefälliges Werk ausgeben. Er zweifle daran, schrieb Ferdinand dem aufgebrachten Vetter nach Innsbruck, ob sich in der Gottesgelehrsamkeit erfahrene Männer finden würden, die solches billigten, zumal auf diese Weise keine Anklage, keine Verteidigung und kein Urteilsspruch möglich wären. Ein „solch blutiges Verfahren" sei bei „diesem hochlöblichen Hause" bisher noch nicht vorgekommen und könnte böse Folgen haben. Es gebe auch friedlichere Mittel und Wege, den Kardinal, falls er Habsburgs Interessen verletze, von den Zentren der Macht zu entfernen. Halte er in betreff der Sukzession sein Wort, dann sei ihm das übrige nachzusehen. Wenn er aber neuerdings Schädliches wider das Erzhaus versuchte, müßte man allerdings gegen ihn vorgehen.

Er hielt sich in der Politik immer noch an Regeln, die seine Mit- und Gegenspieler sehr gerne vergaßen, wenn es ihren Zwecken nützlich schien. Nun war der Kardinal zwar ein Hindernis, indem er mit List und Geschick seine Position auf Kosten Ferdinands zu halten versuchte; ihn aber durch Mord aus dem Wege zu räumen, dazu sah Ferdinand keine Ursache. Ob er König von Böhmen werden könnte, hing nur mittelbar von Klesl ab. War er einmal mit Spanien im reinen, dann mochte der Kardinal sich gegen ihn sträuben wie er wollte, es würde ihm auf Dauer nicht nützen.

Indessen wurde in Friaul um Gradiska gekämpft, als sei die Festung der Nabel der Welt. Ob das elende Nest den großen Aufwand wirklich wert sei, danach fragte niemand unter den Strategen und Politikern in Graz und Venedig, und es fragte auch kein Mensch, was die Söldner im Dienste der Republik, Schweizer, Holländer, Albaner, eigentlich dazu trieb, sich in die steinige Erde zu krallen, rings um das von Röhricht und den Fluten des Isonzo gut geschützte Kastell ihre Wälle und Verschanzungen aufzuwerfen und immer wieder mit dem Mute der Verzweiflung, von einem Hagel von Geschossen überschüttet, gegen die Mauern Gradiskas zu stürmen. Ebenso verwunderlich und bewundernswert die Tapferkeit der Verteidiger: Zwei Jahre lang leistete das Häuflein Soldaten und Bürger heldenhaft Widerstand, während des Erzherzogs Truppen beharrlich versuchten, den Ring um die Festung zu sprengen und die Eingeschlossenen zu befreien. In Wahrheit hätte sich am Gleichgewicht der Kräfte nicht viel geändert, wenn Gradiska einmal ein paar Jahre dem Dogen gehorcht hätte. Man verwendete das Wort „Prestige" damals nicht, doch irgend so etwas Ähnliches muß es wohl gewesen sein, was den Einsatz von so viel Menschenleben, Material und Geld rechtfertigte. Für diesen Einsatz wollte Venedig seinen Lohn, dem Erzherzog Ferdinand beweisen, wer der Stärkere wäre. Die Stärkeren am Ort waren die Venezianer ohnehin. Die Berichte, welche die erzherzoglichen Militärs vom Kriegsschauplatz nach Graz sandten, klangen recht pessimistisch und waren sich darin einig, daß nur schleunige Vermehrung der spärlichen Truppenzahl den Verlust Gradiskas würde verhindern können. Ferdinand, mit leerem Staatssäckel, vom Kaiser im Stich gelassen und auch von Spanien eher kümmerlich unterstützt, sah nur einen Ausweg: Anfang 1617 erließ er einen Aufruf an den Adel in Böhmen und Österreich, man möge ihm mit Geld und Truppen zu Hilfe kommen. Es waren Ideale einer längst vergangenen Zeit, ritterliche Vorstellungen von Treue und Gefolgschaft, an die der Erzherzog in seiner verzweifelten Lage appellierte. Es meldete sich denn auch nur ein einziger: „Herr Albrecht von Wallenstein", heißt es in einem Bericht aus Prag vom 6. April 1617, „wird Erzherzog Ferdinand mit 180 Kürassieren und 80 Musketiern auf eigene Kosten im Lager aufwarten." Über Geld verfügte dieser böhmische Edelmann durch eine reiche Heirat und durch Kriegsdienst in jungen Jahren auch über militärische Kenntnisse: Anno 1604 hatte er im Türkenkrieg Kaiser Rudolfs mitgekämpft. Am Wiener Hofe war Wallenstein kein Unbekannter. Als Kämmerer des Kaisers Matthias mochte er Ferdinand des öfteren schon begegnet sein.

Im Frühsommer 1617 zog Wallenstein mit seinen Kriegsknechten nach Friaul und kam gerade zurecht, als Graf Dampierre, der erzherzogliche Oberbefehlshaber, einen verzweifelten Versuch unternahm, Gradiska mit dem Nötigsten, Menschen,

Lebensmitteln und Munition, zu versorgen. Wallenstein zeichnete sich aus, hieb mit seinen Kürassieren eine Bresche in den Ring der Belagerer und deckte den Rückzug, als die schweren Proviantwagen glücklich in die Festung gebracht waren. „Bei dieser Occasion", meldet militärisch nüchtern ein vergilbtes Dokument im Wiener Kriegsarchiv, „hat sich Albrecht Herr von Wallenstein redlich und vernünftig gehalten." Noch ein paarmal in diesen Sommer- und Herbstmonaten des Jahres 1617 hatte Wallenstein bei Gradiska Gelegenheit, militärische Lorbeeren zu ernten. Nicht daß er mit seiner Handvoll Reiter etwas Kriegsentscheidendes hätte leisten können, aber er war einer der wenigen, der einzige beinah, der Erzherzog Ferdinand in seiner bedrängten Lage zu Hilfe kam, und auf des Erzherzogs Dankbarkeit durfte Wallenstein in Zukunft mit Sicherheit bauen. Er würde Erfolg haben, wenn Ferdinand Erfolg hatte, und daß des steirischen Erzherzogs Stern im Steigen war, dafür gab es untrügliche Zeichen.

Dem seltsamen Krieg folgte ein seltsamer Friede. Er wurde in Madrid ausgehandelt vom kaiserlichen Gesandten Franz Christoph Khevenhüller. Gewonnen hatten beide Parteien nicht viel und beinahe nichts, was sie nicht auch ohne kriegerische Intervention hätten haben können. Die Uskoken in Zengg sollten durch eine deutsche Besatzung im Zaum gehalten werden, ihre Raubschiffe mußten sie verbrennen. Die Venezianer sollten ihre Truppen aus dem innerösterreichischen Gebiet zurückziehen. Die Regelung der freien Schiffahrt auf der Adria war künftigen Verhandlungen vorbehalten. Weil keine der beiden Parteien mit dem Erreichten so recht zufrieden war, kämpfte man auch nach dem Friedensschluß noch eine Zeitlang weiter, bis ins Jahr 1618. Schließlich aber, Februar 1618, ließen die Streithähne voneinander ab; gerade zur rechten Zeit für Ferdinand. Denn was in Böhmen sich anbahnte, erforderte bald alle seine Kraft und Aufmerksamkeit.

König von Böhmen

Das Königreich Böhmen mit seinen Nebenländern Mähren, Schlesien, den Lausitzen, war seit alten Zeiten ein Zentrum unruhigen, nach Neuem strebenden Geistes, Geburtsstätte revolutionärer Ideen, die das Land selbst und auch die europäische Ordnung entscheidend veränderten. Die Böhmen, Johannes Hus und seine Anhänger, waren vor 200 Jahren die ersten gewesen, die nicht nur in Gedanken, sondern auch in der Tat sich mit der universalen Heilslehre der römischen Kirche auseinanderzusetzen begannen und, indem sie sich gegen die römische Hierarchie behaupten konnten, zum Vorbild wurden für alle anderen Reformatoren, von Luther bis Calvin. Hussitisches Gedankengut war in Böhmen stets lebendig geblieben, das böhmische Bekenntnis, eine Art Nationalreligion, vom Landtag beschlossen, fußte zu einem guten Teil auf den Lehren des Johann Hus, und der Laienkelch, Symbol und Kampfziel der hussitischen Bewegung, prangte auf den Fassaden vieler Kirchen des Landes. Im Jahre 1526 war Böhmen an die Habsburger gekommen, und die Vertreter dieser katholischen Dynastie hatten nur sehr vorsichtig an der alten religiösen Ordnung zu rütteln gewagt, da diese viel Zündstoff für einen Zwist zwischen König und Untertanen in sich barg. Im böhmischen Landtag gab es drei Stände, die Herren, die Ritter und die königlichen Städte. Der hohe Klerus, der in den übrigen habsburgischen Ländern, selbst im aufrührerischen Ungarn, eine führende Rolle spielte, war in Böhmen kein Stand. In den Hussitenkriegen hatte er jeden politischen Einfluß verloren und war seitdem im Landtag nicht mehr vertreten. Stolze Herren, Abkömmlinge uralter Adelsgeschlechter, führten dort das große Wort. Viele von ihnen trugen deutsche Namen: Rosenberg, Waldstein, Sternberg, Liechtenstein, doch sie waren Slawen, Tschechen dem Geblüte nach und auch ihrer Überzeugung. Sie haßten die Deutschen, die als Bürger in den großen Städten, in Prag, Pilsen, Aussig, Reichenberg usw. sehr viel zum Wohlstand Böhmens beitrugen, ebenso wie sie die römische Kirche haßten und besonders ihre entschiedensten Glaubenskämpfer, die Jesuiten, die auch in diesem Lande, vom König zumeist wohlwollend unterstützt, dem Katholizismus wieder mehr Anhänger zu gewinnen suchten. Deutschfeindlich und im Sinne eines radikalen tschechischen Nationalismus war, was die Herren auf dem Landtag zu Budweis, 1615, beschlossen. Niemand, so lautete der Beschluß, könne mehr in Böhmen das Bürgerrecht erwerben, geschweige den Adel, der nicht der böhmischen Sprache mächtig wäre. Ein Land, wo zwei verschiedene Völker, Deutsche und Tschechen, und die Bekenner unterschiedlicher Religionen, Katholiken und Protestanten aller Schattierungen, auf engstem Raume zusammenlebten, mußte gerade in dieser fanatischen Zeit zum Nährboden für mancherlei Konflikte werden.

Groß waren auch die sozialen Gegensätze. Den paar hundert Mitgliedern des böhmischen Herrenstandes gehörte der größte Teil des fruchtbaren Landes. Die Bauern waren leibeigen und mußten fronen. Gelegentlich rotteten sie sich zusammen und suchten durch bewaffnete Aufstände ihr Los zu bessern. Da wurden sie dann, nachdem man sie in blutigen Kämpfen besiegt hatte, von ihren Herren noch härter unterdrückt als zuvor. Überhaupt hatten die tschechischen Bauern und die deutschen Handwerker nicht immer das rechte Verständnis für die nationalistischen Hirngespinste der Oberschicht. Sie allein, die paar hundert Herren und die tausend Ritter auf der einen, der König auf der anderen Seite, machten die Politik, und indem sie sich nicht vertrugen, schürten sie den Konflikt so lange, bis sie seiner nicht mehr Herr werden konnten.

Das Verhältnis der Stände zur Krone, zum König, regelte der Majestätsbrief von 1609. Damals hatten sich die Stände als Nutznießer des Bruderzwistes vom schwachen Rudolf II. Rechte erpreßt, die einem böhmischen König nur mehr wenig Spielraum ließen: Freiheit des Bekenntnisses und des Gottesdienstes, das Recht, Schulen zu gründen und zu unterhalten, auf königlichen Besitzungen Kirchen zu bauen, Priester ein- und abzusetzen. Über die Einhaltung dieser Privilegien hatten aus ihrer Mitte gewählte Defensoren zu wachen, was auf eine Art Nebenregierung hinauslief, da religiöse Freiheit stets die politische inkludierte. Es war ein Staatsstreich gewesen, nicht dem Namen, wohl aber der Sache nach, eine Degradierung des Königs zur bloßen Marionette. Den „terminus fatalis domus Austriae", wie der Fürst von Anhalt meinte, bedeutete der Majestätsbrief hingegen nicht, denn nach wie vor glaubten die böhmischen Herren ohne einen König nicht auskommen zu können, wenn er auch nur ein Schattenkönig wäre.

Auf den schwachen Rudolf folgte als König von Böhmen der schwache Matthias, und wie feindlich diesen die Stände behandelten, hat der Historiker Gindely in seiner leider nie vollendeten Geschichte des Dreißigjährigen Krieges sehr schön und ausführlich erzählt. Unter anderem hatte Matthias, ehe er zum König von Böhmen gekrönt wurde, feierlich versprechen müssen, die Frage der Nachfolge bei seinen Lebzeiten nicht aufzuwerfen.

Die Protestanten, die Anhänger des böhmischen Bekenntnisses ebenso wie die Lutheraner und die Mitglieder der glaubensstrengen Sekte der Böhmischen Brüder, dachten nämlich an einen Wechsel der Dynastie. Wenzel Kinsky, ein intriganter und verschlagener Mann, richtete einmal an seine Standesgenossen die provokante Frage, wie sie denn so töricht sein könnten, immer einen aus dem Hause Österreich zu wählen. Jetzt, höhnte Kinsky, habe man als König einen alten Narren, bald würde man einen jungen bekommen. Der böhmische Edelmann sprach freimütig aus, was viele der Herren seines Standes im geheimen dachten. Blieb man beim Hause Habsburg, dann war Erzherzog Ferdinand von Steiermark der einzig denkbare Nachfolger des Matthias; einen anderen habsburgischen Anwärter auf die Krone des heiligen Wenzel gab es nicht. Ferdinand, das hatte sich auch in Böhmen herumgesprochen, war ein erklärter Feind aller ständischen Freiheiten. Wäre er erst einmal König, würde er alles daransetzen, die Macht der Stände einzudämmen, ihren Glauben verfolgen, ähnlich wie er es einst in der Steiermark gemacht hatte. Dann würden sie wohl gezwungen sein, ihre Privilegien mit Waffengewalt zu verteidigen. Entschieden sich die Stände aber von vornherein gegen Ferdinand, war dies gleichbedeutend mit einer Vertreibung des Hauses Habsburg aus Böhmen und ein Krieg die sichere Folge, denn eine solche einschneidende Schmälerung seiner Macht konnte das Erzhaus nicht ohne Gegenwehr hinnehmen. Es war also keine beneidenswerte Alternative, vor die sich die böhmischen Stände gestellt sahen, und es mag aus der ungeheuren Last der Verantwortung die Kopflosigkeit resultieren, mit der sie später handelten. Vorerst flüchteten sie sich in forsche Reden und geheime Konspirationen. Einer ihrer Wortführer, Graf Heinrich Matthias Thurn, ein polternder, mit wenig Verstand begabter Haudegen, suchte die Sympathien des Kurfürsten von Sachsen für die böhmische Sache zu wecken. Die Böhmen wollten auch einen solchen Herrn haben, sagte Thurn zum sächsischen Gesandten, denn beim Hause Österreich sei des „spanischen Praktizierens" kein Ende. Diesem Unwesen wollten er und seine Freunde nicht länger mit solcher Geduld wie bisher zusehen. Leicht war es, in geheimen Zusammenkünften verschwörerische Pläne zu schmieden, ungleich schwerer aber, die Dynastie Habsburg tatsächlich zu stürzen. Der Zeitpunkt der Entscheidung kam schneller, als Thurn und seine Freunde es sich gedacht hatten, schneller auch, als Klesl und der alte Matthias es wünschten.

Anfang des Jahres 1617 betrat ein neuer, höchst interessanter Mann die Szene, Graf Onate, bevollmächtigter Botschafter Seiner Majestät des Königs von Spanien. Auf seinem Weg an den kaiserlichen Hof nach Prag reiste Onate über Graz und sprach bei Erzherzog Ferdinand vor. Man fand einander auf Anhieb sympathisch, und da der Graf neue Instruktionen mitgebracht hatte, wurde man rasch handelseins. Am 31. Jänner 1617 unterzeichnete Ferdinand ein Dokument, das ihm freie Hand in der Sukzessionsfrage ließ. Als Gegenleistung hatte sich Spanien vorerst die Überlassung einiger kleinerer Reichslehen in Italien ausbedungen, wenn Ferdinand erst einmal Kaiser wäre, und auch das Elsaß stand nach wie vor auf dem Wunschzettel Philipps III. Über diesen heiklen Punkt gedachte man sich nächstens in Prag zu einigen, wohin Onate und Ferdinand, letzterer gegen den ausdrücklichen Willen des Kaisers, zu reisen im Begriffe waren. Das Elsaß für Spanien, die Landverbindung zu den Niederlanden, der Rhein als spanischer Strom, diese abstrusen Ideen spukten unausrottbar in den Köpfen der Madrider Machtpolitiker.

Im März 1617 saßen alle, die in der Frage des Elsaß mitzureden hatten, in der Prager Burg am Verhandlungstisch, Ferdinand und sein Berater Eggenberg, Erzherzog Maximilian, Klesl, der spanische Botschafter. Die Forderung Onates, das Elsaß an Spanien abzutreten, wurde kategorisch abgelehnt, und Klesl rieb sich schon siegesgewiß die Hände, da Ferdinand der Weg zur Macht weiterhin versperrt schien. Doch freute sich der Kardinal zu früh; allmählich fand Ferdinand Gefallen an den listigen Praktiken, die damals unter Politikern Usus waren. Hinter Klesls Rücken einigten sich der Erzherzog und Onate.

Das Elsaß, so lautete dieses nach dem spanischen Botschafter benannte Abkommen, sollte nach Ferdinands Kaiserkrönung an Spanien fallen. Plumper Länderschacher oder schlaues Abwägen der Möglichkeiten? Ferdinand meinte, das Zugeständnis um den Preis der Kaiserkrone machen zu müssen, zumal der spanische Vetter auf Tirol keinen Anspruch mehr erhob. Daß diese Vereinbarung der Wahlkapitulation, die er als Kaiser zu beschwören hätte, zuwiderlief, mußte ihm bekannt sein. Da der Onate-Vertrag höchst geheim, hinter verschlossenen Türen, ausgehandelt wurde, weiß man über die wahren Intentionen und Stimmungen der Beteiligten kaum Bescheid. Es hat aber die Vermutung einiges für sich, daß Ferdinand und Eggenberg, indem sie scheinbar so leichten Herzens auf das Elsaß verzichteten, sehr gut erkannten, was den spanischen Politikern in ihrer Gier nach Macht und immer noch mehr Macht entgangen war. Eine solch stattliche Arrondierung seines Besitzes würde für Spanien ohne Krieg nicht zu haben sein. Später, als er tatsächlich Kaiser geworden war, hat Ferdinand den spanischen Forderungen nach dem Elsaß die kalte Schulter gezeigt. Zu Weihnachten 1623 sprach der kaiserliche Gesandte in Madrid, Franz Christoph Khevenhüller, beim jungen König Philipp IV. vor. Wenn bekannt würde, erklärte Khevenhüller dem jungen Mann und den betroffen dreinblickenden Granden, was in diesem Vertrag über die deutschen Reichsgebiete vereinbart worden sei, käme es zu einer „Protestexplosion" der Vasallen des Elsaß und der deutschen Kurfürsten. Frankreich, Lothringen und die übrigen Nachbarn würden dagegen Widerstand auf Biegen oder Brechen leisten. Die Spanier hüteten sich wohlweislich vor dem Versuch, den vertraglich vereinbarten Gewinn einzuheimsen. Der Onate-Vertrag blieb für Spanien ein wertloses Stück Papier und war bis ins 19. Jahrhundert selbst den Geschichtsforschern nicht bekannt, ehe ihn ein Historiker vollständig ans Licht brachte. Für Ferdinand aber hat er seinen Zweck erfüllt, er ebnete ihm den Weg zur Nachfolge des Matthias.

Jetzt nützten dem Kardinal Klesl keine Ausflüchte, kein noch so listiges Taktieren mehr. Graf Onate warf das ganze Gewicht der spanischen Autorität für Ferdinand in die Waagschale und drohte dem Kirchenfürsten mit einer Anzeige beim Papst, während ihm Ferdinand und Maximilian zu verstehen gaben, sie würden zu gewaltsamen Mitteln greifen, falls er die böhmische Königswahl noch länger verzögere. Eine plötzlich auftretende ernste Erkrankung des Kaisers trieb zum Leidwesen Klesls zu größter Eile. Die böhmischen Stände wurden für den 5. Juni 1617 einberufen. Warum sie berufen wurden und worauf die Sache hinauslief, war all den Herren bekannt, die sich gegen Ende Mai in Prag versammelten. Die Katholiken im Lande jubelten und freuten sich, sie hielten Prozessionen ab, in denen sie für Ferdinand beteten; von ihm, so meinten sie, hätten sie nur Gutes zu erwarten. Von den Jesuiten erzählte man, sie planten ein neues Kollegium nahe dem Hradschin, damit der künftige König und seine Dienerschaft ihrer gewohnten Seelsorge nicht entbehren müßten. Bei den Protestanten hingegen machte sich Verbitterung breit und Resignation, ehe noch der Landtag begann. Konnte man Ferdinand jetzt noch ernstlich hindern, nach der Krone Böhmens zu greifen? Die Führer der Opposition, Thurn, Wilhelm von Lobkowitz, Wenzel Budowetz von Budowa, Colonna von Fels, der Graf Andreas Schlick, alle, die so leidenschaftlich gegen das Haus Habsburg zu sprechen wußten, machten spät noch den Versuch dazu, doch sie vertraten ihre Sache schwächlich und mit untauglichen Mitteln.

Katholisch und somit Anhänger Ferdinands waren die obersten Landesbeamten, der Kanzler Zdenko von Lobkowitz, der Oberstburggraf Sternberg, kühle, klar denkende Juristen und ihren Gegnern an Entschlossenheit überlegen. Anhänger hatte Ferdinand vor allem im Herrenstand, während die Ritter und die königlichen Städte in ihrer Mehrheit gegen den steirischen Erzherzog eingestellt waren, und ihr Mißtrauen hatte Grund. Die Regierung versuchte mit der Überzeugungskraft ihrer Argumente und nicht selten auch mit bösen Drohungen die Wähler gefügig zu machen und den Boden für Ferdinand zu bereiten. Einmal wurden die vornehmsten Mitglieder des Herrenstandes unter einem Vorwand auf den Hradschin geladen und über die Meinung befragt, die sie sich von dem Anwärter auf die Wenzelskrone gebildet hätten. Wer sich abfällig zu äußern wagte, dem wurde bedeutet, es wäre besser für ihn, zwei Köpfe zu haben.

Dennoch war die Erhebung Ferdinands zum König von Böhmen noch keineswegs gesichert, als der Landtag am 5. Juni

1617 zusammentrat. Matthias, von seiner gefährlichen Krankheit noch einmal genesen, erschien um die neunte Morgenstunde in der Versammlung und nahm unter dem Beifall der Anwesenden auf seinem Thronsessel Platz, ihm zur Seite die Erzherzöge Ferdinand und Maximilian. Der Vizelandschreiber verlas des Königs Proposition: Die Rücksicht auf sein Alter habe ihn bewogen, die Nachfolge in Böhmen zu ordnen. Deswegen stelle er an die Stände die Bitte, seinen lieben, teuren Vetter Ferdinand zum König anzunehmen, auszurufen und zu krönen.

Des Matthias Antrag an die Stände, wenngleich rechtlich wohl fundiert, bedeutete eine Herausforderung an die Opposition. Der Streit, der alsbald zwischen der Regierung und ihren Gegnern entbrannte, drehte sich um die Frage, ob Böhmen ein Wahlkönigreich sei oder nicht. Die Verfassung des Landes, mittelalterlichen Ursprungs und im Laufe der Jahrhunderte gewachsenes, in einem Kompendium von Urkunden und Privilegien niedergeschriebenes Recht, anerkannte ein Wahlrecht der Stände nur für den Fall des Aussterbens der männlichen Linie des regierenden Hauses. So war einst der Habsburger Ferdinand I. auf den böhmischen Thron gekommen, seine Nachfolger aber bis herauf zu Rudolf II. hatten die böhmische Krone kraft Erbrecht innegehabt und waren von den böhmischen Ständen nicht gewählt, sondern nur „angenommen" worden. Erst der letzte, jetzt noch lebende König von Böhmen, Matthias, hatte sein Amt in den Wirren des Bruderzwistes nach einer Art Wahl durch die Stände angetreten und diese Tatsache damals bereitwillig anerkannt, die er freilich jetzt beharrlich leugnete. Vergeblich stützten die Oppositionellen darauf ihre Argumentation. Sie wollten Zeit gewinnen, die Erhebung Ferdinands verhindern. Ihr Recht aber war jünger und schwächer fundiert als das der habsburgischen Partei; das Phantom uralten Rechtes war auf Seite Ferdinands. Davor hatten die Stände eine hohe, fast mythische Achtung. Und als der Kanzler und der Oberstburggraf in ebenso leidenschaftlichen wie sachlich meisterhaften Reden für die Erhebung Ferdinands plädierten, sprachen sich am Ende nur mehr Thurn und seine engsten Freunde gegen den Erzherzog aus. Die meisten aber gaben eingeschüchtert und wohl nicht recht wissend, was sie taten, ihre Stimme für Ferdinand ab, sogar der Graf Schlick, der als Wortführer der

Opposition gegolten hatte. Ferdinand, nunmehr designierter König von Böhmen, dankte seinen Wählern für ihren guten Willen. Er werde sich in alle Zukunft dessen zu erinnern wissen. Erst allmählich, als es schon zu spät war, dämmerte den böhmischen Ständen, was selbst dem keineswegs hellsichtigen Verstand des Grafen Thurn von Anfang an nicht entgangen war. In Erzherzog Ferdinand hatten sie sich einen Mann gewählt, der dem Großteil von ihnen feindlich war, ein unerbittlicher Gegner ihrer Religion und ihrer Verfassung. Wie aus einem bösen Traum erwacht, berieten die Stände hektisch am folgenden Tage, um für ihre Sache zu retten, was noch zu retten war. Der neue König, meinte die überwältigende Majorität, müsse alle ihre Privilegien bestätigen, „in allen Rechten und Klauseln, so wie dies der gegenwärtige Kaiser und seine Vorfahren, die Könige von Böhmen, getan haben". Auch der Majestätsbrief, forderten sie, sei von Ferdinand feierlich zu beschwören. Die Katholiken, allen voran die Geheimen Räte Martinitz und Slawata, meinten hingegen, daß jetzt endlich die Zeit gekommen wäre, „mit dem Majestätsbrief aufzuräumen". Der fanatische Slawata suchte den Kardinal Klesl für seine Ansicht zu gewinnen. Der Kirchenfürst schüttelte kummervoll sein Haupt über so viel Unverstand und Haß. Wenn Ferdinand auf die deutsche Krone Verzicht leisten wolle, wies Klesl seinen in böhmischen Kategorien denkenden Gesprächspartner zurecht, dann möge er immerhin ein Beispiel eines solchen Glaubenseifers geben.

Die Entscheidung fiel Ferdinand nicht leicht. Daß er ein Gegner des Majestätsbriefes sei, hatte er nie verhehlt. Verweigerte er aber jetzt dem Dokument seine Anerkennung, warf er so früh schon die Maske ab, dann waren die Protestanten gewarnt in Böhmen wie im Römischen Reich. Durfte er jedoch als streng katholischer Fürst ohne Gefahr für sein Seelenheil den Evangelischen solche Zugeständnisse machen? Er beriet sich im geheimen mit den Vätern des Prager Jesuitenkollegiums. Die Patres entschieden sophistisch und bei all ihrer Frömmigkeit nicht ohne Gefühl für die politische Realität. Rudolf II. hätte den Majestätsbrief nicht erteilen dürfen, urteilten sie, wenn Ferdinand aber jetzt nicht anders zur Regierung kommen könne, möge er ihn ohne Gewissensbisse bestätigen. Nun erst konnte sich Ferdinand so richtig seiner erlangten Würde freuen. Der erste und wohl wichtigste Schritt zur Nachfolge des Matthias war erfolgreich getan.

Die Krönung hatte man für den 19. Juni anberaumt. In feierlichem Zuge begab sich Ferdinand in Begleitung seiner Berater und Würdenträger von der Burg hinüber zum Veitsdom, an seiner Seite schritt der Graf Slawata. Freundlich wandte sich der König an seinen Begleiter und zog ihn ins Gespräch: „Ich bin doch froh, daß ich die Krone Böhmens ohne Gewissensbisse erlangt habe." Slawata zuckte mit den Achseln.

Die Krönung selbst, die letzte nach altböhmischem Zeremoniell, entbehrte trotz ihrer Bedeutung und Folgenschwere nicht eines humoristischen Anstriches. Die Kardinäle Klesl und Dietrichstein, die einander den besten Platz nicht gönnen wollten, tauschten während der Krönungsfeierlichkeiten mehrmals ihre Plätze, damit keiner von ihnen in seiner Würde hinter dem anderen zurückstehen müsse. Das anschließende Krönungsmahl, wohl das letzte Fest, welches das alte Böhmen in Frieden feiern durfte, verlief fröhlich und in beinahe ausgelassener Atmosphäre. Alle waren anwesend, die in der kommenden Tragödie ihre Rolle spielen sollten, Ferdinand, Dietrichstein, der Graf Thurn, und auch diejenigen, die keine mehr spielen durften, der alte Matthias und sein Freund Klesl. Den meisten, die an den zwölf reichgedeckten Tafeln jetzt nach Herzenslust schmausten und tranken, stand großes Unglück bevor, Armut, Verbannung, Tod, und der neue König, der so freundlich und heiter mit seinen Gästen plauderte und beinahe jedem von ihnen ein Glas zutrank, würde die Ursache dieses Elends sein. Aus Anlaß seiner Krönung hatte Ferdinand auch eine Gedenkmünze schlagen lassen mit seiner Devise „legitime certantibus", „den rechtmäßig Kämpfenden", und unter den Gassenjungen und Handwerksburschen, die sich um die ausgeworfenen Münzen balgten, wußte keiner, was dieser lateinische Spruch denn eigentlich zu bedeuten habe. Die Herren an den üppigen Tafeln in der Prager Burg wußten es wohl, doch an die Bedeutung und Konsequenz dieser Devise wollten im Taumel der Festlichkeiten nur wenige denken.

Die Tage nach der Krönung verliefen in der üblichen Art mit Ritterspielen, glanzvollen Theateraufführungen, Empfängen.

Bei einem dieser Feste traf Ferdinand den Grafen Thurn, und beinahe versöhnlich fragte der König den grimmigen Mann, warum er und seine Freunde ihm so feindlich gesonnen seien. Der Graf soll trotzig und verlegen geschwiegen haben. Bald legte auch Ferdinand seine anfangs so freundliche Miene ab. Zwar hatte er versprechen müssen, sich bei Lebzeiten des Matthias in die Angelegenheiten Böhmens nicht einzumischen, doch auch ohne seinen direkten Einfluß verschlechterte sich das politische Klima im Königreich zusehends. Thurn und seine Gesinnungsgenossen wurden in die königliche Kanzlei vorgeladen und wegen ihrer Opposition bei der Königswahl scharf gerügt. Man drohte ihnen mit dem Schicksal des Georg Popel von Lobkowitz, der infolge eines dubiosen Urteils Rudolfs II. nach dreizehnjähriger qualvoller Gefangenschaft wegen Hochverrats hingerichtet worden war. Ob die Anhänger Ferdinands glaubten, den Grafen Thurn mit solchen Drohungen einschüchtern zu können? Den cholerischen Mann bestätigten diese bösen Praktiken noch in seiner Meinung, daß sein Groll gegen Haus Habsburg gerecht und wohlbegründet sei. Noch mehr verbitterte Thurn seine „Beförderung" zum Obersthoflehenrichter. Das Amt des Burggrafen von Karlstein, ein in der Hierarchie des böhmischen Kronbeamtentums zwar niedriger, dafür aber umso einträglicherer Posten, hatte dem Grafen jährlich die stattliche Summe von 8000 Talern eingebracht. Als Obersthoflehenrichter bekleidete Thurn zwar ein hohes, doch recht einflußarmes Amt und erhielt zu seinem Ärger lediglich den zwanzigsten Teil des Gehaltes, den er als Burggraf von Karlstein bezogen hatte; was seine Verbitterung gegen die Regierung noch steigerte.

Um den Zorn des Grafen Thurn kümmerte sich Ferdinand wenig. Er fuhr auf Staatsbesuch nach Dresden. Dem Kurfürsten von Sachsen als neuer Kollege sich vorzustellen und ihn für die römische Königswahl in habsburgischem Sinne günstig zu stimmen, war der Zweck der Visite. Kurfürst Johann Georg hatte zuvor schon durch ein Schreiben Klesls Gelegenheit erhalten, sich vom neuen König von Böhmen ein recht freundliches Bild zu machen. Der Kardinal schilderte Ferdinand als „ehrbar deutsch und geradsinnig, bei der Gerechtigkeitspflege ohne Leidenschaft, fleißig, arbeitsam, wahrhaftig, Zugesagtes zu halten beflissen"; Freunden erweise sich der König als Freund, sei vertraulich, nicht hochfahrend, „zu keiner fremden Nation Art und Weise geneigt", immer sei er „ganz deutsch geblieben". Was Klesl sich in Wahrheit wohl gedacht haben mag, während er diese überschwengliche Laudatio zu Papier brachte?

Ende Juli 1617 reisten der Kaiser, König Ferdinand, Erzherzog Maximilian und der unverwüstliche Klesl nach Dresden ab. Das Gefolge war in Anbetracht der Würde der Majestäten recht bescheiden. „Den 29. ziehen Kaiser und König mit wenigen Leuten zum Kurfürsten von Sachsen, mit ihm sich zu erlustigen, auch etwas von Wohlfahrt des Heiligen Reiches vertraulich zu conversieren", schrieb Ferdinands Hofkanzler Leonhard Götz. Die Gespräche mit Johann Georg von Sachsen verliefen dann überaus zufriedenstellend. Der Kurfürst versprach Ferdinand seine Unterstützung bei der Wahl zum römischen König. Auch die am sächsischen Hofe vorbereiteten Vergnügungen waren durchaus nach Ferdinands Geschmack, denn auch der Kurfürst war ein leidenschaftlicher Jäger. Gleich zum Empfang der hohen Gäste ließ Johann Georg ein Rudel Hirsche in die Elbe treiben, wo die verängstigten Tiere von den fürstlichen Nimroden dann scharenweise abgeschossen wurden.

Bei den Bällen und Empfängen im kurfürstlichen Schloß entwickelte Ferdinand, der seit dem Tode seiner Gemahlin zumeist ernst und gemessen aufgetreten war, mit einem Male ungeahntes gesellschaftliches Talent. Er machte die Bekanntschaft der verwitweten Kurfürstin Hedwig, einer sehr schönen und geistreichen Dame, bat sie immer wieder galant zum Tanz und benahm sich so artig, daß manche voreilig schon an eine künftige Heirat dachten. Vor allem die Spanier hätten eine solche Verbindung nicht ungern gesehen. Es blieb aber bei bloßen Gerüchten und Spekulationen, bei denen Klesl eine recht wichtige Rolle gespielt haben soll. Zu einer Verlobung konnte sich Ferdinand nicht entschließen, kleidete aber seine Ablehnung in höfliche Worte: Er würde eine Vermählung mit der kurfürstlichen Witwe nicht von der Hand weisen, erklärte er, falls er Gewißheit hätte, daß die Dame binnen kurzer Zeit katholisch würde. Unter dieser Bedingung scheiterten alle Verlobungs- und Heiratspläne, was aber das gute Einvernehmen mit dem Kurfürsten nicht merklich störte. Johann Georg habe ihm gesagt, er wolle bei dem Hause Österreich leben und sterben, konnte Klesl seinem Freund Franz Christoph Khevenhüller nach Madrid berichten.

Mit der Gewißheit, daß er nun früher oder später dem Matthias auch als römischer Kaiser nachfolgen werde, reiste Ferdinand zurück nach Prag. Dort empfing er die Huldigung der Markgrafschaft Mähren und machte anschließend einen Abstecher nach Breslau, wo ihm die schlesischen Stände huldigten. Am 26. Oktober durften ihm die steirischen Barone und die Bürger in Graz als König von Böhmen Glück wünschen. Lange hielt es ihn nicht in den Mauern seiner langjährigen Residenzstadt, Innerösterreich war ihm zu eng geworden. Er stand vor neuen, größeren Aufgaben.

König und Kardinal

Mit Melchior Klesl, dem Leiter der kaiserlichen Politik, vertrug sich König Ferdinand Anfang des Jahres 1618 immer noch leidlich, obwohl der Kardinal trotz gegenteiliger Beteuerungen nicht gerade zu den eifrigsten Förderern seiner Interessen zählte. Nicht daß Klesl Ferdinands weitere Schritte behindert hätte, aber er förderte sie auch nicht, wie es einem Minister, der so gern Floskeln von Liebe und Treue gegen das hohe Erzhaus in den Mund nahm, wohl angestanden hätte. Ferdinand mußte nun danach trachten, auch in den übrigen Ländern, wo Matthias regierte, in Österreich und Ungarn, die Nachfolge zu sichern und seine Wahl zum römischen König durchzusetzen. Bei der Verfolgung dieser Ziele spann ihm der Kardinal manche Fallstricke, die ihn zwar auf Dauer nicht hindern, wohl aber seine Pläne ernsthaft verzögern konnten. Gewiß hatte Klesl sachlich durchaus recht, wenn er etwa davon sprach, daß vordringlich ein Ausgleich mit den Protestanten im Reich gesucht werden müsse, damit man Ferdinand ohne allen Widerstand und ohne Zwietracht zum König wählen lassen könne. Ob denn eine solche „Komposition" bei dem desparaten Zustand der Religionsfrage noch möglich sei, und wie er den verworrenen Knoten zu lösen gedächte, darüber schwieg sich der schlaue Kirchenfürst allerdings aus. Auch ein anderer Rat, den er Ferdinand erteilte, war durchaus nicht so schlecht, wie seine Kritiker, allen voran der Botschafter Onate, ihm vorwarfen. Ferdinand, meinte der Kardinal, solle zuerst die Huldigung in Ober- und Niederösterreich anstreben, ehe er nach der römischen Krone greife. Ein Jahr später hätte Ferdinand viel darum gegeben, wenn er diesem Vorschlag gefolgt wäre. Jetzt aber hörte er lieber auf Onate, zumal ihn auch sein Gewissen vor diesem Schritt zurückhielt. Bei einer Huldigung noch zu Lebzeiten des Matthias hätte er den österreichischen Protestanten alle ihre Privilegien bestätigen müssen. Und wenn er auch den böhmischen Majestätsbrief bestätigt hatte, so durfte er doch in einem Lande, das an Innerösterreich grenzte, keine der heiligen Religion gefährliche Zugeständnisse machen, die auch seine steirischen Untertanen an längst verlorene evangelische Freiheiten erinnert hätten.

Blieb also Ungarn als nächstes Ziel. Die Verhältnisse dort gestalteten sich für Ferdinand nicht viel günstiger als jene in Böhmen. Die ungarischen Magnaten und Großgrundbesitzer, ein stolzer und selbstbewußter Menschenschlag, erfreuten sich großer Freiheiten und würden gewiß mit sich nicht so schimpflich handeln lassen wie jüngst die böhmischen Barone. Den Ungarn, wußte Ferdinand, durfte man nicht trauen. Wenn immer ein König aus dem Hause Habsburg ihre Rechte zu beschneiden trachtete, zögerten sie keinen Augenblick, mit dem türkischen Erbfeind zu paktieren. Andererseits durfte kein regierender Habsburger das Risiko eingehen, auf Ungarn zu verzichten. Das Land sei die Vormauer der Christenheit gegen die Türken, in den ungarischen Festungen werde das Abendland verteidigt, so oder ähnlich lauteten die Argumente der habsburgischen Politiker, und diese Argumente hatten natürlich Gewicht.

Besser, man schlug sich mit den Türken irgendwo in der ungarischen Steppe als in den Kulturlandschaften Österreichs, Böhmens oder Mährens. Diese Länder wurden freilich kaum weniger in Mitleidenschaft gezogen als Ungarn selbst. Was hier die ständigen Geplänkel mit den türkischen Streifscharen bewirkten, nämlich wirtschaftlichen Niedergang und Verödung des kulturellen Lebens, verursachten dort die unerträglich

hohen Steuern, welche der Landesfürst der Bevölkerung abzupressen gezwungen war, um die Türkenabwehr zu finanzieren.
Von den ungarischen Ständen brachten nur wenige, katholische Würdenträger und Grundbesitzer, wie der Erzbischof Pázmány, der einst als Professor am Grazer Jesuitenkolleg gelehrt hatte, Ferdinand Sympathien entgegen; der Mehrheit, vor allem dem vorwiegend protestantischen niederen Adel, erschien der Habsburger aus verständlichen Gründen nicht als der rechte Kandidat für die Krone des heiligen Stephan. Mit bloßen Drohungen aber waren diese ungebärdigen Leute kaum einzuschüchtern. Im Dezember 1617 sprach daher in Ferdinands Auftrag der Gesandte Franz Christoph Khevenhüller in Madrid bei Philipp III. vor und überreichte ein Memorandum: Der König möge Ferdinand gestatten, jene Truppen, die bisher in spanischem Sold gegen Venedig gekämpft hatten, für den Notfall an die ungarische Grenze zu führen. Eine solch forsche Sprache, kalkulierte Ferdinand, würden die Ungarn noch am besten verstehen. Dieser Meinung pflichtete auch Kardinal Klesl bei. Im übrigen aber stimmten des Ministers Ansichten nirgends mehr mit denen des Königs zusammen. Die Dinge am Wiener Hofe gingen Ferdinand jetzt entschieden zu langsam. Der ungarische Landtag, dessen Eröffnung ursprünglich für Dezember 1617 vorgesehen war, wurde mehrmals verschoben, so daß auch der Kurfürstentag, bei dem Ferdinand zum römischen König hätte gewählt werden sollen, vertagt werden mußte. Matthias, von der Gicht geplagt, bestand eigensinnig darauf, in Person nach Preßburg zu reisen, sein Leiden aber hinderte ihn, die Wiener Hofburg zu verlassen. Daß der ungarische Landtag auch in Abwesenheit des Kaisers durchgeführt werden könnte, war die plausible Meinung Ferdinands und seiner Anhänger. Nicht ganz zu Unrecht vermuteten einige hinter des alten Matthias Starrsinn eine Intrige Klesls, aber auch der Kaiser selbst war an einer allzu raschen Erledigung der ungarischen Thronfrage nicht interessiert. Er fürchtete, Ferdinand werde ihm ein ähnliches Schicksal bereiten, wie er selbst einst seinem älteren Bruder Rudolf, und ihm die Macht Stück für Stück aus den Händen winden. Endlich gab der kranke Kaiser nach; er ernannte Ferdinand zu seinem Stellvertreter, Klesl zum Leiter der Geschäfte. Nachteilig für die Interessen Ferdinands wirkte

sich aus, daß die angeforderten friaulischen Truppen noch nicht angekommen waren. Sie kamen nicht, solange der Landtag dauerte, und der dauerte zu Ferdinands Leidwesen wohl auch deswegen so lange, weil der König nun allein auf den guten Willen der Ungarn angewiesen war. Was man in Prag binnen 24 Stunden erfolgreich erledigt hatte, zog sich in Preßburg mehrere Wochen hin. Der Landtag drohte in einer Flut von Gutachten und Gegengutachten, Denkschriften, Petitionen, Beschwerden und weitschweifigen Memoranden zu ersticken. Allein einen ganzen Monat lang stritt man um die Frage, ob den Ungarn ein unbeschränktes freies Wahlrecht, eine „mera et libera electio", zustünde. Eine qualifizierte Minderheit unter den Baronen wollte von Ferdinand überhaupt nichts wissen. Ihr König heiße Matthias, sagten sie, und solange der lebe, wollten sie keinen anderen wählen. Selbst unter den Bischöfen schwankten einige, ob sie Ferdinands Kandidatur bedingungslos unterstützen sollten oder nicht. In ähnlicher Lage befand sich Kardinal Klesl; zum einen machte es ihm gewiß wenig Kummer, wenn Ferdinand in Schwierigkeiten war, andererseits aber durfte er des Königs Zorn durch allzu auffällige Umständlichkeit nicht herausfordern. Der Kardinal hatte einen schweren Stand. Je länger sich die Verhandlungen auf dem Landtag fruchtlos dahinschleppten, desto seltsamere Gerüchte wurden über seine Person verbreitet. Man bezichtigte ihn sogar des geheimen Einverständnisses mit den ungarischen Calvinern, wofür freilich die Beweise fehlten. So töricht war der Kardinal nicht, sich auf diese Weise zu kompromittieren.

Ferdinand las die wenig schmeichelhaften Berichte, die ihm Erzherzog Maximilian über das angeblich so böse Treiben Klesls zukommen ließ, mit wachsender Erbitterung. Da nützte es dem Minister nicht viel, daß er endlich nach acht Wochen umständlichen Debattierens einen Vergleich zustande brachte. Die Zugeständnisse, die er den Ungarn wohl oder übel hatte machen müssen, waren nicht nach Ferdinands Geschmack. Zu viel war in dem lateinischen Schriftstück, das Klesl ihm vorlegte, von königlichen Pflichten die Rede, wenig nur von königlichen Rechten. Die Protestanten durften sich ihrer Privilegien ungeschmälert erfreuen, und vollends ärgerte es Ferdinand, daß er dem Wortlaut des Diploms nach durch „libera electio", durch freie Wahl der Stände, zum König erhoben werden sollte. Wenn Ferdinand noch mehr dergleichen Landtage halte, kommentierte sarkastisch ein enttäuschter Anhänger des Hauses Habsburg das magere Ergebnis, werde ihm von Ungarn nichts übrigbleiben. Der Kardinal verteidigte sich geschickt: Diese Leute, schrieb er über die Ungarn, nehmen weder Vernunft noch Gründe, weder gute noch böse Worte an. Nur durch Gewalt können sie regiert werden. Weil es aber daran gefehlt hat, mußte man zu Werke gehen, wie man eben konnte. Man hört den vorwurfsvollen Unterton: War es seine, Klesls, Schuld, daß die friaulischen Söldner nicht kamen?

Widerwillig unterzeichnete Ferdinand am 15. Mai 1618 das Diplom, das ihm den Weg zum ungarischen Thron öffnete. Tags darauf wurde er von den Ständen feierlich zum König proklamiert. Nach der Wahl zeigte sich Ferdinand zusammen mit Klesl an einem Fenster der Burg. Der Erzbischof von Gran hielt eine begeisternde Rede, Hochrufe ertönten aus der Menge, und eine Kompanie Musketiere schoß Salut. Da sauste plötzlich eine Kugel zwischen den Köpfen Ferdinands und Klesls hindurch und schlug in die Decke des Zimmers. Ein Attentat? Ferdinand, kalkweiß im Gesicht, gewann erst allmählich seine Fassung wieder. Klesl, der den Luftdruck des Geschosses im Gesicht verspürt hatte, fand sich schneller zurecht. Die glückliche Rettung, sprach der Kardinal inmitten des Trubels und der Aufregung unmittelbar nach dem Ereignis, mache ihn nicht lustiger, sondern mehr zum Tode bereit. Ferdinand berichtete über den bösen Vorfall an Erzherzog Maximilian: „... und ist unter meiner währender acclamation und Salve eine Kugel zwischen meinem und des Kardinal Kleseli Kopf zu dem Fenster herein geflogen. Ob es nun mit Fleiß oder Casu beschehen, kann man nicht wissen." Man weiß es bis heute nicht. Beide, Ferdinand und Klesl, hatten Feinde. Jedenfalls kann man aus den Spekulationen um die Urheberschaft die zwei Herren getrost ausklammern. Wenn wirklich der eine dem anderen nach dem Leben getrachtet hätte, wie manche Historiker vermuteten, dann hätte er den Mordanschlag dümmer und gefährlicher für sein eigenes Leben wohl nicht beginnen können. So einfältig war Ferdinand nicht und schon gar nicht Klesl. Wer um die mangelhafte Treffsicherheit der damals üblichen Schießgeräte Bescheid weiß, wird wohl eher einen Zufall hinter der Affäre vermuten als böse Absicht.

Indessen hatte Ferdinand freilich damals schon allen Grund, Klesl zu zürnen, und dieser nicht weniger Ursache, sich vor der Rache des Königs in acht zu nehmen. Trotz pfiffigster Schlauheit hatte er nämlich auf Dauer nicht verhindern können, daß seine Ränke ans Tageslicht kamen. Da hatte er immer wieder mit bewegten Worten beteuert, er wolle alles tun, um Ferdinand so rasch wie möglich die römische Krone zu verschaffen, während er heimlich dagegenarbeitete. Die Schuld an der ständigen Verzögerung schob er auf die kaiserliche Finanzkammer. Es sei kein Geld vorhanden, log Klesl, um den geplanten Kurfürstentag durchzuführen, und er würzte seine Ausführungen mit einem kernigen Fluch: „Der Teufel möge die Kammer holen", so der Kardinal, weil sie die Geldmittel zu einem so heiligen Werke, wie die Wahl Ferdinands zum römischen König es sei, „so schwer mache". Ferdinand bat den Erzherzog Maximilian, die Wiener Hofkammer zu mehr Eifer anzuspornen, indem er gleichzeitig sich erkundigte, ob Klesl nicht auch ein Schreiben im gegenteiligen Sinne nach Wien abgesandt habe. Des Königs Verdacht wurde bestätigt. Die kaiserlichen Kammerräte, ob ihrer angeblichen Trägheit von Erzherzog Max scharf zur Rede gestellt, hielten mit der Wahrheit nicht hinter dem Berg: Der Herr Kardinal müsse wohl selbst der Teufel sein, der in der Kammer stecke, entschuldigten sich die getadelten Finanzbeamten, denn er sei es gewesen, der ihnen ausdrücklich befohlen habe, das Geld für den Kurfürstentag „recht schwer zu machen". Klesl war also eindeutig seines doppelten Spieles überführt, und Erzherzog Maximilian wälzte schon wieder eifrig Pläne, wie man den intriganten Kardinal am besten loswerden könnte. Mit von der Partie war der Botschafter Onate. Auch Ferdinand war jetzt der festen Überzeugung, daß Klesl von den Schalthebeln der Macht entfernt werden müsse. Erst aber galt es den Landtag zu beenden, ehe man Hand an den Kardinal legte.

Nach der Königswahl begann neuerlich ein wochenlanges zähes Feilschen um das Krönungsdiplom. Erst wenn Ferdinand mit der Krone des heiligen Stephan gekrönt war, durfte er sich rechtmäßiger König von Ungarn nennen. Jeder Magnat brachte nun seine Beschwerden vor und forderte, von Klesl wohlwollend ermuntert, vom König deren Abstellung. Es häuften sich die Klagen über Gewalttaten und Übergriffe der militärischen Befehlshaber der Besatzungstruppen, über Härten bei der Einhebung von Steuern und Grenzzöllen, wobei freilich auch manche Unterschleife der Kläger zutage kamen, etwa daß manche Herren die von ihren Bauern eingehobenen Steuern lieber selbst behielten als sie dem Fiskus abzuliefern. Erst ein Zeichen vom Himmel, so wird berichtet, habe die störrischen Magnaten zur Vernunft gebracht, so daß sie endlich aufhörten, Ferdinand mit ihren Klagen zu ärgern. Um die Mittagszeit des 18. Juni zogen plötzlich schwere Gewitterwolken über Preßburg auf, der Himmel verfinsterte sich, und unter Blitz und Donnergetöse ging ein heftiges Unwetter nieder. Ein Blitz schlug in den Turm, wo die Stephanskrone aufbewahrt lag, setzte diesen in Brand und sprengte die Riegel des Schatzgewölbes, ließ die Krone selbst aber unversehrt. Es folgte ein gewaltiger Wolkenbruch, der die Flammen erstickte, noch ehe die erschreckten Preßburger mit ihren Löscheimern zur Stelle waren. Das Himmelszeichen kam Ferdinand sehr zustatten, die Krönung wurde für Sonntag, den 1. Juli 1618, angesetzt. Sie fand statt mit allem Pomp, dessen das einst so mächtige Königreich fähig war. Und während Ferdinand, die Stephanskrone auf dem Haupt, als gekrönter König von Ungarn nach uraltem Brauch auf dem Krönungshügel das Reichsschwert in alle vier Himmelsrichtungen schwang, und ihm die Vivatrufe seiner neuen Untertanen entgegentönten, da konnte er sich seines so mühsam errungenen Erfolges dennoch nicht recht freuen. Ähnlich hatten ihm vor einem knappen Jahr noch die Böhmen zugejubelt. Jetzt waren sie im Begriffe, ihn vom Thron zu stürzen, ehe er ihn noch richtig bestiegen hatte.

Es hielt ihn keinen Tag länger mehr in Preßburg. Schon am folgenden Morgen reiste er nach Wien. Die Böhmen hatten die Waffen gegen ihn, ihren rechtmäßig gekrönten und gesalbten König, erhoben, er würde um sein Recht kämpfen, komme, was wolle.

Auch der Kardinal Klesl fuhr heimwärts. Er beschäftigte sich mit dem Entwurf einer großen Denkschrift an den Kaiser, wie der böhmische Aufstand „nit per arma sondern durch gütigen

Weg" zu stillen sei. Er hätte sich die Mühe wohl erspart, hätte er geahnt, welch böses Schicksal ihm bevorstand.

Die böhmische Revolution

Den Streit, an dem sich die böhmische Revolution entzündete und an dieser wieder das ganze Elend des Dreißigjährigen Krieges, hat nicht Ferdinand vom Zaun gebrochen. Gleichwohl kamen durch die Person des neuen Königs die Dinge in Böhmen noch mehr in Bewegung und trieben jetzt mit rasender Schnelligkeit einer Entscheidung zu. Den Katholiken wuchs der Mut, und sie mißbrauchten ihn zu allerlei bösen Scherzen. Offen sprachen sie nunmehr von der Absicht, einige Führer der Protestanten dem Henker zu überliefern, und das unselige Wort, daß es besser für jeden Protestanten wäre, zwei Köpfe zu haben, jagte diesen Furcht ein und vergiftete die Atmosphäre noch mehr. Sie trauten der Versicherung nicht, die König Ferdinand bezüglich des Majestätsbriefes gegeben hatte, und ihr Mißtrauen war wohlbegründet. Im Spätherbst 1617 verließ der alte Matthias den Hradschin für immer und zog nach Wien. Die Regierung Böhmens legte er in die Hände von zehn Statthaltern, Mitgliedern der vornehmsten Adelsgeschlechter, unter denen immerhin, um einen Schein von Gerechtigkeit zu wahren, drei Protestanten sich befanden. Des Kaisers letzte Regierungsmaßnahmen in Böhmen aber waren eindeutig katholisch-restaurativen Charakters gewesen; Beschränkung der Autonomie der Gemeinden, Versuch, die Prager Kirchen wieder unter katholische Oberhoheit zu bringen, Zensur. Sie gaben den Nichtkatholiken einen Vorgeschmack dessen, was sie unter der Regierung des weitaus glaubenseifrigeren Ferdinand zu erwarten hätten. Ob der neue König bei diesen harten Restriktionen seine Hand im Spiele hatte, war nicht zu beweisen; er hielt sich zu dieser Zeit in Graz auf, mit der Vorbereitung seiner Wahl zum König von Ungarn beschäftigt. Aber auch ohne seine direkte Mitwirkung nahmen die Dinge einen bösen Verlauf, und die Art, wie jetzt in Böhmen strittige Fälle zwischen Katholiken und Protestanten entschieden wurden, war durchaus in Ferdinands Sinne. Ein sogenannter Vergleich, zusammen mit dem Majestätsbrief zwischen Katholiken und Protestanten ausgehandelt, hatte letzteren das Recht eingeräumt, auf königlichen Gütern Kirchen zu bauen. Niemand hatte im Jahre 1609 gezweifelt, daß auch Kirchengüter in Böhmen zum königlichen Besitztum zählten, der Kirche nur zur Nutzung überlassen; diese Tatsache hatte damals keinerlei Interpretation bedurft. Da aber Verfassungs- und auch Rechtsfragen immer gleichzeitig auch Machtfragen sind, versuchten die Katholiken, inzwischen stärker geworden, die Lage zu ihren Gunsten zu ändern.

Die Orte Braunau (in Böhmen) und Klostergrab gehörten der Kirche, dem Abt von Braunau der eine, der andere dem Erzbischof von Prag. Das war jedenfalls die feste Überzeugung der Katholiken. Die Protestanten hingegen behaupteten, daß diese Orte königliches Besitztum seien, der Kirche nur geliehen, und dürften nach Meinung prominenter Historiker und Kenner des böhmischen Staatsrechts mit dieser Behauptung der Wahrheit nähergekommen sein. Die Einwohner von Braunau und Klostergrab, entschieden protestantisch gesinnt, erbauten sich ihre Kirchen, wobei die Braunauer in der Auslegung der Rechtslage gleich so weit gingen, das Bauholz für ihr Gotteshaus in des Abtes Wäldern zu schlägern. Der Streit, jahrelang hingezogen, kam im Winter 1617/18 zur Entscheidung. Die Kirche von Klostergrab wurde auf Befehl des Erzbischofs von Prag unter etwas undurchsichtigen Umständen niedergerissen, von den Braunauer Bürgern, die sich gegen die Schließung ihrer Kirche wehrten, wurden die Anführer in Prag eingekerkert. Der Bitte der Defensoren um Entlassung der Verhafteten widersetzten sich die Statthalter. Groß war darauf die Wut der Protestanten, und am wütendsten gebärdete sich der Graf Thurn. Auf seinen Antrag hin versammelten sich die Defensoren am 5. März 1618 in Prag und schickten einen geharnischten Protest an die Adresse des Kaisers nach Wien. Die Antwort war nicht dazu geeignet, die Gemüter zu beruhigen. Nichts Rechtswidriges sei durch die Regierung in der Causa Braunau und Klostergrab geschehen, so lautete ungefähr das Schreiben des Matthias, die kaiserliche Langmut sei nun erschöpft. Die Urheber solch dreister und unerlaubter Treffen hätten mit der ganzen Schärfe des Gesetzes zu rechnen. Der unselige Brief stammte aus der Feder Klesls. Diesmal, hatte der Kardinal seinem müden Herrn geraten, müsse man wie ein Löwe, nicht wie ein Fuchs einherschreiten. Ob er sich durch solch scharfe Worte den Beifall König Ferdinands gewinnen wollte? In letzter Zeit hatte der Kardinal keine glückliche Hand mehr im politischen Spiele. Durch geduldiges Verhandeln hätte man vielleicht noch etwas erreichen können, durch Drohungen nicht.

Die böhmischen Stände, hatte der Graf Thurn vor ein paar Jahren gesagt, würden erst handeln, „wenn man sie beißen täte". Jetzt, in dieser Atmosphäre aufgestauten Hasses und permanenter Angst, genügte schon ein böses Zähnefletschen, um die Böhmen zu folgenschweren Taten zu treiben. Des Kaisers Bescheid entfachte unter den Protestanten einen Sturm der Entrüstung. Die Defensoren, Thurn vor allem, vermuteten die Verfasser des bösen Dokuments in den beiden Statthaltern Martinitz und Slawata. Hatten sich nicht diese beiden bei jeder Gelegenheit als Feinde des Majestätsbriefes und der böhmischen Freiheiten erwiesen? Jetzt sei der Zeitpunkt gekommen, beschloß der polternde Graf Thurn, um „den Herrn zu wechseln". Durch die Ermordung Martinitz' und Slawatas sollte ein Zeichen gesetzt, der Bruch der böhmischen Stände mit Habsburg unwiderruflich besiegelt werden. Eine neuerliche Protestversammlung der Protestanten im Mai gab Gelegenheit, den Plan durchzuführen.

Die defenestratio Pragensis, der Prager Fenstersturz am 23. Mai 1618, ist zu sehr Allgemeingut der Geschichtsschreibung, als daß der Hergang hier ausführlich erzählt werden müßte. Wie Thurn und ein paar seiner Freunde, die er allein über seine wahren Absichten ins Vertrauen gezogen hatte, Wenzel von Ruppa, Colonna von Fels, Budowetz, Wilhelm von Lobkowitz, an der Spitze einer großen Zahl von Herren und Rittern am Morgen dieses Tages bewaffnet nach dem Schlosse stürmten, den Martinitz und den Slawata in der Amtsstube des Hradschin antrafen, die beiden mit schweren Vorwürfen überschütteten, zwei andere Statthalter, die ihre Kollegen schützen wollten, des Saales verwiesen, ehe sie den verzweifelt um sein Leben flehenden und seine Unschuld beteuernden Martinitz beim Wams packten und rücklings zum offenen Fenster hinausbeförderten. Wie Thurn den mit aller Kraft sich wehrenden Slawata ebenfalls ergriff und zum Fenster drängte, wobei er, des

Tschechischen nicht recht mächtig, in deutscher Sprache kommandierte: „Edle Herren, hier habt ihr den zweiten!" Wie Slawata in seiner Todesangst das Fensterbrett zu fassen bekam und sich verzweifelt daran festkrallte, dann aber doch unter den Hieben der Verschwörer loslassen mußte und seinem Freunde Martinitz in den Abgrund folgte, 28 Ellen tief, wobei er im Fallen an einen Mauervorsprung stieß und sich am Kopfe nicht unerheblich verletzte. Wie Thurn und seine Freunde in ihrer Wut schließlich noch den unbedeutenden Sekretär Fabricius, der durch allzu lautes Wehklagen aufgefallen war, kurzerhand ebenfalls in den Burggraben warfen, das alles hat Graf Slawata in seinen Memoiren recht schön und ausführlich geschildert. Er konnte es tun, denn er überlebte den Sturz gleich seinen beiden Schicksalsgenossen, wobei freilich nicht genau geklärt ist, wie die drei diesen Akt altböhmischer Adelsjustiz lebend überstanden. Der fromme Slawata meinte, der Gottesmutter, die er und sein Freund Martinitz im Fallen laut angerufen hatten, sei die wunderbare Rettung zu verdanken; der noch frömmere, aber protestantische Wenzel Budowetz wähnte bösen Zauber im Spiel, die Journalisten des *Theatrum Europäum*, der angesehenen und vielgelesenen Zeitung des Frankfurter Verlegers Merian, wollten erfahren haben, Martinitz und Slawata seien ausgerechnet auf einen Kehrichthaufen gefallen, der die Wucht des Aufpralls gemindert hätte. Moderne Historiker haben in der Kleidung der Herren, ihren weiten Mänteln, die Ursache erkennen wollen, der sie ihr Leben verdankten. Fallschirmspringern gleich seien sie verhältnismäßig sanft zu Boden geschwebt. Was immer der Umstand sein mochte, daß die Gestürzten mit dem Leben davonkamen, das soll hier nicht näher untersucht werden. Jedenfalls hat kaum jemals ein so folgenschweres und mit Ernst begonnenes Unternehmen so banal geendet wie der Prager Fenstersturz. Der Sekretär, völlig unverletzt, suchte schleunigst das Weite. Er entkam nach Wien, wo er als erster die Botschaft von dem bösen Vorfall überbrachte, und erhielt später als Ausgleich für seinen tiefen Sturz das Adelsprädikat „von Hohenfall". Dem Grafen Slawata leistete Freund Martinitz erste Hilfe, indem er ihm mit seinem Sacktuch das Blut aus dem Gesicht wischte, und obwohl man ihnen aus dem Fenster mit Pistolen und Musketen nachschoß, entkamen beide wohlbehalten in das Haus der Frau Polyxena von Lobkowitz, der Gattin des obersten Kanzlers, wo sie freundlich aufgenommen wurden. Das Folgende könnte dem Textbuch einer schlechten Operette entstammen, aber es ist historische Wahrheit: Als Thurn mit seinem wilden Haufen vor dem Hause Lobkowitz erschien und stürmisch Einlaß begehrte, wies ihn die resolute Frau Kanzlerin energisch die Tür, und der Graf und seine Freunde, eben noch so grimmige Verschwörer und zum Letzten entschlossen, fügten sich der Autorität der hohen Dame und zogen unverrichteter Dinge wieder ab. Martinitz entkam noch in derselben Nacht aus Prag und floh nach München, wo er von Herzog Maximilian freundlich empfangen wurde. Auch dem Grafen Slawata, der infolge seiner Verletzung zurückbleiben mußte, geschah kein Leid mehr. Ein zum Strang verurteilter Schelm, so argumentierte man in den Kreisen der Verschwörer, bei dem der Strick reiße, werde auch kein zweites Mal hingerichtet, sondern man schenke ihm das Leben. Als Hinrichtung, nicht als Mord, wollten die Böhmen den Fenstersturz verstanden wissen. Es blieb ihnen keine Zeit, den eher kläglichen Ausgang ihres Unternehmens zu überdenken, sie hatten Wichtigeres zu tun. Der Fenstersturz war als revolutionärer Akt gemeint, mochten die Statthalter nun tot sein oder nicht, und trotz des ziemlich dilettantischen Anfangs ließen sich Thurn und seine Freunde von dem eingeschlagenen Weg jetzt nicht mehr abbringen. Deswegen die Wahl von 30 Direktoren schon am folgenden Tage, dem 24. Mai. Sie sollten an Stelle der Statthalter die Regierung führen. Bald darauf die Aufstellung einer Armee, deren Oberkommando Thurn übernahm, weil man ihn aus unbekannten Gründen für einen Meister in der Kunst der Strategie hielt. Ernst gemeint und ein Affront gegen König Ferdinand war die Vertreibung der Jesuiten, „der vergifteten, scheinandächtigen Sekte, die den Majestätsbrief zu durchlöchern" gestrebt habe. Als Friedensstörer, als „turbatores puplicae pacis", sollten sie auf ewig aus Böhmen vertrieben sein. In feierlich-ernster Prozession verließen die Väter die Stadt, nachdem sie von der Kanzel herab von den Gläubigen Abschied genommen hatten, wobei das Jammern und Wehklagen die Worte des Predigers übertönte. Mit den Jesuiten flohen auch die Prälaten, der Erzbischof Lohelius, der Abt von Braunau. Beide hatten allen Grund, sich rechtzeitig in Sicherheit zu bringen. Das Vermögen einiger geflohener katholischer Würdenträger wurde beschlagnahmt, die ersten Konfiskationen von Hab und Gut, zur Finanzierung des Heeres gedacht. Unzählige sollten noch folgen. Ein eilends berufener Landtag schrieb hohe Steuern aus. Doch als es an den eigenen Beutel ging, gaben sich die böhmischen Herren weit zurückhaltender als jüngst beim Fenstersturz. Ein Moratorium für Schuldner wurde proklamiert, zur Freude derer, deren Finanzgebarung nicht in Ordnung war. Man suchte Bundesgenossen, wollte die Stände der böhmischen Nebenländer zum Mitmachen überreden, Mähren vor allem, das sich jedoch reserviert verhielt. Mehr Interesse bekundeten die Union, die Niederländer, der Herzog von Savoyen, der gern mithalf, wenn es gegen Habsburg ging, und der Fürst Bethlen Gabor von Siebenbürgen, ein höchst unsicherer und wetterwendischer Bundesgenosse. Würde diese Hilfe ausreichen, um Böhmen vor dem Schlimmsten zu bewahren?

Es kam jetzt darauf an, wie die Wiener Staatsmänner reagieren würden. Zentrum der Entscheidungen war vorerst nicht Wien, wo in der Hofburg Kaiser Matthias elend dahinsiechte, sondern Preßburg, wo Klesl und Ferdinand mit dem ungarischen Landtag mühevoll verhandelten. Am 27. Mai 1618 saßen die Herren gerade beim Mittagmahl, Ferdinand, Klesl, der Gastgeber Erzbischof Pázmány, als die Nachricht vom Prager Fenstersturz eintraf. Da sollen dann keinem mehr die köstlich zubereiteten Speisen geschmeckt haben. Nach dem ersten Schrecken faßte Ferdinand sich recht bald. „Diese Lärmglocke", sagte er zum sächsischen Gesandten, habe in Böhmen nicht von selbst geläutet, sie sei „von anderen Orten angezogen worden". Da meinte der König Heidelberg und Den Haag, die Zentren des militanten Protestantismus, und hatte auf lange Sicht wohl recht. Noch aber galt seine Meinung nicht viel. Der Leiter der kaiserlichen Politik hieß Klesl, und der Kardinal neigte dazu, den bösen Vorfällen in Prag vorerst keine große Bedeutung beizumessen. Doch einmal mehr irrte hier der schlaue Staatsmann, indem er glaubte, der Fenstersturz sei „ein Werk augenblicklicher Furia" gewesen. Mit Mahnschreiben und papierenen Protesten, zu denen er dem Kaiser riet, war für Habsburg in Böhmen jetzt wenig mehr auszurichten. Wie der

Fenstersturz tatsächlich gemeint sei, zeigte das Unternehmen des Grafen Thurn, der schon Mitte Juni mit ein paar rasch zusammengewürfelten Regimentern nach Süden aufbrach, eine kaiserliche Besatzung in der Stadt Krumau zur Kapitulation zwang und die kaisertreue Stadt Budweis, der oberösterreichischen Grenze schon bedenklich nahe, mit seinen Kriegsscharen bedrohte. Da nutzten den Böhmen keine beschwichtigenden Schriftstücke, in denen sie beteuerten, nicht gegen den Kaiser, sondern gegen die Feinde Böhmens sei ihr kriegerisches Gebaren gedacht. Wen sie für den schärfsten Feind der böhmischen Freiheiten hielten, war nicht schwer zu erraten. Warum sie aber dann Ferdinand eigentlich zu ihrem König gewählt hatten, wenn sie sich jetzt davor fürchteten, daß er tatsächlich an die Regierung käme, konnten sie nicht glaubhaft machen. Nicht der Fenstersturz war ihr entscheidendster Fehler gewesen, sondern die Königswahl. Die politische Ordnung Europas beruhte im wesentlichen auf den Prinzipien der Legitimität. Wehe dem, der diese Prinzipien verletzte!

Indessen häuften sich am Wiener Hofe die Denkschriften und Gutachten, aus denen sich freilich ein einhelliges Urteil über die gegen Böhmen zu treffenden Maßnahmen nicht gewinnen ließ. Wer jetzt noch zum Frieden riet, Klesl, der böhmische Obersthofmeister Adam von Waldstein, stand auf verlorenem Posten, weil die Böhmen selbst die Feindseligkeiten schon eröffnet hatten. Für ein friedliches Vorgehen plädierten auch die oberösterreichischen Stände. Hier wirkte einer der bedeutendsten Köpfe der protestantischen Bewegung, Georg Erasmus von Tschernembl, und er ist wohl bei dieser Denkschrift Pate gestanden. Krieg, so hieß es darin, sei leicht anzufangen, die Mitte jedoch schwer und mühsam, der Ausgang ungewiß. Auch der größte Sieg bringe dem Fürsten nichts ein, sondern höchstens den Befehlshabern, Ministern und Offizieren. Viele Beispiele aus der Geschichte lehrten, daß es besser sei, aufständische Provinzen mit Glimpf als mit Unglimpf zu behandeln, man denke nur an die Niederlande, die König Philipp II. von Spanien durch das Ungeschick des Herzogs von Alba für immer verloren habe. Wohl sei es eine gute Rede, daß der Kaiser als Haupt der Christenheit das Unrecht strafen müsse, aber müßten dann nicht so viele Unschuldige leiden, mit so wenigen Schuldigen? Seien

Kinder ungezogen, so haue der Vater sie nicht zu Tode, sondern nur an dem Ort, wo es am wenigsten Schaden und Mangel brächte. Großmut, Verzeihung, Abhilfe der Beschwerden sei jetzt das Gebot der Stunde. So würde Böhmen dem Kaiser erhalten bleiben, durch Krieg aber nicht. Die Denkschrift war durchaus im Sinne Klesls. Auch der Kardinal fürchtete, daß sich das Übel nur vergrößern würde, wenn man gewaltsam einschritt. Die Böhmen würden schon wieder zur Ruhe kommen, wenn man ihnen Abhilfe ihrer Beschwerden in Aussicht stellte.

König Ferdinand hingegen wußte mit solchen Ratschlägen nichts anzufangen; der Aufstand richtete sich vor allem gegen ihn als künftigen König von Böhmen, er mußte sein Recht verteidigen. Das hatte er immer so gehalten, vor zwei Jahrzehnten in der Steiermark und jüngst in Friaul: Wo er das Recht auf seiner Seite glaubte, zögerte er nicht, gewaltsam seine Interessen durchzusetzen. Auch seine intimen Berater, Eggenberg, Onate, der böhmische Kanzler Lobkowitz, den nur seine Abwesenheit aus Prag vor dem Schicksal Martinitz' und Slawatas bewahrt hatte, richteten ein Gutachten an den Kaiser. Und dieses, entschieden kriegerischen Geistes, gefiel Ferdinand schon weit besser. Den böhmischen Aufstand bezeichneten diese Herren geradezu als ein Glück, denn jetzt biete sich die Gelegenheit, der so lange praktizierten Nachgiebigkeit ein Ende zu setzen. Verlieren könne man nichts. Falle der Krieg wider Erwarten ungünstig aus, „cum eventus belli sit dubius", so habe man wenigstens mit Ehren verloren, was man ohne Kampf mit Schande und Spott eingebüßt hätte. Aber es sei ja das Gegenteil zu erwarten, denn Gott werde das ungerechte Vorgehen der Untertanen gewiß strafen, der Kaiser könne sich und sein Haus „vom bisherigen Joch und Servitut entledigen" und sich für die Kosten des Krieges an den Gütern der Rebellen schadlos halten. Es sei jetzt keine Zeit mehr zu verlieren, forderten Ferdinands Ratgeber, „die Arma" müßten „notwendig appliziert werden". Von den vielen Unschuldigen, die unter der Kriegsfurie zu leiden haben würden und von denen die Oberösterreicher so eindrucksvoll geschrieben hatten, war in diesem Gutachten keine Rede. Es hat wohl noch keiner daran gedacht, der einen Krieg anfangen wollte, sonst hätte sich vielleicht der eine oder der andere gehütet, ihn zu beginnen.

Der Sturz des Widersachers

Den Frieden wollte ehrlichen Herzens zuletzt nur mehr der Kardinal Klesl, und auch der nicht aus Menschenfreundschaft, sondern weil er sich von einem Krieg keine Vorteile versprach. Mit Unwillen sah Ferdinand die matten Reaktionen des Wiener Hofes, der immer noch mit Mahnschreiben und Amnestieangeboten operierte, wo nach Meinung des Königs nur die Waffen entscheiden konnten. Klesl, das wußte er jetzt genau, war der Hauptschuldige, daß immer noch verhandelt wurde statt gekämpft, und daß er Gefahr lief, sein böhmisches Erbe zu verlieren, ehe er es noch richtig in Besitz genommen hatte. Der Kardinal mußte von den Zentren der Macht entfernt werden, und es war keine Zeit mehr zu verlieren, wo der Graf Thurn schon vor Budweis stand und Miene machte, in Österreich einzufallen.

Der Plan, wie man am besten des Kardinals habhaft werden könnte, war längst entworfen, und arglos rannte der Kirchenfürst in die Falle, die Ferdinand und Erzherzog Maximilian ihm stellten. Wäre er nur ein klein wenig vorsichtiger gewesen, er hätte sich nicht darin gefangen. Aber in all seiner Schlauheit vergaß der Kardinal, daß auch er einmal von denen überlistet werden könnte, die er allzuoft hinters Licht geführt hatte. Der versöhnliche Ton, den Ferdinand jetzt im Umgang mit ihm gebrauchte, machte ihn nicht stutzig; und als gar der König zusammen mit Erzherzog Max bei ihm zu Besuch erschien, fühlte er sich nachgerade geschmeichelt. Daß diese freundlichen Gesten nicht ehrlich gemeint seien, nur List und Verstellung, um ihn in Sicherheit zu wiegen, darauf verschwendete der Kardinal, selbst ein Meister in der schwierigen Kunst des Dissimulierens, keinen Gedanken; auch dann nicht, als ihn die Erzherzöge freundlich zu einem Gegenbesuch einluden. Schon am folgenden Tag, dem 20. Juli 1618, ließ er bei den hohen Herren höflich anfragen, wann sein Besuch genehm sei. Da gerade Freitag sei, lautete die Antwort, und wenige Geschäfte der Erledigung harrten, möge er sich um 2 Uhr nachmittags in der Hofburg einfinden. Der Kardinal fuhr geradewegs in sein Verderben. In der Burg angekommen, verweilte er noch einige Zeit in der Kutsche, in ein ernstes Gespräch mit dem päpstlichen Nuntius vertieft; und als er endlich seinem Wagen entstieg, soll er recht sorgenvoll dreingeblickt haben. Wie böse überrascht aber war er erst, als er in der erzherzoglichen Antecamera von lauernden Höflingen und grimmigen Militärs empfangen wurde. Der König war nicht zu sehen, und der Erzherzog hatte sich wegen plötzlicher Unpäßlichkeit entschuldigt. Ein Kammerherr versperrte die Tür hinter dem Kardinal, und am Weitergehen wurde er gehindert. Dies geschehe auf Befehl König Ferdinands, hieß es, er solle hier warten. Da trat der Freiherr von Breuner auf ihn zu, erklärte ihn zum Gefangenen des Hauses Österreich und befahl ihm barsch, sein purpurnes Kardinalskleid abzulegen und gegen ein schlichtes Priestergewand zu vertauschen. Und weil sich Klesl anfänglich weigerte, schalt ihn der Oberst Dampierre einen ehrvergessenen losen Buben und drohte ihm mit einem noch schlimmeren Schicksal, wenn er nicht gehorchen würde. Da wußte der Kardinal, daß Widerstand zwecklos sei, und fügte sich in sein Schicksal. Oft genug hatte er andere überlistet und übers Ohr gehauen, jetzt war er selbst der Betrogene. In einem gedeckten Wagen brachte man den Gefangenen heimlich aus der Stadt, und ohne Aufenthalt ging die Reise nach Tirol, wo er auf dem Schloß Ambras bei Innsbruck in strenger Haft gehalten wurde.

Ohne alles Aufsehen war die Verhaftung Klesls vonstatten gegangen. Ferdinand und Maximilian, die zusammen mit dem Botschafter Onate in einem Nebenzimmer gewartet hatten, durften sich über das Gelingen ihres Planes wohl freuen. Noch aber stand ihnen Schweres bevor. Würde der Kaiser ihren Streich ohne Widerstand hinnehmen? Etwa eine Stunde nach der Gefangennahme des Kardinals — sein Wagen mochte gerade zum Schottentor hinausgerumpelt sein — ließen sich der König und der Erzherzog bei Matthias melden, der krank zu Bette lag. Der Kaiser, Böses ahnend, verlangte erst einmal nach Klesl, ehe er seine Verwandten zu empfangen gedachte; und da der Kardinal verschwunden war, weigerte sich der kranke Mann, die Audienz zu gewähren. Sie möchten morgen wiederkommen, ließ er ihnen sagen, wenn er sich mit Klesl besprochen habe. Da verschafften sich Ferdinand und Maximilian energisch Einlaß ins Krankenzimmer und klärten den Kaiser darüber auf, daß er künftig ohne seinen liebsten Berater werde auskommen müssen. Dem armen Matthias schoß die Zornesröte ins Gesicht, und in seiner Ohnmacht biß er ins Bettuch; die Gewalttat gegen Klesl aber nahm er hin und protestierte nur schwach dagegen. Sein Schlafgemach ließ er von nun an sorgfältig verriegeln und die Wachen verstärken, weil er ein ähnliches Schicksal befürchtete, wie es sein bester Freund erlitten hatte. Anders die Kaiserin: Sie brach in Tränen aus und ließ sich auch nicht besänftigen, als Ferdinand sie kniefällig um Verzeihung bat. Ob das der Dank für die zwei Kronen sei, die er ihrem Gemahl zu verdanken habe, fragte sie ihn verbittert. Doch wirkliche Reue empfand Ferdinand nicht. Da werde er lieber die zwei Kronen niederlegen, antwortete er barsch, als den Kardinal wieder freizulassen.

Klesl erging es wie so vielen mächtigen Männern, die von der Höhe ihrer Macht jäh herabstürzten. Im Unglück hatte er bald keinen Freund mehr. Die Stimmung am Hofe schlug um. „Wer früher dagegen war, schweigt jetzt und wälzt alle Schuld auf den Kardinal", schrieb damals der venezianische Gesandte Giorgio Giustiniani. Auch der kranke Matthias fand sich mit dem Verlust seines Faktotums ab. Jahrelang entwöhnt, sich ein eigenes Urteil zu bilden, glaubte er jetzt eben denen, die des Kardinals Taten in ein trübes Licht rückten und von seiner Schuld an der traurigen Lage des Erzhauses und der katholischen Religion allerlei zu schwatzen wußten. Sogar für den Majestätsbrief und den böhmischen Aufstand wurde der unglückliche Kardinal jetzt verantwortlich gemacht. „Sollte Unser vertrautester und geheimster Rat dergleichen wider Uns getan haben", ließ sich Matthias vom Krankenbett aus vernehmen, dann habe man „dem losen Lecker sein Recht widerfahren lassen." Mehr Wahrheit war in anderen Vorwürfen, die Klesl der Verzögerung der Erbfolge Ferdinands und der Bestechlichkeit ziehen. Der maßlose Geiz war auch wirklich eine der schlimmsten Kleslschen Untugenden gewesen. Während er nie zu klagen aufhörte, wie arm er sei, und daß er wohl bald werde am Hungertuche nagen müssen, hatte er ein gewaltiges Vermögen zusammengerafft. Klesls Schatztruhen füllten sehr unterschiedliche Mäzene: Von Spanien hatte er eine Pension bezogen, was ihn freilich nicht hinderte, auch von der Republik Venedig sich seine guten Dienste honorieren zu lassen, obwohl die beiden

Mächte Krieg miteinander führten; sogar der türkische Sultan soll zu Klesls Gönnern gezählt haben.

Das Geld, man sprach von 400.000 Gulden, wurde von Ferdinand konfisziert und auch die Unmengen guten Weines, die der Kardinal in seinen Kellern gehortet hatte. Das Geld verwendete Ferdinand für Rüstungszwecke. Wider Willen mußte jetzt Klesl den Krieg auch noch bezahlen, den er mit aller Macht hatte verhindern wollen. Umsonst wandte er sich an Ferdinand in einem Brief, in dem er Demut mit dreistem Sarkasmus würzte. Immer habe er schon die Absicht gehabt, schrieb Klesl aus Tirol, den weltlichen Geschäften zu entsagen und nur der heiligen Kirche zu dienen, allein der Papst habe ihn daran gehindert. Jetzt aber, wo er in der Durchführung seines frommen Wunsches in Ferdinand und Erzherzog Max solche Beschützer gefunden habe, sehne er sich doppelt danach. Und was der Kardinal mit einem Male für fromme Pläne offenbarte, von denen er zuvor nie gesprochen hatte: Den Bischofshof in Wien wolle er bauen, das Himmelpfortkloster ausstatten, ein Armenhaus gründen. In die Welt wolle er nimmermehr zurückkehren, beteuerte er doppeldeutig, da er deren „Gottlosigkeit und Falschheit jetzt genugsam erkannt" habe. Durch Klesls frommes Schreiben ließ sich Ferdinand nicht täuschen. Schwer fiel es ihm zumeist, sich zu einem gewagten Entschluß durchzuringen, doch wenn er ihn einmal gefaßt hatte, hielt er daran fest. Er blieb hart; und hätte auch hart bleiben müssen, wenn er jetzt von Klesls Unschuld und Harmlosigkeit überzeugt gewesen wäre. Des Kardinals stattlicher Schatz füllte seine Kriegskasse, und zum Krieg war er mehr denn je entschlossen.

Über den gefallenen Minister ergoß sich eine Flut von Pamphleten und Spottgedichten. Die Erzherzöge selbst hatten eine Schrift mit dem anklagenden Titel „Cardinal Klesls Verbrechen" herausgegeben, in der sie noch einmal alle angeblichen und wirklichen Untaten des Kirchenfürsten aufzählten. Die Wiener Bänkelsänger sangen ein „schön Bußlied von Kardinal Klesl":

„So ist all mein Gespinste
wie Spinnenweb zerstört.
All Praktik, Witz und Künste
sind wider mich gekehrt."

Alle die Klesl jetzt schmähten und anklagten, Bänkelsänger und Hofschranzen, übersahen in ihrer Schadenfreude eine wichtige Tatsache: Mit dem Abgang des Kardinals von der politischen Bühne war zwar ein gewiß moralisch nicht einwandfreier Politiker verschwunden, zugleich aber auch eine der letzten Hoffnungen, den böhmischen Konflikt vielleicht doch noch auf friedlichem Wege zu bereinigen. Welch schwächliche Motive auch immer Klesl geleitet haben mochten, Angst, Habsucht, Machtgier, er wäre der einzige am Wiener Hofe gewesen, der den Frieden hätte erhalten können. Jetzt gaben andere den Ton an, der Botschafter Onate, der Kanzler Lobkowitz, Ferdinand vor allem. Krieg, bedingungslose Unterwerfung der rebellischen Böhmen, selbst um den Preis des eigenen Untergangs, hieß nun die Devise.

Im August 1618 fiel der kaiserliche Oberst Dampierre mit Heeresmacht in Böhmen ein. Die Bauern und Bürger dieses Landes bekamen als erste die Greuel des Krieges zu spüren: Brandschatzungen, Raub, Mord. Dreißig Jahre lang würde von jetzt an die Kriegsfurie in Mitteleuropa wüten, und immer grausamer, je länger der Krieg dauerte.

Den Krieg hatte Klesl verhindern wollen. Aber seine Mittel waren untauglich gewesen bei dem Haß und dem Mißtrauen, mit dem die Politiker einander jahrelang belauert hatten. Vergeblich bemühte sich auch der angesehene und fromme Mährer Karl von Zierotin um einen Ausgleich. Er war mit mehr sittlichem Ernst bei der Sache als Klesl. Zusammen mit einem anderen mährischen Herrn, Karl von Liechtenstein, reiste Zierotin quer durch die Fronten, von Wien nach Prag, überall zu Frieden und Versöhnung mahnend. In Wien hörte ihn König Ferdinand wenigstens an, die Prager aber empfingen ihn mit Schmährufen. Der hätte ein gottbegnadeter Staatsmann sein müssen, der jetzt noch den Frieden hätte retten können.

Von der Macht grenzenlosen Gottvertrauens

Seit der Gefangennahme Klesls klagte Kaiser Matthias fast jeden Tag über große Traurigkeit und erhob sich immer seltener von seinem Krankenlager. Auf die Regierungsgeschäfte nahm der Monarch in den letzten traurigen Monaten seines Lebens nur geringen Einfluß. Dort ging jetzt alles nach Ferdinands Willen, aber es ging nicht so, wie der König und seine Ratgeber es sich wohl vorgestellt hatten.

Das Oberkommando über die Regimenter, die Graf Dampierre Anfang August 1618 nach Böhmen geführt hatte, übernahm der Graf Buquoy, ein erprobter Kriegsmann aus den Niederlanden. Am Wiener Hofe hegte man die kühnsten Erwartungen. Der Feldzug, so wollten einige Hofschranzen dem erfahrenen Truppenführer weismachen, werde eher einem militärischen Spaziergang als einem ernsten Kriege gleichen. Tatsächlich stieß Buquoy noch im September bis Caslau vor, nur 8 Meilen von Prag entfernt. Dort konnte er sich aber nicht lange halten, weniger wegen des militärischen Geschickes des Grafen Thurn als aus Mangel an Lebensmitteln. Schließlich mußte Buquoy seine durch Hunger und Entbehrungen arg geschwächten Truppen nach Budweis zurückziehen, was Thurn die Gelegenheit gab, zu einem Gegenschlag auszuholen. Im November 1618 fiel der böhmische Feldherr mit einigen Regimentern in Niederösterreich ein, verwüstete die Stadt Zwettl, und nur die mangelhafte Manneszucht seiner Soldaten und die harte Jahreszeit hinderten ihn, gegen Wien zu streifen. Die Angelegenheiten Ferdinands, berichtete um diese Zeit der gut informierte venezianische Gesandte Giustiniani, stünden schlecht und eine Besserung sei nicht abzusehen. Schuld daran seien die Unzulänglichkeit der militärischen Kräfte Ferdinands und das Unvermögen, sie zu vermehren. Daraus, so der Diplomat, lasse sich die Klugheit des Kardinals Klesl wohl erkennen, der diese Konfusion geahnt habe und sie vermeiden wollte.

Während im Felde mit wechselndem und zumeist geringem Erfolg gekämpft wurde, sahen sich beide Parteien nach Hilfe um, und darin schienen die Böhmen vorerst glücklicher. Kurfürst Friedrich V. von der Pfalz versprach ihnen mit Freuden seine Unterstützung. Tatkräftig half auch Herzog Karl Emanuel von Savoyen, der von den Spaniern viel zu leiden hatte und deswegen ein geschworener Feind der Habsburger war. Der Herzog schickte den Böhmen noch im Spätsommer 1618 seinen Söldnerführer Ernst von Mansfeld mit ein paar tausend Mann zu Hilfe, indem er betonte, er wolle „sein Hemd vom Leibe geben", wenn Aussicht wäre, die Herrschaft des Hauses Habsburg in Böhmen zu stürzen. Die beiden Fürsten schmiedeten sogar schon Pläne, wie der gewaltige habsburgische Landbesitz aufzuteilen wäre, wenn das Erzhaus erst am Boden läge. Diese Pläne waren nun keineswegs so utopisch, wie sie heute vielleicht scheinen mögen, den der böhmische Aufstand breitete sich aus. Schlesien hatte sich angeschlossen, und in Mähren war es nur dem mäßigenden Einfluß des angesehenen Karl von Zierotin zu verdanken, daß die Stände nicht dem Beispiel der Schlesier folgten. „Es stellt sich jeden Tag deutlicher heraus", berichtete der venezianische Gesandte, „daß man es mit einer allgemeinen Verschwörung und Erhebung aller Provinzen zu tun hat, welche, wie mir Eggenberg sagte, voll Verdachts sind, daß sie unter der Regierung König Ferdinands ihrer Religion wegen verfolgt werden; sie wollen ihn durch Bedingungen so einengen, damit sie sicher sein könnten, und erklären daher auch schon jetzt ganz offen, daß die ganze Bewegung nur gegen Ferdinand gerichtet sei, der sich von den Jesuiten und Spaniern leiten lasse."

Das war in der Tat die Furcht, welche die Stände überall in den habsburgischen Ländern beherrschte, in Böhmen, Mähren, Schlesien wie auch in Ungarn und Österreich. Die Oberösterreicher unter Tschernembl machten kein Hehl aus ihrer Sympathie für die böhmische Sache. Es wäre nicht passend, hatten sie an Matthias geschrieben, wenn er Christen statt der Türken bekämpfe. Unpassend war aber auch, wie die Stände gegen ihren Landesherrn handelten: Sie warben Soldaten, besetzten die Pässe des Landes und sperrten den spanischen Söldnern, die aus Friaul dem Kaiser zu Hilfe kommen wollten, den Durchzug.

Spanien war vorerst die einzige Macht, auf deren Hilfe Matthias und Ferdinand ohne Vorbehalte zählen durften. Unermüdlich wirkte der Botschafter Onate, jagte eine Depesche nach der anderen nach Madrid, wobei er die Lage noch düsterer schilderte, als sie in Wirklichkeit war, um seinen Herrn zu rascher Hilfe anzuspornen. Die habsburgischen Bittgesuche bei den katholischen Reichsständen hatten hingegen geringen Erfolg. Selbst Herzog Maximilian von Bayern wollte vorerst keine Unterstützung gewähren und lieber die Entwicklung abwarten. Es mußte sich herausstellen, ob Bayern profitieren könne, wenn es sich ins Getümmel stürzte, und dazu war allemal noch Zeit. Je ärger Ferdinand in Bedrängnis geriet, desto größer würde der Lohn sein, den der schlaue und kühl rechnende Herzog für seine Hilfe einzuheimsen gedachte. Ähnlich erfolglos sprachen die Wiener Unterhändler beim Erzbischof von Salzburg vor, dem prunkliebenden Markus Sittikus. Hartnäckig weigerte sich der Kirchenfürst, auch nur einen Gulden oder einen Zentner Pulver herzugeben, doch erlaubte er zuletzt den deprimierten Gesandten großmütig, überall die fromme Lüge auszustreuen, daß er dem Kaiser seine Hilfe nicht versagt habe. Die Finte verfehlte freilich ihre Wirkung. Die geistlichen Reichsfürsten fürchteten sich vor der Union und dem Kurfürsten von der Pfalz und verweigerten jede Unterstützung. Nur den Durchzug habsburgischer Hilfstruppen nach Böhmen wollten sie gestatten.

Am Wiener Hofe mußte man jetzt endgültig die Hoffnung aufgeben, den böhmischen Aufstand noch vor Jahresfrist zu ersticken. Im November 1618 eroberte das Korps Mansfeld die Stadt Pilsen, die sich der Rebellion nicht hatte anschließen wollen, mit ihr war eine der letzten habsburgischen Bastionen im Lande gefallen. Nur im Süden, in Budweis, hielt sich noch Buquoy mit seinen arg heruntergekommenen Truppen. Und wäre nicht im böhmischen Heer eine Seuche ausgebrochen, die unter den Soldaten grausam wütete, wer weiß, ob nicht auch Budweis dem Grafen Thurn in die Hände gefallen wäre.

Im Winter 1618/19 erschien am Himmel ein Komet und verkündete den Menschen neues Unheil. Diese schreckliche Fackel habe der Allmächtige als einen Bußprediger an die hohe Kanzel des Himmels gestellt, kommentierte das *Theatrum Europäum* das Naturereignis, über dessen Ursachen niemand Auskunft zu geben wußte, und das deshalb viele in Angst und Schrecken versetzte. Am 20. März 1619 starb in der Wiener Hofburg verbittert und verbraucht der Kaiser Matthias, und mit dem alten Mann verschwand auch die allerletzte Hoffnung auf Frieden. Mit dem Kaiser wäre eine Versöhnung allenfalls noch möglich gewesen, mit Ferdinand nicht. Umsonst waren die Friedensangebote, die er schon kurz nach dem Ableben des Kaisers nach Prag sandte, und sie waren wohl auch nicht ganz so ernst gemeint, wie sie sich anhörten. Und die Protestanten dachten ebensowenig an Versöhnung, sie fürchteten Ferdinand,

Rudolf II. Römischer Kaiser.
1552—1612. Ein Vetter
Ferdinands II.
Unbekannter Stich.

Erzherzog Karl von Innerösterreich
mit seiner Frau Maria von Bayern.
Dazwischen der kleine Ferdinand.
Unbekannter Stich.

Matthias. Römischer Kaiser.
1557—1619. Bruder Rudolfs II.
Unbekannter Stich.

Erzherzog Leopold V. Bru
Ferdinands II. Zuerst Bischof
Passau, später Landesfürs
Tirol. Unbekannter St

chior Klesl um 1615. Kardinal,
erlicher Geheimer Rat, Bischof
Wien und Wiener Neustadt.
torben 1630. Stich von Aegidius
eler d. J.

Maximilian I. Herzog (später Kurfürst) von Bayern. 1573—1651. Vetter Ferdinands II. Stich von Domenikus Custos.

Prager Fenstersturz am 23. Mai 1618. Stich aus dem „Theatrum Europaeum" 1662.

„Sturmpetition" der österreichischen protestantischen Stände am 5. [Juni] 1619 vor Ferdinand II. in der Wiener Hofburg. Aquarell von Eduard Steinl, 18[..]

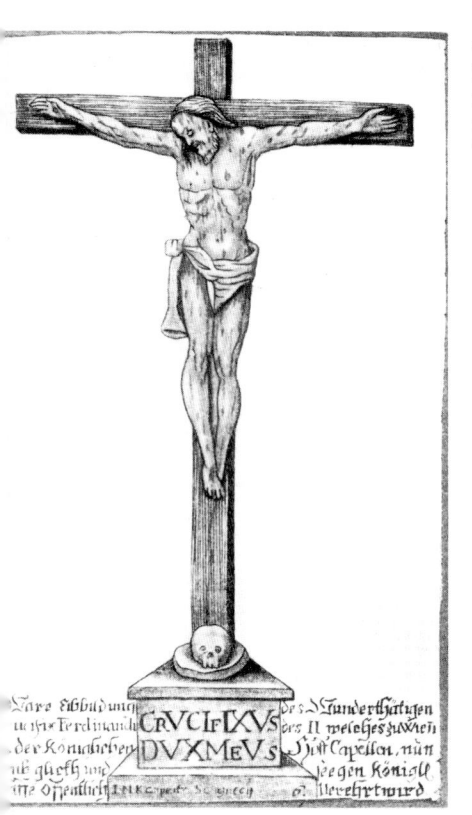

„Wundertätiges" Kruzifix aus dem Besitz Kaiser Ferdinands II. Derzeit in der Wiener Schatzkammer. Anonymer Stich.

Krönung Ferdinands zum römischen Kaiser in Frankfurt am Main am 9. September 1619. Unbekannter Stich.

Ferdinand II. zerschneidet
16. November 1620
Majestätsbrief. Holzsch
von Josef Matthias Tre
wa

Eleonore Gonzaga, Tochter
des Herzogs von Mantua.
Zweite Frau Ferdinands II.
1598—1655. Stich von Wolfgang Kilian.

Gustav II. Adolf, König von
Schweden. Lebte 1594—1632.
Unbekannter Stich.

Hinrichtung der aufständischen Böhmen am 21. Juni 1621 in Prag. Unbekannter Stich.

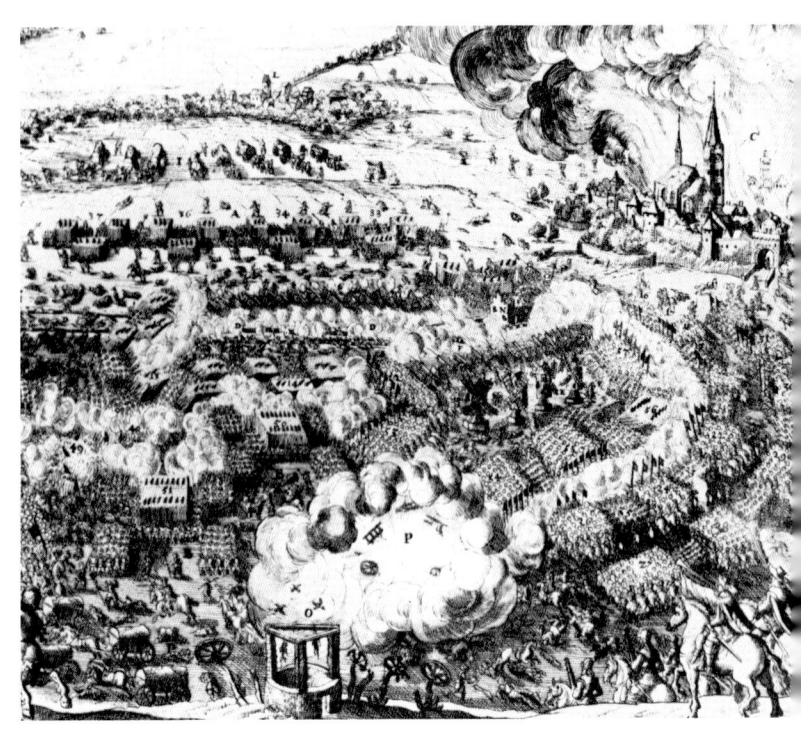

Schlacht bei Lützen am 6. November 1632. Unbekannter Stich.

Ferdinand II. auf dem Totenb[ett]
Unbekannter Sti[ch]

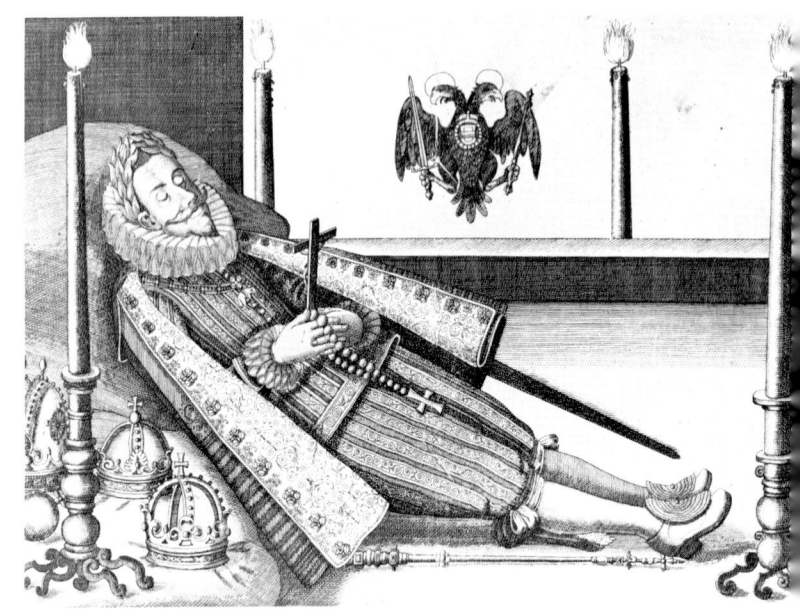

auch wenn er Geschenke brachte. War er nicht den Jesuiten hörig? Und behaupteten diese nicht, daß man den Ketzern keinen Eid zu halten brauchte? Was nützte es also, wenn Ferdinand tausend Eide schwor, ihre Privilegien zu halten. In dieser Atmosphäre des gegenseitigen Mißtrauens und des Hasses führte kein Weg mehr zum Frieden. Man hatte es Ferdinand nie vergessen, wie er es vor zwei Jahrzehnten mit den Protestanten in der Steiermark getrieben hatte. Jetzt müsse alles in ein anderes Modell gegossen werden, erklärten die böhmischen Direktoren dem sächsischen Gesandten Lebzelter. Da nützte es auch nichts, daß Ferdinand nach eingehender Gewissenserforschung mit seinen Jesuiten den Majestätsbrief noch einmal feierlich bestätigte. Uneröffnet sandten die Direktoren das königliche Schreiben zurück, weil angeblich die Adresse nicht stimmte. Von ihrer Warte aus handelten sie durchaus folgerichtig. Ließ man sich erst auf Verhandlungen ein, gab man Ferdinand die Möglichkeit, die unermeßlichen Hilfsquellen des Hauses Habsburg auszuschöpfen. Je länger der Kampf dauerte, desto geringer würden Böhmens Chancen sein, siegreich zu bleiben.

Die Aussichten auf einen raschen Sieg über Ferdinand stiegen sprunghaft, wenn Mähren mitmachte, das bisher neutral geblieben war. Kaum einen Monat nach des Kaisers Tod stürmte denn auch der Graf Thurn an der Spitze seiner Armee über die Grenzen des Nachbarlandes. Widerstand fand er dort keinen. Die Mährer hatten wohl Truppen geworben, eine vernünftige Maßnahme bei diesen unruhigen Zeiten; ihr Oberanführer war der Kardinal Dietrichstein, Erzbischof von Olmütz und wie alle Prälaten ein Anhänger Ferdinands. In dieser heiklen Situation versäumte es aber der Kardinal, seine Soldaten gegen Thurn in Marsch zu setzen, und verbarg sich vor Angst zitternd in seinem Palast. Mutiger und auf eigene Faust handelte hingegen Oberst Albrecht von Wallenstein, Kommandant über das mährische Fußvolk. Er dachte verächtlich vom Grafen Thurn und seinen Freunden. „Böhmische Toren", so soll er auf die Nachricht vom Fenstersturz gesagt haben, „nicht einmal ihre Statthalter können sie richtig zum Fenster hinauswerfen." Jetzt zeigte Wallenstein seine Tatkraft. Er raubte die Kasse der mährischen Stände mit 96.000 Talern, stieß einen Oberstleutnant, der ihm den

Gehorsam verweigerte, mit seinem Rapier nieder und entkam mit einem Teil seiner Soldaten nach Wien, wo er Ferdinand den ständischen Schatz übergab. Die paar wohlgefüllten Kisten waren das einzige, was dem König von der Markgrafschaft Mähren geblieben war. Ein Landtag in Brünn beschloß mit überwältigender Mehrheit den Anschluß der Mährer an die böhmische Sache, und auch der Kardinal Dietrichstein behauptete mit einem Male, ein treuer Anhänger der Stände zu sein. Nie, niemals habe er von den bösen Praktiken seines Untergebenen Wallenstein eine Ahnung gehabt, beteuerte der gewöhnlich so stolze und überhebliche Kirchenfürst unter Tränen den mährischen Ständen, die ihn grob zur Rede stellten. Gleich werde er an Ferdinand schreiben und die Rückgabe der 96.000 Taler verlangen. Wirklich schrieb der Kardinal einen weinerlichen Brief. Sofort möge Ferdinand das geraubte Geld ersetzen, damit nicht unschuldiges Blut — worunter der Kardinal sein eigenes meinte — vergossen werde. Ferdinand gab das Geld tatsächlich zurück, wie schwer es ihm auch fiel. Aber nicht allein das unschuldige Blut des Kardinals Dietrichstein bewog ihn zu diesem Entschluß. Er hätte das Geld gut brauchen können bei seiner chronischen Geldverlegenheit, aber es gehörte rechtens den mährischen Ständen, wenn diese auch jetzt ebenso als Rebellen anzusehen waren wie die Böhmen. Eben gingen sie daran, nach böhmischem Vorbild die Jesuiten zu vertreiben, seine liebsten Freunde, und verhielten sich weit radikaler dabei. Sollte Ferdinand Unrecht mit Unrecht vergelten, die 96.000 Taler einbehalten, welche die Mährer ohnedies wieder gegen ihn verwenden würden? Eggenberg war dieser Meinung, und sein Rat hatte bei Ferdinand Gewicht. Diesmal aber fand er kein Gehör. Ferdinand fühlte sich als rechtmäßiger Landesherr Mährens, und wenn seine Untertanen das Recht verletzten, dann durfte man ihnen keinen Vorwand bieten, indem man ebenfalls Unrecht tat; höchstens in äußersten Notfällen. In diesem nicht. Heimlich erschien ein Vertrauensmann der mährischen Stände in Wien, ein Neffe des Kardinals, verlud die Schatztruhen auf Karren und brachte sie unter sicherem Geleite zurück nach Olmütz. Wallensteins Streich aber war in aller Munde. Neuerlich hatte er bewiesen, daß er im Gegensatz zu den meisten seiner Standesgenossen treu auf der Seite Ferdinands stand. Er stieg weiter in der Gunst des Königs, und wenn dieser das geraubte Geld auch nicht annahm, so freute er sich dennoch. Nie hat Ferdinand eine bessere Gelegenheit gehabt, seine rechtliche Gesinnung vor aller Welt zu demonstrieren. Es würde noch die Zeit kommen, wo die Mährer weit mehr würden zahlen müssen als diese 96.000 Taler. Daran glaubte Ferdinand unerschütterlich, obwohl sich seine Lage immer mehr zu verschlechtern schien.

Ein Fürstenamt, wie Ferdinand es verstand, war nichts für Kleinmütige. Da mußte man fest auf Gott vertrauen und durfte den Mut niemals verlieren.

Nachdem Graf Thurn die Mährer so erfolgreich von der Richtigkeit der böhmischen Sache überzeugt hatte, wandte er sich südwärts, um auch die Österreicher zum Mitmachen zu bewegen. Hoffnung auf Erfolg hatte sein Unternehmen durchaus, wenn er es geschickt anstellte, denn auch die Stände Ober- und Niederösterreichs waren Ferdinand nicht wohlgesonnen. Worauf Thurn und seine Gesinnungsfreunde in den habsburgischen Ländern hinaus wollten, erkannte der Botschafter Giustiniani. Es zeige sich immer mehr, schrieb dieser scharf beobachtende venezianische Diplomat, „daß das wahre und hauptsächliche Ziel dieser Provinzen ist, eine Konföderation unter sich zu schließen und eine freie Regierung ähnlich jener der Schweizer und der holländischen Generalstaaten zu errichten, indem sie sich der Herrschaft des Hauses Österreich entziehen, oder dieselbe so beschränken wollen, daß nur der Name übrigbleibt".

Für das Amt eines Präsidenten einer Adelsrepublik, in der noch dazu die Ketzer regierten, hätte sich Ferdinand denkbar schlecht geeignet. Da hätte er wohl wirklich lieber den Bettelstab in die Hand genommen. In seiner bedrängten Lage freilich mußte er mit den Ständen wohl oder übel verhandeln. Dadurch gewann er Zeit, die Truppen zu konzentrieren, die er mit spanischem Gelde geworben hatte. Die Niederösterreicher ärgerten ihn mit ihren Petitionen und Streitschriften, die Oberösterreicher hatten nach dem Tode des Matthias einfach die Linzer Burg besetzt und die Regierung des Landes aus eigener Machtvollkommenheit übernommen. Die Ansprüche Ferdinands wollten sie nicht gelten lassen, und nur ein paar Katholiken waren bereit, ihn als Landesfürsten anzuerkennen.

Ihr rechtmäßiger Landesherr sei der Erzherzog Albrecht, behaupteten die Oberösterreicher, wohl wissend, daß der alte Herr niemals nach Linz kommen würde, ihm allein wollten sie die Huldigung leisten.

Vergeblich lud Ferdinand den Anführer Tschernembl zu einer vertraulichen Aussprache nach Wien. Der hütete sich wohlweislich, in die Höhle des Löwen zu gehen, und legte seine Gedanken lieber in einer weitläufigen Denkschrift dar. Wäre Ferdinand den Gedankengängen des oberösterreichischen Adeligen gefolgt, viel wäre dann nicht von seiner Herrschaft übriggeblieben. Geistreich wußte Tschernembl von evangelischen und ständischen Freiheiten zu schreiben, von einem starken Bündnis der Stände aller habsburgischen Länder. Dem König war dabei nur die Rolle eines machtlosen Oberhauptes zugedacht, wobei noch zweifelhaft erschien, wie lange er diese hätte spielen dürfen. Zwischen Ferdinands und Tschernembls Meinungen gab es keinen Mittelweg, und so ist denn auch nicht anzunehmen, daß der gelehrte Mann wirklich glaubte, er könne Ferdinand überzeugen. Da kannte er ihn zu gut. Er wußte von dem fanatischen Sendungsbewußtsein, das in diesem anscheinend so trägen und gemütlichen Habsburger steckte, weil er selbst ähnlich konsequent und unduldsam die Interessen der ständisch-protestantischen Bewegung vertrat. Einer mußte unterliegen. „Er handelt alle Sachen praemediate, liest alle Sachen selbst", schrieb Tschernembl damals über Ferdinand, „da nun ist kein Hoffnung noch Datum auf Besserung zu machen, sondern wird nur ärger. Ergo ist man einen solchen anzunehmen nicht schuldig." Im vertrauten Kreis, wo man abends am Kamin die politische Lage sorgenvoll erörterte, konnte Tschernembl auch schärfer gegen Ferdinand sprechen, „daß bei diesem Herrn alle notae tyranni, alle Merkmale des Tyrannen concurrieren, er es auch von Anfang seiner Regierung bis anher nie anders erwiesen, daher auch alle Länder, wo er zu regieren beginnt, alsbald verderben". Aus diesen Worten sprach nicht allein der Haß des Calviners gegen den gefährlichsten Feind seiner Religion, sondern auch die Sorge des Patrioten um das Wohl der Heimat. Und diese Sorge war freilich begründet. Ob Ferdinand allein an dem Verderben der Länder die Schuld trug, und nicht auch die Böhmen, der Kurfürst von der Pfalz, all die anderen größeren und kleineren Potentaten, die eine günstigere Position auf der Bühne der europäischen Politik ergattern wollten, darüber werden die Urteile immer verschieden sein. Er habe alle Zeit den Frieden gewollt, erwiderte Ferdinand den Oberösterreichern, die ihn von kriegerischen Maßnahmen abzuhalten suchten, zu diesem Zwecke habe er wiederholt nach Böhmen geschrieben, von den dortigen Ständen aber sei er keiner Antwort gewürdigt worden. Es sei daher sein Recht, seine Chance, „Schantze" schrieb man damals, wahrzunehmen und das zu tun, was zur Erhaltung seiner Rechte notwendig sei.

Um ein Haar hätte er seine Chance nicht nützen können. Mitte Mai 1619 stand der Graf Thurn mit seiner Streitmacht vor dem niederösterreichischen Städtchen Laa an der Thaya, zwei Tagesmärsche nördlich von Wien, und niemand hätte ihn hindern können, geradewegs nach der Hauptstadt zu ziehen. Dort würde man ihn, wie die Dinge damals lagen, mit Freuden empfangen haben. Er hatte die Sympathien eines großen Teiles der Wiener Bürgerschaft, und die Adeligen ermunterten ihn sogar heimlich, seinen Marsch zu beschleunigen. Nur ein paar Fähnlein Fußknechte standen zur Verteidigung Wiens bereit. Ihre Zahl hätte kaum ausgereicht, den Feind von den Mauern abzuwehren und gleichzeitig die aufsässige Bürgerschaft in der Stadt im Zaume zu halten. Damals gab sogar der impulsive Botschafter Onate in einem Anflug von Verzweiflung Ferdinands Sache für verloren. Noch hätte Ferdinand nach Süden ausweichen können, nach Graz, dort hätte Thurn ihn niemals erreicht. Er tat es nicht. Ein rechtmäßiger König floh nicht vor rebellischen Untertanen, das wäre ihm schmählich erschienen. Er würde in Wien ausharren und dort siegen oder untergehen, ganz nach dem Willen Gottes. Er wollte Thurn hinhalten, knüpfte Verhandlungen mit ihm an, während er fieberhaft die Verteidigung der Hauptstadt zu organisieren suchte. Er schrieb dringende Briefe an Dampierre, der in Krems lagerte, und an Buquoy nach Budweis. Alle irgendwie entbehrlichen Soldaten sollten sie eiligst nach Wien schicken. Die Maßnahme wäre freilich zu spät gekommen, wenn Thurn entschlossen gehandelt hätte. Der Graf aber lag mit seinem Heer drei Wochen lang untätig vor Laa und verhandelte; verhandelte mit Ferdinand wegen einer kampflosen Übergabe des Städtchens. Das armselige Nest mit seinen wenigen Soldaten unbezwungen in seinem Rücken zu lassen, wagte er aus unerfindlichen Gründen nicht. Sturmreif schießen konnte Thurn die kleine Festung auch nicht, weil er kein grobes Geschütz mit sich führte. Nach einigem Hin und Her gelangten die Böhmen endlich am 29. Mai in den Besitz des Städtchens. Jetzt erst wagte sich Thurn weiter vorwärts. Am 2. Juni überquerte er die Donau bei Fischamend östlich von Wien. Der Marktflecken gehörte dem Herrn Karl von Teufel. Der stand mit Thurn im Einvernehmen und war ein Wortführer der Protestanten. Der Leser mag ihn noch als mürrischen Schwiegervater Franz Christoph Khevenhüllers in Erinnerung haben. Die Nachricht vom Heranmarsch des böhmischen Heeres verbreitete sich in Wien mit Windeseile. Die Stadt war mit Flüchtlingen vollgestopft, die Stimmung eines großen Teiles der Bevölkerung gegen Ferdinand feindselig. In diesen hektischen Tagen betete er noch eifriger, als er es ohnedies gewohnt war. „Ich habe die Gefahren erwogen, die mich allseits bedrohen", erklärte er seinem Beichtvater, der ihn vor dem Kruzifix niedergestreckt fand, „und da ich keine menschliche Hilfe mehr weiß, so bat ich Gott um Hilfe. Ist es aber Gottes Wille, so mag ich in diesem Kampf zugrunde gehen."

Zwei volle Tage brauchte Thurn, um seine Armee, die höchstens 20.000 Mann zählen mochte, über die Donau zu bringen. Erst am 5. Juni war er zum Marsch auf Wien bereit. Die Bedrängnis Ferdinands suchten die protestantischen Stände zu nutzen. Am Vormittag dieses Tages begab sich eine Deputation, etwa 50 Personen stark, in die Burg und forderte stürmisch eine Audienz. Wirklich empfing sie der König, und neuerlich brachten sie ihre Beschwerden vor, es wurde Religionsfreiheit gefordert und ein Bündnis mit den Böhmen. Mit den Katholiken wollten sie nichts mehr zu tun haben. Der König möge dies zur Kenntnis nehmen. Einige der Herren hielten sich in ihrem Zorn nicht ganz an die bei Hofe üblichen Umgangsformen und sollen sich recht rüde benommen haben. Ferdinand ließ sich von den schreienden und schimpfenden Edelleuten nicht einschüchtern. Er mochte sich erinnern an die Zeit vor zwanzig Jahren, da hatten ihn die steirischen Stände ähnlich hart bedrängt wie jetzt die Niederösterreicher. Er hatte als Jüngling nicht nachgegeben und wollte es jetzt als gereifter Mann umso weniger tun. Es lebte etwas von dem Stolz seiner herrschsüchtigen Mutter in ihm. Mit den Ständen, wußte er, durfte man keine Kompromisse schließen; ein Fürst, wollte er nicht zum Spielball der Untertanen werden, mußte absolut herrschen, Dei gratia, von Gottes Gnaden, und nicht von der Gnade der Barone; und eine Religion mußte Geltung haben im Gemeinwesen, die römisch-katholische. Dafür mußte man bereit sein zu kämpfen, ja selbst sein Leben zu wagen. So hatten es ihm einst die Jesuiten in Ingolstadt erzählt, er hatte sich daran gehalten seitdem und hielt sich auch jetzt daran, durchaus zu seinen Vorteil.

Die Szene in der Hofburg am Vormittag des 5. Juni 1619, die „Sturmpetition" der niederösterreichischen Stände, hat später unzähligen Lesebuchschreibern als Vorlage gedient. Da wurde nicht ohne Pathos erzählt, wie die Herren auf Ferdinand eindrangen, wobei manches beleidigende Wort fiel, wie der König, auf sich alleingestellt und seinen Widersachern ausgeliefert, sie vergeblich zur Ruhe mahnte. Wie sie ihn immer heftiger bedrängten, als plötzlich lauter Trompetenschall die Ankunft von Reitern ankündigte. Es waren die Kürassiere, die Graf Dampierre Ferdinand zu Hilfe geschickt hatte. „In völligem Spornstreich und mit aufgezogenen Röhren" sprengten die Reiter kampfbereit in den Burghof. Da ließen die Stände augenblicklich von Ferdinand ab, weil sie glaubten, man wolle ihnen ans Leben, und Entschuldigungen stammelnd suchten sie eilig das Weite. Das ist ungefähr die historische Wahrheit. Es wurde aber auch erzählt, daß der Freiherr Andreas Thonradel Ferdinand an den Knöpfen des Wamses gepackt und ihm höhnisch zugerufen habe: „Gib dich, Nandel; wirst nicht unterschreiben", und daß die Zornigsten unter den Ständen sogar gedroht hätten, Ferdinand in ein Kloster zu stecken und seine Geheimräte hinzurichten. Das gehört in den Bereich der Legende, ist spätere Ausschmückung, um Ferdinands Standhaftigkeit in ein noch helleres Licht zu stellen. Die Männer, die damals um ihn waren, der Botschafter Onate vor allem, erwähnen nichts davon in ihren Berichten und hätten diese Dreistigkeit des Freiherrn Thonradel wohl vermerkt, wenn sie sich tatsächlich ereignet hätte. Unleugbar aber hatte Ferdinand in großer Gefahr geschwebt. Er hatte sich wohl eine Stunde oder länger in der Gewalt der protestantischen Stände befunden, und niemand kann sagen, wie die Sache ausgegangen wäre, wenn nicht Dampierres Reiter gerade noch rechtzeitig gekommen wären. Die endgültige Rettung bedeutete der Einzug der Kürassiere freilich nicht. Denn am folgenden Tag stand Thurn mit seiner Armee vor den Mauern Wiens. Seine Kräfte waren zu schwach, um die Stadt vollständig einzuschließen, und die Unzulänglichkeit seiner Artillerie hatte sich vor Laa in geradezu schmählicher Weise geoffenbart. Dennoch hoffte er, durch einen überraschenden Handstreich Wien erobern zu können. Er stand mit den Protestanten drinnen in der Stadt im Einvernehmen, und sie hatten ihm versprochen, sich eines Tores zu bemächtigen und ihn einzulassen. In der Hofburg lebte Ferdinand unter höchst ungemütlichen Bedingungen. Niemand durfte sich mehr in die Ritterstube wagen, wo gewöhnlich die Ratssitzungen stattfanden, weil sie im Wirkungsbereich der böhmischen Geschosse lag. Wie wäre es ihm wohl ergangen, wenn er in die Hände Thurns geraten wäre? Daran verschwendete Ferdinand keinen Gedanken. Wieder suchte er Trost und Hilfe im Gebet. Stundenlang lag er vor dem Kruzifix auf den Knien und betete, während seine Hofschranzen vor dem grimmigen Grafen Thurn zitterten. Da soll, wie man sich später erzählte, der Gekreuzigte zu Ferdinand gesprochen haben, während er betete: „Ferdinande, non te deseram!" Ich werde dich nicht verlassen, Ferdinand. Das Kruzifix erhielt einen Ehrenplatz in der Burgkapelle, und sogar der Beichtvater Lamormaini sorgte für die Verbreitung dieser frommen Legende, um Ferdinands Errettung noch wunderbarer erscheinen zu lassen, als sie ohnedies war. Wäre Graf Thurn ein paar Wochen früher gegen Wien marschiert, es hätte ihm vielleicht gelingen können, Ferdinand zu fangen. Jetzt wartete er vergeblich, daß seine Wiener Gesinnungsfreunde ihm ein Tor öffnen würden, wie sie es versprochen hatten. Aus den umliegenden Garnisonen hatte man alle verfügbaren Truppen in die Stadt geworfen, und ihre Tore waren jetzt so gut bewacht, daß ein Überfall keine Aussicht auf Erfolg mehr hatte. Acht Tage lang vertrieb sich Thurn die Zeit mit Scharmützieren, Plündern und großsprecherischen Drohungen, dann ließ er zum Rückzug blasen. Bei Nacht und Nebel verließen die Böhmen ihre Stellungen und zogen heimwärts, ein herabgekommener, zerlumpter Haufen.

Und es war dies nicht die einzige Niederlage, welche Böhmen in diesen Tagen erlitt. Am 10. Juni 1619 lockte Buquoy bei Netolitz das Korps Mansfeld in einen Hinterhalt und schlug es vernichtend. Nur mit knapper Not entkam der Söldnerführer mit einigen seiner Musketiere. Binnen weniger Tage hatte Ferdinands Situation sich grundlegend geändert. Und wieder einmal hatte er sich und der Welt den Beweis erbracht, daß er durch zähes Ausharren, passives Dulden, gepaart mit unerschütterlichem Gottvertrauen, seine Gegner zu zermürben imstande war.

Um die Kaiserkrone

Ob er manchmal noch an die Worte des Äneas Gonzaga gedacht hatte, der ihm schon vor 25 Jahren prophezeite, er werde einmal römischer Kaiser werden? Jetzt war Ferdinand diesem Ziel sehr nahe. Freilich gab es Stimmen, welche die durchaus berechtigte Frage aufwarfen, warum denn ausgerechnet das Haus Habsburg das einzige sein sollte, das die höchste weltliche Würde der abendländischen Christenheit bekleiden durfte. Sieben Kaiser hatte das Erzhaus im Verlaufe von zwei Jahrhunderten in ununterbrochener Reihenfolge gestellt, und nicht immer hatten sie ihre Aufgabe gerecht und zur allgemeinen Zufriedenheit erfüllt. Jetzt sei es endlich an der Zeit, meinten der Kurfürst von der Pfalz und seine Anhänger, daß ein anderer gewählt werde. Auf Grund der Konstellation im Kurfürstenkollegium hatte nur ein Katholik wirklich Aussicht, die Kaiserwürde zu erlangen, und da schien vielen der tüchtige Maximilian von Bayern als der beste Kandidat. Der Herzog wies solche Spekulationen jedoch weit von sich und ließ sich auch nicht umstimmen, als Friedrich von der Pfalz persönlich nach München reiste, um seinen Vetter für das Projekt zu gewinnen. Herzog Max kannte seine Bedeutung im politischen Spiele sehr wohl, doch kannte er auch die Grenzen, die ihm und seinem Land gesteckt waren. Seine Kandidatur hätte Zwietracht im katholischen Lager ausgelöst, die Habsburger, Spanien, Ferdinand vor allem, hätten ihm nie verziehen, wenn er sich ernsthaft um die Krone des Reiches beworben hätte.

Der einzig ernst zu nehmende Kandidat für die Kaiserwürde war demnach Ferdinand, obwohl die pfälzische Diplomatie mit allen Mitteln versuchte, seine Wahl zu hintertreiben. Zuerst müsse in Böhmen Friede geschlossen werden, war die durchaus nicht unbillige Forderung Friedrichs V., dann erst solle ein neuer Kaiser gewählt werden. Beim greisen Erzbischof Schweikhard von Mainz, der als Reichserzkanzler den Wahltermin festzusetzen hatte, fanden die pfälzischen Vorstellungen kein Gehör, weil er sehr wohl erkannte, daß eine Verschiebung der Kaiserwahl für die Sache der Katholiken unabsehbare Gefahren in sich barg. Es soll dem Kirchenfürsten sogar die Gottesmutter im Traume erschienen sein und eindeutig für Ferdinand Partei ergriffen haben: „Fürchte dich nicht, Schweikhard, und erwähle Ferdinandum!" Der Erzbischof tat, wie ihm geheißen, und berief die Kurfürsten nach Frankfurt. Von den vier weltlichen Vertretern des Kollegiums folgte allein Ferdinand der Einladung, und er hätte ja nicht gut fernbleiben können, da er doch berechtigte Aussichten auf die Kaiserkrone besaß. Die drei Protestanten, Sachsen, Pfalz, Brandenburg, ließen sich durch Gesandte vertreten, indem sie auf die gefährlichen Zeiten verwiesen, die ihre Anwesenheit in ihren Ländern notwendig mache.

Am 11. Juli 1619 reiste Ferdinand von Wien ab, hastig und mit kleinem Gefolge. Eggenberg war dabei, der böhmische Kanzler Lobkowitz, und auch der Sekretär Fabricius, dem sein Sturz aus dem Fenster des Hradschin zu ungeahnt hohem Ansehen verholfen hatte. Der direkte Weg hätte durch Oberösterreich geführt, doch der empfahl sich nicht bei diesen unruhigen Zeiten. Den Oberösterreichern war durchaus zuzutrauen, daß sie Ferdinand gefangensetzten. Er reiste zuerst nach Süden, über Wiener Neustadt, und dann durch das Gebirge nach Salzburg; am 16. Juli langte er dort an. Man rümpfte die Nase über seine Eile und über das kleine Gefolge, das er mit sich führte. Ein Potentat hatte gemächlich zu reisen und mit stattlicher Begleitung, das galt als ein Zeichen von Würde. Die hämischen Bemerkungen der Zeitgenossen störten Ferdinand nicht sonderlich, er mußte sparen, notgedrungen, weil er kein Geld hatte. Nur in einem hatte er nicht gespart: Er führte eine goldene Krone mit sich, die hatte er eigens anfertigen lassen,

140.000 Gulden soll sie gekostet haben. In Frankfurt mußte er wenigstens mit den Insignien seiner Macht auftreten, wenn er sie auch zur Zeit nicht wirklich ausüben konnte, er mußte repräsentieren als König von Böhmen und Kurfürst des Reiches; die echte Wenzelskrone aber war in den Händen der Rebellen.

In München besuchte Ferdinand seinen Vetter Maximilian. Er war ihm zu Dank verpflichtet. Der Herzog empfing ihn freundlich und versicherte ihn noch einmal seiner Unterstützung. Eine Stimme für ihn bei der bevorstehenden Kaiserwahl abgegeben, verkündete Maximilian, habe als eine für Ferdinand zu gelten. Moralisch gestärkt reiste Ferdinand weiter nach Frankfurt, wo er am Abend des 28. Juli ankam. Jetzt hatte er sein Gefolge stattlich vermehrt, es mag an die 1000 Personen gezählt haben. Die protestantische Bürgerschaft Frankfurts begegnete ihm mit Mißtrauen, weil sie fürchtete, die Katholischen wollten die Stadt in ihre Gewalt bringen. Kurz vor Ferdinands Ankunft hatte es eine regelrechte Straßenschlacht zwischen der Stadtwache und den Söldnern des Erzbischofs von Köln gegeben, wobei ein Diener des Erzbischofs getötet wurde. Es ging auch das Gerücht, der Kurfürst von der Pfalz wolle sich der Person Ferdinands bemächtigen, und tatsächlich hatte der Kutscher Mühe, geheimnisvolle Reiter abzuschütteln, die den Reisewagen des Königs in den Gassen der Stadt zu verfolgen suchten. Unter solch widrigen Umständen erschien es Ferdinand nicht ratsam, dauernd seinen Aufenthalt in der ungastlichen Stadt zu nehmen. Den Verhandlungen der Kurfürsten blieb er zumeist fern und vergnügte sich lieber bei der Jagd in den Wäldern der Umgebung. Ohnehin kein Freund langer Diskussionen, verband er so das Angenehme mit dem Nützlichen, denn auf dem Lande war er sicherer vor einem Anschlag seiner Gegner.

Außerhalb Frankfurts wartete auch eine böhmische Gesandtschaft auf Einlaß. Ferdinand sei ihr rechtmäßiger Herr nicht mehr, sollten die Gesandten dem Kurfürsten ausrichten, und habe daher auch kein Recht, die Kurwürde auszuüben. Sie wurden nicht angehört, mit Rebellen wollte man nichts zu tun haben. „Daß die Böhmen den Herrn, den sie einmal anerkannt haben, wieder verstoßen wollen", sprach der Kurfürst von

Sachsen, „ist nicht zu billigen. Was wäre, wenn es alle so machten?" Johann Georg wies seinen Gesandten an, für Ferdinand zu stimmen. Es war ihm freilich dabei nicht recht wohl zumute: „Ich weiß, daß nichts Gutes dabei herauskommen wird, ich kenne Ferdinand!"

Die Intrigen der Pfälzer fruchteten jetzt nichts mehr. Vergeblich mühte sich Graf Solms, der pfälzische Gesandte, den Kurfürsten von Köln für eine Wahl Maximilians von Bayern zu gewinnen. Von seinem Herrn, dem Pfalzgrafen, betonte Solms, dürfe König Ferdinand, falls er tatsächlich Kaiser werden würde, keine Hilfe zur Bedrückung der Böhmen erhoffen. Da werde sich schon ein Ausweg finden lassen, erwiderte der Erzbischof. Sollte es aber wahr sein, fügte er warnend hinzu, daß die Böhmen im Begriffe ständen, Ferdinand abzusetzen und einen Gegenkönig zu wählen, dann möge man sich gleich auf einen zwanzig-, dreißig- oder vierzigjährigen Krieg gefaßt machen, denn Spanien und das Haus Österreich würden eher alles, was sie auf dieser Welt besäßen, aufs Spiel setzen, als Böhmen aufzugeben, ja Spanien sei sogar bereit, lieber die Niederlande fallenzulassen, als zuzusehen, wie seinem Hause die Herrschaft in Böhmen so schimpflich und gewalttätig entwunden werde. Kurfürst Ferdinand von Köln war ein ähnlich weitblickender Politiker wie sein Bruder, Herzog Maximilian von Bayern.

Es entwickelten sich die Dinge also zugunsten Ferdinands, ohne daß er sich besonders hätte anstrengen müssen. Nur selten nahm er an den Sitzungen des kurfürstlichen Kollegiums teil, er hatte dort Freunde, Schweikhard von Mainz und Ferdinand von Köln, die seine Interessen aufs beste vertraten. Eine Mehrheit für ihn war schon gesichert, als die Kurfürsten am Vormittag des 28. August 1619 zur Kaiserwahl schritten. In einer Seitenkapelle des Frankfurter Bartholomäusmünsters versammelten sich die sieben Würdenträger, die über die Person des künftigen Reichsoberhauptes zu entscheiden hatten, die drei rheinischen Erzbischöfe, die Vertreter der evangelischen Kurfürsten und Ferdinand. Das Wahlverfahren regelte die Goldene Bulle, ein Reichsgesetz, das nun beinah schon dreihundert Jahre unverändert in Gebrauch war. Der Erzbischof von Mainz ersuchte seine Mitkurfürsten der Reihe nach um ihre Stimmabgabe. Er habe über den Gegenstand fleißig nachgedacht, sprach der Erzbischof von Trier, und mehrere „taugliche Subjekte" gefunden, die dem Reiche nützlich vorstehen könnten, Herzog Max von Bayern zum Beispiel oder Erzherzog Albrecht. Doch sei er nach reiflicher Überlegung der Meinung, „Seine Königliche Würden von Ungarn und Böhmen werde am besten dem heiligen Reiche vorstehen," und deswegen gebe er Ferdinand seine Stimme. Darauf der Kurfürst von Köln: Sein Kollege, der Erzbischof von Trier, habe auch seines Bruders, des Herzogs Maximilian, als treffliches Subjekt für die römische Krone Erwähnung getan. Da er aber wisse, daß sein Bruder die Krone nicht wünsche, sondern sie herzlichst einem andern gönne, so gäbe er diesem seine Stimme und wähle ebenfalls den König von Ungarn. Dann las der pfälzische Gesandte Graf Solms ein eigenhändiges Schreiben seines Kurfürsten vor. Darin war von mehreren tauglichen Kandidaten die Rede, der tauglichste aber sei Max von Bayern als ein friedfertiger Fürst, der „in keinen Krieg impliziert" sei. Das Votum für den Bayern solle aber keineswegs als Übelwollen gegen das Haus Habsburg verstanden werden, beteuerte Graf Solms ausdrücklich und dennoch wenig glaubwürdig. Nun wäre die Reihe eigentlich an Ferdinand gewesen. Der König bat aber, als letzter abstimmen zu dürfen, und sein Wunsch wurde respektiert. Nachdem die Vertreter Sachsens und Brandenburgs und der alte Schweikhard sich für ihn ausgesprochen hatten, wurde Ferdinand neuerlich um sein Votum befragt. Da seine Mitkurfürsten mit einer Ausnahme für ihn seien, sprach er recht selbstbewußt, wolle er „sich selbst kein Ungleich tun" und daher ebenfalls sich die Stimme geben. Worauf der pfälzische Gesandte sein Votum für Maximilian von Bayern zurückzog und, damit Einstimmigkeit wäre, ebenfalls Ferdinand wählte. Mit ehrlicher Ergriffenheit nahm der erwählte römische Kaiser, so lautete sein neuer Titel, die Gratulationen seiner Wähler entgegen. Er nehme die Krone mit Dank an, versicherte er, und wolle mit Gottes Beistand so regieren, daß Kurfürsten und Stände wohl zufrieden sein würden. Freudig, „als ginge es zum Tanz", soll Ferdinand hierauf die Wahlkapitulation beschworen haben.

Im Trubel der Ereignisse übersahen die pfälzischen Diplomaten eine wichtige Tatsache: Indem sie gegen Ferdinands Teilnahme an der Wahl nicht protestierten und ihn obendrein sogar noch mit ihrer Stimme zum Kaiser wählten, anerkannten sie seine Rechte als Kurfürst und König von Böhmen, welche sie ihm bisher immer bestritten hatten und nachher neuerlich bestritten. Und darauf hätten sie als kluge Politiker wohl Bedacht nehmen sollen bei dem, was sie mit Böhmen im Schilde führten.

Böhmen war in aller Munde an diesem Tag. Als der Domdechant von Mainz dem wartenden Volk Ferdinands Wahl zum römischen Kaiser verkündete, kam kein rechter Jubel auf. Ein Raunen ging durch die Menge, denn eben war die Nachricht eingetroffen, daß Ferdinand als König von Böhmen abgesetzt und an seiner Statt Friedrich von der Pfalz gewählt worden sei. Da leuchtete auch dem einfachen Mann ein, daß daraus wohl neuerliches Unheil entstehen würde.

Ferdinand nahm die böse Nachricht ruhig und gelassen zur Kenntnis. Nur närrische und aberwitzige Leute, sagte er, könnten so etwas tun. Energische Gegenmaßnahmen aber traf er nicht, von allzu großer Hast hielt er nicht viel. Mit Böhmen würde er sich später beschäftigen. Jetzt mußte er einmal den hervorragendsten Potentaten der Christenheit, dem Papst, den Königen von Frankreich und Spanien, seine Wahl anzeigen. Er tat es in wenigen Zeilen. Schwager Philipp von Spanien war verstimmt über die lapidare Botschaft, er deutete sie als Unhöflichkeit, was freilich seine Beziehungen zum neuen Kaiser nur vorübergehend trübte. An Vetter Maximilian sandte Ferdinand einen ausführlicheren Brief. Von der Ehre Gottes schrieb er, von Nutz und Wohlfahrt des Heiligen Römischen Reiches, und daß ihm der Allmächtige Stärke und Vernunft verleihen möge. Weniger hoffnungsfroh waren die Frankfurter Bürger. Am Wahltag schwärmten vor dem Römer auffällig viele Bienen, was als ungünstiges Vorzeichen gedeutet wurde. Die Glückwünsche, die Ferdinand empfing, kamen nicht alle aus ehrlichem Herzen. Friedrich von der Pfalz weigerte sich überhaupt, dem neuen Kaiser zu gratulieren, und auch das Glückwunschschreiben des Kurfürsten von Sachsen traf niemals in Frankfurt ein; das hatten die Böhmen abgefangen. Hätten sie es aufmerksamer gelesen, sie hätten wohl daraus entnehmen können, wie das Netz um ihr Land sich enger zog.

Indessen hatten die Abgesandten der Stadt Nürnberg, welche die Reichsinsignien hütete, die Kleinodien nach Frankfurt gebracht. Am Morgen des 9. September ritt Ferdinand mit großem Gefolge in feierlichem Zuge vom Rathaus, dem weltberühmten Römer, zum Bartholomäusmünster. Er war noch im kurfürstlichen Gewand, mit der Krone auf dem Haupt, die ihm als Ersatz für die Wenzelskrone diente. Das uralte Krönungszeremoniell verlief ohne Zwischenfälle. Der Erzbischof von Mainz hielt das Hochamt, die Allerheiligenlitanei wurde gesungen. Die Fragen des Erzkanzlers, ob er bereit sei, die Kirche zu schirmen, die Gerechtigkeit zu wahren und die Witwen und Waisen zu schützen, bejahte Ferdinand mit fester Stimme und leistete den Krönungseid. Er würde den Schwur schwerlich halten können. Die Kirche, die wollte er schützen, doch das ging oft zu Lasten der Witwen und Waisen. Und wie sollte er unparteiisch Gerechtigkeit wahren, wo zwei Parteien in unversöhnlichem Haß einander gegenüberstanden und keiner die Meinung des anderen gelten lassen wollte? Es antworteten auch die anwesenden Stände des Reiches auf die Frage des Konsekrators, ob sie dem künftigen Kaiser Gehorsam leisten wollten, mit dem zustimmenden Rufe „Fiat". Auch ihnen, den meisten von ihnen, würde es schwerfallen, wenn nicht gar unmöglich sein, ihr Versprechen zu erfüllen. Die Feierlichkeit des Augenblicks täuschte darüber hinweg, daß die uralten Krönungszeremonien zu bloßen Formalismen erstarrt waren; die rauhe Wirklichkeit war über sie hinweggegangen.

Man salbte Ferdinand und kleidete ihn in die kaiserlichen Gewänder, umgürtete ihn mit dem Schwert Karls des Großen, gab ihm das Zepter in die rechte, den Reichsapfel in die linke Hand, setzte ihm die Bügelkrone auf und führte ihn zu seinem Thronsessel, worauf der Erzbischof von Mainz das Hochamt zu Ende zelebrierte. Daran schloß sich das Bankett im Rathaus. Die hohen Herrschaften gingen zu Fuß dorthin, der Kaiser im Krönungsornat unter einem Traghimmel. Bei der Tafel saß er seiner Würde gemäß drei Stufen höher als die Kurfürsten. Für das Volk gab es die bei solchen Feierlichkeiten üblichen Belustigungen, einen gemästeten Ochsen am Spieß, einen kunstvoll konstruierten Brunnen, aus dem roter und weißer Wein floß. Das schöne Schauspiel währte fast eine Stunde lang, dann wurde das mit Adlern und Löwen verzierte Gebilde von der gierigen Volksmenge in Stücke gerissen. Man balgte sich um die ausgeworfenen Münzen und um die Fetzen von dem roten Tuch, auf dem der Kaiser vom Münster zum Rathaus geschritten war. Drinnen im Festsaal ging es würdiger zu. Die Vertreter der weltlichen Kurfürsten bedienten den Kaiser nach alter Tradition beim Mahl. Es gab Konfekt und edle Weine bei festlicher Musik. Gegen fünf Uhr abends hob Ferdinand die Tafel auf und ritt zu seinem Quartier, geleitet von den Kurfürsten und den vornehmsten Ständen des Reiches. Er stand jetzt weit über ihnen, so wollten es die Verfassung und die uralte Tradition, Ferdinand II., erwählter römischer Kaiser. Er war jetzt wohl nicht viel mächtiger als zuvor. Der Kaiser hatte in diesem partikularistischen, von höchst unterschiedlichen Territorien und Interessen zerrissenen Staatengebilde, das sich Römisches Reich nannte, nicht mehr viel zu reden. Es hatte aber das Kaisertum einen Rest von dem mystischen Glanz vergangener Zeiten bewahren können, der Kaiser galt als sakrosankte Person, als der oberste Potentat der Christenheit, und es umgab ihn das Phantom uralten Rechtes. Die Menschen damals hielten viel von Titeln und Würden. Und wie es sich bald zeigen sollte, konnte das Kaisertum immer noch eine Quelle realer Macht sein, wenn einer die Vorteile des Amtes zu nützen verstand.

Freunde und Feinde

Im Herbst 1619, kurz nach seinem großen Erfolg bei der Kaiserwahl in Frankfurt, kam Ferdinand noch einmal in ärgste Bedrängnis; wieder hätte nicht viel gefehlt, und er wäre der doppelten Gefahr erlegen. Sie kam zugleich von Norden, von den Böhmen, und von Osten in der Gestalt des Fürsten Gabriel Bethlen von Siebenbürgen. Das Amt eines Fürsten von Siebenbürgen, dem Pufferstaat zwischen dem Osmanischen Reich und dem habsburgischen Ungarn, war schwer und gefährlich. Wer es innehatte, mußte listig sein und verschlagen, um nicht zum Spielball der beiden großen Nachbarn zu werden, er mußte auch grausam sein können, um die zahlreichen Rivalen und Neider im Innern niederzuhalten, was nicht immer erfolgreich geschah:

Mehrere dieser Fürsten sind keines friedlichen Todes gestorben. Die beiden großen Flankenmächte mischten kräftig mit bei den Händeln in Siebenbürgen, und jede versuchte, den ihr genehmen Kandidaten auf den unsicheren Thron zu bringen. Die Habsburger, eingedenk ihrer erfolgreichen Heiratspolitik in früheren Zeiten, probierten einmal auf diese Weise, im Lande mehr Einfluß zu gewinnen, was aber mißlang. Opfer dieser hochpolitischen Kombination war die Erzherzogin Maria Christina, eine Schwester Ferdinands, die man 1595 mit dem damaligen Fürsten Sigmund Bathori vermählte. Die Ehe der Prinzessin verlief unglücklich, es heißt, sie sei niemals vollzogen worden. Nach ein paar Jahren freudlosen Ehedaseins wurde Maria Christina von ihrem Gemahl kurzerhand nach Hause geschickt und suchte als Äbtissin in einem Kloster die böse Welt zu vergessen. Die Affäre trübte die Beziehungen Habsburgs mit Siebenbürgen nur vorübergehend, denn das Land war zu wichtig. Im Türkenkrieg Kaiser Rudolfs wechselte es deshalb auch mehrere Male den Besitzer, und aus einem Wust von Intrigen und Thronkämpfen, bei denen auch Ferdinands ehemaliger Schwager anfangs kräftig mitmischte, ging schließlich im Jahre 1613 Gabriel Bethlen mit tatkräftiger Hilfe der Türken als unumstrittener Sieger hervor. Bethlen Gabor, wie er bei den Ungarn hieß, war Calviner, und schon aus diesem Grunde ein geschworener Feind der Habsburger. Diese Feindschaft und die Freundschaft mit den Türken war zugleich die einzige Konstante seiner Politik. Im übrigen handelte der Fürst oft sprunghaft, wankelmütig, und manchmal geradezu feige. Dennoch bot er sich den Böhmen als natürlicher Bundesgenosse an, und diesen war jeder willkommen, wenn er nur ein wenig Hilfe und Erleichterung bringen konnte.

Als Bethlen Ende August 1619 von seiner Hauptstadt Klausenburg mit einem gewaltigen Kriegsheer nach Westen aufbrach, tat er dies freilich nicht allein aus Freundschaft zu seinen böhmischen Bundesgenossen, sondern hauptsächlich zu dem Zweck, Ferdinand die Stephanskrone zu entreißen. Die Ungarn, so schien es, hatten auf ein solches Zeichen nur gewartet; alsbald stand das ganze Land in Aufruhr. Der Fürst von Siebenbürgen, Ungar von Geburt, wurde als Befreier willkommen geheißen, sein Marsch durch Ungarn glich mehr einem Triumphzug als einem Kriegsunternehmen. Die Anhänger Ferdinands gaben ihre Sache für verloren. Jesuiten und geistliche Würdenträger flohen vor Bethlens Reitern, so rasch sie konnten; einige nicht rasch genug: In Kaschau büßten zwei Jesuiten und ein Domherr ihr Leben ein.

Die Hiobsbotschaften aus Ungarn erreichten Ferdinand auf der Heimreise aus Frankfurt. Der Kaiser hatte sich bis 18. September dort aufgehalten und war dann gemächlich weitergezogen, über Würzburg und Rothenburg ob der Tauber, wo er beinah den Fürsten der Union in die Hände gefallen wäre. Unterwegs vergnügte er sich mit Hirschjagden und hielt endlich am 28. September Einzug in Augsburg. Dort soll ihm der Bote die Nachricht überbracht haben, daß schon beinahe ganz Ungarn in der Gewalt Bethlens sei. Da beschleunigte er seine Reise ein wenig. Am 1. Oktober 1619 kam er nach München. Vetter Maximilian empfing ihn mit allen Ehren, wie sie einem römischen Kaiser gebührten. Sie hatten einander geduzt die ganze Zeit über, seit den gemeinsamen Jugendjahren in Ingolstadt. Jetzt redete der Herzog den Kaiser mit Sie an, während Ferdinand als der Höhere beim altvertrauten Du blieb. Dem äußeren Schein war so Genüge getan. In Wahrheit aber war Ferdinand der Schwächere trotz aller seiner Titel und Würden; er kam als Bittsteller, brauchte die Unterstützung Bayerns und der Liga, wenn er seiner vielen Feinde Herr werden wollte, jetzt noch dringender als ehedem. Maximilian, der schlaue Politiker, zog seinen Vorteil aus des Kaisers Notlage. In der ersten Woche des Oktober verhandelten sie hektisch in der Münchner Residenz, Maximilian, der Kaiser, Eggenberg, der unvermeidliche Botschafter Onate. Der Herzog versprach, mit Hilfe der Liga ein Heer anzuwerben und, soweit es die Rücksicht auf seine eigene Sicherheit gestatte, dem Kaiser zu Hilfe zu kommen. Dafür mußte dieser versprechen, sich in die militärischen Belange der Liga nicht einzumischen, dem Herzog aus diesem Vertrag möglicherweise entstehende Verluste an Land und Leuten und sämtliche Auslagen zu ersetzen sowie die von ihm zurückeroberten Erblande pfandweise zu überlassen, „bis angeregte extraordinari Unkosten wie auch die liquidierten Schäden erstattet und abgetan sein werden". Diese Bedingungen wurden am 8. Oktober 1619 schriftlich festgelegt. Mündlich hingegen und streng geheim, wenngleich nicht weniger bindend, war über den Lohn verhandelt worden, den Maximilian für seine Hilfe sich ausbedang: Kurfürst wollte er werden anstelle Friedrichs von der Pfalz, und alle pfälzischen Gebiete sollte er behalten dürfen, die er in dem kommenden Krieg erobern würde. Wenn es um Macht und Besitz ging, vergaß sogar der Bayernherzog bisweilen seine vielgerühmte politische Weisheit und übertraf in seiner Habgier seine fürstlichen Standesgenossen beinahe ebenso weit wie in seiner staatsmännischen Klugheit. Denn von weiser Mäßigung ist in diesen Forderungen keine Spur. Ferdinand in seiner großen Not akzeptierte; er hätte auch zustimmen müssen, wenn Maximilian die Steiermark gefordert hätte oder gar Böhmen. Es war dies kein guter Anfang seines Kaisertums. Wollte er ehrlich Frieden und Gerechtigkeit im Reich wahren, wie er bei seiner Krönung gelobt hatte, dann hätte er Maximilians Forderungen ablehnen müssen. Denn sie trugen den Keim dauernder Zwietracht in sich und waren gutes Recht ebensowenig wie das, was der Kurfürst von der Pfalz gerade mit Böhmen zu tun im Begriffe war.

Als Friedrich V. von der Pfalz sich in die böhmischen Händel einzumischen begann, war er ein junger Mann von 22 Jahren, lebensfroh und unbekümmert. An seinem Hofe zu Heidelberg wußte er prächtige Feste zu feiern und war seiner schönen Gattin Elisabeth, Tochter des englischen Königs Jakob I., in aufrichtiger Liebe zugetan. Ein bedeutendes Talent aber war der Kurfürst nicht. Es gibt Erzählungen von Diplomaten, daß Friedrich, als er auf eine Ansprache erwidern sollte, auswendig Gelerntes herunterleierte, ohne Rücksicht darauf, ob seine Worte zu dem vorher Gehörten paßten, oder daß er hilfesuchend mit dem Fürsten von Anhalt tuschelte, weil ihm selbst die rechte Antwort nicht einfiel. Wie er überhaupt in politischen Fragen dem Rat Christians von Anhalt vertraute und dem Fürsten ähnlich vorbehaltlos folgte wie sein Widerpart Ferdinand auf Eggenberg oder auf die Einflüsterungen der Jesuiten hörte. Wäre der junge Friedrich ein klein wenig selbstkritischer gewesen, erfahrener in den Dingen der Politik, und auch weniger stolz und ehrgeizig, er hätte ein schönes Leben führen können in seiner Heidelberger Residenz, bei Bällen, Jagden, Schlittenfahrten, und was es sonst noch für höfische Vergnügungen gab. Weil der junge Mann aber zu sehr auf die Ratschläge seines Ministers hörte, mußte er Armut erdulden und Verbannung, und am Ende seines traurigen Lebens stand ein früher Tod.

Fürst Christian von Anhalt war ein überaus ehrgeiziger Mann und einer der hartnäckigsten Gegner, den das Haus Habsburg jemals hatte. Wann immer irgendwo in Europa Pläne gegen das Erzhaus geschmiedet wurden, war Anhalt dabei, und wie oft auch diese Pläne scheitern mochten, er verlor niemals den Mut zu einem neuen Versuch.

So jetzt in Böhmen: Lange hatten dort die Führer des Aufstandes gezögert, den letzten entscheidenden Schritt zu tun und Ferdinand abzusetzen. Es lag aber in der Konsequenz ihres bisherigen Handelns, daß sie es wagen mußten. So schritten sie schließlich am 19. August 1619 zur Tat und entsetzten Ferdinand seiner Würde als König von Böhmen in einer feierlichernsten Zeremonie, nicht ohne ihn nochmals aller vermeintlichen und wirklichen Vergehen anzuklagen, derentwegen er jetzt seiner Krone verlustig gehen sollte. Schritt für Schritt, hieß es in dem Schriftstück, habe Ferdinand auf den Ruin der böhmischen Freiheiten hingearbeitet, das Interesse des Landes an Fremdlinge verraten und sich überhaupt wie ein Tyrann und nicht wie ein König benommen. Ein solcher Mann könne nicht im Besitz der Wenzelskrone gelassen werden. Auch habe der gewesene König schon in der Steiermark härteste Gewalt gegen die Protestanten angewendet und sei immer und überall zu ähnlichen Maßnahmen bereit gewesen. Diese unbestreitbaren Tatsachen waren aber den Böhmen schon längst bekannt gewesen, ehe sie Ferdinand zum König machten, und wenn sie sich im Juni 1617 geweigert hätten, wären sie der ungeteilten Sympathie des habsburgfeindlichen Europa sicher gewesen. Daß sie aber jetzt den einmal gesalbten und gekrönten König wieder absetzten, war ein revolutionärer Akt, ein Verstoß gegen das Prinzip der Legitimität, und wurde vor allem von denen mit gemischten Gefühlen zur Kenntnis genommen, die aus diesem Prinzip den hauptsächlichsten Nutzen zogen, den Fürsten und Potentaten. Es würde ihnen schlecht ergehen, wenn das böhmische Beispiel Nachahmer fände, und was heute Ferdinand zugestoßen war, konnte morgen schon einem anderen passieren. Selbst der

König von Frankreich, Ludwig XIII., dem eine so bedeutende Schwächung der habsburgischen Macht ja eigentlich willkommen sein mußte, wollte nicht für die böhmischen Revolutionäre Partei ergreifen. Es half ihnen nicht wesentlich, daß sie eilends nach einem neuen König Umschau hielten. Es mußte einer sein nach ihrem Geschmack, mit arg beschnittenen Rechten, nicht viel mehr als eine Marionette in ihren Händen. Dennoch gab es für diese Würde anfangs drei ernsthafte Kandidaten. Der Herzog von Savoyen, der die Böhmen als erster tatkräftig unterstützt hatte, schied bald aus, weil seine Macht als zu gering erschien. Dagegen hatte der Kurfürst von Sachsen viele Anhänger im Herrenstand, aber beinahe ebenso viele Gegner, die ihn nicht ganz unberechtigt einen Trunkenbold schalten, der „alle Tage seinen Rausch" habe. Außerdem zeigte Johann Georg wenig Lust, sich mit den Habsburgern zu verfeinden. Blieb als dritter und aussichtsreichster Anwärter Friedrich von der Pfalz. Von ihm hofften die Böhmen, er werde eine große protestantische Koalition auf die Beine bringen, war er doch der Schwiegersohn Jakobs I. von England, Direktor der Union und bei den Holländern beliebt. Ihn wählten die böhmischen Stände am 26. August 1619 mit überwältigender Mehrheit zum König. Erst nach einigem Zögern nahm Friedrich die Wahl an und erwies sich dadurch immerhin noch ein wenig vorsichtiger als sein Berater. Er brauche sich nur in diesen Stuhl zu setzen, hatte Anhalt gemeint, dann könne ihn so bald niemand davon vertreiben. Auch seine junge, leichtlebige Gattin redete Friedrich zu. Lieber wolle sie Sauerkraut mit einem König essen als Braten mit einem Kurfürsten, soll sie zu ihrem Mann damals gesagt haben.

Es gab auch vernünftige, weitblickende Leute, die Friedrich eindringlich warnten, sich kopfüber ins böhmische Abenteuer zu stürzen, Maximilian von Bayern zum Beispiel. Der Herzog schrieb seinem jungen Vetter einen langen Brief. Wenn er die vermeintliche böhmische Wahlkrone annähme, mahnte der Herzog darin, sei dies mit großen Gefahren verbunden, denn Böhmen sei eines von Europas interessantesten Königreichen, und besonders Herrscher aus nichtböhmischem Geblüt hätten dort keine guten Erfahrungen gemacht. Ferner solle Friedrich auch bedenken, daß das Haus Österreich den Verlust Böhmens nie verschmerzen und auf Rache sinnen würde. Und solche Gelegenheiten böten sich oft über Nacht. Nie sollte man anderen antun, was man selber nicht wollte angetan haben. Wohin würde das führen, wenn Untertanen ihre Fürsten ohne weiteres vertrieben und ein anderer Fürst eine solche unerlaubte Tat nicht nur billigte, sondern sich gleich selbst an die Stelle des widerrechtlich seines Thrones Beraubten setzte? Herzog Maximilian gab sich wirklich Mühe mit seinen Argumenten. Sein Brief wurde höflich, aber ablehnend beantwortet. „Es ist ein Ruf von Gott, dem ich mich nicht verschließen darf", schrieb Friedrich um diese Zeit an den Herzog von Bouillon. Er wäre vielleicht noch zur Einsicht gekommen, hätte ihm der Herzog Maximilian auch mitgeteilt, was er zu tun gedenke, sollte der Vetter tatsächlich nach der böhmischen Krone greifen.

Mitte Oktober 1619 verließ Friedrich Heidelberg, um nie mehr zurückzukehren. „Du trägst die Pfalz nach Böhmen", rief ihm seine Mutter sorgenvoll nach, als er zum Tore hinausritt. Was für ein Land Böhmen sei, wie aufsässig die Barone waren, wie verlottert die Armee, wie triste die Finanzen, davon hatte Friedrich nur ungefähr eine Ahnung. Am 31. Oktober hielt er in Prag glanzvoll Einzug, auf kostbar gezäumtem Pferd, in einem dunkelbraunen, mit Silber bestickten Gewand. Es umgaben ihn 24 weiß und blau gekleidete Trabanten, dahinter folgte die Königin in einer Kutsche, die reich mit Gold und Perlen verziert war. Repräsentieren, seine fürstliche Würde zur Schau stellen, das konnte Friedrich, und mehr wurde von einem Potentaten gewöhnlich auch nicht verlangt. Diese Zeiten aber waren zu seinem Unglück alles andere als gewöhnlich. Das Volk von Prag jubelte Friedrich zu, und es jubelte auch noch, als er am 4. November im Veitsdom zum König von Böhmen gekrönt wurde; ein strahlend junger Herrscher an der Seite einer bezaubernden Königin, das war ein Schauspiel, das die Leute begeisterte. Es folgten Feste und Lustbarkeiten, wie sie das alte Prag noch niemals gesehen hatte, Bälle, Maskenfeste, Jagden, Schlittenfahrten den ganzen Winter über. Das Königspaar feierte auch die Geburt eines Sohnes, der den echt pfälzischen Namen Rupprecht erhielt; für ihn übernahm Fürst Gabriel Bethlen von Siebenbürgen die Patenschaft. Im Jänner und Februar 1620 reiste der König zur Huldigung nach Brünn und

Breslau. In der Hauptstadt Mährens wohnte er im Palais des entflohenen Kardinals Dietrichstein und schrieb von dort der Königin, seinem „teuren und einzigen Herz", einen schönen Brief. Es gefalle ihm hier besser als in Böhmen, berichtete Friedrich, die mährischen Barone hätten ihm gehuldigt in einer Kirche, die einst den Jesuiten gehörte. Nur Herr Karl von Zierotin habe den Eid nicht leisten wollen. Der strenggläubige Protestant hielt Ferdinand die Treue, nicht weil ihm der Habsburger sympathisch gewesen wäre, sondern weil er seinen Treueschwur nicht brechen wollte. Doch was bedeuteten damals noch Mut und ein starker Charakter? Die Ereignisse gingen über den alten Herrn von Zierotin hinweg, der Rufer im Streite, der zum Recht mahnte und zur Gerechtigkeit und dafür selbst das leuchtendste Beispiel gab, blieb ungehört und unbedankt. Wenn der Baron seinen Sinn nicht ehestens ändere, schrieb Friedrich von der Pfalz in dem Brief an seine Frau, werde er sicherlich alle seine Güter verlieren. Der König war damals zuversichtlich, beinahe übermütig in den paar Monaten nach seiner Krönung, denn da schien es um die Sache Böhmens noch einmal, ein letztes Mal, gut zu stehen. Als Ferdinand am 9. Oktober 1619 die Heimreise aus München antrat, hatte er wohl die Gewißheit, daß Maximilian von Bayern ihm helfen würde, nicht aber, wann diese Hilfe wirksam werden könnte. Der Herzog liebte es, gründlich vorzugehen, „ex naturali instinctu, auf die eigene defension bedacht", wie er zu sagen pflegte. Zu einem solchen weiträumigen und folgenschweren Unternehmen waren diplomatische Vorbereitungen notwendig, der Papst mußte um Finanzhilfe ersucht, Spanien zu einem Angriff auf die Rheinpfalz gewonnen werden, und es dauerte auch seine Zeit, ein schlagkräftiges Heer auf die Beine zu bringen. Da würde noch der ganze Winter vergehen und ein guter Teil des nächsten Frühjahrs, ehe Herzog Maximilian kriegsbereit im Felde stand. Bis dahin mußte der Kaiser versuchen, sich allein gegen seine zahlreichen Feinde zu behaupten.

Inzwischen hatte sich Ferdinands militärische Lage durch das Eingreifen Bethlens wieder rapid verschlechtert. Nicht einmal nach Wien konnte er jetzt reisen, der direkte Weg dorthin war ihm versperrt. An der Donau lauerten die Oberösterreicher, und auch die Mehrzahl der Stände Niederösterreichs hatte sich dem allgemeinen Aufruhr angeschlossen. Er mußte fürchten, daß man ihn gefangennahm. Nur der Weg nach Graz stand ihm noch offen, die steirischen Barone, von ihm einst so hart und rücksichtslos behandelt, bewahrten ihm jetzt die Treue. Am 16. Oktober hielt er Einzug in seine ehemalige Residenzstadt. Der Empfang, der ihm bereitet wurde, war eines Kaisers würdig; gleich drei Triumphpforten hatten die Grazer errichtet, und die Stände ehrten ihn mit einem goldenen Pokal und einem Geschenk von 150.000 Gulden. Seine Freude währte nur kurz. In der Grazer Burg lag sein ältester Sohn Johann Karl todkrank, und während er an seinem Sterbelager wachte, kamen neue Unglücksmeldungen. Am 14. Oktober hatte Bethlen Preßburg eingenommen, die Stephanskrone, Symbol der Herrschaft über Ungarn, war jetzt in der Gewalt des wilden Fürsten von Siebenbürgen. Wieder schien Wien ernsthaft bedroht. Besonders Furchtsame wie der Kardinal Dietrichstein flohen aus der gefährdeten Hauptstadt, noch lange bevor sich der erste siebenbürgische Reiter zeigte. Buquoy mußte Böhmen schleunigst räumen und eilte mit seinen Truppen herbei, um Wien zu schützen. Auf dem Fuße folgte ihm Thurn. Doch einmal mehr versäumte es der böhmische Heerführer, der zurückflutenden kaiserlichen Armee einen entscheidenden Schlag zu versetzen. Seelenruhig und von den Böhmen nur zaghaft behelligt, setzte Buquoy in der Nähe von Wien über die Donau, brach die Schiffsbrücke hinter sich ab und war vorläufig mit seiner Armee in Sicherheit. Gerettet war auch die Kriegsbeute, die ihn auf seinem Marsche mehr behindert hatte als die Angriffe der Böhmen; sie soll überaus stattlich gewesen sein. Des Kaisers Bruder, Erzherzog Leopold, hatte eine solche Bagage vorher „noch nimmermehr gesehen". Nun glückte aber auch Thurn endlich einmal ein vernünftiges, wenngleich nicht allzu schwieriges Manöver. Er rückte nach Preßburg, um sich mit Bethlen zu vereinigen. Gemeinsam wollte man dann den Marsch auf Wien wagen.

In seine bedrohte Hauptstadt unter allen Umständen zurückzukehren, war auch der Wunsch des Kaisers; nicht so sehr, weil er Mitleid mit den armen Bürgern empfand, die unter den Ausschreitungen der einquartierten Soldaten Buquoys allerlei zu leiden hatten, sondern weil das seine Vorstellung von Pflicht war, die er als Herrscher glaubte erfüllen zu müssen. Die Wiener hätten wohl über seinen Besuch weit mehr Freude gehabt, wenn er ihnen etwas Erleichterung hätte bieten können, Aufhebung der lästigen Einquartierungen etwa oder Minderung der drükkenden Steuerlasten. Er brachte nur Mut und Gottvertrauen, denn daran hat es ihm in entscheidenden Situationen nie gefehlt. Bethlen, den „Vasallen des Sultans", wie er ihn durchaus zutreffend nannte, verachtete er und hatte keine Angst vor dessen Reiterhorden, die schon in der Umgegend von Wien streiften, und daß er auch die Söldner des Grafen Thurn nicht fürchtete, hatte er schon ein halbes Jahr zuvor bewiesen. Am 10. November 1619 brach Ferdinand von Graz auf, nur von einem Häuflein Kürassieren begleitet. Unterwegs, in der kleinen Ortschaft Kindberg, erreichte ihn die Nachricht, daß die Böhmen Friedrich von der Pfalz zum König gekrönt hätten. Die Botschaft kam nicht überraschend und beschleunigte seine Schritte keineswegs, er ließ sich Zeit mit dem Reisen und mit seinen Gegenmaßnahmen. Gewöhnlich pflegte man die Reise von Graz nach Wien in drei, höchstens vier Tagen zu machen. Ferdinand benötigte damals ungefähr die vierfache Zeitspanne. Der Faktor Zeit hat im Denken und Planen dieser Menschen eine weitaus geringere Rolle gespielt als heute, wo alles nicht betriebsam und schnellebig genug sein kann.

Von Widerwärtigkeiten blieb Ferdinand auf seiner Reise von Graz nach Wien freilich nicht ganz verschont, und sie waren zum Teil auch Ursache dafür, daß die Fahrt gar so lange dauerte. Ein Schneesturm hielt den Kaiser und seine Begleiter drei Tage lang im Hospiz von Schottwien am Semmeringpaß fest, und als das Wetter wieder besser wurde, wurde die Reise durch bettelnde Mönche und Nonnen verzögert, die der Krieg aus der Geborgenheit ihrer Klöster vertrieben hatte. Am 25. November endlich gelangte Ferdinand wohlbehalten nach Wien, weil auch Thurn und Bethlen sich nicht als Freunde rascher und zielstrebiger Maßnahmen erwiesen. Fast vier Wochen hatten sie sich Zeit gelassen, ehe sie ihre vereinigte Armee von Preßburg gegen Wien in Marsch setzten.

Dort herrschten Unordnung und Verzweiflung, die Stadt war mit den Soldaten Buquoys vollgestopft. Die Versorgung brach zusammen, weil die Bauern, welche Lebensmittel nach Wien bringen wollten, von den gierigen und hungrigen Kriegsknechten ausgeplündert wurden. Bürgersfrauen und Mädchen taten gut daran, in ihren Häusern zu bleiben, und waren selbst dort nicht vor den Nachstellungen der wilden Soldateska sicher. Besonders die Sittenlosigkeit seiner Soldaten empörte den frommen Kaiser, und gern wäre er wieder aus Wien fortgezogen, wenn er die Möglichkeit dazu gehabt hätte. Doch drei Tage nach Ferdinands Ankunft stand auch die vereinigte böhmisch-siebenbürgische Armee vor den Mauern von Wien. Sie wäre stark genug gewesen, die große Festung einzuschließen und ihr jede Zufuhr abzuschneiden; und das hätte bei dem Mangel, welcher in der von Menschen überquellenden Stadt herrschte, bald zu einer Katastrophe führen können. Zum zweiten Mal in diesem Jahr war Ferdinand nahe daran, in die Hände seiner Gegner zu fallen, und wieder hatte er Glück in letzter Minute. Ein paar tausend Kosaken, von Ferdinands Schwager, dem König Sigismund von Polen, geworben, unternahmen einen Einfall in Oberungarn, drangen bis nach Kaschau vor, ehe sie von Bethlens Gefolgsleuten zurückgeschlagen werden konnten. Der Fürst im Lager vor Wien überschätzte wohl die Gefahr in seinem Rücken und gab die Belagerung schon nach wenigen Tagen auf. Wohl oder übel mußte auch Thurn mit seinen Böhmen dem Beispiel des Siebenbürgers folgen. Bethlen zog sich nach Preßburg zurück und schloß bald darauf einen Waffenstillstand mit dem Kaiser. Es wurde ihm die Kontrolle über Ungarn zugestanden, und das genügte ihm vorerst. Thurn marschierte heim nach Böhmen, wo seine meuternden und hungernden Truppen in der Winterkälte scharenweise zugrunde gingen. Aber auch die kaiserliche Armee, obwohl ein wenig besser bezahlt und besser verpflegt als die böhmischen Söldner, hatte in diesem Spätherbst 1619 arg gelitten. Und hätten nicht auswärtige Mächte helfend eingegriffen, wären beide Parteien wohl auch im folgenden Jahr nicht in der rechten Form gewesen, eine Entscheidung zu ihren Gunsten herbeizuführen.

Das Schicksal Ferdinands II. und seiner böhmischen Gegner entschied sich in diesem Winter 1619/20. Die Entscheidung fiel nicht in Wien oder Prag, oder höchstens zu einem geringen Teil; die Beschlüsse, welche den Ausschlag gaben, wurden in London, Paris und Dresden gefaßt, die wichtigsten von allen in

Madrid. Philipp III. von Spanien hatte die Sache Ferdinands bisher mit Subsidien und Truppen unterstützt, doch zeigten die Ereignisse des Jahres 1619 deutlich, daß diese Hilfe nicht ausreichte, um Ferdinand ein Übergewicht über seine Gegner zu verschaffen. Der spanische Staatsschatz war infolge der vielen Kriege und der Günstlingswirtschaft und Verschwendungssucht am Hofe erschöpft. Eine einflußreiche Kamarilla, geführt vom Großinquisitor und Beichtvater des Königs, Luis von Aliaga, sprach sich aus recht eigennützigen Motiven gegen eine weitere Unterstützung des Kaisers aus. Diese folgenschweren Pläne nach Möglichkeit zu vereiteln war die Aufgabe des kaiserlichen Botschafters Franz Christoph Khevenhüller. Der Graf zeigte jetzt ähnlichen Mut wie einst, als er seine Braut dem hartnäckigen Schwiegervater entführt hatte. Beim Großinquisitor, der ihn gar nicht anhören wollte, verschaffte sich Khevenhüller mit Gewalt den Zutritt. Wenn Spanien den Kaiser jetzt im Stiche ließe, drohte er dem finsteren und hochmütigen Mönch, werde dieser gezwungen sein, mit seinen Feinden Frieden zu schließen, und dann würden sie ungehindert über die spanischen Besitzungen in den Niederlanden und in Italien herfallen. Der Botschafter, ein schlauer Psychologe, wußte auch einen Weg, um Philipp III. selbst für die Interessen Ferdinands zu gewinnen. Er drohte dem frommen König mit den Schrecken des Jüngsten Gerichtes, wenn durch seine Schuld so viele tausend Seelen der Hölle verfielen, und kein Argument hätte auf Philipp III. eindrucksvoller wirken können als dieses. Um sein Seelenheil besorgt, gab der König im Jänner 1620 den Befehl, in Österreich ein Heer von 12.000 Mann Fußvolk und 4000 Reitern auf spanische Kosten zu unterhalten und gleichzeitig eine noch weit größere Armee von den Niederlanden gegen die Rheinpfalz in Marsch zu setzen.

Um diese Zeit trat auch Kurfürst Johann Georg von Sachsen endgültig auf Ferdinands Seite. Er halte es für seine Pflicht, ließ der Kurfürst wissen, dem Kaiser gegen seine Feinde beizustehen. Es war ihm stattlicher Lohn für seine Loyalität in Aussicht gestellt. Gelang es, die Böhmen niederzuwerfen, dann sollte Sachsen um die beiden Lausitzen vergrößert werden. Eine bedeutende Historikerin des Dreißigjährigen Krieges hat diesen Handel eine ungeheure Bestechung genannt, was er wohl auch war. Selbst seine frömmsten Gefühle schonte Ferdinand diesmal nicht, indem er dem Kurfürsten versprach, die Lutheraner in Böhmen ungeschoren bei ihrer Religion zu lassen, wenn er dort wieder an die Regierung käme. Böser Fanatismus, erkannten der Kaiser und seine Räte sehr richtig, war jetzt nicht angebracht, da mußten diesmal leider auch die geheiligten Interessen der Kirche ein wenig zurückstehen. War Böhmen erst besiegt, würde man weitersehen.

Es war in der Tat eine gewaltige Koalition, die sich gegen Friedrich von der Pfalz zusammenballte, während er noch sorglos und zuversichtlich durch die Lande reiste und sich von seinen Untertanen huldigen ließ, die bald keine mehr sein würden. Unter seinen Feinden machte indes das Spottwort vom „Winterkönig" die Runde, weil sie sich gewiß waren, daß Friedrichs böhmisches Königtum nur einen Winter und nicht viel länger dauern werde. Auch in Böhmen selbst herrschte für den neuen König nicht mehr dieselbe Begeisterung wie nach seiner Krönung. Unter der glänzenden Fassade der Bälle und Feste, welche das Königspaar den ganzen Winter über so prunkvoll zu feiern wußte, machte sich allmählich Ernüchterung breit und Resignation, Angst vor der furchtbaren Rache Habsburgs, je näher es auf das Frühjahr zuging. Die Armee, die Friedrichs unsicheres Königtum schützen sollte, war ein verlotterter Haufen. Vom Ausland, den protestantischen Mächten, kam spärliche Hilfe, oder auch gar keine. Die Holländer schickten wenigstens monatlich 50.000 Gulden, was aber bei der Finanznot Böhmens nicht viel mehr war als der sprichwörtliche Tropfen auf den heißen Stein. Niederschmetternd für Friedrich war die Reaktion Jakobs I. von England. Dem König, einem strikten Vertreter des Prinzips der Legitimität, mißfiel das böhmische Abenteuer seines Schwiegersohnes. Friedrich möge sich jetzt helfen, wie er könne, erklärte der König, der sich seine guten Beziehungen zu Spanien nicht verderben lassen wollte. Selbst die Union, der protestantische deutsche Fürstenbund, dessen Obergeneral Friedrich war, wollte sich in die böhmischen Händel nicht einmischen und verweigerte dem König sogar das Generalsgehalt, das er vordem bezogen hatte. Als schlechter Bundesgenosse erwies sich jetzt auch der Fürst von Siebenbürgen. Er verhandelte mit dem Kaiser, den er ein paar Monate zuvor an den Rand des Untergangs gebracht hatte. Er habe kein Geld, entschuldigte sich der schlaue Siebenbürger bei den Böhmen, um den Krieg gegen Ferdinand fortzuführen. Gäben sie ihm welches, dann würde er nicht zögern, den Angriff fortzusetzen. Man hatte in Prag nicht einmal die Mittel, die eigenen Truppen zu bezahlen, geschweige denn diejenigen Bethlens.

Nicht nur in der Außenpolitik agierte Friedrich von der Pfalz unglücklich, er verletzte auch die religiösen Gefühle seiner Untertanen. Sein Hofprediger, ein fanatischer Calviner, ließ den Veitsdom allen Schmuckes berauben; Bildnisse wurden zerstört, uralte, dem Volk liebgewordene Statuen zerschmettert oder verbrannt, und nicht einmal vor den Grüften machte die religiöse Barbarei des königlichen Hoftheologen halt. Solch sinnlose und stumpfsinnige Gewaltakte trugen nicht dazu bei, die düstere Stimmung zu verscheuchen, die sich in Böhmen damals verbreitete. Wie weit die Verzweiflung schon Platz gegriffen hatte, bezeugt der Bericht eines lutherischen Adeligen: „Wir geben Apologien und Verteidigungsschriften heraus", schrieb damals dieser verständige Mann, „aber weder glauben andere, daß wir unsere Sache dadurch gerecht machen, noch bestehen wir vor unserem eigenen Gewissen. Die Türken, der König von Frankreich, der Kurfürst von Sachsen, der Schwiegervater unseres Königs: sie alle mißbilligen unsere Sache. Wir haben wider unseren Eid angesehene Männer, die im Namen unseres Königs kamen, ungehört aus dem Fenster gestürzt; und nicht einmal Zeit zum Beten haben wir ihnen gelassen, viel weniger zur Verteidigung. Wir haben den Kaiser Matthias, den König Ferdinand, die uns auch dann noch Frieden, Verzeihung, unsere Rechte und Privilegien sowie schiedsrichterliche Schlichtung des Streites boten, nicht einmal hören wollen. Wir haben die Nachbarländer, das Reich, die Ungarn, Engländer, Holländer und Türken, den Teufel selbst beschworen. Wien haben wir belagert, das ganze Deutsche Reich, soviel an uns lag, den Türken und Tataren geöffnet.

Bethlen Gabor sagt, er suche nicht Gerechtigkeit, sondern Herrschaft; Anhalt sagt, er suche Geld; ebenso die anderen Obersten und Hauptleute. Darin liegt eine gewisse Ehrlichkeit. Aber auch das Gewissen will befriedigt werden, und deshalb schiebt man die Religion vor. In Wahrheit war das Bekenntnis unter den Habsburgern zehnmal freier als unter den Calvinisten. Darum haben der Kurfürst von Sachsen und die anderen Lutheraner mit weisem Bedacht die Partei des Kaisers ergriffen. Was hat denn auch unser König getan? Er hat Bilder zerstört, das Wohl der Generalstaaten in böhmischem Bier getrunken und mit böhmischen Damen getanzt.

Mögen wir Sieger sein oder Besiegte, unser Los ist schwer: Siegen wir, so steht eine lange Reihe derer da, die Friedrich geholfen haben, gierig nach Besitztum und Geld auf unsere Kosten. Werden wir besiegt, so kommt über uns der Zorn des schwer beleidigten Kaisers. Was ist denn auch anderes zu erwarten! Wir haben dem Kaiser genommen, was des Kaisers ist, und was Gottes ist, haben wir den Türken angeboten." Hätten viele so gedacht wie dieser Mann, es hätte nicht so weit kommen müssen zwischen Ferdinand und den Böhmen. Jetzt aber war es zu spät für einen Ausgleich. Am 6. Juni 1620 unterzeichnete der Kaiser in Wien ein folgenschweres Dokument. Es war der Auftrag an Herzog Maximilian von Bayern, mit der Exekution gegen Böhmen zu beginnen.

Die Schlacht am Weißen Berg

Was im Frühjahr und Frühsommer 1620 auf dem böhmisch-österreichischen Kriegstheater geschah, war nur ein Vorspiel, die Einleitung zu einer großen Tragödie. Die Truppen Buquoys und Christians von Anhalt bekämpften einander mit wechselndem Erfolg. Anhalt war der neue böhmische Oberbefehlshaber, den König Friedrich anstelle des chronisch erfolglosen Grafen Thurn ernannt hatte. Der bedeutendste Hauptdarsteller des kommenden Dramas aber, Herzog Maximilian von Bayern, stand noch weit vom Kampfplatz entfernt. Er lagerte mit seinem Heer bei Ulm an der Donau, ihm gegenüber, auf dem linken Ufer, die Truppen der Union, an Zahl um einiges geringer als die Bayern. Maximilian konnte nicht nach Böhmen aufbrechen, wie es seine Absicht war, solange er die Kriegsmacht der Union in seinem Rücken wußte; da stießen auch die dringenden und beinahe flehentlichen Bitten des Kaisers, doch endlich loszumarschieren, keine Stunde länger zu säumen, beim umsichtigen Herzog auf taube Ohren. Erst mußte sein Bayern gegen einen möglichen Angriff der Union gesichert sein, ehe er bereit war, nach Böhmen zu gehen. Es half ihm eine französische Gesandtschaft, die im Juni 1620 bei Ulm erschien und ein Abkommen vermittelte. Union und Liga, so wurde es ausgemacht, sollten einander nicht angreifen. Gegen Dritte war es beiden Parteien freigestellt, nach Belieben zu handeln. Maximilian von Bayern hatte jetzt, was er brauchte. Er konnte beruhigt nach Böhmen marschieren. Die Fürsten der Union hatten ebenfalls, was sie sich wünschten, was aber, wie sich bald herausstellen sollte, zu ihrem Vorteil nicht war: einen vorläufigen und unsicheren Waffenstillstand. Der „Ulmer Akkord" war kein Erfolg der Protestanten und schon gar nicht ein Ruhmesblatt für die französische Diplomatie. Die Union, so hatten die Unterhändler König Ludwigs XIII. sich ausgerechnet, würde ihre Kriegsmacht nun dazu verwenden, um die Pfalz zu verteidigen, welche die Spanier von den Niederlanden aus bedrohten. Die Rechnung, allzu spitzfindig erdacht, erwies sich als falsch. Die Fürsten der Union, froh, der Gefahr eines ligistischen Angriffes entronnen zu sein, beschlossen erst einmal abzuwarten, wie die Dinge sich entwickeln würden. Sie warteten so lange, bis es zu spät war. Den vorteilhaftesten Gewinn aus dem Ulmer Abkommen zogen allein Maximilian und der Kaiser, denn nun hinderte diese beiden endlich niemand mehr, mit Böhmen so zu verfahren, wie sie es im vergangenen Herbst in München abgemacht hatten. Die Waage des Kriegsglücks begann sich jetzt unaufhaltsam zugunsten Ferdinands zu neigen, und dazu hatten zuletzt sogar jene beigetragen, die an seinem Sieg gewiß kein Interesse haben konnten.

Im Juli 1620 wälzte sich der gewaltige bayerische Heerwurm donauabwärts, 25.000 Soldaten, des Herzogs Hofstaat mit Geheimräten und Schreibern, denn auch im Felde durfte die Regierungsarbeit nicht ruhen; sieben Jesuiten, die für das seelische Wohl der Mannschaft zu sorgen hatten; ein stattlicher Artilleriepark, von dem die stärksten zwölf Kanonen, jede von 30 bis 40 Rossen gezogen, die Namen der Apostel trugen; dazu ein gewaltiger Troß, damit auch die Verpflegung der Soldaten gesichert wäre; an der Spitze des Ganzen Herzog Maximilian in

Person, ihm zur Seite sein Generalleutnant Johann Tserclaes von Tilly, ein alterfahrener Kriegsmann. Erstes Marschziel war Oberösterreich, „ein rechtes Nest und Quelle allen Unheils", wie es der Kaiser in einem Brief an Herzog Max genannt hatte. Den Oberösterreichern half jetzt das Bündnis nichts, das sie mit den Böhmen und dem Fürsten von Siebenbürgen geschlossen hatten. Von dort kam keine Hilfe. Am 4. August hielt Herzog Maximilian seinen Einzug in der Hauptstadt Linz. Tapferen Widerstand hatten allein ein paar tausend Bauern geleistet, die ihre evangelische Religion verteidigen wollten. Sie waren mit ihren unzulänglichen Waffen, den Dreschflegeln und Morgensternen, den wohlgerüsteten bayerischen Söldnern nicht gewachsen.

Die Adeligen aber, die in endlosen Denkschriften und Memoranden für ihre religiösen und politischen Freiheiten zu streiten wußten, benahmen sich kläglich. Beinah grotesk angesichts der eindeutigen Situation war ihre Frage an Herzog Maximilian, was er denn eigentlich wolle, es herrsche doch bestes Einvernehmen zwischen Österreich und Bayern. Das konnten sie, diese Barone, mit geschliffenen Argumenten streiten, die Dinge auf die Spitze treiben; wenn es aber ernst wurde, dann folgten ihren Worten gewöhnlich keine Taten. Jetzt kam einer, der verstand in diesen Dingen keinen Spaß. Mit Schriftenwechsel, bemerkte Herzog Max selbstgefällig in einem Brief an den Kaiser, hätten sie es zehn Jahre hindurch treiben können, wären anbei Herren des Landes geblieben. „Kommt aber dergleichen Streupulver nebst Federn in ein Land, an deren einer 30 bis 40 Rosse zu ziehen haben, dann werden eilende Resolutionen bewirkt." Des Herzogs Apostelkanonen brachten die oberösterreichischen Stände in der Tat rasch zur Einsicht, daß schleunige Unterwerfung für sie das beste wäre. Es flohen diejenigen, die auf Gnade nicht hoffen durften, der Anführer der ständischen Truppen Starhemberg, der unermüdliche Tschernembl. Er glaubte sich in Prag in Sicherheit und würde auch dort nicht lange bleiben dürfen.

Am 20. August nahm Herzog Maximilian als kaiserlicher Kommissarius im Linzer Landhaus die Huldigung der Stände entgegen. Eine Besatzung von 5000 Mann bewahrte die Oberösterreicher vor der Versuchung, ihren Treueschwur zu brechen.

Mit seiner Hauptmacht wandte sich der Herzog nach Böhmen, was aber eine Finte war, um die Gegner zu täuschen, und schwenkte dann ins nördliche Niederösterreich ab, um sich bei Zwettl mit den Truppen Buquoys zu vereinigen. Die Böhmen unter Christian von Anhalt standen weiter östlich bei Eggenburg, ebenfalls auf österreichischem Gebiet. Unter den Anführern des kaiserlich-ligistischen Heeres herrschte kein gutes Einvernehmen, weil sich Buquoy dem Oberbefehl des Herzogs von Bayern nicht unterordnen wollte. Der Kaiser, mit dieser heiklen Frage befaßt, entschied fromm und nicht ohne salomonische Weisheit.

Den Oberbefehl über seine Truppen, so ließ er wissen, führe die heilige Jungfrau Maria, sie allein sei die „Generalissima" des kaiserlichen Heeres; im übrigen möge Buquoy alles vermeiden, was eine Unzufriedenheit des Herzogs von Bayern zur Folge haben könnte. Das war zugleich auch schon der bedeutendste Beitrag, den Ferdinand zu diesem böhmischen Feldzug leistete. Es paßte nun beinah der böse Vergleich von der Spinne, den seine Gegner auf ihn prägten. Untätig und unangreifbar hielt er sich hinter den Festungsmauern Wiens und ließ andere Böhmen für sich erobern.

Daß man unverzüglich nach Böhmen marschieren sollte, geradewegs nach Prag, daß nur dort die Entscheidung fallen könne, war die Meinung Herzog Maximilians; und der setzte sie durch gegen die Widersprüche Buquoys und der kaiserlichen Räte. Die fürchteten sich, daß Bethlen neuerlich Wien bedrohen könnte. Einmal mehr war der wankelmütige, unberechenbare Fürst von Siebenbürgen die große Unbekannte in diesem blutigen Spiele. Würde er den Böhmen zu Hilfe kommen? Er hatte den Waffenstillstand mit dem Kaiser aufgekündigt, Preßburg erobert und führte jetzt sogar den Titel eines erwählten Königs von Ungarn. Die Herrschaft Ferdinands, so hatten die ungarischen Stände argumentiert, sei erloschen, was insofern der Wahrheit entsprach, als der Habsburger, in den zwei Jahren, seit er sich König von Ungarn nennen durfte, im Lande nichts zu reden gehabt hatte. Herzog Maximilians Feldzugspläne trugen dieser Tatsache Rechnung. Mochte Bethlen Ungarn vorerst behalten, mochte er sogar Wien belagern, er würde die Stadt mit seinen Reiterhorden doch nicht erobern können. 6000

Mann detachierte der Herzog nach Wien, die sollten Bethlen in Schach halten, während er selbst vor Prag die Entscheidungsschlacht schlug.

Mit dem Gros der Armee marschierte Herzog Maximilian im September 1620 in Böhmen ein, die Bayern in leidlich guter Ordnung, dafür sorgte die Strenge des Herzogs. Die Kaiserlichen hingegen, schlechter verpflegt und schlechter bezahlt als ihre bayerischen Waffenbrüder, gebärdeten sich als undisziplinierter, roher Haufen von Plünderern, Räubern und Mördern. In der Stadt Pisek, die sie auf dem Marsch in ihre Gewalt bekamen, überlebten nur 18 Bürger das grauenvolle Massaker, und nur das energische Eingreifen des Herzogs von Bayern hielt die entmenschten Bösewichte davor zurück, auch noch die Frauen und Kinder hinzuschlachten. Das hätten nach dem Willen des frommen Kaisers die Soldaten der heiligen Jungfrau sein sollen. Böhmen in all seinem Unglück durfte sich noch glücklich schätzen, daß der Krieg rasch dem Ende zuging. Hätte er länger gedauert, es wäre das einstmals blühende Land wohl vollständig zur Wüste geworden.

Wie der Kaiser die Nachricht von diesen Greueltaten aufnahm, weiß man nicht. Man weiß aber aus anderen Fällen, daß er ungern sah, wenn es seine Soldaten allzu grausam trieben; er hatte wohl auch Mitleid mit den armen Opfern, doch mehr als das Mitgefühl lastete auf dem frommen Mann die Sorge, daß Gott ihn strafen werde. Solche Exzesse, schrieb Ferdinand einmal an Buquoy, müßten die Strafe Gottes unmittelbar nach sich ziehen, da könne er sich auf das Glück seiner Waffen keine Hoffnung machen, sondern müsse in steter Furcht schweben, daß ihn ein gerechtes Verhängnis ereilen werde. Damals, im März 1620, hatte Ferdinand freilich noch eher mit der Möglichkeit rechnen müssen, die Sache werde für ihn verhängnisvoll ausgehen. Jetzt war der Vorteil eindeutig auf seiner Seite.

Die Böhmen, die in Niederösterreich zwei Sommer lang ihr Unwesen hatten treiben können, mußten sich zurückziehen. Anhalt reagierte genau so, wie es der kluge Herzog von Bayern erwartet hatte: Keine Rede war mehr von einer Bedrohung Wiens, er mußte den Kaiserlichen den Weg nach Prag zu verlegen. Denn fiel erst einmal die Hauptstadt, dann würde bald darauf ganz Böhmen fallen.

Im Westen Prags liegt eine Anhöhe, von den Tschechen Bila Hora, der Weiße Berg, genannt. Hier standen am Morgen des 8. November 1620 die beiden Heere einander gegenüber; die Böhmen oben auf dem Hügel, was als Vorteil galt. Sie waren etwa 21.000 Mann stark, und wie Kenner des Kriegshandwerkes später festgestellt haben, von ihrem Feldherrn nicht ungeschickt postiert. Unten, am Fuße des Berges, die Kaiserlichen und Bayern, um ein Drittel stärker als ihre Gegner, aber in der ungünstigeren Ausgangsposition. Wenn man von Bayern oder Böhmen spricht, so ist diese Bezeichnung ungenau, denn in beiden Armeen kämpften Söldner verschiedenster Nationalitäten, Ungarn, Tataren, Hilfstruppen des Fürsten von Siebenbürgen, Engländer und Deutsche auf der einen, der böhmischen Seite, Wallonen, Italiener, Franzosen auf der anderen. Es war auch einer dabei im bayerischen Heer, der wurde später ein bedeutender Philosoph, René Descartes. Es hat aber der grüblerische junge Mann am Weißen Berg natürlich keine bedeutende Rolle gespielt, dort beherrschten die Soldaten die Szene.

Das blutige Getümmel am späten Vormittag des 8. November dauerte kaum mehr als eine Stunde. Es sollen die Kaiserlichen nur 250 Tote gezählt haben, die Böhmen aber deren 5000. Das Treffen war gar keine richtige Schlacht wie so viele andere, die in den nächsten drei Jahrzehnten noch geschlagen wurden. Von den Böhmen ergriffen ganze Regimenter bereits die Flucht, als sie der Kaiserlichen ansichtig wurden, die keuchend und schwerfällig den Berg heraufstürmten. Man hätte es voraussehen können auf böhmischer Seite, daß von den zerlumpten Kerlen, denen man Monate hindurch keinen Sold, ja nicht einmal genug zu essen gegeben hatte, heroischer Opfermut nicht zu erwarten war. Einige Tapfere wie der junge Fürst von Anhalt, die verzweifelt Widerstand leisteten, konnten die Katastrophe nicht verhindern, sie wurden gefangen oder totgeschlagen. Die Mehrzahl der Gefallenen aber war nicht auf dem Schlachtfeld umgekommen, die fischte man in den folgenden Tagen aus der Moldau, sie waren auf der Flucht ertrunken.

Friedrich von der Pfalz, der Winterkönig, ist am Weißen Berg nicht dabeigewesen. Er speiste im Prager Schloß zu Mittag, als sich das Schicksal seines kurzen und enttäuschenden Königtums erfüllte. Schnell gab er seine Sache verloren. Am Morgen nach der Schlacht floh er aus Prag mit seinem ganzen Hofstaat. Am Vormittag hielten dort schon die Sieger Einzug. Ihnen fiel eine unermeßlich wertvolle Beute in die Hände, Schätze, welche die Besiegten in der Hast ihres Aufbruchs nicht mehr hatten mitnehmen können, die Wenzelskrone, die Anhaltische Kanzlei, wichtige Aktenstücke, welche das ganze Ausmaß der pfälzischen Konspiration gegen den Kaiser erkennen ließen; man erbeutete auch des geflohenen Königs Hosenbandorden, ein Geschenk seines englischen Schwiegervaters.

Selbstbewußt gegenüber den Siegern gaben sich anfangs die böhmischen Stände, so als hätten sie an dem Aufstand gar keinen Anteil gehabt. Was sie da forderten, Amnestie, Sicherheit ihrer Person und ihres Eigentums, Garantie ihrer sämtlichen Freiheiten, wurde ihnen vom Herzog Maximilian brüsk verweigert. Da hatten sie mehr als zwei Jahre lang Krieg geführt, ihren rechtmäßigen König abgesetzt, und nun sollte mit einem Male wieder alles vergessen sein, so als ob es nur ein übler Scherz und nicht blutiger Ernst gewesen wäre. Als sie nach ein paar Tagen wiederkamen, hatten sie schon eingesehen, daß dreistes Auftreten angesichts ihrer Lage nicht am Platze war. Jetzt versuchten sie es beim Herzog mit Bitten und Wehklagen. Wilhelm von Lobkowitz, einer der Schuldigsten, hielt im Namen aller „mit tränenden Augen und weinender Stimme" eine ergreifende Rede: Die Stände sähen jetzt ein, wie gröblich sie sich gegen ihren rechtmäßigen Herrn, den Kaiser, versündigt hätten. Das sei ihnen jetzt von Herzen leid. Nie wieder wollten sie einen anderen als König anerkennen als Ferdinand II., der Herzog möge Fürsprache für sie einlegen, damit sie wieder in Gnaden aufgenommen würden. Theatralische Auftritte dieser Art waren damals sehr beliebt und verfehlten ihren Eindruck auf den Kaiser nicht. Gesten der Demut gefielen Ferdinand, er hatte in den letzten Jahren nicht viele gesehen. Dem Wilhelm von Lobkowitz retteten die reumütige Ansprache und die Tränen, die er dabei vergoß, das Leben. Es gab welche, die waren weniger schuldig als er und mußten später sterben, weil sie nicht unter Tränen den Kaiser um Verzeihung baten.

An diesem 13. November 1620, da die böhmischen Stände in Prag vor Herzog Maximilian ihre weinerliche Abbitte leisteten, wußte man am Wiener Hofe noch nichts vom Ausgang der Schlacht. Dort hatte anfangs noch Zuversicht geherrscht, als der Herzog von Bayern so energisch in Böhmen einmarschierte, und selbst die Angst vor Bethlen trübte die frohen Erwartungen nicht. Man wettete hohe Summen, daß Prag noch in diesem Jahre erobert würde. Dann aber, als die Jahreszeit immer weiter vorrückte, ohne daß die erhoffte Siegesmeldung eintraf, begannen die Hofschranzen kleinlaut zu werden. Bald würde der Winter einbrechen und allen Kriegsoperationen ein Ende machen. Allein der Kaiser blieb zuversichtlich. Wüßten sie, was er wisse, soll er zu seinen deprimierten Höflingen gesagt haben, dann würden auch sie anderer Meinung sein. Was er wußte, sagte Ferdinand nicht, aber er behielt recht. Mitte November verbreitete sich in Wien das Gerücht, der Feind sei besiegt, Prag erobert und der Winterkönig zur Flucht gezwungen. Doch verstrichen noch mehrere Tage banger Ungewißheit, ehe die offizielle Nachricht in Wien eintraf. Am 23. November, mehr als zwei Wochen nach der Schlacht, hatte Ferdinand endlich sichere Kunde vom Ausmaß des Sieges. Noch am selben Tage schrieb er voll Freude an Buquoy, man solle ihm die Namen jener nennen, die sich besonders ausgezeichnet hätten, er wolle sie belohnen. Nicht nur den Menschen, die ihm zum Sieg verholfen hatten, wollte sich der Kaiser dankbar erweisen. In feierlichem Zuge schritt Ferdinand mit seinem ganzen Hofstaat von der Augustinerkirche zum Stephansdom, wo ein feierliches Tedeum gesungen wurde. Anführer der schönen Prozession war der Kardinal Dietrichstein, der auch alle Ursache hatte, seinem Schöpfer zu danken. Der Gnadenmutter in Mariazell spendete Ferdinand eine goldene Krone im Wert von 10.000 Gulden. Die himmlischen Mächte konnte man mit Prozessionen, Dankgottesdiensten und vergleichsweise bescheidenen Geschenken wohl zufriedenstellen, die Menschen wollten reichlicher belohnt sein. Es habe sich Ferdinand, so sahen es kluge Historiker, der Dynamik seines Sieges am Weißen Berg nicht entziehen können, und daraus sei manches von dem Unglück zu erklären, das auf diesen Sieg folgte. In dieser These liegt viel, wenn nicht die ganze Wahrheit. Doch ist leider auch wahr, daß diese Dynamik nicht zuletzt deswegen so verheerend sich auswirkte, weil die Gier der Sieger unersättlich war.

Poena et praemium

Vom militärischen Standpunkt gesehen ist die Schlacht am Weißen Berg wenig bedeutsam, ein größeres Gefecht, in dem sich eine Armee von einer anderen, besser gerüsteten in die Flucht schlagen ließ. Politisch aber hat dieses Treffen mehr entschieden als alle anderen Schlachten des Dreißigjährigen Krieges, und was es entschied, war von Dauer, denn es entsprach ziemlich genau der wahren Machtkonstellation. Böhmen, von seinen wirklichen oder vermeintlichen Bundesgenossen vage vertröstet oder völlig im Stich gelassen, war allein zu schwach, um gegen die geballte Macht Habsburgs und seiner Verbündeten bestehen zu können. Es wäre auch dann zu schwach gewesen, wenn unter den Führern des Aufstandes nicht Dilettantismus, Korruption, Dummheit, am Ende Ratlosigkeit und Verzweiflung geherrscht hätten. Daß das böhmische Heer, in dem nur wenige Böhmen kämpften, binnen einer Stunde in alle Windrichtungen zerstob, als es sich einmal ernsthaft bewähren sollte, ist nur das letzte und sprechendste Symptom dieser inneren Schwäche. Es fielen nun auch die Nebenländer wie reife Früchte in die Hände der Sieger. Mähren ergab sich bald darauf, von den Lausitzen ergriff der Kurfürst von Sachsen Besitz, und die schlesischen Stände verloren den Mut, als Friedrich von der Pfalz von Breslau weiter nach Berlin und dann nach Den Haag floh, wo er sich endlich sicher fühlte. Die Niederösterreicher beeilten sich jetzt nachzuholen, was sie zwei Jahre lang versäumt hatten, und leisteten Ferdinand den Huldigungseid, in Oberösterreich herrschte der Statthalter des Herzogs von Bayern mit harter Hand. Nach dem Sieg auf dem Weißen Berg brach die ständische Erhebung gegen Ferdinand wie ein Kartenhaus zusammen.

Noch im November 1620 traf in der Wiener Hofburg eine Kiste ein, Absender war der Herzog von Bayern. Sie enthielt wohlverwahrt und säuberlich geordnet die Privilegien der böhmischen Stände. Obenauf lag der Majestätsbrief. Diesen soll Ferdinand eigenhändig mit einer Schere in zwei Teile zerschnitten haben. Manche Historiker freilich zweifeln an dieser Überlieferung. Es erzählt die Geschichte einer der besten Kenner der Epoche, der große Friedrich Schiller. Weil aber der Jenaer

Geschichtsprofessor auch ein Dichter von höchstem Rang war, muß ihn die Dramatik der Szene gefesselt haben. Man stelle sich vor: Der Kaiser, mit einer Schere bewaffnet, schneidet triumphierend das Dokument entzwei, das ihm beinah zum Verhängnis geworden wäre, die Vorrechte der Besiegten sind ausgelöscht, zerstört. Es brauchte aber Ferdinand nur das Siegel zu entfernen, um den Majestätsbrief ungültig zu machen, und hat sich mit dieser Geste wahrscheinlich begnügt. Die Urkunde wurde erst später zerschnitten, den Grund dafür kennt man nicht. Doch hat Schillers Darstellung den Vorzug größerer Aussagekraft. Denn in der Folge ist der Kaiser mit dem Schriftstück wirklich so verfahren, als sei es ein Fetzen wertlosen Papiers, das man nach Belieben entzweischneiden kann.

Von dem, was nun mit Böhmen geschehen sollte, hatten Ferdinand und seine Räte nur von ungefähr eine Vorstellung. Die Aufrührer seien zu bestrafen, hart und schonungslos, so schrien es die katholischen Priester von den Kanzeln. Einer von ihnen, der Kapuzinerpater Sabinus, ein gefeierter Prediger, mahnte den Kaiser eindringlich an die Pflicht, welche der so glorreich errungene Sieg ihm auferlege. Nicht anders dürfe Ferdinand vorgehen als nach den Worten des Psalmisten: „Du wirst sie mit eiserner Rute züchtigen und wie ein irdenes Gefäß zertrümmern." Die hochgestellten Rebellen seien niederzuschlagen, so daß sie ihre Häupter nie wieder erheben könnten; dem Volke müsse der Kaiser alle Freiheiten nehmen und den Majestätsbrief vernichten, dann werde er über treue und unterwürfige Untertanen herrschen. Denn lasse er Milde walten, werde binnen kurzer Zeit noch größeres Unheil über ihn kommen als das eben überstandene. Jetzt sei eine große Zeit, predigte der rasende Mönch, Ferdinand möge entschlossen handeln, sonst werde die Drohung des Propheten gegen Ahab: „Weil du einen zum Tode Verurteilten freigelassen hast, wirst du und dein Volk sein Sklave sein", an ihm selbst in Erfüllung gehen.

Ob die Haßtiraden des Kapuziners auf den Kaiser Eindruck machten? Jedenfalls ist er mit den Böhmen dann nicht viel glimpflicher verfahren, als dieser haßerfüllte Prediger es vorschlug. Doch nicht nur eifernde Mönche, auch die Mehrzahl der weltlichen Räte des Kaisers waren begierig, den Sieg so rücksichtslos auszubeuten wie nur irgend möglich. Hinrichtung der Rädelsführer, gnadenlose Enteignung derer, die an der Rebellion auch nur den geringsten Anteil gehabt hatten, so lauteten ihre Forderungen. Für eine Hinrichtung der Häupter des Aufstandes plädierte auch der Herzog von Bayern. Damals in Prag, als die Führer der Stände weinend vor ihm das Knie beugten, hatte er ihnen in einem Anflug von Mitleid Schonung des Lebens zugesichert. In der kalten nüchternen Seele des Herzogs siegte aber bald wieder der Verstand über das Gemüt, die Staatsräson über die Menschlichkeit. Man müsse das Eisen schmieden, schrieb er an Ferdinand, solange es weich sei.

Der Kaiser war nicht der Mann, sich diesen Ratschlägen zu widersetzen, zumal das, was ihm geistliche und weltliche Ratgeber so einmütig rieten, auch seinen eigenen Vorstellungen von Recht und Gerechtigkeit entsprach. Die Frevler, die ihm seine Krone entrissen, die seine heilige, von Gott verliehene Würde angetastet hatten, mußten die verdiente Strafe erleiden. Auge um Auge, Zahn um Zahn, so lauteten die Grundsätze der Justiz in jener Zeit, und auch die Frömmsten hatten dagegen nichts einzuwenden.

Es konstituierte sich also ein Gerichtshof. Brave Juristen gehörten ihm an, ehrenwerte Reichshofräte, kaisertreue böhmische Herren wie Adam von Waldstein, bis 1618 und neuerdings wieder Obersthofmeister des Königreiches Böhmen. Den Vorsitz führte Karl von Liechtenstein, ein wendiger, kühler Höfling. Der Kaiser hätte gerne auch Martinitz und Slawata, die aus dem Fenster Gestürzten, in dem Gremium gesehen. Es spricht für das Taktgefühl der Herren, daß sie dem Gerichtshof nicht angehören wollten. Die Richter waren vom Kaiser angewiesen, bei der Untersuchung göttliches und menschliches Recht vor Augen zu haben, ihren Wahrspruch auf die in früheren Verfahren gegen Majestätsverbrecher angewandten Strafen zu gründen und überhaupt so zu urteilen, wie sie es vor Gott und dem Jüngsten Gericht würden verantworten können. Das war die Theorie. In der Praxis urteilten sie so, wie Siegerjuristen allemal geurteilt haben. Es mußte ein Exempel statuiert, die Flamme der Rebellion für immer ausgelöscht werden. Eine Berufung gegen das Urteil des Sondergerichtshofes war den Angeklagten verwehrt. Sie hätte, wie aus Wiener Hofkreisen verlautete, nur unnützen Zeitverlust verursacht. Rasch wurden die Verfahren gegen diejenigen abgewickelt, die sich nicht mehr wehren konnten, weil sie während des Aufstandes gestorben waren: Ihre Güter waren dem kaiserlichen Fiskus verfallen. Dann wurden jene zum Tode verurteilt, die sich dem Zugriff des Gerichtshofes durch rechtzeitige Flucht entzogen hatten, Wenzel von Ruppa, Thurn. Ihre Namen wurden am Prager Hochgericht angeschlagen. Thurn war nach Istanbul geflohen und suchte dort den Sultan gegen den Kaiser aufzuhetzen, wozu sein bescheidenes diplomatisches Talent jedoch nicht ausreichte. Die meisten Führer des Aufstandes aber waren in Böhmen geblieben, die einen im Vertrauen auf das ihnen vom Herzog von Bayern gegebene Versprechen und auf den Großmut des Kaisers, die anderen einfach deswegen, weil ihnen auch die Flucht wenig Hoffnung bot. Sie hätten weit fliehen müssen, um vor dem Zugriff des Hauses Habsburg in Sicherheit zu sein. Den mährischen Obersten Tiefenbach, einen der wenigen vorzüglichen Truppenführer der Aufständischen, griffen die Häscher in den Bädern des Schweizer Kurortes Pfäfers, wo er Heilung von seiner Gicht gesucht hatte. Der Einfachheit halber wurde Tiefenbach gleich in Innsbruck justifiziert. Auf dem Platz vor der Hofburg, wo der Erzherzog Leopold Turniere und Ringelrennen zu veranstalten pflegte, wurde der Oberst dem Henker übergeben. Er empfing sitzend den Todesstreich, weil er infolge seines Leidens weder stehen noch knien konnte. Den Grafen Andreas Schlick lieferte der Kurfürst von Sachsen aus. Zwei Jahre zuvor hatte der Graf als Abgesandter der böhmischen Stände dem Kurfürsten die Wenzelskrone angeboten und erntete jetzt schnöden Dank dafür. Er wurde der Staatsräson geopfert. Johann Georg legte Wert auf gutes Einvernehmen mit dem Kaiser, und es hat auch bei dieser Preisgabe eines Wehrlosen der Dresdner Hofprediger Hoe von Hoenegg eine zwielichtige Rolle gespielt. Der Pastor haßte die Böhmen, weil sie ihn einst mit Schimpf und Schande aus Prag vertrieben hatten, und war obendrein noch vom kaiserlichen Gesandten bestochen.

Der Graf Schlick wußte wohl, daß für ihn keine Gnade feil sei, einige Führer des Aufstandes aber hatten sich lange der Hoffnung hingegeben, es würde Ferdinand einfach hinnehmen, was sie ihm mehr als zwei Jahre lang angetan hatten. Als man sie in den Verliesen des Weißen Turms in Prag einsperrte und ihnen die Anklageschrift vorlegte, da erst wurden sie gewahr, daß dies alles kein Spiel sei, sondern bitterer, blutiger Ernst. Nicht alle Angeklagten verteidigten sich mit Würde, manchmal versuchte einer, an seinen Taten etwas zu beschönigen oder gar abzustreiten. Das hat aber keinem wesentlich helfen können. Sie wurden allesamt, es waren ihrer fünfzig, wegen notorischen Majestätsverbrechens zum Verlust ihrer Güter, die meisten auch zum Tode verurteilt. Es traf Schuldige, den Grafen Schlick, den alten Wenzel Budowetz, den Freiherrn Christoph von Harant; der hatte, als die Böhmen Wien belagerten, auf die Fenster von Ferdinands Gemächern schießen lassen; oder den Doktor Jessenius, er hatte als böhmischer Gesandter die Ungarn gegen Ferdinand aufgewiegelt. Es traf aber auch minder Schuldige, bloße Mitläufer, darunter sogar einen Katholiken, Dionys Czernin, einstmals Schloßhauptmann in Prag. Sein einziges Vergehen war, daß er am Tage des Fenstersturzes Thurn und seine Leute in die Burg eingelassen hatte; wie er beweisen konnte, auf Befehl seines Vorgesetzten, des Oberstburggrafen. Die Richter überhörten geflissentlich solch unbequeme Einwände. Ein Katholik mußte ja wenigstens unter den Verschwörern gewesen sein, wollte man die These aufrechterhalten, daß der böhmische Aufstand mit Religion nicht das geringste zu tun hatte. Es war aber Czernin gegenüber seinen Mitangeklagten dennoch ein wenig im Vorteil. Er wurde zur Enthauptung durch das Schwert verurteilt, ohne die grausamen Verschärfungen, welche die Richter für andere Verurteilte ersonnen hatten. Da sollte einigen, ehe man sie vom Leben zum Tode brachte, die rechte Hand abgehauen oder die Zunge herausgerissen werden, andere waren sogar zum Vierteilen bei lebendigem Leibe bestimmt.

Der Kaiser hatte sich die Bestätigung der Urteile vorbehalten und machte sich die Entscheidung gewiß nicht leicht. Von seinen weltlichen Räten war die überwiegende Mehrzahl mit einer solch barbarischen Strafjustiz durchaus einverstanden. Der Hofrat Stralendorf, der schüchtern die Frage aufwarf, ob man den Delinquenten aus Rücksicht auf die öffentliche Meinung nicht vielleicht das Leben schenken und sie zu den Galeeren begnadigen sollte, wurde sofort überstimmt. Und es hatte der

Einwand sicherlich seine Berechtigung, daß Männer, die in ihrem Leben niemals harte körperliche Arbeit kennengelernt hatten, auf den Ruderbänken venezianischer Galeeren qualvoller geendet hätten als durch das Schwert.

Eine Nacht lang lag der Kaiser schlaflos im Gebet und konnte sich zu keiner Entscheidung durchringen. Niemand nahm ihm die schwere Bürde ab, nicht einmal der Beichtvater. Die heiligen Regeln schrieben hier nichts vor, Ferdinand möge nach seinem Gewissen entscheiden, sprach kühl der Jesuit und überließ den Kaiser seinen Seelenqualen. Nach schweren inneren Kämpfen hat dann Ferdinand mit zitternder Hand, Tränen in den Augen, 28 Todesurteile unterschrieben. Es war am Morgen des 23. Mai 1621, dem Jahrestag des Fenstersturzes. Milde ließ der Kaiser nur sparsam walten. Die grausamen Strafverschärfungen, das Vierteilen und Handabhauen bei lebendigem Leibe, hat er den meisten der Verurteilten erlassen. Fünf wurden zu lebenslanger Haft begnadigt, darunter Wilhelm von Lobkowitz, einer der Schuldigsten, der nach der Schlacht am Weißen Berg Tränen der Reue vergossen hatte.

Am 19. Juni wurde in der Ratsstube der Prager Burg, dort, wo die Tragödie mit dem Fenstersturz ihren Anfang genommen hatte, das Urteil verkündet. Es war der ausdrückliche Wunsch des Kaisers, die Exekutionen möglichst bald durchzuführen. Er gedenke demnächst nach Prag zu reisen, ließ er dem Statthalter Liechtenstein mitteilen, und da wolle er nach den Hinrichtungen schon geraume Zeit verstrichen wissen. Liechtenstein hatte alles versucht, um die Grausamkeit der Urteile in Grenzen zu halten, doch die Sieger in Wien sahen die Dinge anders. Die Zeit der Gnade sei vorüber, mußte der Statthalter bedauernd den Frauen und Kindern sagen, die ihm zu Füßen fielen und um Begnadigung ihrer Väter flehten, in seiner Macht stehe einzig, ein weniger schimpfliches Begräbnis zu gewähren.

Indessen wurde an den Vorbereitungen zu dem blutigen Ereignis emsig gearbeitet. Auf dem Platz vor dem Altstädter Rathaus wurde eine große Bühne gezimmert und mit schwarzem Tuch ausgeschlagen. Am frühen Morgen des 21. Juni ertönte vom Hradschin ein Kanonenschuß, das Zeichen, mit der Vollstreckung der Urteile zu beginnen. In geschlossenen Kutschen wurden die Verurteilten zur Richtstätte gebracht. Dort warteten auf einer Bühne die kaiserlichen Richter, unter einem Baldachin der Vorsitzende des Gerichtshofes, Karl von Liechtenstein. Ihm war nicht wohl bei diesem Schauspiel, und bis an sein Lebensende hat er es nicht vergessen können, es schlug ihn das Gewissen, obwohl er sicherlich geringere Schuld an dem blutigen Ereignis trug als andere.

Man hatte alle Prager Stadttore gesperrt, die Richtstätte mit einem dichten Kordon Soldaten abgeriegelt. Diese Aufgabe besorgte das Regiment des Obersten Wallenstein. Dumpf wirbelten die Trommeln, ihr Lärm sollte es den Todeskandidaten unmöglich machen, Worte des Abschieds an die wartende Menge der Zuseher zu richten. Als erster bestieg der Graf Schlick das Blutgerüst, er starb würdig, ohne zu klagen, ebenso wie Wenzel Budowetz, der fromme Calviner, dem man jeden geistlichen Beistand verweigert hatte. Ruhig und gefaßt gingen sie in den Tod, der sechsundachtzigjährige Ritter Kaplir, der Freiherr von Harant, der Doktor Jessenius, Rektor der Prager Universität, dem der Henker die Zunge abschnitt, ehe er enthauptet wurde. Nur Dionys Czernin, der Katholik, konnte nicht verstehen, warum auch er in die Mühlen dieser gnadenlosen Justiz geraten war, und weinte bitterlich, als er sein Haupt auf den Richtblock legte. An die vier Stunden dauerte das barbarische Töten, vier Schwerter wurden dem Scharfrichter stumpf, ehe seine grausige Arbeit getan war. Zwölf Köpfe sammelten die vermummten Henkersknechte in einen Korb, die nagelten sie später an den Altstädter Brückenturm, wo sie zehn Jahre lang hingen, ein schreckliches Symbol der böhmischen Niederlage und ein ekelhaftes Beispiel für die Grausamkeit der Sieger.

In den Morgenstunden dieses 21. Juni, als in Prag das Blut der Hingerichteten in Strömen floß, kniete der Kaiser in Mariazell vor dem Bild der Gottesmutter und betete für diejenigen, deren Leben er mit einem Federstrich ausgelöscht hatte. „Mein lieber Prälat", sagte Ferdinand zum Abt des Klosters, „heute werden meine Herren in Prag einen der kläglichsten Tage haben; allein wie hart es ist, laß ich doch geschehen, was geschehen muß. Und ist unter anderem dies die Hauptursache meiner Wallfahrt zur heiligen Zelle, damit ich jenen, deren ich sonst nicht schonen darf, wenigstens durch mein Gebet zu Hilfe eile. Kann ich sie ferner nicht leben lassen, so will ich doch nach dem Beispiel des Erlösers für meine Feinde bitten, daß sie glücklich sterben." Es schlossen einander Frömmigkeit und Grausamkeit in dieser verworrenen Zeit nicht aus.

Die Prager Massenexekution war aber nur der Anfang des Strafgerichtes, das über den böhmischen Adel hereinbrach. Wer sein Leben retten konnte, dem drohte wirtschaftlicher Ruin, er wurde gnadenlos enteignet. „Aus kaiserlicher angestammter Milde wird Ehre und Leben geschenkt, aber mit den Gütern wird nach Gutdünken verfahren", so oder ähnlich lauteten die Dekrete des Wiener Hofes; und gierig machten sich die Sieger über die Habe der Besiegten her. Emsige Männer haben später den Versuch unternommen, den Wert der Herrschaften und Güter auszurechnen, die in den Jahren nach 1620 in Böhmen enteignet wurden, und sind auf eine Summe von mehr als 25,000.000 Gulden gekommen. Es ist aber, um das Ausmaß der Konfiskationen zu dokumentieren, die Feststellung anschaulicher, daß damals fast drei Viertel des vorhandenen Grundes und Bodens den Besitzer wechselten. Die Güter wurden weit unter ihrem Wert verschleudert und obendrein noch in schlechter Münze bezahlt. Der Krieg zwang Ferdinands Hofkammer, Silbermünzen mit immer weniger Feingehalt zu prägen. Die schwierige Wissenschaft von Geldwert und Geldentwertung war damals noch schlecht entwickelt, und so waren die Herren von der kaiserlichen Finanzkammer sehr betroffen, als mit einem Male auch die Preise in die Höhe gingen und ihren scheinbar leicht errungenen Gewinn so empfindlich schmälerten, daß sie ihr Experiment bald einstellen mußten. Wer damals aber tüchtig und skrupellos genug war, konnte immense Reichtümer zusammenraffen, ja einige besonders Tüchtige haben ein ganzes Fürstentum zusammengekauft. Der Erlös aus allen diesen Transaktionen hätte dem Kaiser eigentlich zur Bezahlung seiner Kriegsauslagen dienen sollen, aber davon konnte jetzt keine Rede sein. Es gab zu viele, Minister, Militärs und Hofräte, die ihre Treue vom Kaiser ausgiebig belohnt wissen wollten, und Ferdinand überhäufte sie voll Dankbarkeit mit Titeln und Geschenken. Jeder nahm gierig, was er bekommen konnte, Eggenberg wurde Reichsfürst und Besitzer der Herrschaft Krumau in Südböhmen, Wallenstein kaufte die

Herrschaften um Friedland und Jitschin zusammen, woraus später ein stattliches Herzogtum wurde, Slawata und Martinitz, ohnehin reich begütert, erhielten jeder 50.000 Taler; die Liste der Beschenkten ließe sich beliebig lang fortsetzen. Es profitierte auch die römische Kirche. Erzbischof Lohelius verlangte gleich die Rückstellung aller jener Besitzungen, die dem Erzbistum Prag in der Hussitenzeit entrissen worden waren, insgesamt 1500 Städte, Dörfer und Schlösser. Gegen solch weitreichende Restitutionen erhoben sogar die frömmsten Räte des Kaisers entrüstet Einspruch, und auch der neue kaiserliche Beichtvater, der Jesuitenpater Lamormaini, riet seinem Beichtkind davon ab, so daß Lohelius sich schließlich mit geringerem, aber dennoch höchst stattlichem Gewinn bescheiden mußte. Beschenkt wurden auch die Jesuiten, und zwar so reichlich, daß sie den Neid der anderen Orden erregten, der Zisterzienser und Prämonstratenser, die vom Kaiser ein wenig sparsamer bedacht worden waren. Ferdinand, in Geldangelegenheiten naiv wie ein Kind, freute sich, daß er seine treuen Diener und die heilige Kirche mit einem Male so reich beschenken konnte, und es kümmerte ihn nicht sonderlich, daß ihm selbst von all den Reichtümern wenig oder gar nichts blieb. Geld, so hatte er einmal erklärt, schätze er so gering wie Kot, und leichtsinnig bedachte er mit seinen Reichtümern alle, die ihre schmutzigen Hände danach ausstreckten. Wie hatten die oberösterreichischen Stände einst an den Kaiser Matthias geschrieben? Auch der größte Sieg bringe dem Potentaten nichts ein, sondern höchstens seinen Befehlshabern, Ministern und Offizieren. Es hat in der Geschichte wohl niemals ein besseres Beispiel für die Wahrheit dieser Behauptung gegeben als Ferdinand II.

Während sich seine Untergebenen um die reiche Beute balgten, wandte sich der Kaiser erhabeneren Zielen zu, Böhmen mußte wieder katholisch werden. Er hielt sich an sein bewährtes Rezept: Ausweisung der protestantischen Geistlichen, Unterstellung der Universität unter die Leitung der Jesuiten. Einsichtige Männer, unter ihnen Karl von Liechtenstein, warnten vor allzu scharfem Vorgehen, denn noch war in Böhmen die Rebellion nicht vollständig erstickt. In Westböhmen stand unbesiegt der Graf Mansfeld, und in Ungarn rüstete Gabriel Bethlen zu einem neuen Angriff gegen den Kaiser. Dann war noch das Versprechen an Johann Georg von Sachsen, daß man die böhmischen Lutheraner nicht behelligen werde. Doch in der Euphorie des Sieges vergißt man leicht, was man in düsteren Zeiten versprochen hat. Der Kaiser hörte nicht auf die Einwände der „Politiker", er hörte lieber auf den Nuntius Caraffa. Der Kirchenfürst wußte sehr farbig von dem unermeßlichen Ruhm zu erzählen, den Ferdinand sich im Himmel erwerben würde, wenn er Böhmen ganz von der Ketzerei reinige. Und wer dem Kaiser himmlischen Lohn versprach, der hatte bei ihm immer gewonnenes Spiel. Mochte der Kurfürst von Sachsen protestieren, wie er wollte, er konnte nicht verhindern, daß nach und nach auch die lutherischen Geistlichen vertrieben, die Bekenner der Augsburger Konfession verfolgt wurden. Selbst die glaubensstrengen Spanier haben Ferdinands maßlosen Bekehrungseifer mißbilligt; er ließ sich aber nicht beirren. Jetzt hatte er endlich die Macht, sich als advocatus ecclesiae, als Schutzherr der Kirche, zu betätigen, und diese Aufgabe spornte den sonst eher trägen Mann zu rastlosem Eifer. Die Kommunion unter beiden Gestalten, in Böhmen uralte Tradition, wurde verboten, das Fest des Johann Hus abgeschafft, die Kelche von den Fassaden der Kirchen geschlagen, die Bauern und Bürger in den katholischen Gottesdienst gezwungen. Doch selbst diese einschneidenden Maßnahmen waren dem Nuntius noch zuwenig. Hand in Hand mit ihm arbeitete der glaubensstrenge Beichtvater Lamormaini, und die Herren wußten, wie man Ferdinand zu neuen Taten bewegen konnte. Er solle sich über die Durchführung der Gegenreformation in Böhmen ernstlich Gedanken machen, mahnte der Pater eines Tages mit strenger Miene sein Beichtkind und war darauf für den betroffenen Kaiser vier Tage lang nicht zu sprechen.

Als Lamormaini wieder bei Hofe auftauchte, überraschte ihn der Kaiser mit einer freudigen Mitteilung. Er habe lange nachgedacht, so Ferdinand treuherzig, und es habe ihn der Heilige Geist erleuchtet und angewiesen, den Ratschlägen des Beichtvaters nachzukommen. Die Geschichte ist über alle Zweifel erhaben, denn es erzählt sie der Nuntius Caraffa. Was dann die frommen Eiferer in Wien angeblich mit Hilfe des Heiligen Geistes ausheckten, brachte neues Leid über die schwer heimgesuchten Menschen in Böhmen. Wer nicht katholisch werden wollte, und das wollten die meisten nicht, bei dem wurden Soldaten einquartiert, um ihn gefügig zu machen. Und als die Leute, der Qualen überdrüssig, in Scharen aus dem Lande flohen, wurde ihre Habe konfisziert. Es sollen damals nach einer Schätzung Slawatas, eines gewiß unbedenklichen Gewährsmannes, 30.000 Familien aus Böhmen ausgewandert sein.

Die religiöse Restauration trieb Ferdinand eilig voran, mit der politischen ließ er sich Zeit. Die alte Verfassung Böhmens war zerstört und würde niemals wiederhergestellt werden. Im Mai 1627 trat ein neues Staatsgrundgesetz in Kraft, die ,,Verneuerte Landesordnung". Die Wenzelskrone war fortan erblich, Rechte, die früher die Stände geübt hatten, etwa die Erteilung der Ritterwürde, gingen auf den König über, die Prälaten waren wieder der erste Stand im neugeordneten Königreich. Den Ständen blieb nur das Recht der Steuerbewilligung, das konnte Ferdinand nicht gut für sich in Anspruch nehmen.

Diese ,,Verneuerte Landesordnung" und die Hinrichtungen vor dem Altstädter Rathaus von 1621 wurden im vorigen Jahrhundert, als der Nationalismus seine Triumphe feierte, als der Beginn eines dreihundertjährigen Martyriums des tschechischen Volkes unter dem habsburgischen Joch gedeutet. In der Tatsache, daß die Landesordnung nur in deutscher und nicht auch in tschechischer Sprache publiziert wurde, hat man ein Indiz für die schrankenlose Germanisierungspolitik der Habsburger in Böhmen sehen wollen. Man kann Ferdinand viele böse Taten vorwerfen, ein Nationalist im strengen Sinne aber ist er niemals gewesen. Er hat den böhmischen Adel treffen wollen, und diese Herren sprachen eben das Tschechische als Muttersprache. Es wäre ihnen aber wohl nicht besser ergangen, wenn sie Deutsch gesprochen hätten. Daß das tschechische Volk durch die Sanktionen des Kaisers seiner geistigen Elite beraubt und zu kultureller Bedeutungslosigkeit verurteilt wurde, bleibt freilich unbestritten, und es ist die grausame Behandlung, welche Böhmen erfuhr, alles andere als ein Ruhmesblatt für Ferdinand. Der Sieg am Weißen Berg hatte in der Tat seine Logik. Hier hatten aber nicht zwei Völker, Deutsche und Tschechen, einen Kampf auf Leben und Tod ausgefochten, sondern zwei Prinzipien, Absolutismus und Ständestaat. Es lag in der Natur der Sache, daß die Sieger die Besiegten nicht schonten.

Man weiß nicht, was die Böhmen mit Ferdinand gemacht hätten, wären sie seiner habhaft geworden, und ebenso kann niemand sagen, ob die Stände und ihre Nachkommen das Land besser regiert hätten, als die Habsburger es drei Jahrhunderte lang taten. Als Thurn und seine Freunde an der Regierung waren, versagten sie kläglich. Eine neue Gelegenheit, sich zu bewähren, kam niemals mehr. Grausam und zugleich folgerichtig hat der Kaiser mit dem böhmischen Adel gehandelt. Wollte er absolut regieren, mußte er ihm ein für allemal die Möglichkeit nehmen, die Politik des Königreiches mitzubestimmen.

Weniger hart verfuhr Ferdinand in Mähren und Österreich, die Stände dort waren nur Mitläufer gewesen. In Brünn wirkte jetzt als Statthalter der Kardinal Dietrichstein, stolz und selbstbewußt wie ehedem. Todesurteile wurden in Mähren keine gefällt. Ferdinand war bisweilen auch bereit, aus Fehlern zu lernen. Die Prager Bluturteile hatten seinem Ansehen nicht gutgetan. Konfiskationen aber mußten sein, und sie waren in Mähren kaum weniger hart als in Böhmen. So erforderte es die Gerechtigkeit und die Habsucht der Sieger. Noch glimpflicher kamen die Niederösterreicher davon, sie hatten sich noch rechtzeitig, vor der Schlacht am Weißen Berg, unterworfen. Weniger gut ging es den Oberösterreichern, sie seufzten unter dem Joch der bayerischen Besatzung. Mit den Ungarn konnte Ferdinand nicht so verfahren, wie er gerne verfahren wäre. Bethlen und die Türken bewahrten sie vor einem Schicksal ähnlich dem ihrer böhmischen Verbündeten. Der Fürst von Siebenbürgen schloß mit dem Kaiser vorläufig Frieden, nachdem ein Einfall in Mähren neuerlich fehlgeschlagen war. Er durfte seine Eroberungen behalten, auf seinen Königstitel aber mußte er verzichten.

Ferdinand hat die Monarchie des Hauses Habsburg gerettet, dieses Verdienst gebührt ihm zweifellos, und er hat gleichzeitig die Voraussetzungen geschaffen, daß dieses bunt zusammengewürfelte Vielvölkerreich drei Jahrhunderte überdauerte. Es trug aber dieses Staatsgebilde, später recht zutreffend Donaumonarchie genannt, schon seit den Tagen Ferdinands II. den Todeskeim in sich, an dem es später zerbrach: In Österreich und Böhmen hat der Kaiser die ständischen Rechte vernichtet, in Ungarn gelang ihm dies niemals und auch keinem von seinen

Nachfolgern. Ungarn hat ein großes Maß an Eigenständigkeit bewahren können, der ungarische Adel blieb stolz, selbstbewußt, chauvinistisch und hat kräftig dazu beigetragen, daß die Habsburgermonarchie schließlich an ihren inneren Gegensätzen zugrunde ging. Moderne Historiker haben die Dinge so gesehen, und es ist nicht zu zweifeln, daß sie richtig sahen; ebenso, wenn sie behaupten, daß die Kämpfe in Böhmen eine Auseinandersetzung zwischen der alten ständischen Ordnung und dem fürstlichen Absolutismus gewesen seien, wobei eben diese bessere, modernere Regierungsform den Sieg davongetragen habe. Die Menschen damals, die schwergeprüften Bauern, die Bürger in den Städten, sahen diese komplizierten Zusammenhänge natürlich nicht. Doch auch sie versuchten sich einen Reim auf die bösen Zeitläufte zu machen, und es lernten die Geschlagenen schneller als die Sieger. Amos Comenius, Mitglied der böhmischen Brüdergemeinde, war durch Kaiser Ferdinands Gegenreformation aus der Heimat vertrieben worden. In der Verbannung schrieb der große Pädagoge wahrhaft goldene Worte:
„Alle, die über Frömmigkeit, Sittlichkeit, Wissenschaft und Künste geschrieben haben, gleichviel ob Christ oder Mohammedaner, Jude oder Heide, oder welcher Sekte sie auch immer angehört haben mögen, Pythagoräer, Akademiker, Peripatetiker, Stoiker, Essener, Griechen, Römer, Alte oder Neue, Doktor oder Rabbi, jedwelche Kirche, Synode, Kirchenversammlung: alle, sage ich, sollen zugelassen und gehört werden." Dieses aufrichtige Bekenntnis zur Toleranz aber verhallte ungehört, denn niemand von den großen und kleinen Potentaten, die auf dem Polittheater agierten, war bereit, es zu hören, die Katholiken nicht und auch nicht die Protestanten.

Kein Friede

Nach dem vollständigen Sieg der Kaiserlichen am Weißen Berg hätte der Krieg eigentlich zu Ende sein können, aber die gewaltige Militärmaschinerie, einmal in Gang gebracht, ließ sich nicht mehr so ohne weiteres zum Stillstand bringen. Böhmen rückte aus dem Zentrum des Geschehens. Was der Kaiser mit dem Lande trieb, empörte zwar die evangelischen Reichsstände und sogar einige katholische, die Aufmerksamkeit der Zeitgenossen aber wandte sich zunehmend dem Geschehen im Heiligen Römischen Reich selbst zu. Die militärische Logik brachte es mit sich, daß der Kaiser den Pfalzgrafen nicht nur in Böhmen, sondern auch in seinem eigenen Kurfürstentum angriff, und diese Aufgabe hatten die Spanier übernommen. Schon im Sommer 1620, noch ehe vor Prag die Entscheidung fiel, war der General Ambrosio di Spinola mit Heeresmacht von den Niederlanden aufgebrochen, um die Rheinpfalz zu erobern. Der Edelmann aus Genua galt als der genialste Feldherr seiner Zeit, und das Manöver, welches er nun durchführte, hieß in der Fachsprache der Militärs eine Diversion. Der Feind war gezwungen, seine Kräfte zu zersplittern, wenn man an mehreren Stellen zugleich angriff. Es wäre, den Abmachungen mit Friedrich von der Pfalz gemäß, jetzt eigentlich die Union verpflichtet gewesen, dieses Gebiet gegen die Spanier zu verteidigen, doch schreckten die protestantischen Fürsten davor zurück, sei es aus übergroßem Respekt vor den strategischen Künsten Spinolas, sei es in Erkenntnis der eigenen Schwäche. Tatenlos sah die Union zu, wie die blühende Rheinpfalz eine Beute der Spanier wurde; nur die Hauptstadt Heidelberg und einige andere feste Plätze konnten sich halten.

Trotz dieses schmerzlichen Verlustes war das Maß des Unglücks für den vertriebenen Winterkönig noch nicht voll. Am 29. Jänner 1621 versammelte der Kaiser seine Hofräte im Rittersaal der Wiener Burg zu einer düsteren Feier. Friedrich von der Pfalz wurde in des Reiches Acht und Aberacht erklärt. Ein Sekretär verlas ein langes Schreiben, in dem Friedrichs Vergehen noch einmal aufgezählt wurden, hierauf stellte der Reichsvizekanzler Freiherr von Ulm feierlich den Antrag, daß Friedrich, „der sich Pfalzgraf bei Rhein nenne", als Störer des Landfriedens und notorischer Majestätsverbrecher der Reichsacht verfallen sein solle. Alle seine Titel und Würden wurden ihm aberkannt, und auch von seinen Ländern sollte er keines mehr besitzen dürfen. Die Urkunde, auf der dieses harte Urteil geschrieben stand, wurde dem Kaiser überreicht, der sie zerriß und die Stücke mit Füßen trat; woraufhin sie ein Herold vom Boden auflas und zum Fenster hinauswarf. Ferdinand liebte solche archaisch-ernsten Zeremonien, und sie waren durchaus nach dem Geschmack jener Zeit. Die Szene in der Wiener Hofburg hatte für viele Zeitgenossen aber auch einen recht üblen Beigeschmack, denn ohne Zweifel hatte der Kaiser damit gegen die von ihm in Frankfurt so unbekümmert beschworene Wahlkapitulation verstoßen; dort stand schwarz auf weiß zu lesen, daß das Reichsoberhaupt ohne ordentliches Prozeßverfahren über keinen Fürsten des Reiches die Acht verhängen dürfe, und als ein ordentliches Verfahren konnte das Schauspiel in der Wiener Hofburg bei bestem Willen nicht bezeichnet werden. Empört protestierten denn auch die evangelischen Reichsstände, allen voran Sachsen und Brandenburg, gegen dieses Relikt mittelalterlicher Rechtsgepflogenheiten. Der Kaiser hätte die Zustimmung der Kurfürsten einholen müssen, war die Meinung Johann Georgs von Sachsen; er war einer der wenigen, die sich noch buchstabengetreu an die Satzungen der alten Reichsverfassung zu halten suchten. Ob die Ächtung des Pfälzers ein formaler Bruch des Reichsrechtes gewesen ist, darüber sind sich die Geschichtsschreiber nicht einig, jedenfalls war es ein unerhörter Vorgang, und bevor Ferdinand diesen eigenmächtigen Schritt getan hatte, hatte er allein den Herzog von Bayern um Rat gefragt. Der gab sich ungewohnt bescheiden; ihm als einfachen Fürsten, so Maximilian, komme in dieser heiklen Angelegenheit ein Urteil nicht zu, das sei allein Sache des Kaisers. Es gab aber keinen, der die Ächtung seines pfälzischen Rivalen sehnlicher wünschte als der Herzog von Bayern. Denn nur dann durfte er hoffen, den Gewinn einzustreifen, den er sich ausgerechnet hatte. Maximilian, ein genauer Rechner, wußte, daß dies nur auf Kosten Friedrichs von der Pfalz geschehen konnte.

Der Pfälzer lebte jetzt in Haag als Gast der Generalstaaten in ärmlichen Verhältnissen. „Es laufen die Engländer und andere Hofleute täglich mir nach, ihr Kostgeld und anderes, wie auch die Krämer und Handwerksleut, das Ihrige zu verlangen...", klagte damals der kurfürstliche Rat Camerarius, „ich hab' deswegen keinen Befehl, keinen Bericht, kein Geld." Camerarius war jetzt der wichtigste und treueste Ratgeber des vertriebenen Kurfürsten. Christian von Anhalt war nicht mehr bei ihm; der hätte beim König von Dänemark Zuflucht gesucht und wurde in seinen alten Tagen noch zum Philosophen. Es sei nichts Glückseligeres auf der Welt, lehrte der einstmals so rastlos Tätige seinen gleichnamigen Sohn, als immerdar „in placido et tranquillo animi statu zu verbleiben, sich über nichts zu entsetzen oder zu verwundern (welches meistenteils von Ignoranten geschieht), auch immer zuvor bedenken, was geschehen könnte, und sich auf alle Fälle vorbereiten, indem man stetig pietatem et virtutem" übe.

Anhalt, vom Schicksal gebeugt, zog spät seine Lehren aus der böhmischen Katastrophe und hat auch vom Kaiser Verzeihung erlangt. Friedrich von der Pfalz aber fand in seinem holländischen Asyl mächtigere Freunde als während der kurzen Episode seines böhmischen Königtums. Jetzt unterstützten ihn sein Schwiegervater Jakob von England und der König von Frankreich. Daß Friedrich in Böhmen kläglich gescheitert war, berührte die Interessen dieser Potentaten nicht sonderlich, wenn aber Spanien sich dauernd in der Rheinpfalz festsetzte, dann drohte wieder einmal die von Frankreich so gefürchtete Einkreisung, und der König von England achtete es für sein Ansehen schädlich, wenn sein Schwiegersohn zu arg gedemütigt wurde.

Es hätte auch der Kaiser die Konsequenzen bedenken müssen, welche die Acht gegen Friedrich mit sich brachte. Aber gerade im Sieg sich zu bescheiden ist eine Gabe, die nur ganz großen Staatsmännern eignet. Ferdinand besaß sie nicht, es hinderten ihn daran sein Charakter und seine Erziehung, und überhaupt war Bescheidenheit bei den Politikern damals eine unbekannte Tugend. Ein Sieg mußte ausgenützt werden, da nahm jeder, soviel er bekommen konnte. Wenn Ferdinand verkündete, er werde die Acht aufheben und die Rheinpfalz zurückgeben, wenn Friedrich kniefällig um Verzeihung bäte, waren das nichts als leere Worte, er hätte das Versprechen niemals erfüllen können. Gierig wartete der Herzog von Bayern auf seinen Lohn und pochte hartnäckig auf die Erfüllung des Münchner Vertrages. Der Starrsinn Friedrichs von der Pfalz enthob Ferdinand ohnehin bald aller Sorgen. Forderungen, wie der Pfälzer sie stellte, Amnestie und Religionsfreiheit für Böhmen, eine von Spanien zu zahlende Pension für den Verzicht auf die Wenzelskrone, mußte Ferdinand ablehnen, zumal Friedrich nicht aufhörte, gegen ihn zu konspirieren und ihm neue Feinde zu erwecken. Es wäre aber die Aussöhnung auch gescheitert, wenn

Friedrich bescheidener aufgetreten wäre. Sie konnten jetzt, wo die Partie so weit gediehen war, nicht einfach aufhören; der Kaiser nicht, weil er den Herzog von Bayern mit Gebieten belohnen wollte, die nicht ihm gehörten, Maximilian nicht, weil er um seinen Lohn kam, wenn der Krieg nicht weiterginge, und Friedrich nicht, weil er das Verlorene, sogar Böhmen, zurückzugewinnen hoffte. Jeder kämpfte für sein Recht oder das, was er dafür hielt. Nicht gegen den Kaiser führe er Krieg, beteuerte Friedrich von der Pfalz, sondern nur gegen Ferdinand als österreichischen Erzherzog. Das Argument klang selbst für die Juristen jener Tage nicht recht plausibel, und die waren wahrlich Meister im Erfinden spitzfindiger Klauseln und Paragraphen.

In der Praxis aber war es höchst gleichgültig, ob Friedrich nun gegen den Kaiser Ferdinand II. oder gegen den Erzherzog Ferdinand Krieg führte, am Charakter der Auseinandersetzungen änderte das nichts. Anfangs 1622 verfügte der Pfälzer über drei Armeekorps, die bereit waren, gegen Ferdinand zu kämpfen; gelang es, sie zu vereinigen, dann waren sie eine stattliche Macht, die es mit den Truppen der Liga wohl aufnehmen konnten. Einer dieser Heerhaufen lagerte bereits an den Grenzen der Rheinpfalz, es führte ihn der Graf Mansfeld. Geschickt hatte er seinen einzigen Besitz, sein kleines Söldnerheer, aus der Katastrophe am Weißen Berg heraushalten können, die Böhmen einfach im Stich gelassen, als ihre Not am größten war. Man trug es ihm nicht nach. Jetzt stand er wieder im Dienst des gewesenen Böhmenkönigs, in Speyer hatte er mit seinen Landsknechten Winterquartiere bezogen und das fette Bistum auf furchtbare Weise ausgeplündert. Nicht weit davon, am Oberrhein, lagerte ein wohlgerüstetes kleines Heer. Das hatte der alte Markgraf Georg Friedrich von Baden-Durlach gesammelt, ein frommer und rechtschaffener Mann. Gezählte 58mal, wird berichtet, hat er die Bibel vom Anfang bis zum Ende durchgelesen. Jetzt in seinen alten Tagen vertauschte er die Heilige Schrift mit dem Schwert, um für die Sache des Protestantismus zu kämpfen. Tief beschämt war er über seine Kollegen von der Union, die den Kurfürsten von der Pfalz so schmählich im Stiche ließen. Von ihnen war er der einzige, der sein Hilfsversprechen einlösen wollte.

Ganz anders der Dritte im Bunde, Christian von Braunschweig-Wolfenbüttel, protestantischer Administrator des reichen Bistums Halberstadt, unter den zahlreichen skurrilen Gestalten der Epoche eine der skurrilsten. Allenthalben wurde der kriegerische Jüngling nur der tolle Christian oder der tolle Halberstädter genannt und machte diesem Beinamen alle Ehre, ein Wüstling, Räuber und Zotenreißer, wenn er betrunken war. Da kam es vor, daß er den König von England unter dem Beifall seiner Zechgenossen einen alten Hosenscheißer nannte und die Erzherzogin Isabella eine alte Vettel, und kaum weniger verächtlich sprach er von den deutschen Fürsten. Gern erzählte man die Geschichte, wie Christian in einem geplünderten Nonnenkloster ein wüstes Gelage feierte, wobei ihn die erschreckten Klosterfrauen nackt bedienen mußten. Im Winter 1621/22 hauste er mit seinen Räuberbanden in den Bistümern Münster und Paderborn. Da wurden Kirchen geplündert, Priester erpreßt und mißhandelt, Nonnen geschändet, und auf den Pfarrhöfen im Lande saß der rote Hahn. Umsonst waren die Klagen der frommen Kleriker, der wilde Jüngling ließ nicht ab, sie zu quälen, bevor sie ihm nicht auch ihre letzten Kirchenschätze abgeliefert hatten. Die Kelche und Monstranzen ließ Christian dann einschmelzen und daraus Münzen schlagen mit seiner Devise; die lautete: „Gottes Freund und der Pfaffen Feind." Doch waren diese gotteslästerlichen Barbareien nur die eine Seite seines Wesens. Christian war gebildet, schrieb formvollendete Liebesbriefe in Französisch, wie sich überhaupt viele Damen in den schönen jungen Mann mit dem wallenden Haar und den schmachtenden Augen verliebten; nicht nur die ihn von Angesicht kannten, sondern auch jene, die in späteren Jahrhunderten über ihn schrieben. Er für seinen Teil liebte vor allem seine Cousine, die schöne Kurfürstin Elisabeth von der Pfalz, eine sonderbare Liebe, schwärmerisch und ohne Aussicht auf Erfüllung, nach Art der mittelalterlichen Minnesänger. Einmal ließ sie in seiner Gegenwart ihren Handschuh fallen, sofort hob er ihn auf, doch ihn zurückzugeben, weigerte er sich: „Madame, in der Pfalz werde ich ihn zurückgeben!" Fortan trug Christian den Handschuh am Hut, und seiner Geliebten zu Ehren änderte er seinen Wahlspruch, der nun lautete: „pour Dieu et pour elle", für Gott und für sie.

Das waren also die drei Condottieri, die für den Kurfürsten von der Pfalz die Waffen führen wollten, und jeder tat es aus anderen Motiven. Der eine, Mansfeld, weil der Krieg Grundlage seiner Existenz war, weil er und seine verwilderten Landsknechte nicht leben konnten ohne ihn; der andere, der Markgraf von Baden-Durlach, weil ihm die Sache des Protestantismus am Herzen lag, und weil der fromme Mann wohl erkannte, welche Gefahren den Evangelischen von Kaiser Ferdinand drohten; der dritte schließlich, der tolle Christian, kämpfte allein aus Abenteuerlust und schwärmerischer Liebe. Alle drei waren sie der überlegenen Kriegführung der Spanier und der Liga unter der Leitung Tillys nicht gewachsen, nacheinander wurden sie im Frühjahr 1622 besiegt, zuerst der alte Markgraf Georg Friedrich, sein Heer zerstreute sich in alle Winde. Im Feldlager Mansfelds tauchte Friedrich von der Pfalz persönlich auf. Er hatte eine beschwerliche Reise hinter sich, durch den stürmischen Ärmelkanal und durch Frankreich. In Paris hatte ihn König Ludwig XIII. ehrenvoll empfangen und sogar zur Tafel geladen. Dann war der Pfalzgraf weitergezogen, verkleidet und mit wenigen Gefährten. Bei Straßburg, im Gebiet des Erzherzogs Leopold, geriet er dann in eine Rotte Soldaten. Mit denen mußte er Umtrunk halten und sich viel bösen Spott über seine Person anhören, zuletzt gar auf das Wohl des Kaisers einen Becher leeren, ehe sie ihn seines Weges ziehen ließen. Die Strapazen der Reise lohnten sich nicht. Mansfeld, immer auf der Hut, immer darauf bedacht, sein kostbares Heer nicht aufs Spiel zu setzen, konnte allein die Pfalz nicht zurückerobern. Den tollen Christian aber erwischte Tilly bei der Stadt Höchst, als er gerade den Main überqueren wollte, von seiner Räuberarmee blieb nicht viel übrig. Mit dem kläglichen Rest ihrer Truppen schlugen sich Mansfeld und Christian nach Holland durch, doch gaben sie ihre Sache keineswegs verloren. Mit englischem und französischem Geld würden sie neue Heerhaufen werben. Im September 1622 eroberte Tilly Heidelberg, und wieder glaubten manche, der Krieg sei zu Ende. „Man führt Krieg und weiß nicht, wo dessen Ziel sein soll", schrieb um diese Zeit der bayerische Geheimrat Jocher. Er hätte nur seinen Herrn, den Herzog Maximilian, zu fragen brauchen, der wußte sehr gut, warum der Krieg immer noch weiterging.

Zweite Heirat

Die turbulenten Ereignisse der letzten Jahre hatten Ferdinand nicht viel Zeit gelassen, an sein privates Glück zu denken. Die Politik, der Kampf um die Existenz seines Hauses und seiner Familie hatten Vorrang gehabt. Die Macht Habsburgs in Mitteleuropa galt jetzt aller menschlichen Voraussicht nach als gesichert. Schon im März 1621, kurz nach der Entscheidungsschlacht am Weißen Berg, verfaßte der Kaiser sein Testament. Immer nur der Erstgeborene, bestimmte er darin, solle künftig das gesamte Reich erben, keine Teilungen sollten mehr vorgenommen werden. Ferdinands Nachkommen haben sich im wesentlichen an diesen Grundsatz der Primogenitur gehalten, sicherlich zu ihrem Vorteil.

In jenem Jahr 1621 dachte der Kaiser freilich noch nicht an seinen Tod. Er war jetzt ein gereifter Mann von 42 Jahren, rüstig, gesund und fünf Jahre lang schon Witwer. Er spielte mit dem Gedanken, noch einmal zu heiraten, nicht aus Liebe, sondern aus dynastischen Gründen. Die Dame, der er sein Herz schenken wollte, hatte er noch nie im Leben gesehen. Das war in dieser Epoche nichts Außergewöhnliches, galten doch Fürstenehen als eine hochpolitische Sache. Was ihn bewog, noch einmal auf Brautschau zu gehen, ließ Ferdinand dem neuen König von Spanien, Philipp IV., durch seinen Botschafter Graf Khevenhüller mitteilen: „Erstlichen sind Ihre Kaiserliche Majestät gewissen und Gewissens halber zu der andern Ehe zu greifen obligieret gewesen, und darumben vornehmlich, daß Succesion, daran die Conservation nicht allein dero Königreich, Land und Leut, sondern ganzer Christenheit und Catholischer Religion liegt, die auch durch Absterben ihres ältesten jungen Prinzen geschwächt worden, und allein derzeit aus zwei jungen Herren besteht, vermehrt" werde. Vermehrung der Nachkommenschaft war also der erste und wichtigste Grund für Ferdinands Heiratsabsichten, doch Botschafter Khevenhüller hatte noch andere einleuchtende Gründe am Madrider Hof vorzutragen. Der Kaiser, argumentierte Khevenhüller, wolle sich seine Gesundheit erhalten, und bei seinen mühsamen Geschäften könne ihn eine junge Ehefrau aufheitern, die „Unlust und Melancholey" vertreiben, „die die Verkürzung des Lebens gemeiniglich nach sich ziehen", und letztlich könnten durch die zu erwartende Nachkommenschaft viele Bistümer und Großmeisterämter im Reich „aus habsburgischem Geblüt" besetzt werden.

Zu Frauen hatte Ferdinand im allgemeinen ein eher distanziertes, kühles Verhältnis. Von Jugend auf zur Keuschheit erzogen, hielt er sich auch darin sein Leben lang an die Vorschriften der Jesuiten. Es gibt den Bericht seines Beichtvaters, daß Ferdinand in jungen Jahren einen Höfling, der ihn zu einem galanten Abenteuer überreden wollte, erzürnt vom Hofe wies. „Ich hasse es", soll er gesagt haben, „wenn meine Diener Sklaven der Unzucht sind." Ein Sklave dessen, was er Unzucht nannte, wurde Ferdinand niemals, er hatte andere Interessen. Drei Dinge gebe es, so erzählte man, wo dem Kaiser die Zeit nicht lang werde: beim Gottesdienst, im Rat und bei der Jagd. Solche anstrengenden und zeitraubenden Vergnügungen füllten ihn aus. Zu Damen konnte er wohl höflich sein, ihnen galante Komplimente machen, es ist aber nicht bekannt, daß er, ausgenommen bei seinen beiden Ehefrauen, jemals darüber hinausgegangen wäre. Peinlich genau achtete er auf die Etikette, und niemals empfing er ein weibliches Wesen in Privataudienz.

Wenn er jetzt der schönen Eleonore Gonzaga, Tochter des Herzogs von Mantua, den Hof machte, geschah das wirklich vor allem aus Staatsräson und aus Gewissensgründen. Von der 23jährigen Prinzessin hatte Ferdinand viel Gutes gehört; sie war nicht nur schön, sondern auch gottesfürchtig und überdies im passenden Alter. Er überlegte nicht lange. Im Herbst 1621 reiste Eggenberg nach Italien, offiziell zu einer Pilgerfahrt nach Loreto, inoffiziell mit dem Auftrag, in Mantua als kaiserlicher Brautwerber zu fungieren. Er hatte Erfolg. Die schöne Prinzessin wurde aus dem Kloster geholt, in dem sie sittsam und zurückgezogen lebte, und gab spontan ihr Jawort. Darauf wurde der Heiratskontrakt abgeschlossen, und als Geschenk des Bräutigams überreichte Eggenberg der Braut ein kostbares Geschmeide, in das des Kaisers Konterfei kunstvoll eingearbeitet war. Im Februar sollte in Innsbruck Hochzeit sein. Von vielen Kavalieren seines Hofes begleitet, reiste Ferdinand im Jänner 1622 nach Tirol. In seinem Gefolge befand sich auch der junge Fürst Christian von Anhalt, der Sohn des böhmischen

Oberfeldherrn. Er hat über diese Reise nach Innsbruck und über die Zeit, die er zuvor am Hofe Ferdinands verlebte, viele interessante Details seinem Tagebuch anvertraut. Man hatte ihn in der Schlacht am Weißen Berg gefangen, wo er als einer der wenigen im böhmischen Heer tapfer gefochten hatte. Fast ein Jahr lang verbrachte er dann in der Burg von Wiener Neustadt in milder Haft. Im Dezember 1621 ließ ihn der Kaiser nach Wien holen; er möge vor der Majestät einen Fußfall tun, wurde ihm bedeutet, dann würde ihm die Freiheit geschenkt. Dagegen wehrte sich der stolze junge Mann ganz entschieden, und die kaiserlichen Kammerherren, die ihn in seinem komfortablen Quartier aufsuchten, um ihn umzustimmen, mußten allesamt betretenen Gesichtes und unverrichteter Dinge wieder heimkehren. Zuletzt versuchte gar der Reichsvizekanzler, Herr von Ulm, höchstpersönlich sein Glück, wobei sich folgender Disput entwickelte, den Anhalt in seinem Tagebuch aufgezeichnet hat:
„Ulm zu Anhalt: ‚Er müsse vor dem Kaiser einen Fußfall tun, kein Fußfall, keine Audienz!'
Ego: ‚Verhoffe nicht, daß ich mich so hoch versündigt hätte, daß mich Ihre Maj. mit solcher Strafe, die Reichsfürsten präjudizierlich wäre, belegen würde, wäre als ein Aventrierer meinem Herrn Vater gefolgt!'
Ille: ‚Das wäre gut, könnte alsdann beim Kaiser vorgebracht werden, aber der dritte Artikel im Turnierbuch vermöchte, wo ein Reichsfürst in einer Feldschlacht wider den Kaiser gefangen würde, müßte er einen öffentlichen Fußfall tun, wollte er Gnade erlangen. So könnte ichs leichter tun als regierende Herren, wie der Kurfürst von Sachsen und der Herzog von Württemberg, auch Mainz, Köln, Trier und andere tätens, wenn sie die Lehen empfingen, ich würde Majestät hoch offendieren, wo ichs abschlüge!'"
Vor den Regeln des Turnierbuches und den überzeugenden Argumenten des Reichsvizekanzlers gab Anhalt schließlich nach. „Letztlich, wie jedermann auf mich drang, sagte ich, weils der Kaiser haben wollte, wollte ichs eingehen." Herr von Ulm war noch nicht zufrieden. „Er sagte, ich müßte es gutwillig tun; antwortete ich, ich wäre es zufrieden." Nachdem dieses hochwichtige Problem leidlich geklärt war, konnte die Audienz beim Kaiser endlich stattfinden. Lassen wir den jungen Anhalt selbst

erzählen, wie es ihm dabei erging. „Als ich den Kaiser zu Gesicht bekam, machte ich zwei tiefe Reverenzen, mitten in der Stube wiederum zwei und vier Schritt vom Kaiser eine Reverenz mit dem linken Schenkel, daß ich aufs Knie zu sitzen kam; winkte alsbald der Kaiser und war meine Rede also: Allergnädigster Kaiser und Herr (auf dem Knie); (stehend) Daß Eure Kaiserliche Majestät mir anitzo so gnädigste Audienz verstatten, meines Arrests erlassen und anhero erfordern wollen, dessen tue ich mich zum alleruntertänigsten und gehorsamsten bedanken." Der Kaiser hörte schweigend zu und sprach lange Zeit kein Wort. An seiner Stelle antwortete Herr von Ulm, das gehörte so zum Zeremoniell. Erst gegen Ende der Audienz richtete auch der Kaiser einige Worte an seinen Besucher. „Darauf winkte mir der Kaiser und bot mir die Hand mit Abziehung des Huts, sagte mir auch, Ihre Maj. sähen mich gar gerne und möchte ich nun derselben aufwarten sowohl zu Hofe als zu Felde. Als ich mich kürzlich bedankte und nochmalen zu Gnaden recommandierte, winkten mir Ihre Maj. mich zu retirieren, darauf ich nach getanen Reverenzen und Verneigen mich wiederum ins Vorgemach begab zu den Cavallieri, bis daß Ihre Maj. zum Essen herauskamen, da wir so lange verblieben, bis Ihre Maj. das erste Mal getrunken hatten. Alsdann machten wir unsere Ceremonien und gingen davon." Der junge selbstbewußte Christian von Anhalt hatte sich in dem Dschungel höfischer Etikette sehr gut zurechtgefunden. „Eh' ich mit dem Herzog von Sachsen vom Kaiser von der Mahlzeit (dabei dann eine stattliche Musik) wegging, rief der Kaiser den von Sachsen und redete heimlich mit ihm. Danach sagte mir Herzog von Sachsen, der Kaiser hätte sich gewundert, warum ich mich des Fußfalls so lange verweigert, ob ich nicht gedacht hätte, daß mir Ihre Maj. alsbald würde aufhelfen. Sonst müßte ich ein gut ingenium haben, denn ich hätte wohl geredet."

Christian von Anhalt verlebte nun eine fröhliche Zeit. In der Wiener Hofgesellschaft gehörte es zum guten Ton, den Jüngling, den der Kaiser so freundlich empfangen hatte, zu Gast zu haben. Der mächtige Botschafter Onate lud ihn zu sich und auch die Frau Polyxena von Lobkowitz. Die wollte ihn gern ins Garn der katholischen Religion fischen, „wiewohl sie über 60 Jahr, und würde eher von jungen Damen können dazu gebracht werden". Auch der Kaiser selbst sah ihn gern in seiner Nähe. „15. Dezemb. Mit dem Kaiser hinaus auf die Schweinehatz geritten, in welcher sich Ihre Maj. gar gnädig gegen mich erzeigt, viel geredet, und stets mit herum durchs Jagen reiten lassen, da wir 29 Säue, ein Spießhirsch und viel Stück wild gefangen... 18. Dezemb. Mit Ihrer Maj. hinaus aufs Jagen, da sie dann aufm Schiff die Donau hinab viel mit mir geredet... 19. Dezemb. Nachdem ich dem Kaiser zu Hofe aufgewartet, bin ich mit dem Don Matthia, Kaisers Rudolphi außer der Ehe erzeugtem Sohn, zu Gast gefahren, der mich dann sehr wohl traktiert und auf den Abend in die Vesper beim Kaiser (da eine schöne Musika) geführt." Ferdinand schätzte also die Gesellschaft des jungen Anhalt und zog ihn des öfteren ins Gespräch, was als hohe Auszeichnung galt.

Am 1. Februar 1622 trafen Ferdinand und sein Gefolge in Innsbruck ein, tags darauf kam die Braut in die festlich geschmückte Stadt, begleitet von ihrer Mutter, ihrem Bruder und ansehnlicher Dienerschaft. Vor der Hofkirche wartete schon der kaiserliche Bräutigam, denn sofort sollte Hochzeit gefeiert werden. Die Feierlichkeiten schildert Franz Christoph Khevenhüller, als wäre er selbst dabeigewesen. Wie Eleonore, als sie ihren künftigen Gatten das erste Mal sah, vor ihm niederkniete und ihm die Hände küßte, wie Ferdinand sie aufhob und zum Altar geleitete. Das Hochzeitsfest sollte auf Wunsch des Kaisers der traurigen Zeiten wegen möglichst einfach gestaltet werden, die Trauung selbst aber wurde mit aller Pracht gefeiert. Auf einem roten Teppich schritt das Brautpaar zum Altar, der Kaiser in einem weiß-goldenen Prunkgewand, „auch stattlich mit Diamanten, Ketten und Hutschnur gezieret", Eleonore trug ein goldbesticktes Brautkleid, darüber einen Mantel aus Zobelpelz und auf dem Kopf einen Hut mit Reiherfedern. Auch über das anschließende Hochzeitsmahl weiß Khevenhüller in seinen Annalen viel zu erzählen, und seine aufmerksamsten Leser läßt der Graf sogar einen flüchtigen Blick ins kaiserliche Brautgemach tun: „Nach der Mahlzeit hat der Kaiser die Kaiserin in ihre Zimmer begleit, und sie alldort mit der Herzogin allein gelassen, und sich in sein Gemach verfügt, von dannen er durch geheime Pforten wieder zu ihr kommen."

Schon vier Tage nach der Hochzeit hieß es für die junge Kaiserin von der Mutter Abschied nehmen. Der junge Anhalt war dabei. „Nach dem Essen ist die Herzogin von Mantua mit Don Vincenzo weggezogen. Ihre Majestät haben sie hinunter begleitet und es hat nasse Augen gegeben." Für Heimweh aber blieb Eleonore nicht viel Zeit. Schon am folgenden Tag reiste auch das Kaiserpaar ab. In der Münzstätte in Hall durfte sie den Münzmeistern bei der Arbeit zusehen; die waren gerade dabei, Golddukaten mit dem Ebenbild ihres kaiserlichen Gemahls zu prägen. In Hall nahm auch Christian von Anhalt vom Kaiser Abschied. Ferdinand zog ihn noch einmal ins Gespräch: Nein, der junge Herr brauche sich nicht zu bedanken für die Wohltaten, er habe es von Herzen gern getan, sei auch mit seinen Diensten wohl zufrieden gewesen. Anhalt möge nur über seinen Aufenthalt am Kaiserhof fleißig berichten; er, Ferdinand, sei nicht so wild, wie man ihn draußen machte. Jedermann solle wissen, daß der Kaiser niemandem das Seinige nehmen wolle, allein er lasse sich das Seinige auch nicht nehmen und wolle es „bis aufs äußerste defendieren". Das dürfe Anhalt jedermann wohl versichern.

Über Salzburg und die Steiermark reiste Ferdinand mit seiner jungen Ehefrau heimwärts. Die Wiener hatten zu einem großen Empfang gerüstet mit Salutschießen, Aufmarsch der Bürgerschaft, Ansprache des Bürgermeisters. Unter einem Baldachin wurde das Kaiserpaar zum Stephansdom geleitet. Vor der Kirche machten die auswärtigen Botschafter, die Geistlichkeit und die Professoren der Universität der neuen Kaiserin ihre Aufwartung. Die Flitterwochen mit seiner schönen jungen Frau wurden Ferdinand noch verschönt durch die Meldungen vom deutschen Kriegsschauplatz, und auch in Ungarn begannen sich die Dinge zu seinen Gunsten zu entwickeln. Mit Bethlen war Friede, kein sehr vorteilhafter freilich, aber Ferdinand konnte jetzt daran denken, zum ersten Mal einen Landtag zu besuchen, seit er König von Ungarn war. Im Mai 1622 reiste er nach Ödenburg. Die Magnaten waren friedfertiger als in früheren Jahren, nur die Parteigänger Bethlens opponierten so heftig wie ehedem. In einem Punkt aber herrschte unter den Teilnehmern des Landtages kaum Meinungsverschiedenheit, in der Begeisterung für die junge Kaiserin, sie fand bei den heißblütigen Ungarn allgemein Beifall. Am 26. Juli 1622 krönte man sie zur Königin von Ungarn. Dazu hatte Ferdinand die gewöhnlich so störrischen Magnaten nicht erst zu überreden brauchen, sie hatten es selbst so gewünscht.

Ein Schritt mit bösen Folgen

Im Herbst 1622 standen auch in Deutschland die Dinge für den Kaiser überaus günstig. Die Union war aufgelöst, die Freibeuter aus dem Feld geschlagen, und in der Rheinpfalz bezogen Tillys Truppen ihre Winterquartiere. Es war aber jetzt auch hoch an der Zeit, daß Ferdinand den Preis bezahlte für die Siege, die Maximilian von Bayern in seinem Namen errang. Wer den Herzog kannte, der wußte, daß dieser Preis nicht niedrig sein, daß er ihn auf Heller und Pfennig fordern würde. In Geldangelegenheiten pflegte Maximilian korrekt zu rechnen, selbst seinen besten Freunden gegenüber. Ferdinand aber hatte nicht das Geld, um dem Bayernherzog die Kriegskosten, an die 15 Millionen Gulden, zu ersetzen. Der Erlös aus den böhmischen Konfiskationen hätte leicht dazu ausgereicht, der floß aber in die Taschen seiner Günstlinge, und Ferdinand stand mit leeren Händen da. Es strebte Maximilian aber auch nach der pfälzischen Kurwürde, und diese Forderung hätte ihm der Kaiser gerne erfüllt, da sie ihn nichts kostete. Hatte er überhaupt ein Recht, dem Pfälzer die Kur einfach zu nehmen und sie auf Maximilian zu übertragen, war die Art, wie er Friedrich von der Pfalz jetzt behandelte, konform den Satzungen des Reiches? Über diese heikle Frage stritten schon die Zeitgenossen, und in der Geschichtsforschung hat sich dieser Streit fortgesetzt. Die Protestanten beschuldigten Ferdinand des Rechtsbruches und beriefen sich dabei auf die Wahlkapitulation. Nicht ohne Befragung der Kurfürsten, hieß es darin, dürfe der Kaiser in einer wichtigen Sache eine Entscheidung treffen, und daß eine solch einschneidende Änderung des Kurfürstenkollegiums, wie Ferdinand sie im Sinne hatte, eine wichtige Sache war, konnte niemand leugnen. Dann wäre der Kaiser auf Grund der Wahlkapitulation auch verpflichtet gewesen, Friedrich von der Pfalz Gelegenheit zu einer Rechtfertigung zu geben, ehe er über ihn die Acht verhängte. Es waren dies ehrenwerte und stichhältige Argumente.

Die kaiserlichen Juristen aber wußten darauf klug zu entgegnen. Der Pfalzgraf habe durch seine Annahme der Krone Böhmens einen Friedensbruch begangen, dieser sei notorisch und durch keine Rechtfertigung mehr aus der Welt zu schaffen, eine Anhörung Friedrichs von der Pfalz in dieser Causa sei demnach überflüssig. Die Hofräte brauchten nicht hinzuzufügen, daß der Pfalzgraf wohl nicht vor dem Kaiser erschienen wäre, hätte dieser ihn tatsächlich vorgeladen. Und noch einen Schönheitsfehler hatte die auf den ersten Blick so verfassungstreue Argumentation der protestantischen Reichsstände. Dem Buchstaben der Verfassung gemäß, und den wollten sie offenbar angewendet wissen, wären sie verpflichtet gewesen, dem Kaiser bei der Verteidigung seiner Rechte auf die Krone Böhmens beizustehen. Viele von ihnen hatten dazu keinen Finger gerührt, manche sich offen für den Pfalzgrafen erklärt. Jetzt, wo das Pendel gegen sie ausschlug, erinnerten sie sich wieder an die Verfassung, die sie zuvor selbst mißachtet hatten.

Die Verfassung des Heiligen Römischen Reiches war morsch geworden, ein wackeliges Gerüst, das den Belastungen, denen man sie aussetzte, nicht mehr gewachsen war. Bald würde sie vollends zusammenbrechen. Der Kaiser nahm bewußt diesen Zusammenbruch in Kauf und wollte daraus seinen Vorteil ziehen, wie auch die meisten anderen deutschen Fürsten, Maximilian von Bayern oder Friedrich von der Pfalz, ihren Beitrag zu dieser gefährlichen Entwicklung leisteten. Gern beriefen sie sich auf die „ehrwürdigen Reichskonstitutionen" dort, wo es ihnen Vorteil brachte; wo nicht, setzten sie sich ohne viel Skrupel darüber hinweg. Ferdinand machte dieses Spiel mit; schuldhafter als andere, weil er ja durch sein Kaiseramt zum Hüter der Verfassung berufen gewesen wäre; weniger schuldig zugleich, weil ihn andere zu diesen höchst bedenklichen Manövern zwangen. Hätte er dem Herzog von Bayern in seiner Not nicht die pfälzische Kurwürde versprochen, wer weiß, ob er Böhmen jemals wieder zurückbekommen hätte? Jetzt forderte Maximilian unnachsichtig seinen Lohn und gab sich mit halben Lösungen nicht zufrieden. Heimlich hatte ihn der Kaiser schon 1621 zum Kurfürsten ernannt und ihm diese Würde sogar erblich verliehen. Doch im stillen Kämmerlein sich Kurfürst zu nennen war Maximilian nicht genug. Der Kaiser müsse sich öffentlich erklären, ihn feierlich ins kurfürstliche Kollegium aufnehmen, war die Forderung, die Maximilian im Laufe des Jahres 1622 immer wieder erhob. Ferdinand habe ihm „die kurfürstliche Dignität aus eigener Bewegnis" zugesagt und auch verschrieben, klagte er dem kaiserlichen Botschafter, er wolle nicht hoffen, daß der Kaiser jetzt die Sache verzögere, das sei „seiner Majestät nicht reputierlich".

An der Erfüllung seines Versprechens hinderten Ferdinand die Spanier, die sich gegen eine solch weitgehende Befriedigung maximilianeischer Machtgelüste sträubten. Philipp IV., sein Minister Olivarez, die Erzherzogin Isabella in Brüssel, sie alle waren der Meinung, daß man Friedrich wenigstens die Rheinpfalz zurückgeben müsse, oder wenn schon nicht ihm selbst, dann wenigstens seinen Nachkommen. Die Infantin entwickelte einen kuriosen Plan: Könnte man nicht den ältesten Sohn des Pfalzgrafen in Wien erziehen und ihm eine Kaisertochter zur Frau geben? Da würde ein frommer Katholik aus ihm werden, der die calvinistische Pfalz in den Schoß der Kirche zurückbrächte. Maximilian, sonst ein rühriger Vorkämpfer für die katholische Sache, hielt von solchen Spekulationen nichts, und auch der Kaiser lehnte diese Pläne ab. Ferdinand mußte aber dennoch auf die Spanier Rücksicht nehmen, und da brachte ihn des Bayernherzogs drängender Ehrgeiz in arge Verlegenheit. Spanien und Bayern waren die beiden Säulen, auf denen seine wiedererstandene Herrschaft ruhte, und er konnte nicht gut den einen Helfer belohnen, indem er den anderen vergrämte. Die Spanier hatten ihre Freundschaft mit Jakob von England im Auge, wenn sie für eine maßvolle Lösung der pfälzischen Frage eintraten. Wollte man die guten Beziehungen zum Inselreich bewahren, durfte man den königlichen Schwiegersohn nicht allzu hart anfassen. Papst Gregor XV. wieder war auf Seite Bayerns. Mehrmals forderte er den Kaiser auf, sein Versprechen einzulösen. Der Heilige Vater, traditionell kein Freund der Spanier, sah die Vorteile, welche der Kirche durch die Ernennung Maximilians von Bayern zum Kurfürsten erwachsen würden. Im kurfürstlichen Kollegium saßen dann fünf Katholiken gegenüber zwei Protestanten.

Inmitten dieses Widerstreits der Meinungen und Bestrebungen stand hilflos der Kaiser. Der spanische Botschafter Onate war jetzt sein Freund nicht mehr, er drohte mit Sanktionen, wenn Ferdinand gegen die spanischen Interessen handle, und auch von den Geheimräten sprachen sich einige gegen allzu großzügige Geschenke an Bayern aus. Der Kaiser hörte nicht auf sie. Er wollte sein Versprechen erfüllen. Die Spanier würden ihn schon nicht fallenlassen, wenn er einmal ihren Wünschen zuwiderhandelte. Maximilian würde Kurfürst werden und fortan auf Gedeih und Verderb an das Haus Habsburg gebunden sein, der Katholizismus würde im Reich ein entscheidendes Übergewicht erhalten. Die Rechnung erwies sich als korrekt. Klug aber war sie nicht und obendrein dazu angetan, den Krieg zu verlängern. Verständige Leute erkannten diese Gefahr sofort, der alte Kurfürst Schweikhard von Mainz, die Erzherzogin Isabella, beide gewiß keine Freunde der Protestanten. Ferdinand in seinem Glaubenseifer und Maximilian in seiner Gier sahen die Gefahr nicht, oder wollten sie nicht sehen. So nahmen die Dinge ihren Lauf.

Der Kaiser berief für November 1622 einen Fürstentag nach Regensburg. Von den eingeladenen Ständen des Reiches kamen nicht viele, von den Kurfürsten nur zwei, Mainz und Köln. Johann Georg von Sachsen blieb zu Hause, ebenso der Brandenburger, sogar der Erzbischof von Trier entschuldigte sich wegen Leibesschwäche, sie wollten nicht dabei sein, wenn der Kaiser die alte Ordnung des Reiches, die fürstliche Libertät, mit Füßen trat.

Pünktlich am 24. November 1622 hielt Ferdinand in Regensburg Einzug, er bot den Bürgern ein prächtiges Schauspiel. „Erstlich standen auf den Gassen, da der Kaiser durchpassierte, auf beiden Seiten 2000 Bürger in 5 Fahnen abgeteilt. Voran ritt der Stadt-Hauptmann allein, den folgten 2 Trompeter der Stadt und 7 Reiter, des Hauptmanns Diener, danach 6 salzburgische Trompeter, 12 Edelknaben auf altrömisch gekleidet, 74 Reiter, viel Leibpferde, welche dem Bischof von Bamberg zustanden, 30 vom Adel, 5 Kosaken mit Luchsfellen, 12 Pferde, die man an der Hand führte, 5 kaiserliche Diener, 12 Leibpferde mit schönen gestickten Sätteln, 8 Diener zu Pferd, 12 Edelknaben in schwarzem Sammet, ein Trompeter mit 12 Kesseltrommeln.

Nach diesem ritt Landgraf Ludwig von Hessen allein. Ihm folgten 28 vom Adel, 14 gemeine Reiter, 12 Fußknechte, 6 Diener zu Pferde." Nach dieser langen Vorhut endlich der Kaiser selbst; 5 Herolde gingen ihm voran, danach der Reichsmarschall Graf Pappenheim mit dem bloßen Schwert, Ferdinand ritt unter einem gelben Traghimmel, darin war der Reichsadler eingestickt. Nach der kaiserlichen Leibgarde kam die Kaiserin, allein in einem Wagen sitzend, „ihr folgten 5 Wagen Frauenzimmer, 2 Trompeter und 100 Reiterschützen. Der Kaiser und die Kaiserin sind vor dem Dom abgestiegen und hineingegangen, allda der Bischof sie empfangen und eine stattliche Musik gehalten worden." Nach diesem prunkvollen Auftakt geschah lange Zeit nichts. Der Kaiser wartete, ob vielleicht nicht doch noch einige Fürsten seiner Einladung folgen würden. Er wartete vergeblich; jedermann konnte ahnen, wie es in Regensburg zugehen würde, und da war man besser nicht dabei. Es wartete auch der Herzog von Bayern in seinem Quartier vier Meilen vor Regensburg, bis die Nachricht von seiner Ernennung zum Kurfürsten käme. Die Zeit muß ihm wohl ein wenig lang geworden sein. Erst im Jänner 1623 begannen ernsthaft die Verhandlungen und zogen sich weit in den Februar hinein. Vergeblich forderte der Abgesandte des Papstes, man dürfe auf „keine Allianzen oder andern Respekt und Personen, sondern nur darauf sehen, wie die katholische Kirche befestigt und befördert werden möchte". Der Unmut selbst katholischer Fürsten über diesen kaiserlichen Willkürakt ließ Ferdinand zögern; er mußte nachgeben, Kompromisse schließen. Nicht erblich sollte Maximilian von Bayern die Kurwürde erhalten, wie er es ihm versprochen hatte, sondern nur auf Lebenszeit. Über die Ansprüche der Kinder und Agnaten des Pfälzers sollte eine Versammlung der Kurfürsten entscheiden. Es gereicht Ferdinand nicht zur Ehre, wenn er in einem geheimen Schreiben an Maximilian beteuerte, er werde sich an den Spruch nicht halten, sollte er zugunsten der pfälzischen Nachkommenschaft ausfallen, sondern „nach Recht und Billigkeit" handeln.

Am 25. Februar durfte Maximilian endlich den heißersehnten Kurhut in Empfang nehmen. Die Feier verlief in gespannter Atmosphäre. Vor Beginn der Zeremonien protestierte lautstark der Pfalzgraf von Neuburg. Er hätte durch seine Verwandtschaft zum abgesetzten Friedrich ein besseres Recht auf die Kurwürde gehabt als der Bayer und war obendrein noch Katholik. Der Protest wurde vom Kaiser abgewiesen. In Regensburg entschied nicht das Recht, sondern die Macht, und das war während der ganzen Feier zu spüren; echte Freude kam nicht auf. Die Gesandten Sachsens und Brandenburgs erschienen nicht, und ebenso war der spanische Botschafter Onate nicht zugegen, als der Kaiser dem Herzog von Bayern die kurfürstlichen Insignien übergab. Der alte Schweikhard von Mainz war wohl anwesend, doch er kratzte sich während der Feier mehrmals sorgenvoll am Kopfe und spielte seine Rolle als Erzkanzler des Reiches mit düsterer Miene. Und selbst Maximilian, der neue Kurfürst, war nicht in bester Verfassung. Als nämlich die Reihe an ihn kam, eine Dankrede zu halten, da sprach er ganz furchtsam. Hatte er jetzt ein böses Gewissen? Er war zu klug, um nicht über die Folgen Bescheid zu wissen, die sich aus diesem bedenklichen Rechtshandel ergaben, aber auch zu ehrgeizig, um darauf zu verzichten.

Entrüstet über diesen Gewaltakt waren die deutschen Protestanten, entrüstet war auch die Infantin in Brüssel. Diese Kurbelehnung, ließ sie dem Kaiser mitteilen, werde mehr Unruhe und Unfrieden in Deutschland erwecken, „sintemal diejenigen, so vorher neutral gewesen, sich nun wider Ihro Kaiserliche Majestät erklären, hergegen die Kaiserlichen Waffen den vorigen nicht gleich sein würden, weil der König von Spanien seine Kriegsheere würde abfordern und selbst zu gebrauchen wissen".

Es kam so, wie die Infantin es vorausgesagt hatte. Was der Kaiser mit der Pfalz angestellt hatte, versetzte das protestantische Norddeutschland in Angst und Schrecken. Die Herzöge von Braunschweig und Mecklenburg, die Freien Hansestädte Hamburg, Bremen und Lübeck, sie alle fürchteten, daß die Reihe nun bald auch an sie kommen „und sie neben andern unter das päpstliche Joch gebracht und ihrer Freiheit und Religion beraubt werden möchten". Sie beschlossen zu rüsten. Als Obersten ihres Kriegsvolkes gewannen sie den König von Dänemark, der war als Herzog von Holstein zugleich auch deutscher Reichsfürst. Dabei hatte der Kaiser ohnedies schon

Feinde genug. Im Frühjahr 1623 erschienen die Freibeuter wieder auf dem Kampfplatz. Christian von Braunschweig hatte sich an den langen Winterabenden einen Plan zurechtgelegt, gelang er, war Ferdinand verloren. Eine große Zange sollte gebildet werden, den einen Arm wollte Christian selbst mit seinen Söldnern bilden, den anderen Bethlen, der neuerdings wieder auf den Kaiser böse war. In Böhmen oder Mähren wollten sie ihre Heere vereinigen. Die unterjochten Protestanten dieser Länder, so rechnete Christian, würden sich mit Freuden seiner und Bethlens Sache anschließen. Es wurde nichts daraus. Ehe der eine losschlug, war der andere schon geschlagen. Bei dem Dorfe Stadtlohn vernichtete Tilly am 6. August 1623 den Kriegshaufen des Halberstädters, nur mit Mühe rettete Christian sein nacktes Leben über die nahe holländische Grenze. Im Herbst 1623 schlug dann Bethlen los. Die schwachen kaiserlichen Truppen vermochten ihm keinen harten Widerstand zu leisten, sie wurden schließlich in der mährischen Festung Göding eingeschlossen. Dort mußten sie lange ausharren unter Hunger und Entbehrungen; davon zeugen die Briefe des Obersten Wallenstein, der dabei war. Doch neuerlich konnte der Siebenbürger mit seiner leichten Reiterei nichts Entscheidendes ausrichten. Bei Einbruch des Winters verschwand er so rasch, wie er gekommen war, und schloß im folgenden Jahr zur Abwechslung wieder einmal Frieden mit dem Kaiser.

Aus all diesen Ereignissen, den Verhandlungen in Regensburg, den Rüstungen der norddeutschen Protestanten, den Angriffen des Fürsten von Siebenbürgen, ließ sich für den Kaiser und seine Räte eine zwingende Lehre ziehen. Man brauchte eine schlagkräftige Armee. Dann würde man eine selbständigere Politik treiben können und nicht mehr angewiesen sein auf die Launen der Spanier und des habsüchtigen bayerischen Vetters. Woher sie aber das Geld für die Ausrüstung dieser Streitmacht nehmen sollten, das wußten Ferdinand und seine Räte damals noch nicht.

Im Winter 1623/24 schien es, als würde der Krieg zu Ende gehen, als könnten die Diplomaten den Militärs das Gesetz des Handelns entreißen. Doch der Schein trog. Wer bei den vielen Verwicklungen und Verwirrungen, welche der Regensburger Fürstentag hinterlassen hatte, an einen dauerhaften Frieden glaubte, war ein Phantast, so wie wenn einer vergnügt in den blauen Himmel blickt, während sich hinter seinem Rücken schwarze Gewitterwolken zusammenballen. Vom Frieden war dennoch viel die Rede in diesem Winter und fast das ganze folgende Jahr über. Am lautesten forderten ihn jene, die aus ihm bei der Lage der Dinge den größten Nutzen zogen, der Kaiser und Maximilian von Bayern, neuerdings Kurfürst und Pfandinhaber der Oberpfalz und eines stattlichen Stückes der unteren, rechts des Rheines. Doch Maximilians Kurfürstentum, die Eroberung der Pfalz, die Vertreibung und Enteignung des Pfalzgrafen, war eine Kriegserklärung an den internationalen Protestantismus, ungefähr so, wie des Pfälzers böhmisches Königtum eine an die katholischen Mächte gewesen war; eine empfindliche Störung des Gleichgewichts, von der nicht nur die deutschen Protestanten betroffen waren. Der Krieg machte nur eine Atempause. Es änderte sich viel in diesem Jahr 1624, und was sich änderte, diente nicht dem Frieden, sondern einem neuen Krieg. Die Berichte, Depeschen und Vertragsentwürfe, welche Mönche und reitende Boten quer durch Europa trugen, die Allianzen, die geplant und geschlossen wurden, die Schutz- und Trutzbündnisse sollten ihren Urhebern Rückendeckung schaffen, wenn es neuerlich zum Schlagen käme. Neue Männer betraten das glatte Parkett der europäischen Politik, keine schlechten darunter, Richelieu als Leiter des Ministeriums Ludwigs XIII., Papst Urban VIII., mehr Diplomat als Seelenhirte, ein Freund der Franzosen und kein Freund der Spanier. Zerbrochen war auch die Allianz Spaniens mit England der pfälzischen Sache wegen. Die Spanier hatten seinem Schwiegersohn nicht helfen können, also waren sie für König Jakob als Bundesgenossen wertlos. Englands König gewann bald neue Freunde, Frankreich, die Niederlande, König Christian von Dänemark, Mansfeld, den alten Freibeuter. Der besuchte im Frühjahr 1624 London; man bereitete ihm einen begeisterten Empfang.

In Wien saß Kaiser Ferdinand und beschäftigte sich mit etwas harmloseren Problemen als im Jahr zuvor. Die Wiener machten ihm Freude, sie waren jetzt fast alle wieder gut katholisch, die Universität, einst ein Bollwerk verführerischer Lehren, fest in den Händen der Jesuiten. Die Wiener Juden mußten sich außerhalb der Stadt ein neues Ghetto errichten, weil der Bau ihrer Synagoge zu groß geraten war, was ihre christlichen Mitbürger empörte, so daß der Wiener Magistrat den Kaiser untertänigst ersuchte, „den ganzen Judenschwarm, das Verderben der Bürgerschaft", aus der Stadt zu schaffen. Gott, so fügten die frommen Ratsherren schlau hinzu, werde es dem Kaiser lohnen. Damals kam auch eine siebenbürgische Gesandtschaft nach Wien, des Friedens und einer Heiratssache wegen. Fürst Gabriel Bethlen hielt um die Hand der dreizehnjährigen Kaisertochter Cäcilia Renata an. Er wurde abgewiesen. Der Kaiser weigerte sich, das zarte Mädchen dem wetterwendischen Barbaren zur Frau zu geben, der obendrein schon 44 Jahre zählte. Worauf Bethlen tief beleidigt mit besserem Erfolg um eine brandenburgische Prinzessin warb und wieder einmal gegen den Kaiser kriegerische Pläne spann. Diesen beschäftigte ein anderes Heiratsprojekt. Sein ältester Sohn Ferdinand Ernst sollte die spanische Infantin Maria heiraten, die Schwester Philipps IV. Khevenhüller wurde angewiesen, die Verlobung in die Wege zu leiten, die Spanier schienen nicht abgeneigt.

Sorgenvoller als der Kaiser blickte Maximilian von Bayern in die Zukunft. Seine Spione und Kapuzinermönche, denen er manche geheime Mission anvertraute, trugen ihm vieles zu, was ihn nicht mehr ruhig schlafen ließ. Er würde noch einmal kämpfen müssen um seinen Gewinn, der Neider waren viele, und noch zahlreicher jene, die behaupteten, er habe sich seine Beute unrechtmäßig erworben. Und während man sich am Wiener Hofe noch in den schönsten Friedenshoffnungen wiegte, sogar von den ohnehin geringen Streitkräften einen Teil abdanken wollte, dachte Maximilian schon an den drohenden Krieg. Die Briefe, die er nach Wien schrieb, die Warnungen, die er dem kaiserlichen Botschafter in München zukommen ließ, hatten alle den gleichen Inhalt. Jetzt sei nicht die Zeit, abzurüsten, im Gegenteil: Es gelte das Kriegsvolk zu vermehren, damit man der drohenden Gefahr gewachsen sei. Der Kaiser sollte Truppen werben, und wie bisher seinem, Maximilians, „Kriegsdirektorium" unterstellen, damit er nach Gutdünken über sie verfügen könne. So wenigstens dachte es sich der schlaue Bayer. Am Wiener Hofe dauerte es lange, bis man sich seine Warnungen zu Herzen nahm. Im Mai 1625 erhielt

Maximilian endlich das kaiserliche Schreiben, auf das er so lange gewartet hatte. Als er es aber öffnete und durchlas, da wußte er nicht recht, ob er sich jetzt freuen oder ärgern sollte. Obwohl seine „Erbkönigreiche und Länder und derselben Untertanen auf den äußersten Grad abgemattet, ausgeschöpft und verderbt" seien, hatte der Kaiser geschrieben, wolle er den bayerischen Mahnungen Gehör geben und seine noch unter den Fahnen befindlichen sechs Regimenter in Kriegsbereitschaft setzen. Zusätzlich aber, so teilte Ferdinand seinem verblüfften Bundesgenossen mit, werde er eine neue Armada von 15.000 zu Fuß und 6000 zu Roß versammeln, unter dem Kommando des hochgeborenen Reichsfürsten „und lieben getreuen Albrecht Wenzel Eusebius, Regierer des Hauses Waldstein und Fürsten zu Friedland, Unseres Kriegsrates Kämmerers und Obersten".

Wallenstein

Die große protestantische Koalition, so wie sie von einsichtigen katholischen Politikern nach dem Regensburger Fürstentag befürchtet worden war, gewann allmählich Gestalt. England war dabei, die Niederländer, der König von Dänemark, der Niedersächsische Kreis, dieser aber nicht in seiner Gesamtheit; es wußten zum Beispiel die reichen Hansestädte sehr gut, daß Krieg, wie immer er ausgehen mochte, friedlichem Handel nicht förderlich war. Im Veltlin gerieten Spanier und Franzosen aneinander, französische Söldner sperrten vorübergehend das Tal, die wichtigste Verbindung nach Deutschland und deshalb ein Lebensnerv spanischer Machtpolitik. Hinter den Maßnahmen Frankreichs spürte man deutlich die energische Hand des neuen Ministers Richelieu, dem Papst Urban bald darauf die Kardinalswürde verlieh. Das Geplänkel im Veltlin aber war nur ein Vorspiel, es wurde kein regelrechter Krieg daraus. Dem Kardinal machten die Hugenotten im eigenen Land arg zu schaffen, und diese Gefahr mußte bereinigt sein, ehe er sich mit Spanien ernsthaft messen konnte. Einstweilen mochte die protestantische Koalition dafür sorgen, daß die Bäume Habsburgs nicht in den Himmel wüchsen. Im Jahr 1625 lag ein Krieg in der Luft, viele Anzeichen deuteten darauf hin. Unter anderem ging das Gerücht, der böhmische Oberst Wallenstein habe sich erboten, auf eigene Kosten für den Kaiser eine Armee aufzustellen.

Sie kannten einander jetzt wohl schon mehr als ein Jahrzehnt, der Kaiser und der böhmische Edelmann. Von Anfang an hatte Wallenstein an Ferdinand geglaubt, schon zu einer Zeit, als kaum jemand an den von seinen Feinden hart bedrängten steirischen Erzherzog glaubte. Ferdinand vergaß es ihm nicht, weil Dankbarkeit einer der schönsten Züge seines Charakters war. Als der Kaiser in Böhmen gesiegt hatte, durfte auch Wallenstein kräftig von diesem Sieg profitieren, und er nützte die Chance, weil er tüchtig war und skrupellos. 1623 besuchte Ferdinand Prag, es war eine düstere Reise, sie führte durch verödete Gegenden, den Weg säumten ausgebrannte Bauerngehöfte, verlassene Dörfer, brachliegende Felder; Spuren des Krieges. Nach dem Nordosten Böhmens kam der Kaiser nicht. Dort, in Friedland, Jitschin oder Reichenberg hätte er sehen können, was ein tüchtiger Grundherr im Verein mit fleißigen Untertanen trotz der verworrenen Zeiten zu leisten imstande war. Um diese Städte baute sich Wallenstein ein blühendes Fürstentum. Aus der Konfiskationsmasse der böhmischen Revolution hatte er sich Ländereien zusammengekauft, Dörfer und Städte, Güter und Bergwerke, und nun war er dabei, aus diesem bunten Konglomerat ein Gemeinwesen zu schaffen mit einheitlicher Gesetzgebung, geordneter Verwaltung, prosperierender Ökonomie, zum Wohle des Grundherrn und ein wenig auch der Bewohner. Friedland, so hat später ein kaiserlicher Hofrat halb neidisch, halb bewundernd geschrieben, sei ein glückliches Land, eine Terra felix; zum Unterschied vom übrigen Böhmen, das war die Terra infelix. Der Kaiser erhob Friedland zum Fürstentum, der Inhaber erhielt den erblichen Fürstentitel. Wallenstein aber wollte nicht nur Staatsgründer sein und Ökonom, sondern auch Staatsmann und Feldherr, letzteres vor allem. Anfang 1625 muß es gewesen sein, da machte er Ferdinand ein Angebot: Er wollte wieder auf eigene Kosten eine Kriegsmacht aufstellen nach bewährtem Muster, aber nicht ein paar hundert Mann wie anno 1617, nein, 50.000 sollten es diesmal sein, die es dem Kaiser ermöglichen würden, seine zahlreichen Feinde in Schach zu halten, von anderen

Zielen gar nicht zu reden. Das Angebot war verlockend, und dennoch zögerte Ferdinand, es anzunehmen, denn seine Geheimen Räte waren sich nicht einig, ob man es annehmen sollte oder nicht. Gewichtige Gründe sprachen dagegen. Die Gefahr sei noch nicht sicher, meinte der Erste Minister Eggenberg, sie würde aber durch unzeitige Rüstungen sicher gemacht, denn dadurch würden ja die Feinde, die jetzt eigentlich noch gar keine seien, Dänemark, der Niedersächsische Kreis, herausgefordert werden. Die überwiegende Mehrzahl der Räte aber teilte Eggenbergs Meinung nicht, die hielten sich lieber an die Weisheit der alten Römer, ,,si vis pacem, para bellum", durch Rüstungen zum Frieden. Sei man gerüstet, so argumentierten diese Politiker, dann könne man mit den Gegnern von einer Position der Stärke aus verhandeln, und da würde man dann ganz andere Bedingungen stellen und erhalten als ohne den Rückhalt militärischer Stärke.

Im April 1625, als die Geheimräte das Für und Wider mit umständlicher Behäbigkeit erörterten, traf Ferdinand schon eine wichtige Vorentscheidung. Wallenstein sei zum ,,Capo" allen Volkes ausersehen, welches ins Reich marschieren würde, ließ ihm der Kaiser mitteilen, er möge sich in guter Bereitschaft halten. Wallenstein war das zuwenig, er wollte eine klare Entscheidung, keine Vertröstung auf eine vage Zukunft. Sein klarer Geist sah die Gefahren, welche die kaiserlichen Räte heraufbeschworen, indem sie ein so wichtiges Problem auf die lange Bank schoben. Der Kaiser, schrieb er an seinen Schwiegervater Karl von Harrach, nächst Eggenberg wohl dem einflußreichsten Ratgeber Ferdinands, möge ,,wegen der Werbung nicht länger temporisieren, dieweil der Feind nicht feiert und Tag zu Tag mehr Volk aufbringt". ,,Eher denn wir uns versehen", so Wallenstein, werde er in Schlesien und Österreich einbrechen. Darum sei ,,gewiß keine Minuten zu verlieren". Wenn man ,,vermeint, nachher, wenn uns der Feind am Hals ist, erst zu der Werbung zu greifen, so will ich mich in solches Labyrinth nicht stecken". Im Juni war es dann endlich soweit. Wallenstein durfte mit seinen Rüstungen beginnen. Und während er seine Werber ausschwärmen ließ, um tüchtige Landsknechte unter seine Fahnen zu holen, kamen dem Kaiser noch einmal Zweifel. Ob die Rüstungen nicht doch noch gebremst, ja rückgängig gemacht werden könnten, schrieb der Kaiser Ende Juni, wohl unter dem Einfluß Eggenbergs, denn durch allzu starke Armierung gebe man ein Mittel zum Frieden aus der Hand. Wallenstein hörte nicht auf die Bedenken des Kaisers, er antwortete höflich, aber ablehnend. Und da auch die Mehrheit der kaiserlichen Räte entschieden für energische Rüstungen plädierte, schwanden des frommen Kaisers Bedenken so rasch wie Schnee in der Sonne. Wallenstein, so viel war sicher im Juli 1625, würde das kaiserliche Kriegsvolk in Norddeutschland kommandieren. Der Kaiser ernannte ihn zum Herzog, um seinen Rang als kaiserlicher Befehlshaber bei den Reichsfürsten deutlich zu markieren, denen er freundlich oder feindlich würde begegnen müssen. Militärischen Titel, etwa General oder Generalleutnant, erhielt Wallenstein vorerst noch keinen. Das dauerte seine Zeit, bis solch heikle Probleme geklärt waren. Immerhin hatte er jetzt Klarheit über die Größe seines Heeres, 24.000 Mann sollten es sein, nicht 50.000, wie er es vorgeschlagen hatte. Er gab sich zufrieden; besser man kommandierte eine kleine Armee als gar keine. Binnen weniger Wochen im Hochsommer waren die 24.000 geworben, gemustert und kriegsbereit, ein hartes Stück Arbeit. Doch niemand konnte das so gut wie er, nicht einmal Mansfeld, der alte Kriegsunternehmer. Freilich streunte damals viel herrenloses Gesindel herum, Abfallprodukte des Krieges, die nicht lange zögerten, unter die Fahne zu eilen, wenn die Werbetrommel ertönte und ihnen Abenteuer und Beute verhieß. Diese Horden zu organisieren, zu nähren und zu bewaffnen aber war trotzdem eine beachtliche Leistung, die Wallenstein alle Ehre machte.

Wer sollte die neue Armee bezahlen, wenn doch schon ein einziges Regiment an die 500.000 Gulden im Jahr kostete? Ferdinand, in Gelddingen unerfahren und von geradezu frivolem Leichtsinn, wußte es nicht und kümmerte sich auch keinen Pfifferling darum. Die Hofkammer, die kaiserliche Finanzbehörde, wußte es auch nicht, weil sie manchmal nicht einmal ein paar Gulden hatte, um einen Kurier zu bezahlen, geschweige die Millionen, welche Wallensteins Heer verschlingen würde. Der Feldherr selbst hatte das Geld wohl auch nicht, aber er wußte, wie es zu bekommen war, durch Kontributionen. „Leidentliche Contributiones" durfte er einheben, so stand es in der Instruktion, an die er sich halten sollte. Es kam darauf an, wie man diesen Begriff auslegte. Wallenstein kannte seine Partner sehr wohl, mit denen er sich da eingelassen hatte. Aber er hatte auch Trümpfe in der Hand, als er das gewagte Spiel begann, das Heer, kaiserlich dem Namen nach, aber von ihm kommandiert und besoldet, soweit es überhaupt besoldet wurde, und auf des Kaisers Dankbarkeit durfte man wohl rechnen. Was bewegte ihn, den böhmischen Landedelmann, sich in die Sphären europäischer Politik zu wagen? Ehrgeiz, Machtstreben, das Wissen, es besser zu können? Die Erkenntnis, daß die Trägheit des Brotherrn dem eigenen Tatendrang viel Spielraum lassen würde? Pure Lust am Abenteuer? Es muß wohl von jedem etwas gewesen sein.

Es hat sie ein Historiker treffend das merkwürdigste Dioskurenpaar der Weltgeschichte genannt, Ferdinand und Wallenstein, ein Zweigespann, wie man es sich gegensätzlicher nicht denken kann. Dennoch ergänzten sie einander, eben dieser Gegensätze wegen. Was der eine mitbrachte, Glaubensstärke und die magische Autorität uralter Titel und Würden, fehlte dem anderen, dem Emporkömmling. Der glaubte mehr an die Sterne als an die Lehren der heiligen Kirche, aber er verfügte über Ingenium, Tatkraft und Fleiß. Beinahe wäre ihnen die Einigung Deutschlands gelungen. Es gäbe viele Gründe dafür aufzuzählen, warum es nicht dazu gekommen ist, einige werden noch genannt werden.

Wallenstein steht im Licht der Geschichtsschreibung, Ferdinand im Schatten, und das ist zum großen Teil wohl auch richtig so, weil ja der planende, unternehmende Mensch mehr Interesse erweckt als der Passive, weil der Intelligente, Überlegene mehr Beachtung verdient als der minder Begabte, Faule, Finster-Fanatische. Es hat aber Ferdinand durch die Launen der Geschichte Bleibendes schaffen können, Wallenstein nicht. Der war wie eine Sternschnuppe, die plötzlich hell aufstrahlt und ebenso schnell verlischt. Und es liegt in der Natur der Menschen, daß ein solches Himmelsphänomen weitaus mehr Aufsehen erregt als der matt, aber dauerhaft leuchtende Fixstern.

Blut und Tränen

Die Qualen, welche die Fürsten dem leidenden Volk durch ihre Kriege verursachten, sind in zeitgenössischen Berichten eindrucksvoll geschildert worden; der Zeugnisse sind viele, wahre und wahren Begebenheiten nacherzählte, von denen der Roman über die Abenteuer des Simplicius Simplicissimus von Grimmelshausen wohl eines der anschaulichsten Beispiele ist. Der Autor handelt von einem späteren Stadium des Krieges, als die Menschen noch mehr verwildert waren als am Anfang. Es war aber auch das, was zur Zeit Ferdinands II. geschah, schon schlimm genug. Die Geschichtsschreiber erzählen gern von den Mächtigen, den Fürsten und Königen, welche die Geschichte damals „machten", allenfalls noch von denen, derer sie sich vornehmlich bedienten, den Feldherren und Diplomaten; von der Masse der Menschen aber erzählen sie selten. Das ist heute nicht viel anders als in den Tagen Ferdinands II. Da gab es einen Poeten, Martin Opitz, der verfaßte mitten im Kriege ein Lehrbuch über die Dichtkunst, „das Buch von der deutschen Poeterey". Die Tragödie, so forderte der wackere Mann, müsse von Fürsten und Königen handeln, von hohen Herrschaften, denn bei ihnen finde der Dichter alles, was er als Stoff für sein Drama brauchen könne, Totschläge, Verzweiflungen, Mord und Brand, Krieg und Aufruhr, Klagen, Heulen und Seufzen. Es hätte aber der Gelehrte manches von dem, was er bei den hohen Herrschaften suchte, auch beim Volk finden können. Doch liegt es wohl in der Natur des Menschen, daß allein die Schicksale der Mächtigen Interesse erwecken, die der Namenlosen hingegen nicht. Die starben zu Tausenden, ohne daß sich um sie jemand kümmerte.

Kaiser Ferdinand zum Beispiel paßte in Opitz' Schema nicht recht. Der war kein Mörder und Totschläger und schon gar kein Blutschänder, sondern ein frommer Mann, ein biederer Familienvater, und liest man in seinen Staatsschriften, so scheint es, als sei er ein höchst friedliebender Fürst gewesen. Den Frieden wollte der Kaiser wirklich, aber dann hätte er wohl auf manches in den letzten Jahren Errungene verzichten müssen, und das wollte er wieder nicht. Während Wallenstein seine Kriegsmacht zusammenzauberte, hatte es Ferdinand an ernsten und väterlichen Ermahnungen an die niedersächsischen Kreisstände nicht fehlen lassen. Ihre Rüstungen, schrieb der Kaiser, seien verdächtig und höchst gefährlich, zumal in einer Zeit, wo er selber sich so ernstlich um einen Frieden bemühe. Ob sie etwa seinen friedfertigen Absichten in den Weg treten wollten? Unter dem Vorwand der Verteidigung hätten sie Kriegsvolk angeworben, andere vor ihnen hätten es auch so gemacht und dann dieses Volk wider ihn und seine getreuen Stände gebraucht. Solche Spiegelfechtereien müßten aufhören. Sofort sollten sie ihre Rüstungen einstellen, sonst müßte er sie als gegen sich gerichtet ansehen. Begäben sie sich unter seinen Schutz, dann könnten sie alle ihre Besitzungen, auch die geistlichen Stifter ungekränkt behalten. Denn den Religionsfrieden, beteuerte Ferdinand, wolle er „steif halten".

So sahen der Kaiser und seine Hofräte die Situation, die protestantischen Stände Norddeutschlands aber sahen sie ganz anders. Wenn sie ihre Truppen entließen, dann waren sie schutzlos der kaiserlichen Übermacht ausgeliefert, die Wallenstein eben um die Reichsstadt Eger versammelte. Und wer garantierte ihnen, daß der Kaiser sein Wort halten würde? Das böse Schicksal des Pfalzgrafen war ihnen Warnung genug.

Es ist ein höchst gefährliches Unternehmen, durch starkes Rüsten den Frieden erhalten zu wollen. Leicht kann dabei das Gesetz des Handelns den Politikern entgleiten und auf die Militärs übergehen. Ferdinand wollte den Krieg diesmal nicht, weil er sich keine Vorteile davon versprach. Er suchte sogar seinen kriegslustigen bayerischen Vetter zurückzuhalten: „...alsbald und ohne vorgehende Präperation in den niedersächsischen Kreis einzufallen, halten Wir bei den sich dabei befindenden Umständen dieser Zeit sehr gefährlich zu sein, sintemal man hierdurch sich in einen neuen Krieg einlassen täte, bei welchem auch diejenigen Stände, die etwa noch zu gewinnen wären, da sie den Anfang des Einbruches Unsererseits verspüren, aus Verzweiflung mit den Widerwärtigen nunmehr sich zu konjungieren verursacht würden...", so Ferdinand an Maximilian im umständlichen Kanzleistil dieser Epoche.

Des Kaisers Bemühen war ehrlich und lobenswert, aber bei der Lage der Dinge wäre der Krieg schwerlich noch zu verhindern gewesen. Und daß die Dinge so standen, dazu hatte

Ferdinand kräftig mitgeholfen. Jetzt mußte er wohl oder übel auf dem Pfad weitergehen, den er einmal beschritten hatte. Wieder war es Maximilian von Bayern, der den zögernden Kaiser vorwärtsstieß, indem er seinem Feldherrn Tilly befahl, in den Niedersächsischen Kreis einzufallen, bevor noch Ferdinands mahnendes Schreiben in München eintraf. Der überkluge Fürst war der Meinung, daß es allemal noch besser sei, selber loszuschlagen, als zu warten, bis der Feind losschlüge. Als Ferdinand im September 1625 seinen Feldherrn Wallenstein nach Norddeutschland schickte, war der Krieg dort schon zwei Monate alt, kein Krieg in streng völkerrechtlichem Sinne, sondern Exekution des Reichsrechtes, so wollten ihn wenigstens Ferdinand und Maximilian verstanden wissen. Denn die Rüstungen des Niedersächsischen Kreises, ja sogar des Königs von Dänemark, galten als Rebellion gegen das rechtmäßige Reichsoberhaupt, und diese Rebellion mußte erstickt werden, ehe sie sich weiter ausbreiten konnte. So gräßlich verworren stand es damals um das Heilige Römische Reich. Die Stände mußten Unrecht tun, um sich vor der Gefahr zu schützen, selber welches zu erleiden.

Die Natur tat so, als wolle sie das wirre Treiben der Menschen noch unterstützen. Der Winter 1624/25 war überaus mild gewesen, so daß die Mandelbäume zu blühen begannen. Dann aber brachen schreckliche Katastrophen herein, Springfluten, Erdbeben, die Pest. Im Juni fiel Schnee, das Getreide erfror und verfaulte auf den Feldern. Dazu kamen die Greuel des Krieges. Böse hausten Tillys zügellose Landsknechte im Bistum Hildesheim. Christian mit seinen Räuberbanden hätte es nicht schlimmer treiben können. Da wurden Dörfer in Brand gesteckt, Mensch und Vieh wahllos abgeschlachtet; bis in die Wälder verfolgten die Soldaten die fliehenden Bauern. Im Kloster Amelungsborn zerrissen sie vor den Augen der entsetzten Nonnen die Meßgewänder, zerstörten die Orgel und durchwühlten sogar die Grüfte auf der Suche nach verborgenen Schätzen. Und selbst Wallenstein, dem damals schon der Ruf des Strengen, Cholerischen, Ordnungsliebenden voranging, konnte seine Scharen nicht im Zaume halten, als er im September 1625 durch Deutschland langsam nordwärts zog; zu spät im Jahr, um noch etwas Entscheidendes auszurichten, aber immer noch früh genug, um die Qualen der schutzlosen Bevölkerung zu vermehren. Ein Menschenleben galt in dieser wilden Zeit nicht viel. Er nahm Winterquartiere in den reichen Bistümern Magdeburg und Halberstadt. Es ging das Gerücht, der Kaiser wolle die protestantischen Administratoren daraus vertreiben und seinen noch nicht vierzehnjährigen Sohn Leopold Wilhelm an deren Stelle setzen, und wirklich hatte der fromme Kaiser solche Absichten.

Für seinen ältesten Sohn Ferdinand Ernst sorgte der Kaiser auf andere, noch großzügigere Weise. Er ließ den Siebzehnjährigen im Dezember 1625 in Ödenburg zum König von Ungarn krönen. Die früher so widerspenstigen Magnaten machten diesmal kaum Einwände. Die Verhandlungen verliefen ruhig. Glaubt man dem Bericht des Nuntius Caraffa, dann war es einer der wenigen ungarischen Reichstage in den letzten sechs Jahrzehnten, bei dem es ohne blutige Raufereien und Totschlag abging. Während des Krönungsaktes erschienen plötzlich am Himmel drei Sonnen. Der Erzherzog würde einmal drei Kronen tragen, die ungarische, die böhmische und die römische, so deuteten die Anhänger des Kaisers das Himmelszeichen. Andere widersprachen: Das Phänomen verkünde neues Unheil, neuen Krieg, neues Elend, wie außergewöhnliche Naturerscheinungen ja von alters her als böse Vorzeichen zu werten seien. Es trat der seltene Fall ein, daß beide Parteien recht behielten, die Optimisten und leider viel früher noch die Pessimisten.

Im Frühjahr 1626 marschierten in Norddeutschland wieder die Kriegsheere, nachdem man den ganzen Winter hindurch vergeblich in Braunschweig über den Frieden verhandelt hatte. Das war die Kehrseite solcher Verhandlungen aus der Position der Stärke, so wie sie den Wiener Hofräten im Vorjahr vorgeschwebt hatten. Jeder fühlte sich stark genug, und keiner wollte nachgeben. Am 25. April 1626 gelang Wallenstein erstmals der Beweis, daß der Kaiser mit ihm keine schlechte Wahl getroffen hatte. An der Elbebrücke bei Dessau stellte der kaiserliche Feldherr den Kriegshaufen Mansfelds zur Schlacht und zersprengte ihn. Mit dem kläglichen Rest seiner Armee floh der alte Kriegsunternehmer ins Brandenburgische. Es war ein großer Sieg, aber kein entscheidender, doch das stellte sich erst später heraus. Am Abend nach der Schlacht berichtete Wallenstein voller Stolz an den Kaiser: „Kann E. Kaiserliche Majestät gehorsamlich unberichtet nit lassen, wie heutigen Tages Gott, welcher allzeit E. Majestät gerechter Sache beigestanden, mir das Glück gegeben, daß ich den Mansfelder aufs Haupt geschlagen habe."

Ferdinand, so erzählt zumindest der ziemlich schwatzhafte venezianische Gesandte Padavin, nahm die Nachricht recht gleichmütig entgegen. Er war gerade beim Kirchgang, als der Bote mit der Siegesmeldung eintraf. „Ihr werdet mir nach der Messe weiter berichten", sagte Ferdinand zu dem Abgesandten, „vorläufig bringt die Nachricht der Kaiserin." Sprach's und ließ sich bei seinem Kirchgang nicht weiter stören. Das heißt aber nicht, daß Ferdinand sich über den Sieg nicht freute. Doch er hatte ja von Jugend auf gelernt, seine Emotionen zu beherrschen, im Glück wie im Unglück, und der Gottesdienst ging ihm über alles. Unter seinen Höflingen aber waren einige, die Wallenstein den Sieg nicht gönnten, neidische Offiziere im Hofkriegsrat und mißgünstige Geheimräte, der Graf Slawata zum Beispiel oder der Kardinal Dietrichstein.

Fern vom Schuß begannen sie dem Feldherrn schon bald nach der Dessauer Schlacht vorzuwerfen, er habe seinen Sieg nicht ausgenützt und Mansfeld entwischen lassen. Er sei wohl ein glänzender Organisator, diesen Ruhm konnte ihm ja niemand abstreiten, aber ein Kunktator, ein Zauderer, der die besten Gelegenheiten ungenützt verstreichen lasse. So 1626, so Jahre später, bis zu seinem tragischen Ende. Wallenstein wehrte sich gegen solche Vorwürfe in seiner temperamentvollen, cholerischen Art: „Ich zweifle nicht, daß es allerlei Diskurs von Weibern, Pfaffen und sonstigen welschen Cujonen wird abgeben, daß man die erlangte Victori gegen den Mansfelder nicht prosequiert, des Landes sich nicht bemächtigt, oder sonsten andere progressi tut, die nach erlangter Victori sein können." Die Kritik an den Wiener Höflingen war nicht dazu angetan, ihm neue Freunde zu schaffen. Im Moment schadete es ihm nicht, später aber sehr wohl. Es war aber eine Tatsache und trug nicht unwesentlich zur Verlängerung des Krieges bei, daß bei dem damaligen Zustand des Kriegswesens die Söldnerheere wohl in der Lage waren, zu morden und zu plündern, nicht aber einen Gegner entscheidend zu schlagen. Das war nicht die

Schuld des Feldherrn, sondern des Systems. Zu einer Schlacht reichte es manchmal gerade noch, nicht aber zu energischer Verfolgung, das zeigte sich bei Dessau und später noch viele Male. Der Besiegte zog sich zurück und sammelte neue Truppen in einer Gegend, wohin ihm der Sieger nicht folgen wollte oder konnte. Mansfeld wandte sich nach Brandenburg, und Wallenstein mit seinen unbezahlten und meuternden Truppen konnte nicht hindern, daß sein Gegner dort wieder zu Kräften kam und bald wieder ebenso gut gerüstet dastand wie vor der Dessauer Schlacht. Und noch einmal, ein letztes Mal, holte der alte Mansfeld zu einem großen Schlag aus. Er zog mit seinen Kriegsknechten durch Schlesien südostwärts. Irgendwo in Mähren oder in Ungarn wollte er sich mit Bethlen treffen. Die große Zange, langjähriger Traum der habsburgfeindlichen Koalition, sollte diesmal Wirklichkeit werden. Es waren Mansfelds Pläne keine bloßen Phantastereien, sondern ein Zeichen dafür, daß Kaiser Ferdinands Macht trotz großer Erfolge immer noch auf recht schwachen Beinen stand.

Während Mansfeld durch Schlesien marschierte und Bethlen von Siebenbürgen westwärts aufbrach, wütete in Oberösterreich ein großer Bauernkrieg. Es ist selten gut, wenn ein Land zwei Herren hat. In Oberösterreich suchte der Pfandinhaber Maximilian von Bayern aus dem ausgemergelten Land herauszupressen, was nur irgend möglich war, während zugleich der Kaiser die gewaltsame Rekatholisierung befahl. Die Bauern meinten, hinter all diesen harten Maßnahmen stünden allein die Bayern, und empörten sich gegen die Besatzungsmacht, die sie als Fremdherrschaft empfanden. Daß Ferdinand an ihrem drückenden Los nicht viel weniger Schuld hatte, erkannten die armen Leute nicht. Der Kaiser, so hofften sie, werde ihnen gegen die Bayern zu Hilfe kommen und ihren Beschwerden abhelfen. Symbolfigur der bayerischen Tyrannei war der Statthalter Maximilian von Herbersdorf. Der wollte durch Terror die aufrührerische Stimmung im Lande dämpfen und die empörten Bauern einschüchtern. Mit falschen Versprechungen lockte er 6000 Bauern auf ein Feld bei dem Markt Frankenburg, umzingelte sie mit seinen Soldaten und zwang sie, ihre Anführer auszuliefern. Die mußten dann auf Befehl des Statthalters um ihr Leben würfeln, und siebzehn von ihnen wurden aufgehängt.

Die Kunde von diesem Frankenburger Würfelspiel verbreitete sich wie ein Lauffeuer. Überall im Lande sammelten sich die bewaffneten Bauernhaufen, um sich gegen die Willkür der Obrigkeit zu wehren. Den Kaiser glaubten sie auf ihrer Seite. Sie verübten kaum Greueltaten; wer für Recht und Gerechtigkeit kämpfte, der mußte sich auch selbst daran halten. Anfangs hatten sie große Erfolge. Einige feste Städte öffneten ihnen die Tore, das flache Land gehorchte ihnen, und nur die Hauptstadt Linz konnten sie nicht nehmen. Ihr Anführer Stefan Fadinger war ein verständiger Mann, der sogar lesen und schreiben konnte. Er schickte eine Gesandtschaft nach Wien, sie sollte dem Kaiser die Notlage der Bauernschaft schildern und um Abhilfe bitten. Ferdinand empfing die Gesandten nicht, aber seine Hofräte mußten wohl oder übel mit ihnen verhandeln, während er mit fieberhafter Eile mehrere Regimenter von den entlegenen Kriegsschauplätzen herbeiholen ließ. Er wollte Zeit gewinnen, nicht helfen.

Vergeblich beteuerten die Unterhändler der Bauern, sie wollten Ferdinand zum Landesfürsten und sie bäten um Gottes willen, er möge sie vor feindlichen Angriffen schützen, wofür sie gern das Ihrige beitragen und selbst von ihrem zerrütteten Vermögen noch etwas opfern wollten. Die Vertreter des Kaisers brachen die Verhandlungen ab, als die Soldaten nah genug waren, und dann begann ein fürchterliches Morden unter den Betrogenen. Die Bauern wurden niedergehauen, gepfählt, gebraten und geschunden, wo immer die Soldaten ihrer habhaft wurden. Die Überlebenden baten um Gnade. Der Kaiser wollte sie gewähren, der Kurfürst von Bayern nicht. Als bayerische Regimenter ins Land rückten und die Bauern, die bereits die Waffen niedergelegt hatten, weiter quälten, erhoben sie sich aufs neue mit dem Mut der Verzweiflung. Sie kämpften tapfer, aber ohne Aussicht auf Erfolg. Der bayerische Oberst Gottfried Heinrich Pappenheim schlug sie mit seinen schwarzen Reitern in mehreren Schlachten. Für den Offizier waren die armen, verzweifelten Leute, die mit ihren Dreschflegeln und Morgensternen auf seine Gepanzerten eindrangen, „rasende, wütende Bestien". So zähen Widerstand, bekannte der harte Kriegsmann, habe er niemals noch erlebt. Doch der Verzweiflungskampf der gequälten und geschundenen Menschen war vergeblich. Auf die Anführer wartete der Henker, die Überlebenden kehrten zurück in ihre ausgebrannten und verwüsteten Hütten. Der Steuerdruck lastete härter auf ihnen als zuvor, und auch der religiöse Druck nahm zu, als Kaiser Ferdinand 1628 wieder vollberechtigter Landesherr in Oberösterreich wurde. Das war nämlich der einzige traurige Erfolg gewesen, welchen die Aufständischen errangen. Der Kurfürst von Bayern hatte keine Freude mehr mit dem widerspenstigen und verödeten Land und gab es im Tausch für den erblichen Besitz der Pfalz an Ferdinand zurück. Da mußten dann die Bauern rasch erkennen, daß Ferdinand der Menschenfreund nicht war, für den sie ihn gehalten hatten.

Krieg und Verwüstung in Oberösterreich, Krieg und Verwüstung auch in Norddeutschland und in Schlesien. Durch dieses Land bewegten sich zwei Heerhaufen, Mansfeld, und hinter ihm drein Wallenstein. 800 Kilometer weit, durch Schlesien und Mähren bis nach Ungarn, verfolgte der kaiserliche Feldherr den Freibeuter, ohne ihn zu erwischen, ohne daß es zu einer Schlacht gekommen wäre. Nicht nur die Bevölkerung litt unter den Greueltaten und Plünderungen der Soldaten, diese litten selber unter den anstrengenden Märschen, unter Entbehrungen und Seuchen. Von seinem ungarischen Gespensterfeldzug brachte Wallenstein im Spätherbst 1626 nur 5000 ausgemergelte Männer nach Hause, mit der vierfachen Zahl war er im Sommer zur Verfolgung Mansfelds aufgebrochen. Und auch unter den Generalen, die es ja im Kriege immer noch etwas besser hatten als die gemeinen Soldaten, hielt der Tod Ernte. Bei der Stadt Sarajevo in Bosnien erlag Mansfeld einem Lungenleiden, Christian von Braunschweig, der junge strahlende Held von einst, war schon im Sommer 1626 gestorben, aufgezehrt von einer tückischen Krankheit. Doch war der junge Mann wohl kein unmittelbares Opfer des Krieges. „Die Krankheit und der Tod haben ihren Ursprung in dem unordentlichen Leben, das Seine Fürstlichen Gnaden jederzeit geführt", urteilte der König von Dänemark über seinen Bundesgenossen. Mansfeld und Christian von Braunschweig hatten den Krieg in Gang gehalten, als er zu erlöschen drohte. Ihre Aufgabe war erfüllt; als sie starben, hinterließen sie keine Lücke. Der Krieg ging jetzt ebensogut weiter ohne sie. Bedeutendere Männer traten an ihre Stelle,

Wallenstein, Christian von Dänemark, bald auch Gustav Adolf von Schweden. Anfang 1627 ermächtigte Kaiser Ferdinand seinen Obersten Feldhauptmann Wallenstein zu neuen, vermehrten Rüstungen. 70.000 Mann sollten es diesmal sein, zur Unterdrückung der „Rebellion" im Niedersächsischen Kreis bestimmt — und noch zu etwas anderem.

Die Herren Deutschlands

Sie waren beide keine Deutschen, die sich damals zu Herren über fast ganz Deutschland aufschwangen, Wallenstein nicht und im strengen Sinne auch nicht Kaiser Ferdinand. Der sprach wohl das Deutsche als Muttersprache, aber in seinen Adern rollte viel spanisches Blut, Ergebnis der vielen Heiraten innerhalb der habsburgischen Familie, und spanisch-burgundischen Ursprungs war das Zeremoniell, das am Wiener Hofe gepflegt wurde, spanisch auch die Tracht, welche der Kaiser mit Vorliebe trug; und viele Patrioten verdächtigten ihn, er wolle einen „spanischen Dominat" über das Reich aufrichten. Wallenstein, trotz seines deutschen Namens und trotz der Prägnanz, mit der er sich in der deutschen Sprache auszudrücken wußte, war ein Böhme. Für die Eigenheiten der deutschen Verhältnisse, für die föderalistische Kleinstaaterei, die Kirchturmpolitik, das, was euphemistisch die deutsche Libertät genannt wurde, hatte der Machtpolitiker aus Böhmen kein Verständnis. Die deutschen Fürsten, ob katholisch oder evangelisch, wußten es und fürchteten Wallenstein, Maximilian von Bayern ebenso wie die Stände des Niedersächsischen Kreises. Er war ein Fremder, ein Eindringling, unheimlich war von Anfang an, was er plante, oder was die Fürsten glaubten, daß er es plante. Je stärker Wallensteins Heer wurde, desto stärker wurde er selbst und desto größer auch die Unabhängigkeit des Kaisers von den Reichsständen. Ihre fürstliche Libertät, das eifersüchtig gehütete Gleichgewicht, war keinen Pfifferling mehr wert, wenn Ferdinand und Wallenstein mit Heeresmacht die Dinge im Reich nach ihren Vorstellungen ordneten.

Im Sommer 1627 stand die kaiserliche Armee unter dem Oberbefehl Wallensteins stärker da als je zuvor. Vergessen waren die Rückschläge des vergangenen Jahres, der mißglückte Zug nach Ungarn, wo von dem kaiserlichen Kriegsvolk nicht viel übriggeblieben war und der Feldherr in einem Anflug von Zorn und Resignation mit dem Gedanken spielte, sein Kommando niederzulegen. Ferdinand in seinem trägen Geist hatte damals sehr wohl erkannt, wie nützlich ihm Wallenstein war, und den Neidern und Widersachern, die ihm in den Ohren lagen, den General wegen notorischer Erfolglosigkeit abzulösen, kein Gehör gegeben. Freilich hatte Wallenstein auch mächtige Freunde am Wiener Hofe, seinen Schwiegervater Harrach und den Fürsten Eggenberg, die bei Ferdinand manches für ihn Günstige durchsetzten.

Im Sommer 1627 zog Wallenstein ins Feld, mit Privilegien ausgestattet wie nie ein kaiserlicher Feldherr vor ihm, und bewies seinen Neidern, daß er des Vertrauens wohl wert war, das der Kaiser in ihn setzte. In einem beispiellosen Siegeszug eroberte er ganz Norddeutschland und drang in Dänemark ein. Im Oktober 1627 standen seine Truppen an der Nordspitze Jütlands. Christian von Dänemark flüchtete auf seine Inseln, wo er vor einem Angriff der kaiserlichen Armee vorerst sicher war. Denn eine Flotte, um den Dänenkönig zu verfolgen, besaß der Kaiser nicht. Wallenstein wollte jetzt eine haben, eine kaiserliche Seemacht sollte die Nord- und Ostsee beherrschen. Der kühne Plan war alt und entstammte den Hirnen spanischer Machtpolitiker. Die hofften die aufständischen Niederländer dadurch zu bändigen. Als Wallensteins Heer in Norddeutschland vordrang, wurde das Flottenprojekt wieder aktuell, und der Kaiser gab sein Placet, weil auch sein Minister Eggenberg geradezu enthusiastisch davon schwärmte. Dieses Projekt, so Eggenberg in einem Gutachten an seinen kaiserlichen Herrn, sei rühmlich, nützlich und notwendig, ja sogar „von Gott eingegeben". Dem Kaiser gefielen solche Gutachten, und das Papier ist bekanntlich geduldig. Man mag sich heute verwundert die Frage stellen, was habsburgische Kriegsschiffe denn eigentlich in der Ostsee zu suchen gehabt hätten, wären sie tatsächlich seetüchtig geworden. Die deutschen Habsburger waren immer eine Landmacht gewesen, maritimes Denken war Ferdinand und seinen Räten völlig fremd. Die Türkenabwehr, die Verteidigung des christlichen Abendlandes wäre ihre historische Aufgabe gewesen — und nicht in der Ostsee mit Dänen und Schweden zu scharmützeln. Doch solch utopische Pläne waren ganz nach dem Geschmack der Zeit. Jeder versuchte, seine Macht so weit auszudehnen wie nur irgend möglich, und wunderte sich dann, wenn seine Kräfte der Anspannung nicht gewachsen waren und Rückschläge eintraten.

Des Herzogs von Friedland Name war in aller Munde damals, nicht allein des Flottenprojekts und seiner Siege wegen. Das Gespenst vom „friedländischen Dominat" begann umzugehen und ängstigte die Mitglieder der Liga und ihr Oberhaupt, den Kurfürsten von Bayern. Führte nicht Wallenstein allerlei wilde und despektierliche Reden gegen die Stände des Reiches und die Kurfürsten im besonderen? Sie müßten vom Kaiser abhängen, nicht der Kaiser von ihnen, so sollte der Friedländer gesprochen haben; oder sogar noch schärfer: Man brauche keine Kurfürsten und Fürsten mehr, man müsse ihnen „ihr Hütlein abziehen"; wie in Frankreich und Spanien, so solle auch in Deutschland nur ein Herr sein, nämlich der Kaiser. Ferdinand nahm seinen cholerischen General gegen die Angriffe der Kurfürsten in Schutz. Der Herzog von Friedland, meinte er beschwichtigend, sei halt „in Reden und moribus etwas grob". Er zweifelte nicht an der Loyalität Wallensteins, damals noch nicht. Die Beschwerden der Kurfürsten, die eine Reduktion der kaiserlichen Armee forderten und einen Oberkommandierenden, „zu welchem die Stände ein gutes Vertrauen haben könnten", beantwortete Ferdinand höflich, aber ablehnend. Warum sollte er sich gerade jetzt von seinem erfolgreichen Feldherrn trennen?

Während die Kurfürsten in Mühlhausen in Thüringen über Maßnahmen gegen Wallenstein berieten, während dieser die Truppen des Dänenkönigs vor sich hertrieb, reiste Ferdinand nach Prag, gemächlich, wie es seiner Würde entsprach, auf Umwegen und mit vielen Rasttagen dazwischen. Unterwegs schrieb er dem Feldherrn huldvolle Briefe, lobte ihn wegen seines „Kriegsvalors" und kümmerte sich nicht weiter um die Vorwürfe, die man gegen ihn erhob. Darin war er mit seinem einfachen Verstand wohl klüger als alle die Vorsichtigen und Überschlauen, die vor einem friedländischen Dominat zu warnen nicht aufhörten.

Am 18. Oktober 1627 hielt der Kaiser unter Glockengeläut und dem Donner der Kanonen Einzug in Prag, neuerdings Hauptstadt seines Erbkönigreiches Böhmen. Am kaiserlichen Hoflager fanden hohe Persönlichkeiten sich ein, zwei apostolische Nuntien, der Herzog von Florenz, dem Ferdinand gleiche Ehren erweisen ließ wie einem Erzherzog, der Pfalzgraf von Neuburg, der Landgraf Wilhelm von Hessen-Kassel. Des Landgrafen Liebe zur Musik war allgemein bekannt, und sogleich nach seiner Ankunft ließ ihm der Kaiser durch seine Hofmusikanten ein Ständchen bringen. Auch sonst erwies sich Ferdinand als zuvorkommender Gastgeber. Zur Unterhaltung der hohen Gäste veranstaltete er Reiherbeizen und Hetzjagden, woran er sich selbst eifrig beteiligte. Die Abende verbrachte man bei Komödien oder beim Kartenspiel. Im Dezember wurde Kaiserin Eleonore zur Königin von Böhmen gekrönt, und ein paar Tage darauf erhielt der Kaisersohn Ferdinand Ernst die Wenzelskrone, der erste in der langen Reihe der böhmischen Erbkönige aus dem Hause Habsburg. Der Kaiser war in aufgeräumter Stimmung, als er nach den Krönungsfeierlichkeiten den Veitsdom verließ. Alle kaiserliche und königliche Herrlichkeit, so sprach er zu seinen verwundert lauschenden Begleitern, komme ihm vor wie eine Komödie. Er habe bisweilen den Theaterstücken der Studenten zugesehen, jetzt der Krönung der Gemahlin und des Sohnes. Da finde er als einzigen Unterschied, daß jene bloß einige Stunden, diese aber einige Jahre regierten. Nicht in der Sache, sondern in der Dauer liege der Unterschied. Hätten nur alle Machthaber sich im Ernst an diese Weisheit gehalten!

Nicht lange nach der Krönung Ferdinands III. erfuhr die illustre Prager Hofgesellschaft noch eine Bereicherung. Wallenstein, der siegreiche Feldherr, hatte sich zum Besuche angesagt. Er hätte die Begegnung mit dem Kaiser und seinen Hofschranzen wohl lieber vermieden, aber das Gebot der Höflichkeit und sein geschäftlicher Ehrgeiz zwangen ihn zu dieser Reise. Es ging das Gerücht, der Kaiser habe Wallenstein zum Reichsfürsten ernannt und ihm das Herzogtum Mecklenburg versprochen. Am 19. Dezember 1627 trafen Kaiser und Herzog in Brandeis an der Elbe zusammen, wo Ferdinand zur Jagd weilte. Der Nuntius Caraffa hat die Begrüßungsszene geschildert, wie Wallenstein den Hut vom Kopfe nahm, als er vor den Kaiser trat, dieser ihn anwies, sein Haupt zu bedecken, was Wallenstein nach dreimaliger Aufforderung endlich tat. Das gehörte sich wohl so und war ein Teil der streng geregelten Etikette. Tags darauf durfte der Herzog unter den neidischen Blicken der Höflinge den Majestäten bei der Tafel das Handtuch reichen, ein Privileg freier Reichsfürsten, und als er gar auf Befehl des Kaisers den Hut auf dem Kopfe behielt, während er speiste, war des mißgünstigen Getuschels kein Ende. Des Kaisers Gnadensonne leuchtete offensichtlich über Wallenstein, das drückte sich nicht nur in der Äußerlichkeit der Zeremonien aus. Zwischen den Festen und Tafelfreuden gab es ernste, hochpolitische Gespräche. Ferdinand zu Wallenstein: Ob er nicht König von Dänemark werden wolle? Den König Christian könne man leicht absetzen. Wallenstein lehnte ab, höflich, aber bestimmt, er weiß, wie gefährdet ein usurpiertes Königtum sein kann. „Man hätte mir's bei Hofe wohl vergönnt und Ihro Majestät selbst, aber ich hab mich gar schön bedankt...Will unterdessen mit dem andern fürlieb nehmen, denn dies ist sicherer." Mit dem anderen meinte er Mecklenburg. Schon im Sommer 1627 hatte er ein Auge auf das fruchtbare Land geworfen. Die beiden Herzöge, Adolf Friedrich und Johann Albrecht, hatten auf der Seite Christians IV. gekämpft und galten daher als „Rebellen". Nach den Deduktionen der kaiserlichen Hofjuristen konnte Ferdinand über ihr Land verfügen und tat es auch. Leistung erforderte Lohn, und bei dem erbärmlichen Zustand seiner Finanzen würde Ferdinand niemals die Unsummen an Wallenstein zurückzahlen können, die dieser für die Erhaltung der Armee aufgewendet hatte. Wieder, wie einst bei Maximilian von Bayern, mußte Ferdinand mit Ländern zahlen, die ihm ja eigentlich gar nicht gehörten. Unter seinen Hofräten gab es Widerspruch; weniger die Abscheu vor dem schreienden Unrecht, das da begangen werden sollte, trieb die Herren zur Tat, sondern Feindschaft gegen Wallenstein. Das hörte sich in ihrem Gutachten ungefähr so an: Die Herzöge von Mecklenburg seien nicht schuldiger als andere Fürsten des Niedersächsischen Kreises und hätten mächtige Schutzherren, die Könige von Dänemark und Schweden, und überdies müsse man auf den Mißmut der Reichsstände Rücksicht nehmen. Das waren ehrenwerte Argumente, die der Graf Slawata und seine Freunde hier vorbrachten. Ein anderes Argument, spitzfindig erdacht, war doch wohl ein wenig kurios: Der Kaiser, wurde behauptet, sei eigentlich dem Herzog von Friedland gar nichts schuldig, denn durch die im Reiche erhobenen Kontributionen sei diese Schuld reichlich bezahlt; und zum Schluß versäumten sie nicht, den Kaiser zu warnen: Es seien der Exempel genug, „daß, wenn die Herren ihren Dienern mehr Gewalt als ihnen gebührt, eingeräumt, sie es oft mit allzu später Reue bedauert haben". Dagegen führten die Wallensteinfreunde, Eggenberg vor allem, ins Treffen, daß jetzt endlich einmal an einem Reichsfürsten ein Exempel statuiert werden müsse, um die übrigen vor weiteren Empörungen abzuschrecken. Die Übertragung Mecklenburgs an Wallenstein wäre nur der gerechte Lohn für seine Verdienste, indem er dem Kaiser eine Armee von 100.000 Mann ohne Bezahlung aus eigenem Beutel auf die Beine gebracht, und schicke er nicht auch Geld für die Bedürfnisse des Kaisers und zur Belohnung einiger Minister? Die Herren bemühten sich keineswegs, ihre Bestechlichkeit zu verbergen. Aber nicht nur die Rücksicht auf ihren eigenen Geldbeutel ließ sie Wallensteins Anliegen befürworten. Er allein, argumentierten sie, besitze die Liebe wie die Furcht seiner Offiziere und Soldaten. Was wäre, wenn er aus Mißmut zurücktrete? Es wäre niemand da, der ihn ersetzen könnte. Eine Übertragung Mecklenburgs an Wallenstein sei auch im Interesse der katholischen Religion, und zeitlicher Sieg und ewige Glorie würden dem Kaiser dafür zuteil werden. So etwas hörte Ferdinand immer gerne. Auf Seite Wallensteins war diesmal auch der Beichtvater Lamormaini. Den Gottesmann lockte die Aussicht auf die Gründung neuer Jesuitenschulen, wenn Wallenstein erst in Mecklenburg Landesherr wäre. Es war aber Ferdinand dennoch nicht recht wohl bei der Sache. Wieder, wie einst bei der Erhebung Maximilians zum Kurfürsten, spielte der Kaiser ein seltsames Doppelspiel. Im geheimen „verkaufte" er das Land an Wallenstein als erblichen Besitz, offiziell aber wurde der Friedländer nur Pfandinhaber des Herzogtums Mecklenburg. Der Kaiser muß Bedenken gehabt haben trotz der himmlischen Glorie, die ihm Eggenberg und Lamormaini in Aussicht stellten. Und während Ferdinand seine alten Schulden bei Wallenstein auf diese bequeme Art beglich, machte er schon wieder neue. Der Abt Antonius von Kremsmünster sollte ein Geschenk von 50.000 Gulden erhalten. Die Summe war kein Pappenstiel, sie hätte immerhin ausgereicht, um ein kriegsstarkes Regiment von 3000 Mann etwa sechs Wochen lang zu besolden und zu verpflegen. Er habe „die baren Geldmittel nit sogleich zur Hand", schrieb der Kaiser, seine chronische Finanznot elegant überspielend, Wallenstein möge die Summe „gutwillig über sich nehmen" und den Abt „aus den im Reiche eingehenden Konfiskationsmitteln oder sonst ehestmöglich befriedigen". So hier, so in anderen Fällen.

Damals, im Frühjahr 1628, wohnten die beiden mächtigsten Männer im Reich für kurze Zeit eng beisammen, Ferdinand oben auf dem Hradschin, Wallenstein am Fuße des Burgberges in seinem neuen prächtigen Palast. Das Verhältnis zwischen dem trägen, jovialen Kaiser und dem finsteren, ehrgeizigen Feldherrn war nie besonders herzlich gewesen, dafür waren ihre Charaktere zu verschieden, aber es war korrekt in diesen Tagen. Der Erfolg ließ kein Mißtrauen aufkommen. Da wurde einmal auf dem Prager Hauptplatz eine große Siegesfeier abgehalten. Nach dem Vorbild antiker Triumphzüge wurden erbeutete Standarten und Waffen dem Kaiser vorgeführt und auch die Gefangenen, die Wallenstein im Feldzug des vergangenen Jahres gemacht hatte. Ein anderes Siegesfest wurde am Weißen Berg gefeiert. Dort legte der Kaiser den Grundstein zu einer Marienkirche, genau an der Stelle, wo sich das Schicksal der böhmischen Revolution erfüllt hatte. Auch seinen himmlischen Helfern wollte Ferdinand ausgiebig danken. Er stand jetzt auf der Höhe des Lebens, demnächst wurde er 50 Jahre alt, er hatte es weit gebracht, und wie er sehr gut wußte, nicht nur dank seiner eigenen Talente. Aber wurde seine überragende Stellung nicht arg geschmälert durch den Mann an seiner Seite, dem er so viel Macht eingeräumt hatte, daß er jetzt mächtiger zu sein schien als er selbst? Viel wurde davon im geheimen geflüstert, Wallenstein, so ging das Gerücht, strebe nach Ferdinands Kronen. Die Feinde des Feldherrn wirkten jetzt im stillen, weil sie sich allzu laut nicht rühren durften.

Mit banger Sorge und neidischer Eifersucht verfolgte Maximilian von Bayern den Aufstieg des Friedländers. Früher war er, Maximilian, der unentbehrliche Freund des Kaisers gewesen und hatte großen Vorteil aus dieser Stellung gezogen. Jetzt war es dieser Emporkömmling, der, seinen Reden nach zu schließen, viel Böses im Schilde führte. Gierig las Maximilian, was seine Kapuziner ihm über Wallenstein berichteten. Der Herzog von Friedland, so stand in einer dieser vertraulichen Mitteilungen, habe alle Minister, selbst Eggenberg, bestochen und auch den kaiserlichen Beichtvater durch Spenden und Versprechungen für sich gewonnen und arbeite jetzt auf den Ruin der Liga hin, um allein die militärische Macht im Reiche in Händen zu halten und unbeschränkter Herr zu sein. Wenn der Kaiser mit Tod abginge, hieß es dunkel in dem Geheimbericht, dann könnte man in den kaiserlichen Erblanden „häßliche Dinge erleben". Man berichtete Maximilian, was er hören wollte und doch zugleich nicht hören wollte, weil er es insgeheim immer schon befürchtet hatte. Er wollte Klarheit haben und bekam sie. Ein paar Wochen später hielt er schon wieder eine solche Kapuzinerrelation in Händen, noch inhaltsschwerer als die erste. Hastig studierte Maximilian das Papier, man meint die kalten Schauer zu spüren, die ihm über den Rücken rieselten, während er las. Da wurde Wallenstein beschuldigt, er wolle sich nach des Kaisers Tod, „der auch beschleunigt werden könnte", „zum Erbkönig von Deutschland und Kaiser des Westens" machen. Mit Hilfe seines großen Heeres sei ihm das leicht möglich, weil dieses nach Ferdinands II. Ableben allein ihm verpflichtet sei. Friedland wolle die Regierungsform in Deutschland ändern, immer habe er die Reichstage und Konvente verspottet oder verächtlich angesehen, außerdem sei er ein Feind der Geistlichkeit. Man möge gegen diesen Mann rasch handeln, denn er sei wie eine Katze, die dem Gegner ins Gesicht springt, ehe sie den Schlag erhalten hat. Von nun an hatte Kurfürst Maximilian keine Ruhe mehr, Kaiser und Reich waren in Gefahr, Wallenstein mußte abgeschafft werden, ehe er seine gefährlichen Pläne verwirklichen konnte.

Von den Kapuzinerrelationen, die den Kurfürsten von Bayern in helle Aufregung versetzten, wußte Ferdinand nichts. Hätte er ebenso reagiert wie sein Münchner Vetter, wenn er dieses Gemisch aus Wahrem und Erfundenem, aus Spekulationen und Halbwahrheiten gekannt hätte? Mußte nicht auch der denkfaule, gutmütige Ferdinand den Zustand erkennen, den der spanische Gesandte so umschrieb: „Wallenstein ist der alleinige Herr und läßt dem Kaiser kaum etwas anderes als den Titel. Bei dem geringsten Widerstand gegen seine Pläne gibt es keine Sicherheit wider ihn; denn seine Naturanlage ist ebenso furchtbar wie unbeständig, da er nicht einmal sich selbst zu beherrschen weiß." Merkwürdig ambivalent war das Verhältnis zwischen dem Kaiser und Wallenstein von Anfang an. Ein wenig fürchtete Ferdinand den unheimlichen Mann dort unten im Friedländer Haus, und glaubt man dem spanischen Botschafter, dann war er damals „äußerst besorgt wegen der launischen Beschaffenheit des Herzogs von Friedland". Aber er brauchte ihn, ihn und sein Heer. Freundschaft war das nicht, ein reines Zweckbündnis, es würde enden, sobald der eine den anderen nicht mehr brauchte; wie es dann enden würde, konnte man schwer vorhersehen. Vorläufig brauchten sie einander noch, sie hatten große Pläne. Würde man Wallenstein jetzt das Kommando entwinden, sagte Ferdinand zum spanischen Gesandten, dann würde dies größere Übelstände zur Folge haben, „als wenn man vorläufig gegen ihn gute Miene" mache. Ferdinand konnte nicht nur fromm sein, er war auch ein Pragmatiker, wo es nötig schien. Sein Mangel an Phantasie, die Einfachheit seines Denkens bewahrten ihn davor, die Gefahren allzu ernst zu nehmen, die der Herzog von Bayern oder der spanische Botschafter mit bewegten Worten beschworen.

Nach außen hin war schönste Eintracht zwischen Kaiser und General, und Ferdinand schmückte Wallenstein mit Titeln, wie sie niemals zuvor ein Feldherr im Dienste des Hauses Habsburg hatte tragen dürfen. „General-Oberster Feldhauptmann" wurde Wallenstein jetzt und „General des Ozeanischen und Baltischen Meeres". Das zielte auf kaiserliche Herrschaft über die Ostsee. Das Flottenprojekt spukte in den Köpfen Ferdinands und seiner Ratgeber, und nur Wallenstein konnte es verwirklichen. Von den großen Hafenstädten an der Ostsee hatte sich allein Stralsund geweigert, einer kaiserlichen Besatzung die Tore zu öffnen. Jetzt sollte es mit Gewalt zur Unterwerfung gezwungen werden. Seit dem Vorjahr belagerte ein kaiserliches Heer unter dem Obersten Arnim die Stadt. Stralsund war der letzte Flecken in Norddeutschland, welcher der Übermacht des Kaisers und seines Obersten Feldhauptmannes zu trotzen wagte. Niemals seit dem frühen Mittelalter hatte ein Kaiser so viel Macht im Heiligen Römischen Reich gehabt wie jetzt Ferdinand II. Wie würde er sie nützen?

Der Kaiser und seine Ratgeber — Versuch einer Charakteristik

Es war im Jahre 1628, während seines Prager Aufenthaltes. Spätabends kehrte Ferdinand von einem Jagdausflug heim. Die Bediensteten halfen ihm beim Auskleiden, man löste ihm die Sporen ab und zog ihm die schweren Stiefel aus, da fehlten zum Schrecken aller Anwesenden die kaiserlichen Pantoffeln. Ein Diener hatte sie vergessen. Der Kaiser selbst nahm die Sache nicht tragisch. „Setzen wir uns zur Tafel", sagte er, „was bedarf es der Pantoffeln, ist doch kein kaltes Wetter." Und bloßfüßig speiste die Majestät in aller Ruhe zu Abend. Der Kaiser ist die Gutmütigkeit in Person, so kennen ihn alle, die mit ihm zu tun haben, die großen Herren, die er freigebig zu beschenken liebt, und die kleinen Leute, das Heer der Bedienten, die bei ihrem freundlichen Brotherrn kein allzu anstrengendes Leben haben. Seinem Naturell entsprach die körperliche Statur. Es gibt eine Fülle von Porträts und Kupferstichen, die Ferdinands Äußeres authentisch wiedergeben. Da erscheint er kleingewachsen und rundlich; aus dem fleischigen Gesicht, dem nur ein modischer Knebelbart etwas Eleganz verleiht, ragt eine Knollennase, und mit seinen großen blauen Augen, die beim Lesen der Hilfe des Glases bedürfen, blickt der Kaiser freundlich, manchmal auch ein wenig teilnahmslos in seine Umwelt. Das Gesicht eines Spießbürgers.

Des Kaisers Lebensgewohnheiten hat der Nuntius Caraffa ausführlich geschildert: „Der Kaiser zählt jetzt 51 Jahre. Er ist mittlerer Größe, kräftigen Wesens, ins Rötliche spielender Hautfarbe, leicht zugänglich, wohlwollend gegen jedermann. Gewöhnlich trinkt und schläft er sehr wenig. Abends 10 Uhr legt er nach deutscher Gewohnheit sich nieder; um vier Uhr früh, oft noch früher, ist er schon wieder auf den Beinen... Jeden Tag pflegen S. M., nachdem Sie sich erhoben haben, in der Kapelle zwei Messen zu hören, eine für die Seele Ihrer ersten Gemahlin die, obwohl wankender Gesundheit, vom Kaiser zärtlich geliebt wurde. Ist's ein Festtag, so empfängt der Kaiser danach die heilige Kommunion, zu welchem Zweck er sich in die Kirche begibt und dort eine deutsche Predigt anhört. Gewöhnlich wird sie von einem Jesuiten gehalten und dauert eine Stunde. Nach der Predigt wohnt er dem Hochamte bei, was bei ausgesuchter Musik gewöhnlich anderthalb Stunden erfordert... An solchen Tagen, die nicht Festtage sind, bringt der Kaiser, nachdem er zwei Messen gehört (wovon er niemals abgeht) den Rest des Vormittags, häufig auch einen Teil des Nachmittags in der Ratssitzung zu. Wenn nicht, so geht er auf die Jagd, von der er ein großer Liebhaber ist. Insgeheim pflegt er den einen Tag Rat zu halten, den anderen der Jagd zu widmen, von der er häufiger erst nach Einbruch der Nacht als bei Tage zurückkehrt..."

Im Waidwerk übte sich Ferdinand ebenso exzessiv wie in der Frömmigkeit. Kein böses Wetter, weder Regen, Schnee noch Kälte können ihn davon abhalten, auf die Pirsch zu gehen; seine besondere Vorliebe gilt der Hetzjagd. In den Wäldern rings um Wien wimmelte es von Wild, Bären, Ebern und Hirschen. Peinlich genau führte der Kaiser Buch über seine waidmännischen Erfolge, ein paar von diesen Notizbüchern haben sich erhalten. Da findet man unter dem 13. Jänner 1629: „Im Prater bei der Kammerwiesen 4 Schwein, 3 Bachen, 17 Frischling, 2 Füx"; oder am 9. Februar: „Bei Laxenburg gefangen: ein Wolf, eine Wölfin." Einmal erlegte Ferdinand innerhalb von sechs Tagen 140 Hirsche. Der Prater mit seinen Auen, heute beliebtes Erholungsgebiet der Wiener, war sein bevorzugtes Revier. Man staunt nicht schlecht, wenn man erfährt, daß dort zu Ferdinands Zeiten die Wölfe zahlreich hausten: „Heut hat der Kaspar im Prater 7 Wölfe erlegt." Ein andermal schoß Ferdinand dort einen Bären, und der Stolz des erfolgreichen Waidmanns schwingt mit, wenn er dem Hofkriegsratspräsidenten Collalto von diesem Abenteuer erzählt: „... das Behagen war umso größer, da dieses der erste Bär ist, denn ich mit der Flinte getötet habe. Ich nahm ihn bei siebzig Schritten aufs Korn und traf ihn so gut, daß er alsbald verendete."

Nächst dem Gottesdienst und der Jagd interessiert den Kaiser die Musik. Die Mühe, ein Instrument zu erlernen oder gar sich in der Komposition zu versuchen, wie es sein Sohn und sein

Enkel erfolgreich taten, machte Ferdinand sich nicht, er war lieber Zuhörer. Für den Unterhalt seiner Musikkapelle verwendete er Unsummen, im Jahr 1626 sollen die Steuern Steiermarks und Kärntens kaum dafür ausgereicht haben. Der Kaiser aber hatte eine schlüssige Begründung für solchen Aufwand. „Die Tonkünstler", pflegte er zu sagen, „dienen dazu, Gott zu loben und den Geist auf anständige Weise zu erheitern."

Kann der Kaiser als Freund der Musen immerhin angesprochen werden, so war er sicherlich kein großer Förderer der Wissenschaft. Seine Bildung blieb dürftig trotz der fünf Ingolstädter Lehrjahre. Sein Interesse an Büchern beschränkte sich auf die Lektüre von Heiligenlegenden und frommen Erbauungsschriften, welche der Beichtvater für ihn auswählte. Immerhin aber hat Ferdinand drei Sprachen fließend gesprochen, neben seiner Muttersprache noch Latein und Italienisch, auch Französisch und Spanisch verstand er. In jungen Jahren hatte sich Ferdinand noch für die Mathematik interessiert, später nicht mehr. Die Stelle eines kaiserlichen Hofmathematicus, wie sie Kepler noch bei Rudolf II. bekleidet hatte, blieb bei Ferdinand jahrelang unbesetzt.

Was ihm Frömmigkeit und Vergnügen an Zeit übrigließen, verwendete Ferdinand für die Regierungsgeschäfte. Das war nicht Faulheit, oder Faulheit nur in zweiter Linie. Die Zeit kannte die Hektik unserer Tage noch nicht. Es wurde dem Kaiser rühmend vermerkt, daß er sogar auf die Jagd einen Geheimrat mitzunehmen pflegte, um etwa anfallende dringende Geschäfte an Ort und Stelle zu erledigen. Den Ratssitzungen beizuwohnen hielt Ferdinand für seine Herrscherpflicht. Selten griff er in die Debatte ein, sondern beschränkte sich lieber aufs Zuhören, bei seinen Entscheidungen richtete er sich immer nach der Mehrheit, weswegen auch immer eine ungerade Zahl von Geheimräten in der Ratsstube anwesend sein mußte. Das Denken, das Abwägen des Für und Wider überließ Ferdinand immer den Räten, dafür wurden sie ja auch fürstlich entlohnt. Wehe dem, der zu einer Frage keine Meinung hatte, der war dem Kaiser suspekt. „Ich hasse im Rat die stummen Hunde", schrieb er einmal mit eigener Hand, „liebe aber diejenigen Räte, die frei, offen und treuherzig, jedoch in gebührender Bescheidenheit ihre Meinung sagen." Es sei sicherer, meinte Ferdinand, den Räten zu folgen, als seinem eigenen Kopfe nachzugeben. Er hat also gewiß seine eigenen Fähigkeiten nicht überschätzt, aber der Einfluß, den manche Ratgeber und Beichtväter dadurch auf die Entscheidungen des Kaisers gewannen, hat sich bisweilen unheilvoll ausgewirkt. Da war Hans Ulrich von Eggenberg, „der unbeschränkte Herr des kaiserlichen Willens", Vertrauter und Freund des Kaisers, intelligent, wendig und korrupt, ein Verehrer Wallensteins. Den Rat Eggenbergs mochte Ferdinand ungern missen. Das ging so weit, daß er einmal, als der Fürst krank das Bett hüten mußte, die übrigen Geheimräte kurzerhand an dessen Krankenlager beschied und die Sitzung an diesem etwas ungewöhnlichen Ort stattfand. Eggenberg vermochte viel beim Kaiser, die letzte Instanz kaiserlicher Willensbildung aber war er nicht. Über das Seelenheil Ferdinands, Grundlage und Endziel all seines Strebens, wachte finster und unerbittlich Pater Lamormaini, der Beichtvater, ein strenger, fanatischer Jesuit, kein guter Freund der Spanier und ein Feind Wallensteins. „Militarisch" nannte der Hofkriegsrat Questenberg einmal den intriganten Pater, und ein fanatischer Vertreter des politischen Katholizismus war Lamormaini in der Tat. Ferdinand, so behaupten böse Zungen, sei dem Beichtvater gefolgt wie ein Schaf dem Hirten. Der Vergleich, obwohl boshaft gemeint, hat einiges für sich. Der Beichtvater hat über den frommen Kaiser eine Art geistiger Herrschaft ausgeübt, sich in politische Dinge kräftig eingemischt, und wo er es für nötig erachtete, dem Kaiser sogar mit Höllenstrafen gedroht. Obgleich auch Lamormaini bei Ferdinand nicht immer seinen Willen durchsetzen konnte, hatte er an einigen Fehlentscheidungen der kaiserlichen Politik doch maßgeblichen Anteil. Aber der Beichtvater war kein Politiker und wollte auch keiner sein. Ihm ging es um die Verbreitung der katholischen Religion und noch mehr um das Wohl der Gesellschaft Jesu. Ferdinand hat das sehr wohl erkannt. „Einen Ferdinand II.", sagte der Kaiser einmal zu den Patres am Hofe, „werdet ihr nicht immer haben!" So wie der Erste Minister und der Beichtvater eifersüchtig über ihren Einfluß beim Kaiser wachten und mitunter in heftigen Streit gerieten, waren auch die übrigen Räte in Parteien gespalten. Da waren der Abt Antonius von Kremsmünster, als Präsident der Hofkammer Herr über die zerrütteten kaiserlichen Finanzen, der joviale Kriegsrat Questenberg, der Geheimsekretär Werdenberg, sie gehörten zur „friedländischen Fraktion", waren Anhänger Wallensteins, während die Räte Slawata und Meggau und der Reichsvizekanzler Stralendorf gegen den Feldherrn agitierten. Dann war noch ein junger, blitzgescheiter Geheimrat, der gehörte keiner Partei an: Maximilian von Trauttmansdorff. Er war einer neuen Generation verpflichtet, dachte anders als seine älteren Kollegen. Seine große Zeit kam erst später. 1648 hat er entscheidend mitgeholfen, den großen Krieg zu beenden.

Was Ferdinand an Entschlußkraft und Schärfe des Geistes fehlte, ersetzte er durch seine Tugenden. Der Beichtvater Lamormaini hat sie alle aufgezählt, 29 an der Zahl, von des Kaisers Liebe zu Gott über die Ehrerbietung gegen die Priesterschaft und die nach Ansicht des Jesuiten „fürsichtige und vernünftige Weise zu regieren" bis zur „Holdseligkeit gegen männiglich". Besonders holdselig und freigebig war Ferdinand gegen die Priesterschaft. Freundlich und respektvoll zog er den Hut, wenn er einem Diener Gottes begegnete, gleich welchen Ranges. Besonders aber galt seine Liebe dem Jesuitenorden. „Wäre ich so frei wie mein Bruder", hörte man ihn sagen, „wollte ich allweg ein Jesuiter werden." Obwohl kein Ordensmann, achtete Ferdinand streng auf Keuschheit. Sie würde von ihrem Gemahl auch dann nichts Böses denken, meinte einmal die Kaiserin Eleonore, wenn sie ein junges Mädchen bei ihm im Bette fände. Überflüssig zu sagen, daß Ferdinand seine religiösen Pflichten pünktlich und gewissenhaft erfüllte, seine Kinder liebte und seinen beiden Gemahlinnen ein treuer Ehemann war.

Wie aber kam es, daß gerade dieser brave Mann und biedere Familienvater zum „Tyrannen" werden konnte, zum „Bluthund und blinden Bösewicht", als den seine Feinde ihn sahen? Werfen wir noch einmal einen Blick auf seine Frömmigkeit. Sie entpuppt sich bei näherem Hinsehen als starre Erfüllung äußerer Formen und Regeln, so daß er zum Beispiel seine Pferde zu Tode hetzt, wenn er sich auf der Jagd verspätet hat, nur um die abendliche Vesper nicht zu versäumen. Und nicht nur in diesem Falle verkehren sich manche seiner Tugenden ins Gegenteil. Da wird Freigebigkeit zur Verschwendung, Gewissenhaftigkeit zu kleinlicher Pedanterie, und seine Abneigung gegen nackte Menschen ging so weit, daß er Gemälde aus Kaiser Rudolfs Sammlung verbrennen ließ, unersetzliche Kunstwerke darunter. Ferdinand übertrieb seine Tugenden. Die Gutmütigkeit, die scheinbare Ausgeglichenheit sind nur eine Seite seines Wesens. Dahinter stand die Angst um sein Seelenheil, die ihn von Jugend auf verfolgte und die seine Erzieher und Beichtväter wohl noch verstärkten. Diese Angst ist es, die ihn vorwärtstreibt, die ihn Dinge unternehmen läßt, vor denen andere mit Schaudern zurückgeschreckt wären. Er haßt die Protestanten nicht persönlich, aber er verfolgt sie, weil er sich vor Gott und seinem Gewissen dazu verpflichtet fühlt, selbst wenn dabei ringsum alles in Trümmer geht. Er hat selbst gesagt, er wolle lieber über eine Wüste regieren als über ein Land voll Ketzer. Diese Entschlossenheit, die man als Stärke seines Charakters rühmt, ist im Grunde zugleich auch Schwäche, ein verzweifeltes Anklammern an Lehren, die er als absolute Wahrheit hinnahm, weil ihm die geistige Kraft fehlte, sich ein unabhängiges Urteil zu bilden. Gewiß, diese Lehren gaben ihm Halt und oft auch den inneren Seelenfrieden, den man an ihm so sehr bewunderte, aber sie haben ihn nicht selten auch überfordert, standen als ein ehernes Gesetz vor ihm, dem er nicht entrinnen konnte. Er handelte niemals politisch, wenn er handelte, sondern aus moralisch-religiösen Motiven. Und trotzdem war sein Handeln zugleich pragmatisch, indem er das Wohl der römischen Kirche mit dem Wohle Habsburgs gleichsetzte.

„So werde nie mir Heil
   Als je mein Sinn ein Anderes Trachten kannte
. Denn Östreichs Wohl und Jesu Christi Ruhm."

Diese Worte hat ihm Franz Grillparzer in den Mund gelegt, und weniger poetisch könnte sie Ferdinand tatsächlich gesprochen haben. Gott und die Kirche und „die egoistische Ader seiner Religiosität", die Macht seines Hauses, waren seine beiden höchsten Idole. Durch moralisches Handeln und peinliche Befolgung der kirchlichen Gebote wollte er den Schutz Gottes für Habsburg erreichen. Daher die pedantische Erfüllung seiner frommen Pflichten, daher seine Unduldsamkeit, seine kompromißlose Verfolgung des Protestantismus. Er meinte so handeln zu müssen, damit ihm Gottes Hilfe und das Seelenheil sicher wären, und konnte gerade dadurch die Erfolge erringen, die

Rekatholisierung Österreichs, den Aufbau der Donaumonarchie unter der Herrschaft Habsburgs, die als historische Leistungen unbestritten sind. Die geistlichen Erfolge korrespondierten mit den weltlichen: Indem er den Protestantismus in seinen Ländern zerstörte, schuf er zugleich auch die Voraussetzungen für den fürstlichen Absolutismus. Aber diese Angst um sein Seelenheil, die ihn vorwärtstrieb, die ihn Unwahrscheinliches verwirklichen ließ, reduzierte zugleich auch seine Persönlichkeit. Im Grunde war er ein armer, von Skrupeln gepeinigter Mensch, der sich vor dem Jüngsten Gericht fürchtete und deshalb kaum mehr einen Entschluß zu fassen wagte. Es ist bezeichnend, daß er gerade im Passiven, im heroischen Erdulden von Schicksalsschlägen am größten war, denn wer nichts tut, wer nur duldet und erleidet, kann schwerlich eine Sünde begehen.

Es ist eine Laune der Geschichte, daß sie gerade diesen im Grunde friedfertigen und harmlosen Mann, dem es gewiß manchmal auch an Einsicht fehlte, die Konsequenzen seines Tuns klar zu erkennen, zum erfolgreichen Vorkämpfer des Katholizismus werden ließ, so daß seine Gegner ihm oft mehr Haß entgegenbrachten, als er eigentlich verdiente, und seine Anhänger zwar nicht die Erfolge, wohl aber seine persönliche Bedeutung als größer rühmten, als sie eigentlich gewesen ist.

Die große Wende, das Restitutionsedikt

Man kann lange in den Annalen der deutschen Geschichte zurückblättern, bis ins Mittelalter, und wird keinen Kaiser finden, der in Deutschland so viel Macht gehabt hätte wie Ferdinand II. in den Jahren 1628/29. Aber diese Herrschaft des Habsburgers war unnatürlich, überdehnt und widersprach dem alten Herkommen. Die Macht, wie sie Ferdinand in Österreich und Böhmen ausübte, war rechtlich wohl fundiert und legitim trotz der Bedrückungen, die sie mit sich brachte. In seinen Erblanden, Böhmen und Mähren miteingeschlossen, herrschte er absolut, nur seinem Gott im Himmel verantwortlich und nicht mehr auch den Ständen, mit denen er manch bösen Streit hatte austragen müssen. Eben damals, 1628, wurden die letzten protestantischen Adeligen aus der Steiermark vertrieben, und niemand erhob Protest dagegen. Was Ferdinand in seinen Erbländern trieb, ging die europäischen Mächte im Grunde nichts an, und das wurde auch respektiert. Anders stand es mit Ferdinands Herrschaft über das Reich. Jahrhunderte hindurch hatten dort die Kaiser ihre verbrieften Rechte nur sparsam üben können. Wenn da auf einmal einer kam, der sein Kaisertum mit allem Nachdruck und ohne Rücksicht auf die Überlieferung zu seinem und auch fremder Mächte Vorteil anwendete, dann wurde er als Tyrann empfunden oder noch als etwas Schlimmeres. So wie Ferdinand jetzt im Reich herrschte, herrschte er nicht nur auf Grund seiner kaiserlichen Rechte, sondern vor allem dank Wallensteins Heer und würde nur so lange auf diese Art herrschen können, wie dieses Heer ihn stützte. Es hat aber der Kaiser diese Tatsache niemals wirklich erkennen wollen.

Im Mai 1628 zog Wallenstein wieder ins Feld. In Prag nahm er von Ferdinand Abschied. Es war das letzte Mal, daß sie einander im Leben sahen, nachher niemals wieder. Von da an verkehrten sie nur mehr brieflich, durch Boten und Mittelsmänner. Sie wechselten noch viele Botschaften und Briefe, kaiserliche Handschreiben gingen an Wallenstein, überaus huldvolle darunter. Sie konnten aufkeimendes Mißtrauen nicht ersticken. Hunderte Schreiben und Gesandtschaften vermögen da weniger als ein klärendes Gespräch von Mann zu Mann. Wallensteins Anwesenheit bei Hofe hatte alle lauten Kritiken an ihn verstummen lassen. Als er fort war, wagten sich seine Kritiker wieder hervor und schürten das Mißtrauen zwischen Kaiser und General sechs Jahre lang, bis zum tragischen Ausgang.

Eine Zusammenarbeit, wie Ferdinand und Wallenstein sie pflegten, war nur möglich, wenn volles Vertrauen zwischen den Partnern herrschte, wenn der Kaiser an seiner Überzeugung festhielt, daß er „von diesem Manne nicht hintergangen" werde. Ferdinand, in weltlichen Dingen ein Spielball fremder Meinungen, wurde aber rasch schwankend, als der Zauber von Wallensteins überlegener Persönlichkeit nicht mehr auf ihn wirkte. Ende Mai fiel er in tiefe Melancholie. Noch glaubte er nicht an Wallensteins Untreue, so wie manche Höflinge es ihm eingaben, und keineswegs dachte er an dessen Absetzung. Aber die ständigen Angriffe einiger Geheimräte gegen den Feldherrn

und die Tiraden der Kanzelredner raubten ihm seine Ruhe und
Behaglichkeit. Ruhe und Behaglichkeit, wer hatte sie noch in
diesen wilden Zeiten? Im Sommer 1628 lag Wallenstein vor
Stralsund und konnte die heldenhaft sich wehrende Stadt nicht
nehmen. Von See her, von Schweden und Dänemark, wurde sie
mit dem Nötigsten versorgt, mit Munition, Lebensmitteln und
auch mit Soldaten. Wallenstein, der „General des Ozeanischen
und Baltischen Meeres", hatte die Schiffe nicht, um das zu
hindern. Es war nicht die einzige Enttäuschung für Ferdinand in
diesem Sommer. Weit härter als die Blamage seines Feldherrn
vor Stralsund traf ihn die Gewißheit, daß sogar die katholischen
Fürsten, die Liga, seine weit ausgedehnte, überdehnte Macht
unerträglich fanden. Im Reich hatte schon seit Jahrhunderten
kein Kaiser mehr so schalten können wie jetzt Ferdinand II., und
wo seine Unabhängigkeit in Gefahr war, die vielgerühmte
fürstliche Libertät, da handelte selbst Maximilian von Bayern
gegen die Interessen seines kaiserlichen Vetters und hatte keine
Skrupel dabei. Man müßte einen Keil treiben zwischen Wallenstein und den Kaiser, überlegte sich der schlaue Mann, die
Vertrauensbasis erschüttern, auf der ihr gemeinsamer Erfolg
beruhte. Da durfte Maximilian auf die Unterstützung seiner
Mitkurfürsten wohl rechnen. Eine Versammlung im maleri-
schen Städtchen Bingen am Rhein brachte Klarheit der Standpunkte. Die katholischen Fürsten ließen Ferdinand in einer
gewundenen Erklärung wissen, daß er auf die Wahl seines
Sohnes zum römischen König nicht hoffen dürfe, solange die
Bedrückungen durch Wallensteins Heer fortdauerten; eine
massive Drohung, die der Kaiser sich sehr zu Herzen nahm.
Denn die Sicherung der Nachfolge seines Sohnes war jetzt sein
oberstes Anliegen. Da mußte man Wallenstein wohl auffordern,
die Truppen zu reduzieren. Seine und seines Hauses Autorität
und Hoheit, so Ferdinand in einem von sittlichem Ernst
getragenen Schreiben an Wallenstein, hingen von der raschen
Beseitigung der Kriegsbeschwerden und der Abdankung des
überflüssigen Kriegsvolkes ab. Wallenstein wisse selbst, daß er
nicht die Absicht habe, „durch Macht und andere Mittel, als die
Reichsverfassung und die Wahlkapitulation mit sich bringen,
sein Haus zu stabilisieren". Wie hätte Ferdinand es sonst
„stabilisieren" sollen? Bei der Politik, wie er sie trieb oder

zumindest wohlwollend billigte, war ein großes Heer erforderlich. Wallenstein wußte es nicht oder wollte es nicht wissen. Gewiß, Wallensteins Truppen lagen weit verstreut in ganz Deutschland, einer Besatzungsmacht ähnlicher als einem kriegsbereiten Heer, aber ohne diese Truppen würde die Macht über weite Gebiete des Reiches, wie sie der Kaiser jetzt innehatte, binnen kurzem zusammenfallen, denn sie war, obwohl es Ferdinand und seine Hofjuristen nicht wahrhaben wollten, usurpiert und nur durch Gewalt zu erhalten. Wäre Wallenstein der Revolutionär gewesen, für den seine Gegner ihn hielten, er hätte zumindest ein Machtwort gesprochen. Das tat er nicht. Er grollte, aber er fügte sich widerwillig den Befehlen seines obersten Kriegsherrn. Freilich ging die Abrüstung schleppend voran. Ein paar Reiterregimenter, die im Hinterland ihr Unwesen getrieben hatten, wurden aufgelöst. Mehr geschah nicht, und das war, wie Ferdinand bald erkennen mußte, durchaus zu seinem eigenen Besten, denn es zeichnete sich ein neuer bewaffneter Konflikt ab. Es ging um das Herzogtum Mantua. Dort war im Dezember 1627 Herzog Vinzenz, der Bruder der Kaiserin, gestorben. Ein Verwandter, Karl von Nevers, übernahm die Regierung. Der war ein Freund Frankreichs und daher den Spaniern nicht genehm. Sie wollten den Franzosenfreund nicht in dieser wichtigen Schlüsselstellung haben. Der Kaiser, forderten sie, möge Mantua als erledigtes Reichslehen einziehen und einen ihnen genehmen Kandidaten inthronisieren. Das bedeutete aller Voraussicht nach Krieg mit Frankreich, aber wo sich Ferdinand im Recht glaubte, ließ er sich nicht beirren. Trotz der Warnungen des Beichtvaters, der einen Krieg unter katholischen Potentaten mit Recht für höchst verderblich hielt, gab Ferdinand den spanischen Forderungen Gehör. Diesmal hatte sich Eggenberg durchsetzen können, der durch eine fette Pension für die spanischen Interessen gewonnen war. Vergeblich warnte auch Wallenstein vor dem mantuanischen Abenteuer. Wäre es nach seinem Willen gegangen, der Krieg um Mantua hätte nicht stattgefunden. Der kriegserfahrene Stratege sah weiter als der Kaiser und seine habgierigen Höflinge. Willkürlich machte man sich Frankreich zum Feind, während in Norddeutschland eine schwedische Invasion zu befürchten war. Der tüchtige Schwedenkönig Gustav Adolf strebte nach der

Herrschaft über die Ostsee, nach dem „Dominium maris Baltici", und mit diesem Ziel, das mußte jeder begreifen, war eine deutsche Ostseeküste in kaiserlicher Hand unvereinbar. Man mußte das Erreichte zu bewahren suchen, nicht nach neuen Eroberungen Ausschau halten. Ferdinand begriff es nicht. In Mantua wollte er die Interessen des Reiches wahren, die in Wirklichkeit allein spanische Interessen waren. Und während er sich immer tiefer in den mantuanischen Konflikt verstrickte, während die protestantischen Stände auf ihn schlecht zu sprechen waren und die katholischen auch, weil sie meinten, in Wallensteins Heer läge allein die Ursache für den Ruin Deutschlands, während die Liga allen Ernstes erwog, gewaltsam gegen Wallenstein vorzugehen, erließ Ferdinand im Bewußtsein kaiserlicher Machtvollkommenheit das Edikt, die Restitution der geistlichen Güter betreffend, welches das lockere und vom Einsturz bedrohte Gefüge des Heiligen Römischen Reiches in seinen Grundfesten erschüttern mußte.

Der Konflikt zwischen der katholischen und der protestantischen Partei im Reich wurzelte nicht eigentlich im Religiösen, es ging mehr um Macht, um handfeste Besitzansprüche. In der Zeit, als die Katholischen schwach gewesen waren, viel schwächer als jetzt, vor 60 oder 70 Jahren, hatten protestantische Fürsten manche fette Abtei ihren Besitzungen einverleibt und manches stattliche Bistum, wie etwa Halberstadt, Hildesheim, Schwerin und sogar die Erzstifte Bremen und Magdeburg. In diesen ehemals geistlichen Territorien saßen nun protestantische Administratoren anstatt katholischer Bischöfe. Der Inhaber des Erzbistums Magdeburg zum Beispiel war ein Hohenzoller, der Bruder des Kurfürsten von Brandenburg. Unrecht war das gewesen, ohne Zweifel, und gegen den Augsburger Religionsfrieden, als die evangelischen Fürsten die katholischen Ländereien einfach in Besitz nahmen, und die Katholiken hatten dies nie als rechtens anerkannt, obwohl es schon mehr als zwei Menschenalter zurücklag und ein Greis sein mußte, wer diese Händel als Jüngling noch erlebt hatte. Von den Usurpatoren lebte längst keiner mehr. Der Haß und die Zwietracht zwischen Katholiken und Protestanten dieser Gebiete wegen aber lebten fort und steigerten sich noch, je länger sie dauerten. Wenn jetzt Ferdinand der Ansicht war, daß die Protestanten alle diese

Bistümer und Abteien als widerrechtlich erworbenes Eigentum wieder herzugeben hätten, war er formal im Recht und wußte sich wenigstens in dieser heiklen Frage mit den Fürsten der Liga eines Sinnes, die gierig auf die zu erwartende fette Beute lauerten. Wann sollte man sie denn sonst einbringen können, wenn nicht jetzt?

Jetzt stehe man gerüstet, von Gott gesegnet, meinte der Kurfürst von Bayern und wollte gleich auch die Calviner aus dem Reich schaffen, denn sie seien die „Anstifter der Kriegsempörung und des Religionsfriedens unteilhaftig". Um diese Zeit verlangten die geistlichen Fürsten die Rückgabe der Erzstifte Bremen und Magdeburg und zwölf weiterer Bistümer. Zu des Kaisers Ehrenrettung sei gesagt, daß er anfangs in der Frage der Restitution vorsichtig zu Werke ging und sich erst nach längerem Schwanken die radikalen Forderungen Bayerns und der geistlichen Fürsten zu eigen machte. Im Herbst 1627 und das ganze Jahr 1628 wurde beraten, wie Stifte, Kirchen, Klausen und dergleichen, alles, was seit dem Passauer Vertrag von 1552 „den Katholischen entweder mit Gewalt oder Arglist seye abgezwackt worden, wieder sich herstellen ließe". Die Beratungen zwischen den katholischen Reichsfürsten und den Abgesandten des Kaisers waren langwierig und nicht so geheim, wie sie hätten bleiben sollen. Kurfürst Johann Georg von Sachsen, dessen Vorfahren sich auch einige fette Bistümer auf zweifelhafte Art erworben hatten, wußte etwas von den „allernachdenklichsten, gefährlichsten Plänen", welche im katholischen Lager gewälzt wurden. Ein klein wenig nachdenklich und zögernd benahm sich auch der Kaiser. Einerseits trieben ihn heiliger Eifer und die Aussicht auf schönen Gewinn, denn Magdeburg und Halberstadt hatte er seinem zweiten Sohn Leopold Wilhelm als Pfründe zugedacht, andererseits aber muß er von dem Unheil eine vage Ahnung gehabt haben, das er da anzurichten im Begriffe war. Nicht so die Mehrheit der kaiserlichen Räte. Sie votierten für die Restitution aller Kirchengüter, wobei sie ihre Hoffnung nicht verhehlten, daß dabei auch „für die treuen Diener des Kaisers etwas abfallen könnte". Heiliger Ernst und fromme Begierde verlockten auch den Pater Lamormaini, seinem kaiserlichen Beichtkind das Restitutionsedikt als gottgefälliges Werk dringend zu empfehlen. Ob von den Frauenklöstern, für die keine Nonnen vorhanden seien, nicht ein Teil für die Zwecke der Gesellschaft Jesu, für Seminare und Alumnate, verwendet werden könnte? Über diese Frage geriet der Beichtvater in Streit mit dem kaiserlichen Finanzabt Antonius, der den Einfluß der Jesuiten nicht zu mächtig sehen wollte. Unklar waren die Pläne, die während des Jahres 1628 ausgekocht wurden und höchst verworren, so daß später, als das Edikt kläglich scheiterte, niemand daran schuld gewesen sein wollte. Die Kurfürsten, beklagte sich der Kaiser bei Maximilian von Bayern, seien es gewesen, die auf die Vollziehung des Edikts „so stark gedrungen" hätten. Nicht „die eigene Commodität" habe er dabei im Auge gehabt. Das war freilich nur die halbe Wahrheit. Als Ferdinand am 6. März 1629 das Edikt publizieren ließ, da tat er es aus freiem Willen und in der Überzeugung von dessen Rechtlichkeit, denn das ellenlange Schriftstück, das die kaiserlichen Räte entworfen hatten, war eine umständliche Interpretation des Augsburger Religionsfriedens, nichts weiter. Formal unanfechtbar war die Forderung, daß die Protestanten bei Strafe der Reichsacht alle seit dem Jahr 1552 ihren Territorien einverleibten Kirchengüter wieder herauszugeben hätten, rechtlich gedeckt das Postulat, daß die Calviner von den Segnungen des Religionsfriedens gänzlich ausgeschlossen sein sollten. Was aber in der Theorie als rechtlich erschien, war in der Praxis ein törichter Gewaltakt und wohl die fundamentalste politische Fehlentscheidung, die Ferdinand je getroffen hat. Acht Jahrzehnte deutscher Geschichte ließen sich nicht durch einen Federstrich rückgängig machen. Hätte Ferdinand politisch gedacht und nicht aus falsch verstandener Religiosität, hätte er sich überhaupt etwas gedacht, er hätte das Edikt nicht unterzeichnen dürfen oder wenigstens schleunigst zurücknehmen müssen, als er sah, was er damit anrichtete. Er forderte die deutschen Protestanten zu einem Existenzkampf auf Leben und Tod heraus, und sie waren entschlossen zu kämpfen. Es wäre besser, meinten sie, ganz Germanien erneut in eine Waldwildnis zu verwandeln und alles zu zerstören, als das Evangelium aufzugeben. Es fehlte nicht viel, und sie hätten mit ihren apokalyptischen Visionen recht behalten. Auf den Kaiser aber machten solche Reden wenig Eindruck. Einen, der nach eigener Aussage lieber über eine Wüste herrschen wollte als über ein

Land von Ketzern, konnte man nicht so leicht von seinem verhängnisvollen Weg abbringen. Und so stiftete das Edikt mehr Verwirrung durch seine bloße Existenz als durch seine Ausführung, denn im Grunde war es unausführbar. Wallenstein, der angeblich mächtigste Mann im Reich, war um seine Meinung über das Edikt nie gefragt worden. Als es publiziert war, da sagte er sie ungefragt, klar und deutlich: „Wir vernehmen, die Hansestädte befürchten, man wolle das kaiserliche Edikt wegen der Reformation exequieren. Des sind Wir aber durchaus nicht gemeint; das Edikt kann nicht Bestand haben und Wir versprechen den Hansestädten, daß ihnen nicht das Geringste deswegen zugemutet werden soll, denn man kann den Religionsfrieden nicht also über den Haufen stoßen." Man konnte es wirklich nicht. Von den über 500 Klöstern und Abteien ging nur ein Teil in katholische Hände über, und viele blieben dort nicht lange, weniger weil Wallenstein das fromme Werk nur mangelhaft unterstützte, sondern weil Ferdinand aus frommer Gier und falschem Pflichtbewußtsein den Bogen überspannte. Jetzt wäre Mäßigung am Platze gewesen, nicht schrankenlose Ausnützung der so glücklich erworbenen Macht. Wie man es hätte machen sollen, bewies der Friede von Lübeck. Christian IV. von Dänemark mußte zwar auf jede Einmischung in die Angelegenheiten des Reiches verzichten, seine dänischen Besitzungen aber erhielt er alle zurück. Wallenstein hatte die Bedingungen beim Kaiser durchgesetzt, obwohl dieser ursprünglich gleich auch ganz Jütland hatte haben wollen. In der Frage des Restitutionsedikts aber blieb Ferdinand unnachgiebig, obwohl doch auch er sehen mußte, daß es neuen Jammer, neues Elend, neuen Krieg bringen mußte. Es ist Vermessenheit und führt ins Verderben, wenn der Mensch meint, den Willen Gottes ergründen zu können. Sie meinten es zu können, Ferdinand, Maximilian von Bayern, der ganze Schwarm von Jesuiten und Theologen, aber auch die Protestanten, der Schwedenkönig, Johann Georg von Sachsen und sein aufgeblasener Hofprediger Hoë von Hoënegg. Deswegen war das Elend so groß, das sie zu verantworten hatten. Durch das Edikt schmiedete Ferdinand die Koalition, der seine Kräfte nicht gewachsen waren. Die Gegner hießen jetzt nicht mehr Friedrich von der Pfalz oder Mansfeld, sondern Gustav Adolf und Richelieu, und die waren weitaus gefährlicher. Der Annalist Khevenhüller erzählt, daß der Kardinal der geistige Vater des verhängnisvollen Restitutionsgedankens gewesen sei. Das Haus Österreich sei eine Bestie mit vielen Köpfen, so der angebliche Gedankengang Richelieus, mit Waffengewalt allein sei ihm nicht beizukommen. Besser, man bediene sich des Kaisers Gottesfurcht und Frömmigkeit, um seinen Ruin herbeizuführen. Bei seiner Gottesfurcht könne man ihn leicht dazu verleiten, die Restitution der geistlichen Güter zu fordern, seine Frömmigkeit könne man dazu benützen, ihn von Wallenstein zu trennen. So werde „der Kaiser bei allen protestierenden Kurfürsten und Ständen auf einmal unversöhnlich verfeindet und seine Waffen für gering gehalten werden". Dann könne der König von Frankreich mit Heeresmacht in Deutschland einrücken, „ohne Gefahr und Difficultät zu der Wahl eines römischen Königs gelangen und alsdann dem Kaiser als einem alten, nunmehr abgematteten Herrn bei dem Titel eines Kaisers lassen und das Regiment an sich nehmen".

Es hat sich kein Dokument gefunden, welches Khevenhüllers Erzählung bestätigt hätte. Die Begehrlichkeit der katholischen Fürsten und des Kaisers frommer Eifer waren allein schon groß genug, daß es einer so meisterhaft erdachten Intrige Richelieus gar nicht bedurfte.

Im Mai 1629 war im ganzen Heiligen Römischen Reich Frieden. Doch wieder machte der Krieg nur eine Atempause. Das Restitutionsedikt gab ihm bald neue Nahrung im Überfluß. Es ist leichter zu urteilen, wenn man den Ausgang kennt. Es urteilten aber auch die Zeitgenossen so. Das Edikt sei geeignet, warnte der Wiener Hofkriegsratspräsident Collalto, in Deutschland einen Religionskrieg zu erregen. Der Kaiser hörte nicht auf ihn. Das Edikt, so Ferdinand, sei „der ganze fructus der von Gott uns bishero verliehenen Victorien".

Der Sturz von der Höhe,
Wallensteins Entlassung

Ferdinand hatte den Bogen überspannt und wußte es noch nicht. Die Dinge brauchten lange damals, viel länger als heute, bis sie zur Reife gediehen. Wäre er weiser gewesen und weniger fromm, hätte er wohl erkannt, daß das Edikt den Erfolg nicht bringen konnte, wie er sich ihn erhofft hatte. Die Protestanten machte er sich zu Todfeinden, die Katholischen gewann er nicht. Solange Wallenstein da war und mit seinem gewaltigen Heer ihre Freiheiten bedrohte, wollten die Ligafürsten des Kaisers Freunde nicht sein. Wallenstein, der Unheimliche, der finstere, zynische Genius, schilderte die Lage treffend, wie sie sich im Februar 1630 darbot: „Der Status im Reich ist so gefährlich, wie er nur gewesen. Die Katholischen haben Angst vor der Monarchie, die andern wegen der Restitution der geistlichen Güter. Die Erbitterung ist so groß, daß sie alle sagen, der Schwed soll nur kommen; kann er nicht helfen, so wollen sie gern mit ihm präzipitieren." Der Schwed soll nur kommen; Symptom der Verzweiflung und Hoffnungslosigkeit unter den Deutschen, die sich vor der doppelten Drohung des Edikts und der Wallensteinischen Soldateska fürchteten, Symptom aber auch dafür, daß Ferdinand nicht unbehelligt die Früchte seiner Siege würde genießen können. Feierlich protestierte der Kurfürst von Sachsen gegen das Edikt: „Die Zeiten leiden solchen Rigor nicht, der Modus ist ungewöhnlich, die Mittel sind zu scharf, der Finis zu sorglich, dazu voller Difficultäten und Gefährlichkeiten; und möchten E. K. Majestät hienächst innewerden, wie übel die es mit Ihr und dero hochlöblichem Haus Österreich gemeint, die zu solchen Extremitäten Rat, Tat, Anlaß und Vorschub getan." Ernste, mahnende Worte, sie taten ihre Wirkung nicht. Das Edikt war jetzt beinah ein Jahr alt und stiftete höchste Verwirrung, wo es doch hätte Ordnung schaffen sollen. Es wurde durchgeführt bei den schwächeren Reichsständen, in einigen norddeutschen Bistümern, in Augsburg, demnächst auch in Württemberg, in Sachsen nicht und nur mangelhaft in Mecklenburg. Herr über das Bistum Schwerin war kein Bischof, sondern der kaiserliche General Albrecht von Wallenstein, und niemand wagte es, ihm dieses Besitztum streitig zu machen. Wo man das Edikt durchführte, gab es manchmal Pannen, etwa wenn bei der einen oder anderen Abtei das Schriftstück spurlos verschwunden war, aus dem sich das Datum der Säkularisation einwandfrei erweisen ließ, oder wenn kaiserliche Kommissäre in frommem Übereifer ein Kloster zu kassieren suchten, das eindeutig schon vor dem Jahr 1552 protestantisch gewesen war. Peinlich und als böses Omen zu werten war auch der Umstand, daß das Breve Apostolicum, das päpstliche Schreiben, das den jungen Kaisersohn Leopold Wilhelm als Erzbischof von Magdeburg bestätigte, im Durcheinander der kaiserlichen Kanzlei verschollen war und von den Kanzleibeamten trotz emsigen Suchens nicht mehr aufgefunden werden konnte.

Die Störungen kümmerten Ferdinand wenig. Wenn auch „dies rühmliche Reformationwerk", wie er es nannte, mit Hindernissen vonstatten ging, es würde dennoch die schönsten Früchte bringen, ein in der Hauptsache katholisches Deutschland mit einer protestantischen Minderheit, die, bloß geduldet, irgendwann verschwinden würde, eine starke habsburgische Kaisermacht. Darauf richtete sich jetzt Ferdinands Streben, sie galt es zu festigen, indem er seinen Sohn zum römischen König wählen ließ. Von den Kurfürsten fürchtete der Kaiser keinen Widerspruch. Jetzt, wo er so mächtig war, würden sie es nicht wagen, sich ihm zu widersetzen. Er ahnte nicht, wie ausgehöhlt und überdehnt seine Herrschaft war und wie nahe dem Zusammenbruch. Ein katholisches Deutschland wünschte Maximilian von Bayern wohl, ein starkes habsburgisches Kaisertum nicht, deswegen hatte er Ferdinand zum Restitutionsedikt überredet, deswegen betrieb er jetzt die Entlassung Wallensteins. Der Friedländer aber war der starke Mann von einst nicht mehr. Gebrochen an Körper und Seele, aufgerieben durch Intrigen und harte Arbeit, begab sich Wallenstein im Frühjahr 1630 nach Karlsbad zur Kur und sah untätig dem Geschehen zu, das rings um ihn sich anbahnte.

Im Mai reiste Ferdinand mit großen Hoffnungen zum Kurfürstentag, den er nach Regensburg einberufen hatte. Dort wollte er seinen Sohn zum römischen König krönen lassen. Er reiste mit großem Pomp, wie es sich für den mächtigsten Potentaten des Abendlandes geziemte, mit seiner ganzen Familie und einer Begleitung von 3000 Personen, die bei den Aufenthalten an 99 Tafeln verköstigt werden mußten. Vor der Abreise hatte es die üblichen Schwierigkeiten gegeben, weil Ferdinand das Geld nicht hatte, um sich solchen Aufwand leisten zu können. Er borgte vom Erzbischof von Salzburg 100.000 Taler, die Stadt Regensburg lieh 35.000 Gulden. Die Gläubiger gaben ungern, es war nicht sicher, ob sie ihr Geld jemals wiedersehen würden. Vorsichtig verhielten sich die niederösterreichischen Stände. Von ihnen hatte der Kaiser 60.000 Gulden gefordert, die Stände freilich mochten nur 20.000 hergeben. Am 19. Juni 1630 hielt Ferdinand mit seinem aufwendigen Gefolge in Regensburg Einzug. Er kannte die alte Reichsstadt von seinen früheren Aufenthalten, die berühmte steinerne Brücke, die vor einem halben Jahrtausend der Bayernherzog Heinrich der Stolze hatte bauen lassen, das Münster, die Abtei St. Emmeran, sie waren ihm altvertraut. Vor nunmehr 36 Jahren war er das erstemal hier gewesen. Damals hatte er mit dem Kaiser Rudolf über die Jagd und die Mathematik geplaudert. Jetzt war er selber römischer Kaiser und viel mächtiger, als Rudolf je gewesen war, mächtiger auch als die anderen Kaiser vor ihm, aber seine Macht stand auf schwankendem Boden, hing von einem müden und kranken Mann ab, Wallenstein, der eben jetzt, Regensburg ängstlich meidend, von Karlsbad nach Memmingen zog. Auf dem Regensburger Fürstentag hatte Ferdinand nur wenige Freunde. Die üppigen Festlichkeiten, die zum Programm solcher Treffen gehörten, die öffentlichen Schmausereien der Majestäten und Dignitäten, die Turniere, Ringelrennen und Hetzjagden täuschten über die gespannte Atmosphäre nicht hinweg, die den ganzen Sommer über in Regensburg herrschte. Spannungen gab es zahlreich, zwischen den Bürgern von Regensburg zum Beispiel und dem Kurfürsten von Bayern. Der geschäftstüchtige Bayer hatte sich das Monopol gesichert, die Festgesellschaft mit Speis und Trank zu versorgen, und streifte solcherart den Gewinn ein, den die Regensburger für sich erhofft hatten. Gewinn hatte die Stadt von ihren zahlreichen Gästen also keinen, dafür manchen Ärger. Die Menschen mußten eng zusammenwohnen, das niedere Volk zumal, das in Scharen nach Regensburg pilgerte, Bettler, Strolche, käufliche Frauen, sie hausten in schrecklichen sanitären Verhältnissen, so daß bald die Pest unter ihnen umzugehen begann. Die Potentaten hatten es besser, sie wohnten im Bischofshof oder in den Klöstern, die weniger Mächtigen in bürgerlichen Quartieren. Botschafter aus aller Herren Länder waren gekommen, Spanien war vertreten, England, Toskana und Savoyen; die Interessen Frankreichs vertrat Pater Joseph, ein Kapuziner, der Intimus des Kardinals

Richelieu und deswegen mit dem Spitznamen „graue Eminenz" bedacht. Es war die Regensburger Versammlung mehr als ein Kurfürstentag, ein großer europäischer Friedenskongreß, der aber leider den Frieden nicht brachte. Dafür waren die Gegensätze zu groß, die Leiter der Politik nicht reif; die armen Leute wohl, die aber wurden um ihre Meinung nicht gefragt. Gegensätze gab es zwischen dem Kaiser und Frankreich der mantuanischen Erbschaft wegen, Gegensätze zwischen dem Kaiser und den Kurfürsten. Die Evangelischen, Sachsen und Brandenburg, waren nicht erschienen, sie ließen sich durch unbedeutende Beamte vertreten, auf diese Art ihre Abneigung gegen das Edikt und die Kriegsbedrückungen demonstrierend. Die Katholiken waren auf den Kaiser böse, nicht wegen des Edikts, wohl aber wegen seiner militärischen Übermacht und der Beharrlichkeit, mit der er an Wallenstein festhielt, so daß sich in der heiklen Frage des friedländischen Generalats Katholiken und Protestanten einig waren. Mannigfach waren die Klagen, die gegen die friedländische Soldateska erhoben wurden, und manchmal auch ein wenig übertrieben, damit sie ihren Zweck, nämlich das väterliche Gemüt des frommen Kaisers zu rühren und gegen Wallenstein einzunehmen, umso besser erfüllen konnten. Eindrucksvoll wußten die Gesandten aus Pommern in einer 54 Punkte umfassenden Klageschrift die Leiden darzustellen, die Wallensteins Soldaten verursachten: Wie die armen Leute von den rauhen Landsknechten zu allerlei überflüssigem Frondienst gezwungen, den Bauern die Pflüge entwendet oder verbrannt, die Pferde geraubt wurden, wie die Geplünderten sich von Knospen und Gräsern, ja von Menschenfleisch sich nähren mußten. Unter Punkt 50 war angeführt, daß die Soldaten bei ihrem „Plündern und Spolieren allerhand neue Carnificinae und Torturen vorgenommen", indem etlichen härene Stricke um die Hände gebunden und zusammengedreht, andere unter den Fußsohlen gemartert, andern brennende Lunten auf die Hände gesetzt wurden, welches Unglück sogar einer Dame vornehmen Geschlechts widerfuhr. Punkt 51 betraf das „Weiberschänden". Da seien Jungfrauen vor ihren unzüchtigen Gästen aus dem Fenster gesprungen und hätten ihrer Ehre wegen körperlichen Schaden erleiden müssen, ja sogar alte Weiber und Mägde seien vor Nachstellungen nicht verschont geblieben. Noch viele andere „barbarische Prozeduren" wußten die Gesandten anzuführen, die Zeit liebte es, in Grausamkeiten zu schwelgen, verbal und in der Wirklichkeit. In Regensburg durfte ein biederer Bürger aus Bamberg vor der kaiserlichen Majestät seine Klage vorbringen. Man hatte ihm seine Frau als Hexe verbrannt ohne ordentliches Gerichtsverfahren. Der Kaiser mahnte die Stände zu maßvollem Vorgehen, zumal auch Pater Lamormaini solch teuflischen Spuk als politisch unklug verdammte. Doch die Hexenprozesse gingen weiter im Bistum Würzburg, in Bayern und im Gebiet des Erzbischofs von Köln; in Bamberg wurden fünf Bürgermeister nacheinander auf dem Scheiterhaufen verbrannt.

Der Hexenprozesse wegen aber war Ferdinand nicht nach Regensburg gekommen und auch die anderen Fürsten nicht. Am 3. Juli 1630 wurde der Kurfürstentag, zu dem nur die vier katholischen Vertreter des Kollegiums erschienen waren, feierlich eröffnet. In einem „beweglich Schreiben" hatte Ferdinand vergeblich versucht, den Kurfürsten von Sachsen umzustimmen. Der Kurfürst, wußten die Gazetten, habe dem Kaiser „den Einbruch des Königs zu Schweden in das Herzogtum Pommern" angezeigt und nochmals gebeten, „das kaiserlich Edikt möge kassiert und abgestellet werden", welche Bitte der Kaiser aber nicht erfüllte. Tagesgespräch war auch der Auftritt des kaiserlichen Hofpredigers Pater Johannes Weingartner SJ. Anläßlich einer Predigt vor dem Kaiser hatte er voll heiligen Zornes sein Barett auf die Kanzel geschleudert und die Majestät mit den schlimmsten Strafen bedroht, falls das Edikt nicht besser durchgeführt werde als bisher. Es gab auch sonst viele interessante Gesprächsthemen. Die kaiserliche Proposition etwa, die Ferdinand den vier anwesenden Kurfürsten vorlegen ließ. Sechs Fragen wollte die Majestät geklärt wissen: Ob nicht für den Pfalzgrafen als notorischen Rebellen und Friedensbrecher die Gnadenpforte nunmehr zu schließen sei? Wie man den Holländern die Freude an weiteren Kriegen auf Reichsboden verderben könne? Was man gegen Schweden, was man gegen Frankreich tun könne? Ob nicht ein Universalfriede zu erreichen wäre? Schließlich, ob nicht etwas getan werden könnte, um im Kriegswesen bessere Ordnung zu schaffen? Eine eigentlich unverfängliche Frage, mehr nebenbei gestellt, über die Ferdinand stolpern sollte. Denn einmütig befanden die Kurfürsten, daß Punkt sechs der wichtigste wäre. Am 17. Juli überreichten sie dem Kaiser ein gemeinsames Memorandum voll der greulichsten Schilderungen über die Zustände in Deutschland, an denen allein Wallenstein die Schuld trüge. Sie verlangten vom Kaiser, „der Armada ein solches Capo vorzusetzen, der im Reich angesessen sei, zu welchem auch Kurfürsten und Stände ein gutes, zuversichtliches Vertrauen haben mögen". Es war die Formulierung, wie sie Maximilian von Bayern gefordert hatte. Alle seine Staatskunst und Beredsamkeit bot er auf, um die Stellung zurückzugewinnen, die er einmal innegehabt und die jetzt ein Fremder, ein Eindringling, bekleidete. „. . . die Kurfürsten aber urgieren stark, man sollte das Volk abdanken, den von Friedland kassieren, mit dem König von Frankreich wie auch endlich mit dem König in Schweden Frieden machen", schrieb der Journalist Abelinus, ein ehemaliger Schulmeister, treffend im *Theatrum Europaeum*. Den von Friedland kassieren, das war es, worauf die Kurfürsten hinauswollten, das Ziel, das sie fünf Jahre vergeblich angestrebt hatten, nicht eher würden sie jetzt den Kaiser loslassen, als er ihnen diesen Wunsch erfüllt hatte. Mit ungnädigem Erstaunen nahm Ferdinand die Antwort der Kurfürsten zur Kenntnis. Er wollte erst einmal Zeit gewinnen und antwortete ausweichend, beschwichtigend, so hatte er schon manche heikle Situation gemeistert. Der Capo des Heeres, ließ er sagen, sei er selber, nicht Wallenstein. Solch billige Ausflüchte griffen nicht mehr. Am 1. August begaben sich die vier Kurfürsten, die drei Geistlichen und der Bayer, persönlich zum Kaiser, um ihren Forderungen Nachdruck zu verleihen. Jetzt wußte Ferdinand, daß sie es ernst meinten. Sie würden ihn fallenlassen, ihm die Treue aufkündigen, wenn er den Friedländer nicht fallenließe. Es war nackte Erpressung, worauf die Sache hinauslief. „Auf Kavaliersehre" versprach er den Kurfürsten, Abhilfe zu schaffen. Damit war Wallensteins Sturz beschlossene Sache. Was jetzt noch besprochen und beraten wurde, war ein Tanz um den heißen Brei. Wie sollte man Wallenstein möglichst schonend beibringen, daß er des Kaisers General nicht mehr sei? Die Geheimräte hatten ein Gutachten auszuarbeiten über die Frage, „wie Wallenstein mit Glimpf zu entlassen sei", jeder für sich, keiner durfte vom anderen abschreiben. Die Summe der Meinungen war nicht auf einen Nenner zu bringen. Die Mehrzahl der Räte war gegen Wallenstein und auch der Beichtvater Lamormaini. Es gibt einen Brief, den Ferdinand um diese Zeit an den Pater schrieb, eigenhändig, denn er sollte geheim bleiben. Dunkel sind die Umstände der Entstehung, kryptisch der Inhalt. Zwischen dem Kaiser und seinem Gewissensrat bestand ein Vertrauensverhältnis, in das ein Außenstehender nicht zu dringen vermag; dennoch ist der Inhalt des Schreibens höchst aufschlußreich. Für den Fürsten Eggenberg könne er sich verbürgen, schrieb Ferdinand, weil er ihn schon so viele Jahre kenne, für Wallenstein nicht. ,,Pro Fridlando nihil spondeo." Wallenstein war sein Vertrauter nie gewesen, nur sein Diener und Berater. Am 13. August erschienen die Kurfürsten neuerlich beim Kaiser. Mit dürren Worten teilte er ihnen mit, er wolle ,,die Kriegsdirektion bei seiner Armada ändern". An allem hieraus entstehenden Unheil, so soll er hinzugefügt haben, wolle er vor Gott und der Welt schuldlos sein. Er hätte auch anders handeln können: Truppenkonzentration um Regensburg, Gewalt, Staatsstreich, das absolute Dominium, wie er es in den Erbländern eingeführt hatte, jetzt auch im Reich. An eine gewaltsame Lösung mit Wallenstein gegen die Kurfürsten aber hat Ferdinand niemals gedacht. Da fehlte es ihm an Phantasie und wohl auch an Skrupellosigkeit. Gegen die Erpressung der Kurfürsten wußte er kein Mittel. Er mußte Wallenstein also fallenlassen, den Garanten seiner Erfolge. Solange Wallenstein die Waffen führte, hieß es in einem Gutachten an Ferdinand, habe es Siege geregnet. Es stammte wohl von Eggenberg, der hatte für des Generals Verbleib votiert. Wallenstein, der Gefürchtete, der Angefeindete; von den kaiserlichen Räten zitterten einige vor der Rache des grimmigen Mannes. Der aber saß in seinem Hauptquartier in Memmingen und wartete apathisch auf den Beschluß, den sie in Regensburg über ihn fällen würden. Er hatte die Energien nicht, vor denen seine Feinde sich fürchteten. Mit gemischten Gefühlen begaben sich der Kriegsrat Questenberg und der Kanzler Werdenberg mit dem Absetzungsdekret nach Memmingen. Es hatte der Kaiser die Entlassung in höfliche Worte gekleidet, das Wort Abdankung kam darin gar nicht vor, nur von einer Veränderung im Kommando war die Rede. Ruhig nahm Wallenstein die Nachricht entgegen. Legende ist, daß er den kaiserlichen Boten mit den Worten empfing, er habe von seiner Entlassung in den Sternen gelesen, Legende auch, daß er von diesem Tag an nur noch nach Rache gedürstet habe.

In Regensburg atmete man auf. Bald sprach niemand mehr von dem Friedländer. Ferdinand aber hatte ihn ungern entlassen, und mit größerer Energie, als es sonst seine Art war, für ihn sich eingesetzt. Allmählich ahnte er wohl, daß ihm nun die Waffe entwunden war, durch die er seine einzigartige Machtstellung errungen hatte. Was sonst noch in Regensburg verhandelt wurde, war bedeutsam, aber zweitrangig: Der Oberbefehl über das reduzierte kaiserliche Heer, der nicht dem Kurfürsten von Bayern zufiel, sondern dem alten Tilly; der Friede in Mantua, der nicht zustande kam. Nicht sehr ernst genommen wurde die Nachricht von der Landung des Schwedenkönigs in Pommern.

Noch in Regensburg mußte Ferdinand erfahren, daß mit der Entmachtung Wallensteins auch er selbst machtlos geworden war. Die Kurfürsten weigerten sich, seinen Sohn zum römischen König zu wählen. Diesem Herzenswunsch hatte Ferdinand den General geopfert und mußte jetzt erkennen, daß nicht Wallenstein, sondern er selbst der Betrogene war. Man müßte für eine römische Königswahl ruhigere Zeiten abwarten, beschieden ihn barsch die Kurfürsten. Es war ein schwacher Trost für Ferdinand und wirkte eher wie eine höhnische Geste, daß wenigstens seine Gemahlin Eleonore zur Kaiserin gekrönt wurde.

Von den Mächtigen unbeachtet, erschien ein großer Mann in Regensburg, Johannes Kepler. 12.000 Gulden hatte er noch zu fordern von Ferdinand für seine Dienste als Hofastronom der Kaiser Rudolf und Matthias. Er sah den Kaiser nicht. Ferdinand bestieg sein Schiff nach Wien einen Tag, nachdem Kepler nach Regensburg gekommen war. Enttäuscht und verbittert legte sich der alte Astronom in der Reichsstadt zum Sterben nieder. In diesem Gelehrtenleben hat Ferdinand II. eine böse, saturnische Rolle gespielt.

Enttäuscht und verbittert war auch der Kaiser. Siegesgewiß und im Bewußtsein seiner Macht war er im Juni nach Regensburg gekommen, als Geschlagener zog er im November ruhmlos nach Hause. Im Reich war jetzt wieder alles so wie früher, oder beinahe so. Die Kurfürsten waren wieder die Herren, der Kaiser nicht viel mehr als eine Marionette in ihren Händen. In Regensburg hatte der Erzbischof von Mainz bei Ferdinand von dem großen Nutzen der Entlassung Wallensteins gesprochen, den er und sein Haus nun bald verspüren würden. Sehr bald mußte dieser Kurfürst am eigenen Leibe erfahren, wie wenig seine Worte der Wirklichkeit entsprachen.

Gustav Adolf von Schweden

Im Juli 1630, während Kaiser Ferdinand in Regensburg residierte, landete Gustav Adolf von Schweden, der Löwe aus Mitternacht, wie seine Bewunderer ihn nannten, mit Heeresmacht an der deutschen Ostseeküste. Man sagt, es habe Ferdinand II. in seinem Leben drei entscheidende Fehler begangen: die Verstrikkung in den Mantuanischen Krieg, das Restitutionsedikt und die Entlassung Wallensteins. Mit Gustav Adolf kam der Mann, der diese Fehler zu seinen Gunsten nützte.

Die Nachricht von der Landung des Schwedenkönigs wurde von den auf dem Regensburger Fürstentag versammelten Würdenträgern anfangs nicht sehr ernst genommen. „Ham ma halt a Feindl mehr", soll der Kaiser im breiten Dialekt seiner steirischen Heimat die Lage kommentiert haben, und tatsächlich waren die 13.000 Mann nicht viel, die Gustav übers Meer geführt hatte. Wallensteins Heer zählte 100.000 oder noch mehr, die genaue Zahl wußte niemand anzugeben, es würde den aberwitzigen Schwedenkönig bald wieder in die Ostsee treiben, war die Meinung der militärischen Laien, aber auch mancher Fachleute. Es kam anders. Weit verstreut in ihren Garnisonen von Mantua bis nach Norddeutschland lagerten die kaiserlichen Truppen, mehr eine Besatzungsmacht als ein kriegsbereites Heer. Sie taugten dazu, die feindlich gesinnte Bevölkerung einzuschüchtern, den Schweden abzuwehren taugten sie nicht. Ihr Feldherr saß untätig und enttäuscht in Memmingen und wartete auf seine Entlassung. Sie kam demnächst. Wallenstein wurde in die Wüste geschickt, bald nachdem Gustav Adolf in Pommern festen Fuß gefaßt hatte. Der Zeitpunkt spricht Bände; am Kaiserhof unterschätzte man die Gefahr gründlich. Entrüstet beklagte sich Ferdinand im Herbst 1630, daß ihm der Schwedenkönig die Anrede „Majestät" verweigere und in nur „Euer Liebden" tituliere, wie unter gleichgestellten Potentaten üblich.

Solange den Kaiser noch solche Sorgen quälten, konnte es mit der Gefährlichkeit des Königs von Schweden nicht weit her sein. In der Tat war Gustavs langsames Manövrieren in Norddeutschland die „unglaubliche Furia" noch nicht, die ihn zum berühmtesten Kriegsmeister seiner Zeit und zum Herrn über ganz Deutschland machen sollte. Wie einst über den Winterkönig spotteten die Wiener jetzt über den „Schneekönig", der in der Frühlingssonne rasch dahinschmelzen werde. Es war aber Gustav Adolf aus ganz anderem Holze geschnitzt als Friedrich von der Pfalz. Er war eine Persönlichkeit weit über dem Durchschnitt der Zeit, gescheit, gebildet, manchmal sogar tolerant gegen die Katholiken, ein schlagfertiger Redner. Der großgewachsene, blauäugige Mann vermochte die Menschen zu faszinieren, mit denen er verkehrte. „Es muß sich jeder, der mit I.M. zu reden und ihr zu antworten die Gnade hat, in sie verlieben", schrieb begeistert ein deutscher Diplomat. Trotzdem wurde der König von den deutschen Protestanten nicht so enthusiastisch begrüßt und als Befreier gefeiert, wie er es sich wohl vorgestellt hatte. Es war ein seltsam konservativ-nationaler Zug im Denken der deutschen Potentaten. Gustav verstand ihn nicht. Wie konnten sie jetzt noch von ihrem gnädigen Kaiser fabulieren, dem sie die Treue halten wollten, wo doch offener Krieg war zwischen ihnen und dem Reichsoberhaupt? Wie konnten sie ihre Neutralität beschwören, wo der Kaiser sie mit seinen Kriegsknechten quälte und mit dem Restitutionsedikt? „Ich will von keiner Neutralität nichts wissen noch hören", rügte Gustav Adolf den Gesandten des Kurfürsten von Brandenburg. „Seine Liebden muß Freund oder Feind sein. Wenn ich an ihre Grenzen komme, so muß sie sich kalt oder warm erklären. Hier streiten Gott und der Teufel. Will Seine Liebden es mit Gott halten, so trete sie zu mir, will sie es lieber mit dem Teufel halten, so muß sie fürwahr mit mir fechten; tertium non dabitur, des seid gewiß!"

Noch wollten dies die protestantischen Fürsten nicht wahrhaben. Sie wollten ihren Streit mit dem Kaiser allein ausmachen, der Schwede war ein Fremder, wer weiß, ob man ihm trauen durfte?

In diesem Sinn richtete Johann Georg von Sachsen noch einmal einen eindringlichen Appell an den Kaiser, er solle doch „das Edict aufheben, die Executionen einstellen, die evangelische Bürgerschaft zu Augsburg und anderwärts ferner nicht bedrängen, die Irrungen zwischen den Ständen durch mildere und gelindere Wege" gütlich beilegen und „allso gutes Vertrauen zwischen den Ständen wiederum pflanzen". Er predigte tauben Ohren. Das so heilige und rechtmäßige Edikt wollte Ferdinand nicht preisgeben. Und als dann Johann Georg im Februar 1631 einen Konvent der Protestanten nach Leipzig berief und diese Versammlung ein letztes, verzweifeltes Manifest an den Kaiser richtete, daß die grausamen Drangsale, Unordnungen, Pressuren und Gewalttaten eingestellt, ein allgemeiner und beständiger Friede geschlossen und „des Jammers, Elends, der Öde und Verwüstung, auch schrecklicher Blutstürzung ein Ende gemacht" würde, da hörte Ferdinand noch einmal nicht. Bei Erlaß des Ediktes, ließ er den Protestanten sagen, habe er nur die Gerechtigkeit vor Augen gehabt, deren Handhabung er allen Reichsständen schuldig sei. Lieber, so der Kaiser, hätte er das Leben verloren, als von der Nachwelt sich die Last aufbürden zu lassen, daß seiner „Nachlässigkeit und Versäumung wegen" das Römische Reich Schaden litte. Sie wollten dasselbe und verstanden es doch immer wieder, aneinander vorbeizureden bis zum blutigen Ende.

Während die protestantischen Fürsten und die Vertreter der Reichsstädte in Leipzig tagsüber feierliche und von staatsmännischem Ernst zeugende Manifeste verfaßten und abends in den kurfürstlichen Bierkellern nach gutem deutschen Brauch dem Trunke zusprachen, wurde in Wien die Hochzeit des Kaisersohnes Ferdinand Ernst mit der spanischen Infantin Maria Anna prunkvoll begangen, wobei der Kardinal Dietrichstein eine Rede hielt, in der er den Kaiser mit dem Patriarchen Abraham verglich. Hoch ging es her bei diesem Vermählungsfest mit Ringelrennen, Maskenfesten und anderem Mummenschanz, an welchem der Kaiser seiner angegriffenen Gesundheit wegen freilich nur als Zuschauer teilhaben konnte.

Gustav Adolf indessen feierte nicht. Im Jänner 1631 schloß er mit Frankreich ein Bündnis, das ihm ansehnliche Subsidien in Aussicht stellte. Moralisch und finanziell gestärkt, stieß dann der König zu Beginn des Frühjahrs die Oder entlang nach Süden vor. Im April erstürmten die Schweden Frankfurt an der Oder, der Weg nach Schlesien stand ihnen offen. Da begann es auch den Wiener Hofräten allmählich zu dämmern, daß Gustav Adolf kein „Feindl" war, sondern ein furchtbarer Feind, daß man töricht gehandelt hatte, als man Wallenstein davonjagte, das Heer verrotten ließ. Anders als einige seiner Ratgeber hatte Ferdinand sehr wohl erkannt, was Wallenstein wert war, und ihn nur ungern ziehen lassen, dem Druck der Kurfürsten nachgebend. Er behandelte seinen gewesenen Feldhauptmann so, als wäre dieser noch im Amt und die Entlassung nicht ganz ernst gemeint. Den auf seinen böhmischen Gütern prächtig residierenden Exgeneral fragte Ferdinand in vielen wichtigen Dingen um Rat und erbat vertrauliche Gutachten ein paar Monate, nachdem er ihn fortgeschickt hatte. Immer noch nannte er ihn höflich seinen „General Obristen Feldhauptmann", ja selbst den Feldzugsplan, den der neue kaiserliche Oberbefehlshaber Tilly für das Jahr 1631 entworfen hatte, legte er Wallenstein zur Begutachtung vor. Viel hätte der Kaiser darum gegeben, wenn er Wallenstein in seiner Nähe gehabt hätte. Im Frühjahr 1631 begannen Gerüchte zu schwirren, der Herzog werde in sein Amt als kaiserlicher Generalissimus zurückkehren. Vorerst war nicht viel Wahres dran. Der Friedländer, krank und müde, hatte keine Lust, seinen behaglichen Ruhestand aufzugeben, was Ferdinand Kummer machte. Öfter als früher zog der Kaiser jetzt seinen Kriegsrat Gerhard Questenberg ins Gespräch, der galt jetzt als einflußreichster Mann der „friedländischen Faktion" am Hofe, nachdem sich Eggenberg wegen der Entlassung Wallensteins grollend nach Graz zurückgezogen hatte. Über seine Unterredungen mit dem Kaiser berichtete Questenberg treulich an Wallenstein. Trübe muß, den Schilderungen Questenbergs zufolge, des Kaisers Stimmung gewesen sein. Questenberg an Wallenstein den 17. März 1631: „Seine Majestät befragen mich jetzt, wie bald ich von E. Fürstlichen Gnaden möchte eine Antwort bekommen, tragen mir auf, wiederholt zu schreiben. I. Majestät dauern mich;..." Nur eines, so der Kriegsrat, könnte Ferdinand jetzt aufheitern, nämlich wenn Wallenstein nach Wien käme. Es stand nicht gut um den Kaiser: „... seit die Nachricht von Frankfurt eingetroffen ist, hat Se. M. keine Nacht Ihren rechten Schlaf gehabt. Sie sind perplex. Nur die Nachricht: E. F. Gnaden würden hieher kommen, könnte ihn erheitern." Wallenstein kam nicht, auch dann nicht, als der Kaiser persönlich an ihn schrieb. Sie hatten ihn fortgejagt, jetzt mochten sie zusehen, wie sie ohne ihn auskamen. Er war jetzt des Kaisers Diener nicht mehr, fühlte sich frei zu tun, was ihm beliebte. Untreue? Verrat? Ja und nein. Während ihm Ferdinand flehentliche Briefe schrieb, korrespondierte er mit Gustav Adolf von Schweden, und heimlich empfing er Besuch von den böhmischen Emigranten. Nebulos waren diese Kontakte und ohne konkretes Ergebnis. Er stand im Zwielicht. Er half nicht, wo er hätte helfen können. Er ließ Getreide aus Mecklenburg nach Hamburg schaffen, anstatt es den hungernden kaiserlichen Soldaten zu überlassen. Das aber war wohl sein gutes Recht. In dieser wilden Zeit strebte jeder nach seinem eigenen Vorteil. Die kaiserliche Sache war jetzt nicht die seine. Entlassene Offiziere pflegten in eines anderen Brotherrn Dienste zu treten, dafür gab es Beispiele genug, sehr prominente darunter: Arnim, den sächsischen Generalleutnant; der war bis 1629 in kaiserlichem Dienst gestanden und hatte ihn einfach quittiert, als er keine Lust mehr hatte; den Dänen Holk; der hatte anno 1628 das aufständische Stralsund gegen die Truppen des Kaisers verteidigt; demnächst kämpfte Holk als Generaloffizier in kaiserlichen Diensten. Der militärische Ehrenkodex war nicht so streng wie in späteren Zeiten. Wallenstein band sich nicht. Einstweilen gefiel er sich in der Rolle des umworbenen Zusehers oder des Beleidigten, auf Rache Sinnenden. Zum sächsischen General Arnim sagte er einmal, der Kaiser werde es noch bereuen, „daß er einen Kavalier affrontiert" habe.

Der Krieg ging weiter ohne ihn und grausamer noch als zu seinen Zeiten. Im Mai 1631 lag ein kaiserliches Heer unter Tilly vor Magdeburg. Als einer der ersten Reichsstände hatte die große Elbfestung ein Bündnis mit Gustav Adolf geschlossen. Heldenhaft wehrte sich nun die Stadt gegen die Kaiserlichen, auf ihr Bündnis mit dem Schwedenkönig bauend. Gustav kam den Magdeburgern nicht zu Hilfe. Er scheute das Wagnis, sich so weit von seiner Basis zu entfernen, im Rücken das immer noch neutrale Brandenburg und Sachsen, das alle Anstrengungen unternahm, sich militärisch in Form zu bringen; und niemand wußte genau, was Johann Georg mit seinen frisch geworbenen Söldnern denn eigentlich anzufangen gedächte. Ein folgenschweres Mißverständnis. Bis zuletzt wiegten sich die Magdeburger in trügerischen Hoffnungen, immer wieder schlugen sie die wohlgemeinte Aufforderung Tillys ab, die Gnade des Kaisers anzunehmen. Was von der zu halten sei, lehrte die Erfahrung. So wurde denn die große Stadt schließlich am Morgen des 20. Mai 1631 im Sturm erobert, eines der düstersten Kapitel der an düsteren Ereignissen so reichen Epoche. Denn während die Eroberer beutelüstern durch die Gassen stürmten, brachen an mehreren Stellen der Stadt gleichzeitig Brände aus; rasend schnell griffen die Flammen um sich und vernichteten binnen weniger Stunden alles, was Generationen fleißiger Bürger geschaffen hatten. Nur der Dom blieb wie durch ein Wunder unversehrt, als bizarres Mahnmal ragte er aus den glosenden Trümmern der ehemals blühenden Stadt Magdeburg. Von den 30.000 Einwohnern hat nur ein Sechstel die Katastrophe überlebt. Sie war in der Geschichte des Heiligen Römischen Reiches ohne Beispiel. Neu und unerhört war auch, wie die Menschen auf die Schreckensnachricht reagierten. Die Katholiken verhehlten ihre Schadenfreude nicht und erfanden allerlei Spottlieder von der gefallenen Magd, der prüden Jungfrau, die in dem alten Tilly ihren Bezwinger gefunden habe, und ähnlich dummes Zeug. Das Wort „Magdeburgisieren" fand Eingang in die deutsche Umgangssprache. Es zeugt davon, wie sehr die Gemüter schon verwildert waren. Dem Hohngelächter der Katholiken entspricht der Versuch der protestantischen Propaganda, Tilly die unmittelbare Schuld am Brande Magdeburgs in die Schuhe zu schieben. Das gelang so wirkungsvoll, das selbst Friedrich Schiller daran glaubte. Man mochte Tilly vieles vorwerfen, seine Unentschlossenheit, seine „Greisenstrategie". So dumm aber war der Alte nicht, Magdeburg anzuzünden. Er hatte einen Stützpunkt gewinnen wollen, keinen rauchenden Trümmerhaufen.

Für die Sache des deutschen Protestantismus war das an sich sinnlose Sterben Magdeburgs so sinnlos nicht gewesen. Der

Protestanten selbsternannter Schutzherr, der König von Schweden, raffte sich jetzt auf zu energischen Taten. Am 21. Juni 1631 zwang Gustav Adolf seinen zaudernden brandenburgischen Schwager zu einem Allianzvertrag. Im Angesicht der schwedischen Kanonen fügte sich Georg Wilhelm schweren Herzens, aber nicht ohne sich bei der kaiserlichen Majestät für sein Bündnis mit Schweden weinerlich zu entschuldigen. Nur die Not zwinge ihn, so zu handeln. Kaiser und Kurfürsten spielten ihre Komödie vom guten Deutschen auch dann noch fort, wenn sie zur grausigen Posse entartete.

Indessen hielt sich Tilly in der Nähe des zerstörten Magdeburg und wußte nicht, was tun. In seiner Ratlosigkeit machte der Feldherr Politik, keine gute, wie das Ergebnis lehrt. Stand nicht Sachsen gerüstet in Tillys Flanke, neutral zwar, wie Kurfürst Johann Georg hoch und heilig beteuerte, aber dennoch ungehorsam dem kaiserlichen Befehlen? Sollte man nicht den Kurfürsten gewaltsam zwingen, Farbe zu bekennen, auf des Kaisers Seite zu treten, solange der Schwedenkönig noch Zeit dazu ließ? Vom Kaiser erhielt Tilly Handlungsfreiheit, und der alte Kriegsmann, kaiserlich gesinnt und katholisch, führte eine drohende Sprache. Vorbei seien die Zeiten, wo die Protestierenden die Oberhand gehabt, Sachsen möge sich dem Edikt beugen, die geraubten Bistümer schleunig herausgeben. Den Worten folgten Taten. Anfang September brachen Tillys halbverhungerte Söldner in das reiche Kurfürstentum ein und hausten furchtbar unter den Untertanen Johann Georgs, die dank der ängstlichen Weisheit ihres Landesvaters die Greuel des Krieges bisher nur vom Hörensagen kannten. Jetzt tat Johann Georg, der Zögernde, Friedliebende, rechtlich Denkende endlich den Schritt, den er so gern vermieden hätte. Er vereinigte seine Truppen mit denen des Schwedenkönigs, der von Norden herangezogen kam. Unbeachtet verhallte sein letzter Appell an Kaiser Ferdinand. Seinem lieben Kaiser wolle er treu bleiben im Geiste der Reichskonstitutionen, gegen solche Barbareien aber, wie sie nun auf seinem eigenen Boden verübt würden, müsse er sich zur Wehr setzen. Auf dem Breiten Feld bei Leipzig trafen am 17. September 1631 die feindlichen Heere aufeinander. Die Söldner des Kurfürsten, im Kriege noch unerfahren, ergriffen samt ihrem Anführer die Flucht. Der überlegenen Taktik

Gustav Adolfs aber waren Tillys unbewegliche Gewalthaufen nicht gewachsen. Am Abend war das kaiserliche Heer geschlagen und versprengt, der greise Feldherr schwer verwundet. Keine Schlacht seit dem Treffen am Weißen Berg hat so viel entschieden wie diese. In Nord- und Mitteldeutschland war der Kaiser der Herr nicht mehr und würde es nie mehr sein können. Der Sieger, Gustav Adolf, konnte marschieren, wohin er wollte. Kein kaiserliches Heer würde ihn daran hindern. Was der König mit seinen Eroberungen, mit seinen Siegen plante, wußte niemand genau, und man weiß es eigentlich bis heute nicht. In der Euphorie seines Sieges aber hat Gustav Adolf zu einem deutschen Fürsten gesprächsweise einen Satz fallen lassen, der mit den Worten begann: „Sollte ich Kaiser werden..."

Der Retter

Der Herbst des Jahres 1631 fing trübe an in Wien, trübe war das Wetter und trübe die Stimmung am Hofe Kaiser Ferdinands. Als die Unglücksbotschaft von Breitenfeld eingetroffen war, gab es keine Feste und Maskeraden mehr, sondern Bußübungen und Bittprozessionen. Die böse Nachricht von Tillys Niederlage hatte Ferdinand sehr gefaßt aufgenommen; es wird erzählt, daß ihn Wilhelm Slawata mit der Meldung überrascht habe, als er spätabends von der Jagd heimkehrte. Schweigend hörte er sich an, was ihm Slawata zu berichten hatte. „Der König von Schweden ist ein tapferer Mann", sagte er dann, „ist mir leid, daß er eine böse Sache verficht." Sprach's und begab sich zum Abendgebet in seine Privatgemächer. Haltung zu bewahren im Unglück, gute Miene zu machen auch dann, wenn einem übel mitgespielt wurde, das galt als fürstliche Tugend, und keiner konnte das so vollendet wie Ferdinand. In Wahrheit aber wußte er das Ausmaß der Niederlage sehr wohl zu ermessen. In Wien, schrieb damals der Kriegsrat Questenberg, der Wallensteinfreund, an sein Idol, verstehe man sich leider „in die Victorien besser als in Niederlagen zu schicken. Jetzt erkennen wir unsere imprudentiam", unsere Torheit, „daß es uns schwer fallt, zu behaupten, mit den Schweden und Sachsen zugleich Krieg zu führen, weilen die eingebildeten Miraculi und Wunderzeichen nit folgen. Wir wollten gern zurück auf unsere vorige Stell und sehen und wissen nit quomodo?"

Wie immer, wenn er nicht mehr weiter wußte, suchte Ferdinand sein Heil in Gebeten und Prozessionen, und davon ließ er sich selbst durch die Unbilden der Witterung nicht abhalten. Bei strömendem Regen stapfte der Kaiser durch den Straßenkot seiner Haupt- und Residenzstadt, mit einem Windlicht in der Hand, während ihm das Regenwasser vom durchnäßten Mantel in den Kragen tropfte. Doch Gott schien ihn nicht zu erhören. Er hatte ihn zu höchsten Höhen erhoben. Jetzt ließ er ihn auch den Kelch der Demütigung auskosten bis zur bitteren Neige.

53 Jahre zählte Ferdinand. Die Menschen alterten schnell damals, und manch einer war mit fünfzig Jahren ein Greis, körperlich und seelisch. Der Kaiser war nicht gesund, Symptome der Wassersucht machten sich bemerkbar. Er kam allmählich in das Alter, wo das Leben nicht mehr viel zu bieten hat außer Leiden und Traurigkeit. „Ihre Majestät sein sehr perplex, forcieren sich selbst lustig sich zu erzeigen, die Traurigkeit schlagt aber vor. Niemand ist, der mit einem beständigen Trost oder Consolation ihn könnt' aufrichten." Traurigkeit, Bitternis. Bitter ist es, wenn man in die Jahre kommt und zusehen muß, wie alles ringsum in Trümmer geht, was man im Leben erreicht hat. In Trümmer ging die Ordnung, wie sie Ferdinand durch das Edikt dem Heiligen Römischen Reich aufgezwungen hatte. Es war nicht schade um sie, denn sie war nicht gut gewesen. Wenn aber jetzt Gustav Adolf in die Mitte Deutschlands vordrang, im Herbst 1631 die Gebiete des Bischofs von Würzburg und des Erzbischofs von Mainz eroberte und daraus ein Herzogtum Franken machte, der schwedischen Krone unterstellt, dann war dies wohl auch die Befreiung nicht, wie sie die deutschen Protestanten sich gewünscht hatten.

In Böhmen marschierten die Sachsen ein, nahmen die Hauptstadt Prag am 15. November. Eine Befreiung im eigentlichen Sinn war auch dies nicht, obwohl die Truppen Arnims ein Schwarm Emigranten begleitete, Matthias Thurn, der „Erzrebell" von 1618, unter ihnen. Die Heimkehrer benahmen sich pietätvoll gegenüber ihren hingerichteten Kampfgenossen von einst. Deren Schädel nahmen sie vom Altstädter Brückenturm, wo sie zehn Jahre lang als grausiges Mahnmal gehangen hatten, und bestatteten sie in der Teynkirche. Naturgemäß weniger rücksichtsvoll verhielten sich Thurn und seine Freunde den neuen Einrichtungen des Königreichs gegenüber, wie sie Ferdinand im verflossenen Jahrzehnt dekretiert hatte. Sie ergriffen von ihren konfiszierten Gütern Besitz, jagten noch einmal die Jesuiten aus dem Land und ließen zu des frommen Kaisers Entrüstung geschehen, daß der Pöbel mit einer Statue der Heiligen Jungfrau seinen Spott trieb. Böhmen kehrte zu den Zuständen zurück, wie sie vor 1618 gewesen waren. Fortan sollten wieder allein die drei weltlichen Stände die Geschicke des Königreiches bestimmen, und Tausende Zwangskatholiken bekannten sich wieder zur Religion ihrer Väter.

Ferdinand konnte es nicht hindern. Er saß in Wien ohne Geld und ohne Soldaten, und einige besonders Furchtsame rieten ihm wieder einmal, er solle sich nach Graz zurückziehen, wenn es seinen Feinden einfallen sollte, gegen die ungeschützte Hauptstadt zu marschieren. Alt und abgeschmackt ist die Weisheit, daß der Glückliche viele Freunde hat, der Unglückliche nicht. Aber sie gilt, und schmerzlich mußte sie Ferdinand am eigenen Leibe spüren. Sein alter Weggefährte aus glücklichen Tagen, der Kurfürst von Bayern, erwog ernsthaft, von ihm abzufallen, ihn in seiner Bedrängnis allein zu lassen. Der Bayer sann nur auf seine eigene Rettung, und wie er alle seine schönen und widerrechtlich erworbenen Besitzungen behalten könne. Weil Maximilian aber gar nichts von seiner Beute herausgeben wollte, scheiterten seine Verhandlungen über einen Waffenstillstand mit Schweden, bei denen Frankreich den Vermittler gespielt hatte. Von Gustav Adolf abgewiesen, schwenkte der Kurfürst wieder ins Lager des Kaisers. Unverschämt und bezeichnend für die kurzsichtige Selbstsucht, in der die Potentaten dachten, war Maximilians Forderung, Ferdinand möge ihm sein voriges Pfand Oberösterreich wieder einräumen, da der Verlust der Pfalz wahrscheinlich sei. Der Kaiser winkte ab. Bayern war kein starker Bundesgenosse mehr und selber des Schutzes bedürftig.

Papst Urban VIII. war schon kein guter Freund des Kaisers gewesen, als es um dessen Sache noch besser stand. Jetzt, da Ferdinand in Nöten war, benahm sich der Papst geradezu feindselig. Kardinal Pázmány ging in Ferdinands Auftrag nach Rom, um Subsidien für den Krieg gegen Schweden zu erbitten. Der Kirchenfürst kam mit leeren Händen nach Hause. Vergeblich war des Kardinals Argument gewesen, sein Herr, der Kaiser, hätte das Seine in Ruhe besitzen können, hätte er nicht aus Eifer für die heilige Kirche das Restitutionsedikt erlassen, „derowegen die ganze Ursach des angesponnenen Krieges nichts anderes ist als die Religion". Diese These wollte der Papst nicht gelten lassen: „Bei dem Siege des Schwedenkönigs ist für die katholische Religion keine Gefahr, er will sie nicht unterdrücken, wie sie von der Übermacht Österreichs und Spaniens, welche selbst unsere Lande und Leute in Gefahr brachte, unterdrückt war. Diese haben durch ihre Gewalttaten den Schwedenkönig von dem äußersten Norden gerufen, und Gott selbst hat ihn auferweckt, daß er uns schütze." Es hatte die Meinung des Papstes einiges für sich, wenngleich nicht die ganze Wahrheit. Ferdinand hat sehr wohl auch im Interesse der Kirche gehandelt und nicht allein zum Wohle Habsburgs.

Vor den Folgen seines frommen Eifers stand der Kaiser jetzt. Seine Feinde haßten ihn, und die von seinem Tun profitiert hatten, solange es erfolgreich war, ließen ihn im Stich. Traurig stand es um ihn im Herbst 1631, und das kommende Frühjahr versprach noch trauriger zu werden, wenn nicht schleunig Hilfe kam. Wer aber sollte ihm helfen, ein Heer zu schaffen, mit dem er den Schwedenkönig abwehren konnte? Sein Sohn, der Thronfolger, der nur allzu gern sein Glück als Feldherr versucht hätte? Die Kriegsräte, die Schreibtischstrategen, die immer alles besser gewußt hatten und nun gebückt und kleinlaut umherschlichen angesichts der Prüfung, die Gott über sie geschickt hatte? Sie konnten es nicht. Das Heer noch einmal in Form zu bringen für den Entscheidungskampf gegen Gustav Adolf, diese schwierige Aufgabe war nur einer zu meistern imstande, Wallenstein. Ferdinand wußte das, und eigentlich hatte er es immer gewußt. Er hörte nicht mehr auf seine Ratgeber, die ihm zu bedenken gaben, dem Herzog von Friedland sei „bei seiner zornigen, hochtrabenden, rachgierigen Gemütsart nicht zu trauen". Er überhörte auch ihr letztes und stärkstes Argument, das sie in eine geschickt formulierte rhetorische Frage kleideten: Ob es geraten wäre, dem „gottesfürchtigen, gehorsamen Sohn einen solchen vorzuziehen, welcher der Rede sich vermesse: eher, als daß er dem Kaiser wieder diene, wolle er des Teufels sein"?

Das Teufelsargument ging ins Leere, weil die Wallensteinfreunde gewandt darauf zu erwidern wußten: Sollte der Herzog von Friedland es wirklich mit dem Teufel halten, so würden ja die geistlichen Herren in der Umgebung des Kaisers die höllischen Mächte zähmen können. In seiner Bedrängnis konnte sich der fromme Kaiser nicht darum kümmern, ob Wallenstein ein Freund des Teufels war oder nicht. Wie gern auch Ferdinand seinen Sohn an der Spitze der Armee gesehen hätte, die gefährlichen Zeiten erlaubten solche Experimente nicht.

Nach der Niederlage bei Breitenfeld hatte Ferdinand den Kriegsrat Questenberg an Wallenstein gesandt — erfolglos. „Mit bestürztem Gemüt" hörte der Kaiser sich an, was Questenberg zu berichten hatte: Der Herzog von Friedland sei krank und ohne Lust zum Kriege und weigere sich sogar, den Fürsten Eggenberg zu empfangen, dessen Kommen ihm avisiert worden war. Da raffte sich Ferdinand noch einmal auf zu einem persönlichen Schreiben, noch demütiger, noch flehentlicher als die früheren: Er könne Wallensteins Ablehnung nicht als endgültig ansehen, der Herzog müsse doch mit sich reden lassen trotz seiner Indisposition, „wie ich mir denn die verläßliche Hoffnung machen will, daß Euer Liebden, die in der gegenwärtigen Not mich begriffen sehen, mir nicht aus den Händen gehen, viel weniger mich verlassen werden". Jetzt endlich zeigte sich der so sehnsüchtig Umworbene gesprächsbereit. Nach Wien wollte er nicht kommen, aber nach Znaim, sich auf halbem Wege mit dem kaiserlichen Abgesandten treffen und anhören, was der vorzubringen hätte. Nicht allein Ferdinands klagendes Bitten hatte ihn weichgemacht. Die Art, wie die heimgekehrten böhmischen Emigranten auf seinen Gütern sich breitmachten, mochte ihm zeigen, daß auch er, und er vor allem, ein Nutznießer der Ordnung war, wie sie Ferdinand in Böhmen errichtet hatte. Sein Platz war an der Seite des Kaisers, ihm verdankte er ja all seinen Reichtum, seine einzigartige Stellung, nicht allein seiner eigenen Tüchtigkeit. Stürzte Ferdinand, würde auch er stürzen.

Am 9. Dezember 1631 traf er mit Eggenberg zusammen. Mit

schlauem Bedacht hatte Ferdinand gerade ihn für diese heikle Mission ausgesucht. Eggenberg, der Joviale, Freundliche, hatte Zugang zum verschlossenen Gemüt des Friedländers, ,,der einzige Freund, den ich auf Erden hab", wie ihn Wallenstein einmal nannte. Der Minister erfüllte die Erwartungen seines kaiserlichen Herrn. Er brachte Wallensteins Zusage nach Hause, das Generalsamt für drei Monate zu übernehmen. Die Armee wollte er in Gottes Namen reorganisieren, dann sich wieder zurückziehen ins behagliche Privatleben. Schwer hatte Ferdinand diese halbe Zusage erkaufen müssen. Nie mehr, mußte Eggenberg im Namen des Kaisers versichern, würden der Beichtvater und andere Geistliche ,,mit ihren übel fundierten Maximen" irgendwelchen Einfluß ausüben dürfen. Wenn Ferdinand dies aus freien Stücken anbot, dann muß es wahrlich schlecht um ihn gestanden sein.

Drei Monate also hatte Wallenstein bewilligt. Man hat es ihm als Rachsucht, als Bosheit ausgelegt, damit Ferdinand noch mehr Qualen leide. Er war aber wirklich müde und krank, ein Greis von 49 Jahren, Haar und Bart schlohweiß, die Glieder von der Gicht gepeinigt, so daß er bisweilen nicht einmal mehr schreiben konnte. Noch einmal wie vor sieben Jahren vollbrachte der früh Gealterte eine staunenswerte Leistung, stellte eine Armee auf die Beine, die es mit dem fürchterlichen Schwedenkönig aufnehmen konnte. Mit Bangen sah Ferdinand das Ende der Dreimonatefrist herankommen. Wer sollte dann die Armee kommandieren? Würde Wallenstein sich überreden lassen, sein Kommando fortzuführen? Inständig hoffte es Ferdinand, während er vage die Möglichkeit erwog, sich selber an die Spitze der Truppen zu stellen. Wohl zu seinem eigenen Besten kam er bald wieder davon ab. Mehr als dreißig Jahre waren es her, seit er zum letzten Mal den Krieg aus der Nähe gesehen hatte; damals, als junger Fürst, hatte er vor Kanizsa keinen Ruhm geerntet. Die Bitten seiner Räte, doch nicht seine kostbare Gesundheit zu gefährden, die Tränen seiner Gattin stimmten ihn um. Eggenberg sollte noch einmal sein Glück bei Wallenstein versuchen, der Minister aber lag krank zu Bett und tat von seinem Schmerzenslager aus sein Möglichstes, um den unwilligen General auf Zeit bei Laune zu halten: ,,Der Februarius ist nunmehr fast vorüber, der Martius wird auch unversehens verfließen und also die verwilligten 3 Monate enden. Was Euer Liebden diese Zeit hero operiert und noch fort operieren, siehet jedermann. Die Guten werden dadurch getröstet, die Widerwärtigen verhindert; und muß ein jeder nach Gott Ihrem Valor und Emsigkeit alles zuschreiben." Wer, fragte Eggenberg bekümmert, würde sie denn in den rettenden Hafen, in den portum salutis, steuern, ,,wenn E. L. nach Verstreichung der drei Monat aus dem Schiff treten...? Daß aber E. L. diesen Ihren Abzug nach 3 Monaten in Ihrem Gemüt unwiderruflich beschlossen haben sollten, das, bekenne ich, würde mich wie der Tod kränken, denn ich auf solchen Fall unsern künftigen elenden Stand und Untergang nur gar zuviel vor Augen habe."

Im April traf sich Eggenberg mit Wallenstein in Göllersdorf, unweit von Wien. In die Hauptstadt zu kommen, den Kaiser zu sehen, wünschte der General auch diesmal nicht. Der Kaiser tat, als ob ihn dieser augenscheinliche Affront nicht kümmere. Bestens, schrieb er, sei er mit Wallensteins ,,Verrichtungen und Veranstaltungen" zufrieden, zerknirscht versprach er, den Schaden, den der Herzog ,,unseretwegen gelitten", zu ersetzen. Er hoffe inständig, Wallenstein werde ihn in der gegenwärtigen Not nicht verlassen und das Generalat nunmehr völlig übernehmen. Wollte Wallenstein des Kaisers Erniedrigung, wie ihm seine Gegner vorwarfen, hier hatte er sie! Noch nie hatte Ferdinand in einem ähnlichen Ton geschrieben. Wer die eifersüchtige Pedanterie kennt, mit der die Potentaten damals auf ihre ,,Ehre", ihre ,,Reputation" achteten, mag ermessen, welche Überwindung es dem Kaiser, dem mächtigsten Souverän des Abendlandes dem Titel nach, kostete, einem in der Hierarchie tief unter ihm Stehenden förmlich Abbitte zu leisten.

Was in Göllersdorf zwischen Eggenberg und Wallenstein ausgehandelt wurde, welche Forderungen Wallenstein stellte, hat viel Anlaß zu Spekulationen gegeben, bei den Zeitgenossen wie bei den Historiographen. Ein authentisches Dokument über die Göllersdorfer Abmachungen gibt es nicht. Wallensteins Amt freilich konnte sich sehen lassen. Niemand sollte außer ihm in Deutschland ein Kommando führen dürfen, niemand durfte ihm bei der Führung der Armee dreinreden. Er hatte Vollmacht, die Offiziere zu ernennen, Vollmacht, mit Sachsen über einen Frieden zu verhandeln, wenn es ihm gut schien. Er trug den stolzen Titel eines Generalissimus. „Des Kaisers Kaiser" aber, wie manche meinten, war er nicht. Lieber wäre Ferdinand mit Sack und Pack nach Graz geflohen, als sich seine kaiserlichen Rechte beschneiden zu lassen. Dennoch lag viel Zündstoff für Konflikte in diesen Bedingungen von Göllersdorf. Sie kamen zustande in einem Moment, wo Ferdinand schwach war wie selten zuvor in seinem an Höhen und Tiefen so reichen Leben. Wer aber selbst sich nicht helfen konnte, der mußte zwangsläufig von seinem Helfer abhängig werden, mußte ihm Einfluß einräumen, der den Rahmen des Verhältnisses von Herr und Diener sprengte. Ferdinand wollte dies nicht wahrhaben. Nichts anderes als einen Diener hat er auch im Augenblick seiner größten Erniedrigung und Verzweiflung in Wallenstein gesehen.

Zwei Tage nachdem der Kaiser mit seinem Feldherrn endgültig handelseins geworden war, am 15. April 1632, schlug Gustav Adolf die bayerische Armee bei Rain am Lech vernichtend. Jetzt mußten auch die Untertanen des schlauen Kurfürsten Maximilian erfahren, was Krieg und Kriegsgreuel bedeuteten. Während Gustav Adolf als Eroberer in München Einzug hielt und sich in des Kurfürsten Kunstkammer manches schöne Stück aussuchte, das heute noch in Stockholm oder Uppsala zu bewundern ist, flehte der geschlagene Maximilian den Kaiser um Hilfe an. Barbarisch hause der Schwede im schönen Bayerland, und daran, so Maximilian dreist, sei nichts als seine „beständige Treue" zum Kaiser schuld. Beständige Treue; es war gerade dieser Fürst vom Kaiser für seine Dienste überreichlich belohnt worden, und seine Habgier hatte Ferdinand in Händel verwickelt, für die jetzt beide die Rechnung präsentiert bekamen.

Indessen hatte Wallenstein ungerührt von den hysterischen Hilfeschreien des Bayern und ungehindert von den Sachsen seine Rüstungen abgeschlossen und ging zur Offensive über, bedächtig, „nichts hasardierend", wie es seine Art war. Am 25. Mai 1632 nahm er Prag. Der Emigrantenspuk zerstob in alle Winde. Nächste Station war Eger. Der Platz an der Nordwestecke Böhmens war günstig gewählt. Man konnte von hier aus nach Sachsen ziehen, den Kurfürsten belehren, daß er sich besser nicht mit den Schweden eingelassen hätte, oder nach Bayern,

Gustav Adolf zum Kampf stellen. Das erwies sich als unnötig. Der Schwede hatte Bayern schon verlassen, die Gefährdung Sachsens, seines wichtigsten Bundesgenossen, hatte ihn dazu veranlaßt. Ohne einen Schwertstreich hatte Wallenstein einen Sieg errungen. Der Kaiser wußte den Erfolg des Feldherrn wohl zu würdigen. Seine Majestät, wurde dem General berichtet, seien voll des Ruhmes über seine Disposition, Fortschritte und Vorhaben. Anerkennend meinte Ferdinand, man sehe wohl, daß der Herzog von der Kriegskunst mehr verstünde als der Herzog von Bayern, ,,weil auf diese Weis auf einmal das Königreich Böhmen und zugleich Bayerland von dem Feind befreit worden".

Im Sommer 1632 lagen beide Heere bei Nürnberg einander gegenüber, das schwedische auf die große Reichsstadt gestützt, das kaiserliche, vereint mit den Trümmern des bayerischen westlich davon in einem wohlverschanzten Lager. Zwei quälende Monate lang scheuten die beiden bedeutendsten Feldherren der Epoche ein Kräftemessen, während ihre Soldaten in der Sonnenglut dahinstarben. Endlich, Anfang September, beschloß Gustav Adolf anzugreifen. Drei Tage dauerte der Kampf um Wallensteins befestigtes Lager, dann zog der Schwedenkönig ab. Den Ruhm, unbesiegbar zu sein, war er los. ,,Es hat sich der König bei dieser Impresa gewaltig die Hörner abgestoßen", schrieb Wallenstein in seinem Bericht an den Kaiser, ,,...und das Prädicat invictissimi nicht ihm sondern Eurer Majestät gebühret." Was mochte sich Ferdinand gedacht haben, als er diese Zeilen las? Vor Jahresfrist war er dem Untergang bedenklich nahe gewesen, jetzt nannten sie ihn gar invictissimus, den Unbesiegbaren in höchster Steigerung, so als ob er niemals Niederlagen hätte einstecken müssen. Hatte er nicht recht gehabt, als er Wallenstein, den Unberechenbaren, Unergründlichen, wieder an die Spitze der Armee stellte? Sein Dankschreiben an den Feldherrn spiegelt seine Genugtuung: ,,Wie E. L. zum öftern zu Meinen sonderbaren contento Ihre prudenza und Valor", Klugheit und Tapferkeit, ,,erzeiget, also haben Sie es mit mehrem in dieser occasion erwiesen..." Er stand gut mit seinem General im Jahre 1632. In den Briefen, die er ihm schrieb, ist von ,,kaiserlicher Huld, Lieb und Affection" die Rede; diesmal wohl ein wenig mehr als eine bloße Höflichkeitsfloskel. Sie waren einander nie recht nahe gestanden, immer war ihre Zusammenarbeit ein Zweckbündnis gewesen. Doch diese Bündnisse halten eben dann, wenn jeder seinen Vorteil davon hat, und bringen die Partner einander näher. Des Kaisers „Lieb und Affection" suchte Wallenstein zu bewahren. Aus Coburg schickte er dem Kaiser ein Rudel Jagdhunde; er wußte gut, was Ferdinands Waidmannsherz höher schlagen ließ als manche Siegesmeldung. Während sich Ferdinand über das schöne Geschenk herzlich freute und im nun wieder völlig sicheren Wien auf gute Nachrichten vom Kriegsschauplatz wartete, spitzte sich das Geschehen dort auf einen Entscheidungskampf zwischen Wallenstein und Gustav Adolf zu. Nach dem Mißerfolg bei Nürnberg hatte der Schwede noch einmal eine Diversion nach Süddeutschland gemacht, hoffend, Wallenstein werde ihm folgen. Der folgte ihm nicht. Er marschierte nach Sachsen, das der König seinerseits nicht ungeschützt lassen konnte. Im Morgennebel des 16. November 1632 stieß Wallensteins Armee bei dem Dorfe Lützen auf das Gros der Schweden. Lützen ist wohl die berühmteste Schlacht des ganzen Krieges, mit höchster Erbitterung ausgefochten. Pappenheim, der berühmte Reiterführer, ließ hier sein Leben. Sterbend mußte er die Flucht seiner Kürassiere mitansehen; „ist denn keiner mehr, klagte dieser tapfere Soldat, der für den Kaiser treulich fechten will?" Der König von Schweden wurde jämmerlich erschlagen von kaiserlichen Reitern. Im Getümmel der Schlacht hatte der kurzsichtige Mann die Orientierung verloren und war in die feindlichen Reihen geraten. Den ganzen Tag lang schlugen Kaiserliche und Schweden aufeinander ein, erst die Nacht trennte die erschöpften Kämpfer. Gewonnen hatte keiner. „Das Blutbad hat sieben Stunden gewährt, und nach beiderseits unerhörtem erlittenen Schaden hat der einen Weg, der andere den anderen Weg sich retiriert." Zurück blieben 9000 Tote und Sterbende. Gustav Adolf war nicht unter ihnen. Den Leichnam ihres Königs hatten die Schweden geborgen.

In Wien traf die Nachricht von der Lützener Schlacht erst Ende November ein. Mit Windeseile verbreitete sich die Kunde vom Tod des Schwedenkönigs, und keiner fühlte sich dadurch mehr erleichtert als Ferdinand. Seinen Jesuiten gegenüber äußerte der Kaiser freudestrahlend, diese Victoriam sei der heiligen Jungfrau zu verdanken. Überschwenglich waren die Glückwünsche an den „Sieger" Wallenstein: „Ich congratuliere mir und Euer Liebden zu dem glücklichen Succes und des Schweden Tod. Gott sei ewiger Lob und Dank gesagt." Ferdinands Freude kannte keine Grenzen. „Derowegen der Kaiser", schrieb indigniert ein protestantischer Geschichtsschreiber, „gerade als ob er die Oberhand vor Lützen erhalten, das Te Deum laudamus singen und Freudenschüsse tun lassen..." In Rom ließ Papst Urban für den gefallenen Schwedenkönig eine stille Messe lesen.

Der Kaiser in seinem einfachen Denken hielt Lützen für einen Sieg, weil der gefährlichste Feind, den er jemals hatte, Gustav Adolf, tot war. Jetzt würde alles wieder so werden wie vor dem atemberaubenden Siegeszug des Schwedenkönigs, meinte er und irrte sich gründlich. „Aus Wien wird geschrieben, daß die Freude, so allda wegen der Königlichen Majestät zu Schweden Todesfall begangen worden, nicht zu beschreiben sei, und hätten Kaiserliche Majestät den Obristen Löbel nach Prag gesandt, allda der Herzog von Friedland angekommen, demselben wegen der Victori zu gratulieren und für den Fleiß zu danken." Es blieb nicht lange mehr bei diesem guten Einvernehmen.

Steigende Verwirrung

„Dieses 1633iger Jahr", schrieb Khevenhüller in den Annales Ferdinandei, „ist sowohl voller Jammer, Elend und Gefahr in unserem Vaterlande deutscher Nation wie das vorangegangene gewesen." Denn obwohl man in Hoffnung gestanden, daß durch den Todesfall des Königs von Schweden man desto eher zu einem Frieden gelangen würde, so habe sich diese Hoffnung leider nicht erfüllt. Was Franz Christoph Khevenhüller hier so nüchtern beschrieb, hätte Ferdinand wohl voraussehen können, sein Siegesjubel aber macht ihn lange blind für die harte Realität. Und als er dann endlich merkte, woran er war, da war seine Enttäuschung umso größer. Der Sieg von Lützen, befanden des Kaisers Räte, insofern er überhaupt einer sei, beruhe hauptsächlich auf des Schwedenkönigs Tod. Einen so tüchtigen Anführer würden die Feinde wohl niemals mehr finden. Aber ein vollständiger Sieg, so daß man den Frieden diktieren könne, sei Lützen leider nicht. Treffend geurteilt. Die Macht der Krone Schweden war nicht erloschen, wenn auch ihr tapferer Träger jetzt in seinem Grabe lag. Der Kanzler Oxenstierna und der Heerführer Bernhard von Weimar setzten die Politik des großen Toten fort. „Der Hund, der die Zähne fletscht", meinte Oxenstierna, „kommt eher mit heiler Haut davon als der, welcher den Schwanz zwischen die Beine nimmt und ausreißt." Nach Frieden klangen diese Worte nicht.

In der Umgebung des Kaisers begannen sich dennoch einige maßvolle Politiker die Köpfe über einen allseits annehmbaren Frieden zu zerbrechen. Vorsichtig versuchten sie ihren frommen Oberherrn mit der für ihn sicherlich schmerzlichen Tatsache zu konfrontieren, daß ohne Verzicht auf das Edikt seine Friedenshoffnungen sich kaum erfüllen würden. Wohl sei die Ansicht richtig, hieß es in einem Gutachten, daß in einem so gerechten Kampf wie diesem auf Gottes Hilfe zu bauen sei. Gott aber könne auch anders helfen als durch Waffenglück, durch weise Ratschläge zum Beispiel und durch Erleuchtung der Gemüter. Der Tatsache, daß es in Deutschland leider sechsmal mehr Protestanten gebe als Katholiken, könne man sich nicht verschließen. Das Herz der Deutschen sei beim Feind. Nur Furcht könne sie zwingen, dem Kaiser zu gehorchen. Man rede von der Religion und daß ohne totalen Sieg das Restitutionsedikt gar nicht durchzuführen sei. Ganz recht, aber: Sei der Kaiser eigentlich verpflichtet, es durchzuführen, wenn der Preis dafür um so viel mehr ausmachte als der Gewinn? Weise Argumente, wie sie die Räte Trauttmansdorff und Stralendorf und der Bischof Antonius hier vorbrachten. Sie zeigen, daß am Hofe Ferdinands nicht nur finsterer Fanatismus herrsche. Aber es dauerte noch einge Zeit, ehe der Kaiser auf solche maßvollen Ratschläge hören wollte. Einstweilen herrschte noch böser Fanatismus, etwa wenn Ferdinand im Februar 1633 in seiner Haupt- und Residenzstadt keine Nicht-Katholiken mehr zu sehen wünschte. Selbst die Dienstboten der ausländischen Botschafter hatten augenblicks katholisch zu werden oder auszuwandern, den Herren Diplomaten selbst wurde wenigstens noch eine kurze Bedenkzeit gewährt, bevor sie ihre Koffer zu packen hatten. Auch in der Armee sollte es nach den Wünschen des Kaisers und seiner überfrommen Ratgeber künftig keine Protestanten mehr geben. Da hätte Ferdinand den Krieg nicht lange mehr führen können, denn die Mehrzahl seiner Soldaten war protestantisch. Wer stiftete ihn an zu solchen grotesken Maßnahmen? Der Beichtvater Lamormaini, Weingartner, der eifernde Hofprediger, die altspanische Partei, Slawata, der Kardinal Dietrichstein, sie müssen es gewesen sein. Dieser Meinung waren des Kaisers Feinde, dieser Meinung war auch des Kaisers Feldherr Wallenstein.

Im Mai 1633 empfing er in seiner Residenz Jitschin den böhmischen Emigranten Johann von Bubna, nunmehr General in schwedischen Diensten. Der Bericht Bubnas hat sich erhalten. Man sprach über den Kaiser. Bubna: Die löbliche Krone Schweden und die Emigranten wollten vom Kaiser nichts mehr wissen. Denn wenn er auch gleich, was er verheißt, halten wollte, so sei er doch von seinen Pfaffen dermaßen eingenommen, „daß er nach ihrem Willen tun muß, was sie wollen". Wenn aber Wallenstein die böhmische Krone an sich ziehen wollte, wäre gleich bessere Hoffnung auf Frieden. Wallenstein ziert sich. Die böhmische Krone will er nicht, „das wäre ein großes Schelmenstück". Aber das andere, so Wallenstein, sei leider wahr. Der Kaiser, ein frommer Herr, lasse sich von seinen Pfaffen und Bärenhäutern anführen und verleiten. Aber: Um Frieden zu machen, brauche man den Kaiser nicht. Man habe ja die Armee in Händen. Und im Verlauf des Gesprächs geht der Herzog aus sich heraus: „Es soll dabei der Kaiser nichts zu schaffen haben, sondern wir selbst wollen alles richten, und was von uns gerichtet und gemacht wird, dabei muß es auch verbleiben." Starke Worte. Er stand am Rande des Hochverrats, aber den Sprung in den unsicheren Abgrund wagte er nicht. Ungefähr sah Wallenstein richtig. Solange die „Pfaffen und Bärenhäuter", Lamormaini, Weingartner, Slawata, des Kaisers Ratgeber waren, würde Ferdinand von seinem Restitutionsedikt nicht lassen, und dann war kein Friede möglich. An den Krieg glaubte Wallenstein nicht mehr, schon gar nicht an einen Sieg, wie ihn sich der Kaiser immer noch vorstellte, mit den Errungenschaften des heiligen Edikts überall in Deutschland. Wie viele Schlachten hatte er im Namen Ferdinands schon gewonnen? Keine hatte auf Dauer geholfen, man stand 1633 schlechter da als 1625. Ein General, der an sein Handwerk nicht mehr glaubte, wie sollte man von ihm noch große Taten erhoffen?

Als Ferdinand merkte, daß Lützen der Sieg nicht war, den er erträumt hatte, wurde sein Verhältnis zu Wallenstein bald kühler. Unwillig nahm er zur Kenntnis, daß die Armee in seinen eigenen Erblanden würde überwintern müssen. Böhmen sei voll Kriegsvolk, meldete ein Berichterstatter, und der Kaiser sei sehr übel mit dem Herzog von Friedland zufrieden, weil selbst Steiermark, Kärnten und Krain mit horrenden Kontributionen belastet würden. „Jetzt begehrt der Herzog wieder etliche Tonnen Goldes und sagt, Ihr Maj. müssen sie ihm geben, oder er ziehe nicht ins Feld. Das tut wehe und ist doch die purlautere Unmöglichkeit." Ferdinand war gewohnt, daß andere den Krieg für ihn bezahlten, sonst hätte er ihn ja gar nicht führen können. Mit dem Gedanken, daß er jetzt selbst allen Aufwand bestreiten sollte, den dieser so heilige und rechtmäßige Krieg verursachte, mochte er sich nicht anfreunden. Er wollte nicht zahlen und konnte es auch nicht. Was zur Folge hatte, daß die Regimenter dann Nahrung und Unterkunft nach altbewährtem Brauch sich nahmen und dabei auch die Güter der großen Herren nicht verschonten. Er finde auf seinen Gütern nichts zu essen, klagte Geheimrat Trauttmansdorff von einer Reise durch Böhmen, das Soldatengesindel habe alle Vorräte kahlgefressen. Bekümmert replizierte sein Kollege, der Bischof Antonius, daß in Wien die Dinge leider nicht viel besser stünden, „die milden steyrischen Kapauner, die jungen Marchfelder Hasel, frisch gefangene Rebhühner" seien nur schwer mehr zu bekommen, vom feurigen Ungarwein gar nicht zu reden. Statt dessen nähre man sich jetzt von altem, ausgemergeltem Kuhfleisch, „wahrlich ein schlechtes Fressen". Kaum weniger ärgerlich fanden es die Herren, daß ihre Kutschen und Equipagen mit einer Sondersteuer belegt wurden, um wenigstens der schlimmsten Geldnot abzuhelfen. Wallenstein hatte es doch früher verstanden, die Armee im Feindesland zu ernähren, jetzt sollte er es auf einmal nicht mehr können?

Den Wallenstein, wie sie ihn kannten aus dem Jahre 1628, wie ihn Ferdinand noch in Erinnerung hatte, den gab es nicht mehr.

Der Herzog war nur mehr ein Schatten des strahlenden Helden von einst, müde, abgespannt, von der Gicht gemartert, so daß er manchmal gar nicht mehr schreiben konnte. Er nährte sich hauptsächlich von Arzneien und Giften, von denen manche seinem ohnedies leicht reizbaren Gemüt nicht guttaten. Da brach er dann öfters in „schreckliches Fulminieren" aus, fluchte gotteslästerlich über die Jesuiten, die „friedhässige Rotte", und spielte mit dem Gedanken, vom Kaiser abzufallen. Wollte er das wirklich? Er wußte es wohl selber nicht genau. Allmählich verlor er den Kontakt zur Wirklichkeit. Andere dachten und handelten jetzt zumeist für den Schwerkranken, sein Schwager Adam Trcka, ein Intrigant; der Feldmarschall Christian von Ilow, ein dreister, brutaler Kerl, beide Feinde des Kaisers aus recht selbstsüchtigen Motiven. In besseren Tagen hätte er sich kaum mit ihnen abgegeben. Jetzt halfen sie kräftig mit, daß die Kluft zwischen ihm und dem Kaiser immer tiefer wurde. Mit Recht durfte der Kaiser erwarten, daß die Armee, die im Winter auf Kosten der Erblande wieder zu Kräften gekommen war, mit den Feinden kurzen Prozeß machen werde, und Wallenstein in einer seltsam euphorischen Stimmung, bestärkte ihn in dieser Erwartung. In Schlesien, prahlte der Feldherr, werde er mit Arnim und Thurn rasch fertig sein, dann ins Reich ziehen und „dort manches ändern". Der Kaiser saß in Wien und wartete auf „gute Zeitungen" vom schlesischen Kriegsschauplatz, aber er wartete vergeblich. Es gab Verhandlungen zwischen Arnim und Wallenstein wegen eines gerechten Friedens. Gerecht aber und für alle annehmbar konnte der Friede nicht sein, wie Ferdinand ihn wollte. Der General freilich fühlte sich ohnehin als Friedensstifter von eigenen Gnaden, dem Kaiser nur vage verpflichtet. Hatte nicht er die Armee zusammengebracht, gehörte sie folglich nicht ihm? „Will der Kaiser nicht Frieden machen", hörte man ihn sagen, „dann will ich ihn dazu zwingen." Er empfing Arnim in seinem Feldlager und sogar den alten Thurn, Oberbefehlshaber eines schwedischen Armeekorps. Es sei beschlossene Sache, freute sich der törichte alte Mann nach einem dieser Besuche, den Kaiser nach Spanien zu jagen. Da hat er Wallensteins wahre Intentionen wohl ein wenig überschätzt. Aber es war kein gutes Verhältnis mehr zwischen dem Kaiser und dem Feldherrn in diesem Sommer 1633. Des Kaisers Freund wollte Wallenstein nicht mehr sein, aber er wagte auch nicht, mit ihm zu brechen. Lange sah Ferdinand dem sonderbaren Treiben des Friedländers zu und übte nur milde Kritik: Er hoffe, schrieb er im Juli 1633, Wallenstein werde seinen „erkannten Valor und Eifer" anwenden, damit die Feinde nicht „durch Gewinnung von Zeit" in seinen Ländern sich festsetzten. Und da der Herzog solche dezenten Mahnungen ignorierte, mußte Graf Schlick, der Präsident des Hofkriegsrates, persönlich Nachschau halten, was es mit Wallensteins nutzlosem Verhandeln auf sich habe. Er habe keine Ursache, dem Herzog von Friedland zu mißtrauen, stellte Ferdinand fest, doch war dies jetzt mehr eine diplomatische Floskel als seine feste Überzeugung. Graf Schlick hatte nämlich auch eine zweite, streng geheime Mission zu erfüllen. Kontakte sollte er pflegen mit einigen hohen Offizieren im kaiserlichen Heer, Gallas, Piccolomini, „daß Seine Kaiserliche Majestät für den Fall, wenn mit dem Herzog von Friedland seiner Krankheit halber oder sonst eine Veränderung erfolgen sollte, deren standhafte Treue und Devotion versichert seien..."; erste Anzeichen offenen Mißtrauens, man kann es dem Kaiser schwerlich verdenken. Wallenstein brachte nichts mehr zuwege, militärisch nicht und auch nicht politisch. Er ließ sich vom klugen Arnim hinhalten, dem sächsischen Generalleutnant, und sogar vom Grafen Thurn, dem stümperhaften Anführer der Schweden. Friede war keiner auf dem schlesischen Kriegsschauplatz, Krieg auch keiner, statt dessen ein dubioser Waffenstillstand, der dem unterlegenen Feind zugute kam. Als Retter hatte Ferdinand den Friedländer geholt, jetzt begann er allmählich zur Belastung zu werden. Undank? Vieles kann man Ferdinand vorwerfen, nicht aber seine mangelnde Bereitschaft, für erwiesene Dienste sich dankbar zu zeigen. Wenn er jetzt von Wallenstein endgültig abzurücken begann, dann war es allein deswegen, weil auch Wallenstein längst von ihm abgerückt war. Seine frühere Identität mit Ferdinand war zerrissen. Er wollte den Frieden, genauso wie ihn Ferdinand wollte, aber wie dieser Frieden aussehen sollte, darüber waren ihre Meinungen grundverschieden.

Im Oktober 1633, nachdem er vier Monate nutzlos vertan hatte, besann sich Wallenstein plötzlich eines anderen. Bei

Steinau an der Oder nahm er das Korps des Grafen Thurn gefangen samt seinem Anführer, mit dem er vor kurzem noch so ausführlich verhandelt hatte. Niemand freute sich über diesen Erfolg mehr als Ferdinand. Mitten in der Nacht eilte er mit der Siegesbotschaft zu Eggenberg, um ihm zu berichten. Der Minister, nicht ahnend, daß der Kaiser selber es war, der da so energisch an seine Schlafzimmertür pochte, soll über den späten Besuch aufs höchste erschrocken sein, glaubte er doch, man wolle ihn verhaften. Umso größer war dann die Freude und Erleichterung. Alle trüben Wolken des Verdachtes seien abgetrieben, erzählen die Annales Ferdinandei und „Friedland wieder die Sonne der Gerechtigkeit". Er blieb es nicht lange. Die dunklen Wolken kamen bald wieder und verdüsterten des Kaisers Gemüt neuerlich. Da hatte Wallenstein den Grafen Thurn gefangen, und statt ihn in Ketten zu legen und nach Wien auszuliefern, ließ er ihn zu Ferdinands höchster Entrüstung wieder laufen. Wäre es nach dem Kaiser gegangen, der Erzrebell von 1618 hätte so spät noch das Schicksal seiner vornehmsten Mitverschwörer erlitten. Der alte Thurn, entschuldigte sich Wallenstein mit beißender Ironie, werde im Lager der Feinde nützlicher sein als auf dem Schaffot. Für solche Späße hatte der Kaiser kein Verständnis, und bald auch nicht mehr für des Herzogs lustlose Art des Kriegführens. Steinau war nur ein kurzes Aufflackern von Wallensteins früherer Tatkraft gewesen. Bald darauf verhandelte er wieder mit Arnim, als wäre nichts geschehen. Auf anderen Kriegsschauplätzen geschah mehr: Im November 1633 standen die Schweden unter Bernhard von Weimar vor der schwach verteidigten Festung Regensburg. Wer Regensburg hatte, dem stand der Weg nach den Erblanden offen. Mahnungen, Beschwörungen des Kaisers, die Festung zu entsetzen, ignorierte Wallenstein wie gewohnt. Er wollte an eine ernste Gefahr für Regensburg nicht glauben. Am 14. November fiel also die wichtige Reichsstadt in schwedische Hand, zur Freude ihrer Einwohner, zum höchsten Mißfallen des Kaisers. Jetzt hatte Wallenstein auch seinen letzten Kredit bei Ferdinand verspielt. Zu spät erkannte er seinen Irrtum. „Tag und Nacht will ich eilen", schrieb er an den Kaiser, „dem von Weimar wieder den Weg zurückzuweisen." Und tatsächlich marschierte er mit seinem Heer quer durch Böhmen auf

Regensburg zu. Aber zu oft hatte er in letzter Zeit etwas versprochen und dann nicht halten können. „Ich möchte wohl wissen", schrieb Ferdinand ungehalten, „ob der von Mecklenburg und Friedland nicht erkennt, daß ihm durch den von Arnim viel gute Gelegenheiten aus den Händen gezogen und daß er von ihm betrogen wird. Wäre mir auch lieb zu vernehmen, wie stark der Herzog auf den Weimarer zugeht." Bald darauf wußte es Ferdinand: In der Schneewüste des bayerischen Waldes hatte Wallenstein seine Winterkavalkade abgebrochen und war nach Böhmen zurückmarschiert. Die Krise war da. „Dieser Rückzug", empörte sich Fürst Eggenberg, „ist das Gefährlichste, Schädlichste, Unbedachteste, was der Herzog je getan hat." Man werde ihm strengsten Befehl geben, wieder vorzurücken. Jetzt müsse der Kaiser beweisen, daß er der Herr sei und Friedland der Diener. Und Ferdinand, der Träge, Gemütliche, war jetzt entschlossen, diesen Beweis zu liefern.

Wallensteins Tod

„... wie ich mir denn die verläßliche Hoffnung machen will, daß Euer Liebden, die in der gegenwärtigen Not mich begriffen sehen, mir nicht aus den Händen gehen, viel weniger mich verlassen werden." Demütig hatte Ferdinand vor kaum zwei Jahren an Wallenstein geschrieben, drohend jetzt: „... damit Wir nicht etwa durch dergleichen weitere Begebenheiten gedrungen werden, Unseren kaiserlichen Befehl anders zu manutenieren und dergleichen Demonstrationen vorzunehmen, darin andere Offiziere sich zu spiegeln und ein Exempel zu nehmen haben." Der Ton war anders, die Zeit war anders als vor zwei Jahren. Wallenstein hatte seine Aufgabe erfüllt und Ferdinand aus großer Gefahr gerettet. Jetzt wurde er nicht mehr gebraucht. Er stand im Weg. Des Hauses Habsburg Diener wollte er nicht mehr sein, höchstens sein Partner, und war es tatsächlich auch gewesen, als es Ferdinand schlecht ging. Nun ging es Ferdinand wieder besser, und Wallenstein hätte ahnen können, daß das unumschränkte Kommando über die Armee, das „Generalat in absolutissima forma", zugestanden vom Kaiser im Moment seiner tiefsten Schwäche und Erniedrigung, eine Lösung auf Dauer nicht war. Doch Wallenstein ahnte vieles nicht, was rings um ihn vorging. Krank lag er in seinem Hauptquartier in Pilsen, „einer toten Leiche ähnlich"; so beschrieb ihn einer, der ihn dort gesehen hatte. Ilow und Trcka, der Brutale und der Dumme, handelten jetzt für ihn und taten in seinem Namen Dinge, von denen er nur ungefähr wußte.

In Wien wußte man nicht, wie es um Wallenstein stand. Ferdinand sah nur die Fakten, und die sprachen eindeutig gegen den einst so erfolgreichen Feldherrn. Nie hatte Ferdinand dem Generalissimus während dessen zweiter Amtsperiode etwas befohlen. Bitten, Anregungen, zuletzt Mahnungen gab es wohl, Befehle nicht. Jetzt befahl der Kaiser, eisig und kategorisch, Wallenstein habe sofort umzukehren, auf den von Weimar loszumarschieren; „dies ist meine endliche Resolution, bei der ich beharre und verbleibe". Mit einem Male zeigte Ferdinand eine Entschlossenheit, als ginge es um sein Seelenheil. Der Graf Trauttmansdorff wurde angewiesen, dem Friedländer den kaiserlichen Willen unmißverständlich kundzutun: „Lieber von Trauttmansdorff, lasset Euch diesen meinen Befehl besten Fleißes angelegen sein, und werdet solchen mit Nachdruck vorzubringen wissen. Wollet ihn auch nit für ein Zeremoniell oder Scheinkommission, sondern für meine gänzliche und endliche Resolution halten, welche ich im Ernst durchzusetzen entschlossen bin." Es schien, als sei Ferdinand, der Träge, Schwerfällige, plötzlich aus einem bleiernen Schlafe erwacht. Der Kriegsrat Questenberg, der Wallensteinfreund, fand nun keine Zeit mehr, seinen hilflosen kaiserlichen Herrn milde zu bedauern. Unverzüglich hatte er zum Herzog zu reisen mit einem anderen allerhöchsten Begehren: Keine Winterquartiere diesmal in den Erblanden; in Thüringen, Sachsen oder sonstwo, in Böhmen nicht. Sei Wallenstein anderer Meinung, so habe er sie dem Kaiser pflichtgemäß kundzutun, denn sonst habe es ja den Anschein, daß der Kaiser gleichsam einen „Corregem", einen Mitkönig, an der Hand habe und im eigenen Lande nichts mehr zu reden. Der merkwürdige Satz beweist, wie mißtrauisch Ferdinand geworden war. Der Wind am Wiener Hof wehte nun eindeutig gegen Wallenstein. Seine Freunde, der Bischof Antonius, Questenberg, rückten von ihm ab, und Eggenberg war sein Freund nicht mehr, der drehte sein Segel rasch in die neue

Windrichtung. Die alten Wallensteinfeinde, Slawata, Lamormaini, Weingartner, Onate, waren jetzt des Kaisers bevorzugte Ratgeber; Onate, Sonderbotschafter Seiner Majestät, des Königs von Spanien, er hatte schon beim Sturz des Kardinals Klesl mitgewirkt, vor mehr als 15 Jahren. Klesl, der Erzfeind des Hauses Habsburg von einst, lag längst in seinem Grabe. 1627 hatte er nach Wien zurückkehren dürfen, nachdem er einige Jahre in Rom in milder Gefangenschaft gelebt hatte. Ferdinand verzieh dem Kardinal seine früheren Sünden, und sogar seine Schätze erhielt er auf Heller und Pfennig zurück. Hochbetagt starb Klesl im Jahre 1630 im Glanze seiner kirchlichen Würden, ein schönes Beispiel für Ferdinands Bereitschaft, sich mit seinen Gegnern im eigenen Lager auszusöhnen. War auch ein Ausgleich zwischen ihm und Wallenstein noch möglich? Die Aussichten darauf wurden immer schlechter. Den Befehlen seines obersten Kriegsherrn setzte Wallenstein ein entschiedenes Nein entgegen. Befehlsverweigerung? Er sicherte sich ab durch ein Gutachten seiner Offiziere. Eine Kampagne gegen Regensburg mitten im Winter oder ein Kampf um Quartiere bedeute den Ruin der Armee, darüber waren die militärischen Fachleute sich einig. Triumphierend schickte Wallenstein das Gutachten nach Wien, und Ferdinand, schwer gekränkt, gab nach. Was hätte er sonst tun können? Aber er fühlte sich in seiner kaiserlichen Würde gedemütigt, und wie träge und schlaff Ferdinand auch immer sein mochte, eine Beleidigung seiner kaiserlichen Majestät vergaß er nicht so schnell.

Sie fingen es ungeschickt an, ihren Streit um die Armee auszutragen, Ferdinand, indem er einen Winterfeldzug durch unwegsames Gelände kategorisch befahl, und Wallenstein, indem er diesen militärisch sinnlosen und undurchführbaren Befehl durch seine Offiziere ablehnen ließ. Eine demokratische Abstimmung über seine Befehle konnte sich Ferdinand kein zweites Mal bieten lassen. Es funktionieren Armeen nun einmal von alters her auf dem Mechanismus von Befehlen und Gehorchen, kein gutes Prinzip, aber ein allgemein anerkanntes. Dieser Konflikt ging ins Grundsätzliche. Während seines zweiten Generalats hat Wallenstein die Armee bis zuletzt als die seine angesehen, dem Kaiser nur durch die Person des Feldherrn verpflichtet, und Ferdinand hat lange nichts getan, ihn vom

Gegenteil zu überzeugen. Es war auch gutgegangen, solange sich ihre Interessen ungefähr deckten, solange Wallenstein gebraucht wurde und Erfolg hatte; jetzt nicht mehr.

Auf Ferdinands Schreibtisch häuften sich die Gutachten und Hetzschriften gegen den unheimlichen General. Alle diese Warnungen, Ratschläge und Ermahnungen wurden von einem höchst sonderbaren Traktat übertroffen. Sonderbar war schon der Titel: Exhortatio angeli provincialis ad imperatorem et reges Austriacos, eine Straf- und Mahnpredigt eines Schutzengels der habsburgischen Länder, gerichtet an den Kaiser, seinen Sohn und den König von Spanien. Haßerfüllt predigt der Engel, in rauschenden lateinischen Wortkaskaden, aufpeitschend und erschütternd zugleich in seinem maßlosen Fanatismus: Die Herrscher des Hauses Österreich geben vor, einen gerechten und notwendigen Krieg zu führen zur Verteidigung der Kirche. Doch nichts fast haben sie getan, als Gott ihnen den Sieg über die Häretiker verlieh, unwürdig ihrer Vorfahren hat keiner von ihnen das Waffengewand angezogen zur Wiederherstellung der Kirche Gottes.

„Elegistis vobis ducem, quem scitis vindicativum, excommunicatum, satis furiosum, insanum, superbum...", einen Feldherrn habt ihr euch erwählt, von dem ihr wißt, daß er rachsüchtig ist und von der Kirche verstoßen, rasend, wahnsinnig und stolz, der nicht Gottes Ehre sucht, sondern seine eigene, die Religion nicht achtet und in seinem Feldlager Predigten der Ketzer duldet, der Zauberern und Weissagern vertraut und nach ihrem Rat und dem Stand der Sterne Krieg und Frieden mißt, der den Krieg vernachlässigt, statt dessen dem Hirngespinst eines törichten Friedens nachjagt, der in seinem Durst nach Rache Kaiser und Kurfürsten zugrunde richtet. Alles glaubt ihr ihm, und er handelt allein mit dem verdammten Arnim über den übelsten, der Kirche Gottes und dem Hause Österreich verderblichsten Frieden. Nur eine Rettung gäbe es noch, nämlich den Herzog davonzujagen und den König Ferdinand mit dem Kommando zu betrauen. „Solches hat Gott durch mich, seinen Engel, verkündet. Gehorcht ihm oder geht ins Verderben!" Es ist der Stil des kaiserlichen Hofpredigers Pater Johannes Weingartner, er und kein anderer ist der Verfasser des gehässigen Sermons gewesen. Das Gutachten erklärt manches. Es erklärt den Geist, der an diesem Hofe herrschte, es erklärt die Seelenängste, die den frommen Kaiser des öfteren heimsuchten, und warum dieser schlaffe, gutmütige Mann zwei Jahrzehnte hindurch mit solchem Eifer Krieg führte; es erklärt auch, warum der religiös indifferente Wallenstein die Wiener Hofgesellschaft mit geradezu manischer Abneigung mied. Wie hatte er vor ein paar Monaten gesagt? Der Kaiser sei ein frommer Mann, doch lasse er sich von Pfaffen und Bärenhäutern anführen und verleiten.

Es war etwas Wahres dran. Mit den Bärenhäutern meinte er gewiß auch den Grafen Slawata, einen seiner hartnäckigsten Gegner von Anfang an, auch er jetzt Verfasser einer Hetzschrift gegen ihn. Er kenne Wallenstein von Jugend an, so Slawata an den Kaiser, er sei gottlos und ein Erfinder abscheulicher Blasphemien, den Ketzern habe er zu Glogau eine Kirche bauen lassen; tückisch habe er 1631 die Sachsen nach Prag gelockt, dem Grafen Thurn, dem Erzrebellen, gab er die Freiheit. Absetzen müsse man Wallenstein, den von den Furien des Ehrgeizes Besessenen, den Hasser der frommen Jesuiten, den Gegenkaiser, den Gottlosen, und Gewalt anwenden, wenn er dem Befehl zum Rücktritt nicht nachkomme. Ähnlich lauteten die Argumente, die Kurfürst Maximilian von Bayern durch seinen Gesandten Richel beim Kaiser vorbringen ließ: Der Friedländer lästere Gottes Allmacht Tag für Tag durch schreckliches Fluchen. Ob da die fromme kaiserliche Majestät noch lange zusehen könne? Dürfe sie auch zulassen, daß ihres Hauses Glück immer noch von einem einzigen eigensinnigen, leidenschaftlichen Gemüt abhinge?

Es war wohl die „Exhortatio", die den trägen, gemütlichen Ferdinand am meisten schreckte. Das Machwerk Slawatas kannte er noch nicht, und des Bayernfürsten Tiraden gegen Wallenstein hatten durch ihre Häufigkeit einiges an Wirkung eingebüßt. Die Predigt des Schutzengels in der Gestalt des Pater Weingartner scheuchte Ferdinand zu ungewohnt hektischer Tätigkeit. Am 21. Dezember, kurz nachdem er das schauerliche Elaborat studiert hatte, schrieb er dem in Böhmen weilenden Grafen Trauttmansdorff. Ohne Versäumnis auch nur einer Stunde solle der Graf nach Wien eilen zur Beratung hochwichtiger Angelegenheiten, und außer durch Gottes Gewalt dürfe er sich keinen Augenblick aufhalten lassen, denn längerer Verzug bringe schwersten Schaden. Eben noch hatte Trauttmansdorff mit Wallenstein in Pilsen konferiert. Sein Bericht, maßvoll und ausgewogen, war unterwegs nach Wien.

Damals wußte Ferdinand noch nichts Sicheres vom Kriegsrat Wallensteins mit seinen Offizieren, von der Ablehnung der strikten kaiserlichen Befehle, von der Absicht des Generalissimus, jetzt unter allen Umständen Frieden zu schließen. Allein des Hofpredigers Machwerk riß den Kaiser aus seiner gewohnten Lethargie. Die sicheren Nachrichten aus Pilsen taten dann ein übriges. Gesandter Richel konnte seinen Herrn mit einer frohen Neujahrsbotschaft überraschen. Der Kaiser sei entschlossen, las Kurfürst Maximilian freudig bewegt, dem Friedländer die Kriegsdirektion und das Generalat zu nehmen.

Wie der Kaiser aber dieses Vorhaben auszuführen gedenke, konnte Richel nicht sagen, und Ferdinand wußte es selber noch nicht. Den Herzog einfach in eine Kutsche zu sperren und auf ein entlegenes Bergschloß zu entführen, wie man es einst beim Kardinal Klesl so erfolgreich praktiziert hatte, diese Möglichkeit schied freilich aus. Wallenstein würde sich nicht so einfach übertölpeln lassen wie der Kirchenfürst im Jahre 1618. Vorsichtig mußte man vorgehen, den Furchtbaren durfte man nicht reizen. Aus seiner ängstlichen Ratlosigkeit half dem Kaiser der Geheimrat Gundakar von Liechtenstein. Wallenstein sei höchst gefährlich, meinte dieser kühl und praktisch denkende Mann, für den Kaiser, für die Länder und für die heilige Religion. Sein Ehrgeiz, seine fatale Situation, sie mußten ihn früher oder später zu einer Verbindung mit den Feinden des Kaisers treiben, selbst wenn er es bisher noch vermieden hatte. Und was er schon getan hatte, war das nicht unerhörter, beleidigender Ungehorsam gegen des Kaisers Majestät? Darum sei Wallenstein seines Amtes zu entsetzen, seiner Macht zum Bösen zu berauben. Aber das, wußte Liechtenstein genau, gehe so einfach nicht. Man mußte den Friedländer in Sicherheit wiegen, mit ihm korrespondieren im alten Stil, während man sich heimlich der hohen Offiziere versicherte. Sei aber Absetzung, Verhaftung, Verhör des Beschuldigten aus irgendeinem Grunde nicht möglich, dann müsse der Kaiser zwei oder drei seiner Geheimen Räte bestimmen, die über Schuld oder Unschuld zu richten hätten. Laute das

Urteil wider Erwarten auf unschuldig, dann sei weiter nichts zu veranlassen, denn die Hinrichtung eines Unschuldigen sei Mord und ein Verbrechen vor Gott. Kämen die Richter aber zu dem Schluß, daß Wallenstein schuldig sei, dann wäre es sogar eine Sünde, ihn nicht zu töten, denn „extremis malis extrema remedia sunt adhibenda", den äußersten Gefahren müsse man mit äußersten Mitteln entgegentreten, und „pro conservatione status soll man alles tun, was nicht wider Gott ist"; ein vollendetes Bekenntnis zum Prinzip der Staatsräson und für Wallenstein ein höchst fatales. Denn das Gutachten Liechtensteins unterschied sich von den vielen anderen durch seine Klarheit und Brauchbarkeit. Aus den Tiraden Weingartners und Slawatas ließen sich für Ferdinand keine brauchbaren Erkenntnisse gewinnen, sie schürten nur seine Angst und sein Mißtrauen. An die Ratschläge Liechtensteins aber konnte er sich halten, und genauso ist er vorgegangen, wie der nüchterne Höfling ihm riet.

Indizien, Beweise für des Friedländers Hochverrat lieferte man Ferdinand genug, Wahrheiten, Halbwahrheiten und Fälschungen. Er glaubte sie alle. Und nicht nur die notorischen Feinde Wallensteins, auch diejenigen, die sich für seine besten Freunde hielten, arbeiteten kräftig mit an seinem Untergang. Am 26. Dezember 1633 schrieb Trcka an seinen Freund Wilhelm Kinsky nach Dresden, Wallenstein sei entschlossen, „die Maskera abzulegen" und mit Gottes Hilfe das Werk ernstlich anzufangen. In Wien ahnte man etwas von der Existenz dieses Briefes, den Wallenstein vielleicht gar nicht kannte, und fürchtete sich umso mehr. Um den 20. Jänner traf dann in Wien die Nachricht ein, Wallenstein habe seine hohen Offiziere schwören lassen, bei ihm als ihrem Generalissimus auszuharren bis zum letzten Blutstropfen. Eine Verschwörung? Viel eher ein verzweifelter Versuch des Kranken, die Armee, die man ihm ein zweites Mal entwinden wollte, in der Hand zu behalten, ein untauglicher Versuch, von Ilow angezettelt und stümperhaft ausgeführt. Man verschwört sich im geheimen. In Pilsen geschah das am Morgen nach einem Saufgelage, wo der Wein in Strömen floß, so daß die Herren Obersten, 49 an der Zahl, ihrer Sinne noch nicht recht mächtig waren, als es ans Unterschreiben ging. Sie unterschrieben gleichwohl, denn Wallenstein war ihnen finanziell verpflichtet, und sein Ausscheiden jetzt, wo das Geschäft schlecht ging, hätten sie als Betrug empfunden. Eine Verschwörung war der Pilsener Schluß also nicht, was dann? Eine Warnung sollte er wohl sein an Ferdinand, daß er mit Schwierigkeiten zu rechnen habe, wenn man Wallenstein das Kommando nahm. Nie war er untätiger als nach dem Pilsener Schluß. Ein Verschwörer aber legt die Hände nicht in den Schoß und wartet, bis seine Häscher ihn töten.

In der überreizten, intrigenschwangeren Atmosphäre des Wiener Hofes aber legte man den Pilsener Schluß anders aus, als Beweis für Wallensteins Verrat. Vor seiner Absetzung in Regensburg hatte der General viele Freunde gehabt, Eggenberg war für ihn gewesen, die Spanier, und selbst Kaiser Ferdinand hatte ihn höchst ungern ziehen lassen. Jetzt distanzierte sich Eggenberg von ihm, die Spanier waren ihm böse, weil er ihren Plan, einen großen Heereszug durch ganz Deutschland in die Niederlande durchzuführen, als dummen Schuljungenstreich ablehnte. Und der Kaiser? Lange genug hatte man ihn beschworen, gegen Wallenstein, den Gotteslästerer, den Verworfenen, vorzugehen. Mit staunenswerter Festigkeit, die sicher nicht nur seinem behäbigen Naturell entsprang, hatte er sich lange dagegen gewehrt. Nun wirkte das Gift der Intrige, und es wirkte gründlich.

Mitten in den Wirrwarr von Zweifeln und Verdächtigungen, von Ängsten und Haßgefühlen platzte wie eine Bombe die Relation Octavio Piccolominis. Piccolomini, der Held von Lützen, der Vertraute Wallensteins, er hatte Nachrichten zu bieten, die haargenau in das Bild paßten, das sich der Kaiser und seine Räte vom Herzog machten. Rebellion und Verrat führe Wallenstein im Schilde, meldete der Offizier, wie er in der Weltgeschichte bisher noch nie vorgekommen. Aus Wallensteins eigenem Mund habe er es erfahren. Er wolle die Armee mit den Feinden vereinigen, die Erblande erobern, sich der geheiligten Person des Kaisers bemächtigen und gleich das gesamte hohe Erzhaus austilgen. Dann werde er zur Neuordnung Europas schreiten. Da würde dann Neapel der Neffe des Papstes erhalten, Mailand entweder Savoyen oder die Republik Venedig, Burgund bekäme der König von Frankreich und

Luxemburg auch; oder sei das dem Kardinal Richelieu als persönliches Eigentum zugedacht? An alle Einzelheiten konnte sich Piccolomini nicht erinnern. Reichlich würden die Belohnungen sein für des Herzogs treue Paladine, Trcka würde Mähren bekommen, Ilow Tirol, Gallas würde Fürst von Sagan werden und er selber, Octavio Piccolomini, Herzog von Teschen. Dies, so habe der Friedländer großspurig gesagt, sei nur der Anfang, leicht zu bewerkstelligen, und er wolle es wagen selbst mit nur ein paar tausend Reitern. Dieses Konglomerat dreister Lügen sandte Piccolomini an den Nuntius. Der fügte noch die abgestandene Fabel hinzu, Wallenstein wolle König von Böhmen werden, auf die der Absender anscheinend vergessen hatte, und legte das Machwerk dem Kaiser vor. Hätte der Nuntius behauptet, Wallenstein wolle selbst Kaiser werden oder römischer Papst, man hätte es ihm wohl geglaubt; daß der Herzog mit dem Bösen im Bunde stand, glaubte man jetzt ohnehin.

Ferdinand packten Entsetzen und nackte Angst, als er von seines Generals angeblichen Plänen erfuhr. Der Friedländer wollte ihn verderben, das Haus Österreich ausrotten, die Erbländer mit seinen Mitverschwörern teilen. Die Generale, die ihm, dem Kaiser, ohnehin nicht übermäßig wohlgesonnen waren, hatte Wallenstein ins Garn gelockt durch Verheißung ganzer Fürstentümer. Der Kaiser in seinem einfachen Geiste konnte die Relation Piccolominis nicht anders verstehen, er mußte das Lügengespinst glauben, wo es doch andere ehrenwerte und hochverständige Männer auch glaubten, der Beichtvater zum Beispiel, der Nuntius und der Botschafter Onate. Vor Angst konnte Ferdinand kaum schlafen, unruhig wälzte er sich im Bett. Hätte er gewußt, wie es um Wallenstein wirklich stand, er hätte sich nicht so zu fürchten brauchen.

Am 22. oder 23. Jänner 1634 erfuhr Ferdinand von Wallensteins angeblichen Plänen, am 24. traten die drei Todesrichter zusammen, genau nach dem Vorschlag Liechtensteins. Ferdinand ging fair vor, soweit in dieser Tragödie der Irrungen noch Fairneß möglich war. Keine ausgesprochenen Gegner Wallensteins sollten über dessen Schicksal entscheiden, sondern Trauttmansdorff, Eggenberg und der Bischof Antonius. Die beiden letzteren waren noch vor kurzem glühende Verehrer des

Friedländers gewesen, aber gerade sie hatten jetzt einiges gutzumachen, da Wallensteins Verrat scheinbar so offen am Tage lag. Höchst geheim traten sie zusammen, nicht einmal der Beichtvater wußte etwas davon, geschweige der Thronfolger und der mit dem jungen König in bestem Einvernehmen stehende Onate. Der Botschafter hielt ohnedies ein kompliziertes und zeitraubendes Verfahren angesichts der Umstände für unnötig. Besser wäre es, meinte er, den Friedländer gleich umzubringen. Mord aber, brutalen Mord, konnte ein so frommer Fürst wie Ferdinand mit seinem Gewissen nicht vereinbaren. Heikel war denn auch die Frage, die der Kaiser den drei auserwählten Geheimräten vorlegte: Ob es ihm, wollte er wissen, nach Recht und Gerechtigkeit zustehe, den Herzog des Lebens zu berauben, wenn er kein anderes Mittel besitze, ihn seiner Stelle zu entsetzen. Sie entschieden noch am selben Tag gegen Wallenstein, und aus ihrem Richterspruch erflossen zwei Patente. Das eine enthob Wallenstein seines Kommandos und übertrug es dem Generalleutnant Gallas; Amnestie wurde vorsorglich den Offizieren zugesichert, die den Pilsener Schluß unterschrieben hatten, ausgenommen natürlich Trcka und Ilow. Das zweite, streng geheim zu haltende Patent ermächtigte die drei verläßlichsten hohen Offiziere, Gallas, Piccolomini und Aldringen, ,,das Haupt und die vornehmsten Mitverschworenen, wenn irgend möglich, gefangenzunehmen oder als überführte Schuldige zu töten"; ,,e numero mortalium exturbare", aus der Zahl der Sterblichen auszutilgen, lautete der Passus in dem Bericht, den der kaiserliche Beichtvater vorsorglich seinem Ordensgeneral in Rom zukommen ließ. Lamormaini erfuhr von dem heimlichen Urteil noch am selben Tage. ,,Der Bischof von Wien", schrieb Ferdinand, ,,wird Euer Hochwürden eine Sache von höchster Wichtigkeit mitteilen, unter dem Siegel des Beichtgeheimnisses, sub sigillo conscientiae, von dessen Bewahrung durch E. H. ich überzeugt bin." Der Beichtvater, bat Ferdinand, möge rasch seine Meinung dazu kundtun, da die größte Gefahr im Verzuge sei. Man kann unschwer erschließen, wie Lamormainis Meinung zu dieser Angelegenheit von höchster Wichtigkeit gelautet hat. Das Geheimnis bewahrte der Beichtvater nicht, er gab es an seinen Oberen weiter, und so ist es für die Nachwelt erhalten geblieben.

Wallenstein, über den sie in Wien nun endgültig den Stab gebrochen hatten, lag auf seinem Schmerzenslager in Pilsen und ahnte nicht, in welch tödlicher Gefahr er schwebte. Ferdinand tat alles, um ihn in Sicherheit zu wiegen. Wenn es das Wohl des Erzhauses und der heiligen Kirche erforderte, verstand sich dieser scheinbar so biedere Habsburger sehr wohl auf die Künste der Dissimulation. Mit dem Verurteilten korrespondierte Ferdinand, als wäre nichts geschehen, bis ins Detail die Ratschläge Liechtensteins befolgend. „Hochwohlgeborener Fürst, Euer Liebden"; Anrede des Kaisers an einen Geächteten, von eben diesem Kaiser dem Tode Geweihten, und die plumpe Täuschung erfüllte ihren Zweck.

Die vom Kaiser erwählten Exekutoren, Gallas, Piccolomini und Aldringen, waren tüchtige und skrupellose Condottieri, gierig nach Ruhm und Geld, und beides, wußten sie, war im Übermaß zu erringen für den, der Wallenstein zur Strecke brachte. Deswegen ließen sie sich ein auf das angeblich so überaus gefährliche Unternehmen, und je gefährlicher sie es darstellten, desto größer würde der Lohn sein. Piccolomini war in Pilsen und wagte den Anschlag nicht, und unbehelligt durfte er von dannen ziehen, genau wie sein Freund Gallas, der in des Generalissimus eigener Kutsche sich reich beschenkt aus dem Staube machte. Der kranke Wallenstein konnte dem Netz nicht entrinnen, das Tag für Tag um ihn sich enger zog. Nicht einmal seine Person vermochte er in Sicherheit zu bringen, wie hätte er dann die Pläne ausführen können, die seine Feinde ihm andichteten. Den Frieden, ja den wollte er stiften in der kurzen Spanne Zeit, die ihm noch zum Leben blieb; „denn am End", hatte er in besseren Tagen gesagt, „wenn alle Länder in Asche liegen, wird man Fried machen müssen". Er wollte einen gerechten Frieden, das war die eigentliche Ursache seiner Auflehnung gegen den Kaiser. Ferdinands Hoftheologen verdammten ihn als Teufelsknecht.

Am 18. Februar 1634 erließ Ferdinand noch einmal ein Patent, schärfer als das vorige und alle Vorwürfe gegen Wallenstein noch einmal zusammenfassend. Welche Gnaden und Privilegien, welche Hoheiten und Dignitäten, so Ferdinand klagend, habe er nicht seinem „gewesten Feldhauptmann, dem von Friedland" zuteil werden lassen, und wie dankte er dafür?

Offen am Tage läge jetzt sein längst gefaßter Vorsatz, „Uns und Unser hochlöbliches Haus von Unseren Erbkönigreichen, Land und Leuten zu vertreiben, Unsere Kron und Zepter sich selbst eidbrüchigerweise zuzueignen." Wallenstein habe die Offiziere „zu seinem boshaften Intent gebrauchen und dadurch um Ehr und Reputation bringen wollen, unserer getreuen Diener Güter anderwärts zu verwenden gelüstet, ja Uns und Unser hochlöbliches Haus gänzlich auszurotten sich vernehmen lassen, und solche seine meineidige Treulosigkeit und barbarische Tyrannei, dergleichen nicht gehört noch in Historiis zu finden ist, wirklich zu vollziehen sich äußersten Fleißes bemüht". Hier sprachen Angst und Mißtrauen, keine Gerechtigkeit.

Die Würfel waren gefallen. Der Kranke in Pilsen wußte es nur noch nicht, wußte nichts von den schweren Anklagen, die der Kaiser gegen ihn erhob, und nichts von der gemeinen Intrige des Piccolomini. „Unser löbliches Haus auszurotten sich vernehmen lassen"; Ferdinand reagierte darauf, wie alle Potentaten zu reagieren pflegen, und tat es mit einer Umsicht und machiavellistischen Verstellung, die niemand dem entschlußschwachen und schwerfälligen Menschen zugetraut hätte. Spät, viel zu spät ließ Wallenstein seinen Rücktritt anbieten. Nie habe er etwas gegen den Kaiser unternehmen wollen, gern wäre er der Bürde seines Amtes los und ledig, wenn es der kaiserlichen Majestät so genehm wäre, aber mit Glimpf und ohne Gewalt. Rasch müsse eine Begegnung mit Eggenberg zustande kommen, „weil durch dergleichen Diffidenzen sowohl ihrer Majestät Dienst als das bonum publicum, das öffentliche Wohl, leiden muß". Diese richtige Erkenntnis bewirkte nichts mehr, zu lange hatte Wallenstein den Stolzen, Überlegenen gespielt, jetzt war sein einsames Spiel zu Ende. Sein Bote, der Oberst Mohr von Wald, ein ehrbarer Ritter des Deutschen Ordens, kam gar nicht mehr bis Wien. Unterwegs wurde er von Gallas verhaftet, „als wenn ich um das Friedländische Schelmstück gewußt und mich dessen teilhaftig gemacht hätte...". Das Angebot ehrenvollen Rücktritts nützte dem Herzog nichts und auch nicht die bezeichnende Geste seiner Ohnmacht: Noch einmal versammelte er die Obersten um sein Krankenlager und entband sie feierlich ihres Eides, mit dem sie sich ihm durch den Pilsener Schluß verpflichtet hatten. Nur Sicherheit habe er haben wollen, beteuerte er,

„wider die gegen uns angestellten Machinationen". Die Maßnahme griff nicht mehr. Tags darauf, am 21. Februar, erfährt er es, er ist des Kaisers Generalissimus nicht mehr.

Was dann geschah, haben viele hervorragende Historiker ausführlich dargestellt: Wallenstein reist, nein, er flieht nach Eger, um Verbindung aufzunehmen mit den Sachsen oder mit den Schweden unter Bernhard von Weimar. Der Weimarer glaubt nicht, was ihm berichtet wird, keinen Hund wolle er für den Friedländer satteln lassen. Auf seiner Flucht begegnet Wallenstein dem Regiment des Obersten Walter Butler. Der Oberst weiß, was er zu tun hat. In Eger angelangt, bespricht sich Butler mit Gordon, dem Kommandanten der Festung, und dem Obristwachtmeister Leslie, Briten beide, Butler ist Ire. Man faßt rasch Vertrauen zueinander. Gefangen oder tot, so lautet der Befehl, man entschließt sich für letzteres, weil es bequemer ist und wohl auch gewinnträchtiger. Sie schreiten zur Tat am nächsten Tag, dem 25. Februar. Wallensteins unselige Gehilfen, Trcka und Ilow, werden bei einem Gastmahl erschlagen, das ihre Mörder hinterlistig für sie veranstaltet haben. Dann begeben sich Butler und seine Leute zu dem Haus am Marktplatz von Eger, wo Wallenstein einsam und krank im Bett liegt. Es ist finstere Nacht, ein Sturm tobt und erstickt die Geräusche der Soldatenstiefel auf dem Straßenpflaster, das Klirren der Schwerter und Partisanen. Das Haus finden sie unbewacht. Der Hauptmann Deveroux stürmt mit ein paar Dragonern die Treppe nach oben, stößt die Tür auf zu Wallensteins Krankenzimmer, sieht den Kranken, der, durch den Lärm aufgeschreckt, sich mühsam erhoben hat und jetzt einige Worte stammelt, die wohl eine Bitte um Gnade sein sollen. „Du schlimmer, alter, meineidiger rebellischer Schelm!" schreit Deveroux und rennt ihm die Partisane in den Leib. Den Toten wickeln sie in einen Teppich und schleppen ihn die Stiegen hinunter, so daß sein Kopf auf jeder Stufe aufschlägt. So endete der Mann, der wie kein zweiter Kaiser Ferdinands Schicksale mitbestimmt hat, der große Individualist, des Kaisers bester Diener, der kein Diener mehr hatte sein wollen.

Überraschend kam Ferdinand die Nachricht vom Tode Wallensteins, so leicht hatte man sich's nicht vorgestellt, den Furchtbaren unschädlich zu machen. Und ein wenig soll

Ferdinand die Rührung übermannt haben, „ach mein Wallenstein", so habe er geseufzt, berichtet sein Biograph Hurter. Die Erzählung klingt nicht recht plausibel. Wie stimmt sie zusammen mit der sicheren Nachricht, daß Ferdinand den Überbringer der Mordbotschaft, den Wachtmeister und Obermörder Leslie, augenblicks zum Grafen ernannte? Ferdinand hatte Schluß gemacht mit Wallenstein an jenem 24. Jänner 1634, da die drei Todesrichter ihn schuldig erkannten und der Beichtvater die Absicht billigte, den Unheimlichen „aus der Zahl der Sterblichen auszutilgen". Ferdinand mußte doch an Wallensteins Rebellion glauben und glaubte auch daran, sonst wäre er selbst ein gemeiner Mörder gewesen, und Mitleid kann er da nicht gefühlt haben, wenn sein vermeintlich gefährlichster Feind tot war, höchstens Erleichterung.

Die Kunde von der Tragödie Wallensteins verbreitete sich rasch über ganz Europa, und leidenschaftlich nahmen die Menschen Stellung zu der großen Bluttat, und dem toten Wallenstein wurden Sympathien zuteil, die er im Leben nie gehabt hatte. Boshafte Reden gingen um, hieß es in einem amtlichen Schreiben des Wiener Hofes, hochverbotene Erdichtungen, so als ob dem Haupt dieser schändlichen Konspiration Unrecht geschehen wäre und die kaiserliche Majestät sich barbarischer Undankbarkeit schuldig gemacht hätte. Unverhohlen wurde Ferdinand in Gedichten und Pamphleten als der Urheber der Schreckenstat bezichtigt, die protestantische Propaganda nützte den Mord zu ihren Gunsten als Beweis für die Perfidie der Jesuiten und Spanier, in deren Bann der Kaiser stehe. Wallenstein, hieß es nicht ganz unrichtig in einer dieser Schriften, sei die Ursache, daß der Kaiser noch Kaiser sei, Gott möge den Undankbaren strafen. Schwer muß Ferdinand diese Hetzkampagne getroffen haben, so schwer, daß er versuchte, seinen Anteil an der Bluttat abzuleugnen, nämlich den ausdrücklichen Befehl, Wallenstein zu fangen oder zu töten. Für die angeblich so offen am Tage liegende Verschwörung fanden sich kaum Beweise. Es fanden sich schwache Indizien und ein kleiner Denunziant, ein gewisser Rasin, der als Bote zwischen Wallenstein und Thurn eine zwielichtige Rolle gepielt hatte. Sein teilweise erpreßtes, teilweise erkauftes Geständnis, das übrigens unter tatkräftiger Mithilfe Wilhelm Slawatas zustande kam, diente als mühsame Rechtfertigung des Mordes von Eger. Ein posthumer Prozeß, eine Sententia post mortem, gegen Wallenstein zur nachträglichen juristischen Untermauerung der „Hinrichtung" fand nicht statt. Besser, meinten des Kaisers Räte, man ließe die heikle Sache auf sich beruhen, denn Wallensteins barbarischer Plan, die Erblande zu erobern und das hohe Erzhaus auszurotten, stehe für alle Gutgesinnten fest; zu beweisen sei er aber leider nicht und daher eine formelle Anklage unmöglich. Unabsehbare Folgen könne ein solcher Prozeß mit sich bringen, sowohl für des Kaisers Finanzen wie für des Kaisers Reputation. Die publizistische Rechtfertigung mußte genügen.

Von Wallensteins angeblichen Mitverschworenen wurden alle freigelassen bis auf einen. Der Graf Schaffgotsch, der das Unglück hatte, ein reicher Mann zu sein, wurde enthauptet. Wenigstens ein todeswürdiger Teilnehmer der „abscheulichen friedländischen Prodition" mußte ja schließlich doch sein.

Klein war die Zahl der Verschwörer gewesen, dafür waren umso zahlreicher diejenigen, welche bei der Niederschlagung der Rebellion sich nützlich gemacht hatten und jetzt vom Kaiser ihren Lohn erwarteten. Reichlich war für alle da; das Herzogtum Friedland, die Terra felix, bekam einen neuen Herrn, den Grafen Gallas, der seine „wohlverdiente Gnadenergötzlichkeit" aber nicht so geschickt verwaltete wie sein Vorgänger, so daß es mit der Terra felix bald zu Ende ging. Auch Piccolomini erhielt seinen Beuteanteil in Form von Gütern in Böhmen, ebenso Aldringen, der sich aber seines Gewinns nicht lange freuen konnte, weil ihn die Schweden bei Landshut noch im selben Jahr auf der Flucht erschossen. Güter und Geschenke, Zeichen kaiserlicher Huld und Anerkennung, gab es auch für die „drei Heroen", Butler, Gordon und Leslie, desgleichen für den Hauptmann Deveroux.

Und als sich der Sturm der Entrüstung über die Mordnacht von Eger allmählich legte, übernahm auch Ferdinand einen Teil der Schuld an diesem blutigen Drama. Der Kaiser, so hieß es in der offiziellen Rechtfertigungsschrift des Wiener Hofes, habe Befehl erteilt, Wallenstein zu verhaften und an einen sicheren Ort zu bringen, wo er verhört werden konnte, „oder sich seiner lebendig oder tot zu bemächtigen". Der letzte Teil des Satzes wurde erst nachträglich eingerückt, Ferdinands spätes, aber notwendiges Eingeständnis, daß auch er keinen geringen Anteil an den problematischen Verwicklungen hatte und die Bluttat von Eger nicht einer zufälligen Laune eines gewissen Obersten Butler entsprungen war.

Versöhnlicher Ausklang, der Prager Friede

Der Unheimliche, Gefährliche, der erfolgreiche Weggefährte von einst war also fort, aber er bereitete Ferdinand Kopfzerbrechen noch als Toter, weil sich herausstellte, daß er so unheimlich und gefährlich gar nicht gewesen war. Er erhielt ein ehrenvolles, wenn auch stilles Begräbnis; seine Körperteile wurden nirgends aufgehängt als abscheuliche Beispiele des Verrats, so wie jene der Staatsverräter vom Jahre 1618. Statt dessen ließ der Kaiser für die arme Seele des „entleibten Friedland" 3000 Messen lesen, „in der Hoffnung, er möchte etwa in seinem letzten Atemzug Reu und Leid über seine Sünde gehabt haben". Jene Zeit war nicht so schnellebig wie die unsere, doch fielen auch Wallenstein und die tragischen Umstände seines Todes allmählich der Vergessenheit anheim. Des Kaisers Feinde, die mit hämischer Schadenfreude zugesehen hatten, wie er verzweifelt versuchte, sich von jedem Verdacht reinzuwaschen und des Friedländers Schuld zu beweisen, bekamen bald andere Dinge zu tun. Die kaiserliche Armee, nunmehr unter dem Kommando des jungen Ferdinand III., zeigte, was sie immer noch zu leisten imstande war und was sie unter Wallenstein nicht hatte zeigen dürfen. Im Juli 1634 eroberte sie Regensburg zurück, vereinigte sich dann mit den Spaniern, die unter der Führung des Kardinal-Infanten, des Königs Bruder, von Mailand heraufgezogen kamen, und schlug die Schweden bei Nördlingen vernichtend. Schwedens abenteuerlich weit nach Süddeutschland vorgeschobene Stellung brach zusammen wie ein Kartenhaus. Da jubelte Kaiser Ferdinand, ließ die Kirchenglocken läuten und Böller schießen, so wie er es einst nach der Schlacht bei Lützen getan hatte, und Nördlingen war wirklich ein Sieg. Aber er bestätigte leider auch, was Wallenstein immer behauptet hatte: Zehn Victorien könne der Kaiser noch gewinnen, sie würden ihn dem Frieden nicht näherbringen. Die neuerliche Gefährdung der deutschen Protestanten und die drohende Übermacht Habsburgs bewogen Richelieu zu energischem Eingreifen an Frankreichs Ostgrenze. Im Spätherbst 1634 standen französische Truppen auf deutschem Boden. Der deutsche Bürgerkrieg von einst hatte sich nun endgültig zum europäischen Staatenkrieg gewandelt, und auch die Ziele, um die man focht, waren nicht mehr die gleichen wie früher. Die Religion, oberstes Kriegsziel Kaiser Ferdinands, war nicht mehr der höchste Preis des blutigen Ringens. Jetzt stritt man hauptsächlich um die Frage, wer künftig die Vorherrschaft in Europa haben sollte, Spanien oder das aufstrebende Frankreich. Die Händel zwischen den Katholiken und Protestanten in Deutschland wurden immer mehr zur Nebensache.

Ferdinand, alt und grau geworden, mußte erkennen, was vor ihm schon Wallenstein erkannt hatte, nämlich daß er den Krieg nicht würde gewinnen können. Die Erblande waren erschöpft und ausgesogen, und die Landstriche, die man nach der Schlacht bei Nördlingen erbeutete, nicht minder. Die Zeiten, wo man Krieg auf Kosten anderer hatte führen können, waren längst dahin und auch die Kriegsbegeisterung am kaiserlichen Hofe, der Elan, mit dem man für das Wohl der Kirche und des Hauses Habsburg gestritten hatte. Das Erreichte war ja wirklich wenig ermutigend. 16 Jahre hatte man nun Krieg geführt, fast ganz Deutschland war ein Trümmerhaufen, katholisch und habsburgisch aber war es nicht. Wenn man aber die Protestanten nicht besiegen konnte, dann mußte man sich wohl oder übel mit ihnen vertragen, denn ewig konnte man den Krieg ja nicht weiterführen. Der Gedanke hatte Hand und Fuß und begann sich langsam durchzusetzen. „Es raten zum Frieden alle wohlaffektionierten ministri in Curia Romana", heißt es in einer Denkschrift der kaiserlichen Hofräte, desgleichen der Madrider Hof, die Stände der Erbländer, das ganze Römische Reich begehre den Frieden und auch des Kaisers Generale, „denen der Stand des Kriegswesens am besten bekannt", und der „betrübte Zustand des Vaterlandes", befanden die Herren, müsse doch jedem Patrioten zutiefst zu Herzen gehen.

Doch nicht allein patriotische Gefühle förderten die Friedensbereitschaft in Wien. Die Angst vor dem türkischen Erbfeind, während der turbulenten Ereignisse der letzten Jahre immer latent vorhanden, rückte wieder in den Vordergrund. 30 Jahre hatten jetzt die Türken an ihrer weit vorgeschobenen Westgrenze Frieden gehalten, ihre militärische Macht in Scharmützeln mit den Persern erschöpft und so dem Kaiser seine weiträumige Politik wesentlich erleichtert. Doch wer konnte sagen, wie lange sie noch Ruhe gaben? Es bestehe die Gefahr, fürchteten des Kaisers Räte, daß „französische, schwedische, holländische und andere übel intentionierte Practicanten den Sultan persuadieren wollen, daß er mit den Persianern Fried machen und seine Stärk herauswenden solle".

Der Friedensbereitschaft in Wien entsprach der Wunsch Johann Georgs von Sachsen, mit Kaiser und Reich Frieden zu machen. Ungern hatte der Kurfürst die Waffen gegen Ferdinand ergriffen, gern hätte er sie wieder niedergelegt. Darüber hatte man schon zu Wallensteins Lebzeiten verhandelt und verhandelte nach seinem Tode mit besserem Erfolge. Denn eines hatte Ferdinand nicht begreifen wollen, als Wallenstein noch lebte, daß er nämlich auf seine allerfrömmste Errungenschaft, das Restitutionsedikt, werde verzichten müssen. Nun begriff er es. Hart muß ihm diese Erkenntnis gekommen sein. Ein alter Mensch hängt viel zäher an liebgewordenen Grundsätzen als ein junger. Sein ganzes Leben lang hatte Ferdinand nichts anderes gekannt als kompromißlos für die katholische Religion zu streiten, unbeirrt und ohne Rücksicht war er auf dem einmal eingeschlagenen Weg vorwärtsgeschritten, spät begann er einzusehen, daß er wohl zu weit gegangen war. Er stand im Banne jener Räte und Hoftheologen, die den Krieg als fromme Pflicht und das Edikt als heiligstes Anliegen ausgaben. Von seinen Anlagen und seiner Erziehung her skrupelhaft und entschlußschwach, war er gewohnt, sich ängstlich an die Meinungen anderer Leute zu klammern. Und je frömmer sie sich gaben, desto lieber hörte er auf sie. Fürchterliche Gewissenskonflikte muß Ferdinand ausgestanden haben, als er sich in seinen alten Tagen von diesen Männern und ihren bisweilen zerstörerischen Thesen zu lösen begann. Er tat es nicht ganz freiwillig, mehr der Not gehorchend als der eigenen Überzeugung. Erinnerte er sich noch an das Gutachten, das seine Räte Trauttmansdorff, Stralendorf und der Bischof Antonius schon Anfang 1633 verfaßt hatten? Gott könne auch anders helfen als durch Waffenglück, hatte es darin geheißen, durch weise Ratschläge zum Beispiel und durch Erleuchtung der Gemüter. Im Herbst 1634 wurden Ferdinands Abgesandte, der Graf Trauttmansdorff unter ihnen, mit den Vertretern des Kurfürsten von Sachsen handelseins. Keine Annullierung des Restitutionsedikts, so wurde ausgemacht, denn dazu hätte der fromme Kaiser niemals seine Zustimmung gegeben, aber Aufhebung auf 40 Jahre, was in der Praxis einer völligen Annulierung gleichkam; das Erzbistum Magdeburg für einen Sohn des Kurfürsten von Sachsen auf Lebensdauer; für die Verteilung des übrigen Besitzes zwischen Katholiken und Protestanten sollte das „Normaljahr" 1627 gelten, nachdem die Sachsen zuerst gar auf das für den Kaiser weit ungünstigere Jahr 1612 hatten zurückgehen wollen. Ein durchaus annehmbarer Kompromiß, wie sich bald zeigen sollte. Er war es nicht in den Augen frommer katholischer Potentaten, des Kurfürsten von Bayern zum Beispiel, der auf die Rheinpfalz hätte verzichten müssen, des Paters Lamormaini, der, wie der spanische Botschafter vermutete, aus Rom geheime Weisung erhalten hatte, gegen diesen Frieden zu wirken. Es war nämlich auch Papst Urban ein entschiedener Gegner des Sonderfriedens mit Sachsen, weil dieser den Intentionen Frankreichs nicht entgegenkam und obendrein der katholischen Kirche in Norddeutschland schmerzliche Verluste brachte, man denke nur an das Erzstift Magdeburg. Zugeständnisse an die Protestanten, wie der Kaiser sie vorhabe, entrüstete sich der Erzbischof von Köln, der Bruder des Kurfürsten von Bayern, im Dezember 1634, könnten „ohne schwere Todsünd nit verwilliget werden". Da wurde Ferdinand noch einmal schwankend. 22 Theologen, beschloß er, vom Kardinal Dietrichstein auszuwählen, sollten darüber befinden, ob er den Frieden ohne Sünde und Beleidigung der göttlichen Majestät unterzeichnen dürfe. Eine Minderheit von vier Theologen, allesamt Mitglieder der Gesellschaft Jesu, erklärte, daß solch unerhörte Konzilianz gegenüber den Protestanten schwere Sünde sei. Die Mehrheit der gelehrten Herren aber wußte die Zeichen der Zeit besser zu deuten. Ferdinand, so entschieden sie, sei sehr wohl berechtigt, ja sogar verpflichtet, den Frieden zu schließen, wenn ihn die äußerste Not dazu zwinge. Das sonderbare Theologenkonzil hat dem Kaiser viele Vorwürfe eingebracht. Da sehe man, wie sehr er von seinen Geistlichen abhängig gewesen sei, wenn er ihnen selbst in der elementaren Entscheidung über Krieg und Frieden Einfluß einräumte. Der Vorgang war so ungewöhnlich nicht. In einer Zeit, die Weltliches vom Geistlichen nicht trennen konnte, pflegten auch andere Potentaten bisweilen ihre Hoftheologen zu befragen, und der Einfluß des fanatischen Pastors Hoë von Hoënegg am Dresdner Hof war ungefähr vergleichbar dem des Paters Lamormaini in Wien. Niemand kam auf den naheliegenden und vernünftigen Gedanken, daß sich durch ein paar willkürlich eingeholte Theologenmeinungen Aufschluß über die einzuschlagende Politik wohl schwerlich gewinnen ließ. Das Zeitalter der Vernunft war noch nicht angebrochen. Und es hatten die Wiener Theologen auch nur darüber befinden dürfen, ob Ferdinand in äußerster Not einen Frieden schließen dürfe; wann diese „extrema necessitas" gegeben sei, darüber hatten die Herren weisungsgemäß nicht zu entscheiden. Auch in dem frommen und skrupelhaften Ferdinand lebte noch ein Rest von der Schlauheit früherer Habsburgergenerationen, indem er trotz seiner Angst um sein Seelenheil einen Weg fand, die Politik auch wirklich den Politikern zu überlassen. In dieser hochwichtigen Sache, eröffnete der Kaiser also seinen weltlichen Beratern, wolle er keinen selbständigen Beschluß fassen. Um sein eigenes Gewissen zu entlasten, belaste er das ihre. Sie möchten ihm einen solchen Rat erteilen, den sie vor dem Richterstuhle Gottes verantworten könnten. Die Herren, die Kardinäle Pázmány und Dietrichstein, der Bischof Antonius, die Grafen Trauttmansdorff, Werdenberg und Schlick, der Reichsvizekanzler Stralendorf rieten verantwortungsbewußt und klug. „Die höchste unumgängliche Not", befanden sie, von der die Herren Theologen gesprochen hatten, sei gegeben, die Wahrheit derselben allgemein bekannt, da auch „der gemeine Mann in E. Kais. Mt. Erb-Königreichen und Landen umb nichts höhers als den lieben Frieden schreien und seufzen tut; vox autem populi vox Dei!" Hätte man sich früher schon an diesen Grundsatz gehalten, es hätte schon längst keinen Krieg mehr gegeben.

Am 30. Mai 1635, oder am 20. nach protestantischer Zeitrechnung, weil die Protestanten die von Papst Gregor vor einem halben Jahrhundert durchgeführte Reform des Julianischen Kalenders immer noch nicht anerkannten, im Mai 1635 also, wurde der Prager Friede zwischen dem Kaiser und dem Kurfürsten von Sachsen geschlossen. Es gab keinen formellen Friedensvertrag, weil nach den messerscharfen Schlüssen der Juristen ein Stand des Reiches ja gar keinen Krieg gegen das Reichsoberhaupt führen konnte, sondern ein Abkommen, das auf den im Vorjahr getroffenen und viel umstrittenen Vereinbarungen fußte, die ein wenig zugunsten des Kaisers abgeändert worden waren. Das Restitutionsedikt wurde aufgehoben für 40 Jahre, praktisch für immer. Der Besitzstand zwischen Katholiken und Protestanten sollte wieder so sein, wie er vor dem 12. November 1627 gewesen war. Das bedeutete, daß Maximilian von Bayern vorerst die Rheinpfalz behalten durfte, daß aber auch die Herzöge von Mecklenburg wieder als rechtmäßige Herren ihres Landes vom Kaiser anerkannt wurden. Sachsen erhielt die Lausitzen endgültig zugesprochen, dazu noch das Erzstift Magdeburg, auf das der Kaisersohn Leopold Wilhelm verzichten mußte. Allen Reichsständen, die dem Prager Abkommen beitraten, und sie traten fast alle bei, gewährte der Kaiser Amnestie. Davon gab es freilich Ausnahmen, die noch den Haß früherer Tage unrühmlich spüren ließen. Ausgeschlossen von den Segnungen des Friedens waren die Nachkommen Friedrichs von der Pfalz, des Winterkönigs, der 1632 unbeachtet und einsam gestorben war, ferner Württemberg, das unter dem Joch der kaiserlichen Besatzung verblieb, sowie die Mehrzahl der Rebellen des Jahres 1618. Andere schlossen sich selber aus, der Herzog Bernhard von Weimar zum Beispiel, der in französischem und schwedischem Solde stand. Ein gemeinsames Heer aller treuen Stände des Reiches unter dem Oberbefehl des Kurfürsten von Sachsen sollte die Feinde von deutschem Boden vertreiben. Und das war nämlich der Pferdefuß der Versöhnung zwischen dem Kaiser und dem Kurfürsten von Sachsen. Den Frieden brachte sie nicht, dazu kam sie zu spät, sie brachte nur eine Umkehr der Allianzen. Die überwiegende Mehrzahl der Reichsstände, auch die Protestanten, kämpfte jetzt im Lager des Kaisers gegen die Schweden und Franzosen und kämpfte noch 13 Jahre lang. Den allgemeinen Frieden hat Ferdinand nicht erreichen können, dazu waren die Verhältnisse zu verworren, kamen seine Konzessionen viel zu spät. Aber ein schwaches Licht in der allgemeinen Düsternis war der Prager Friede immerhin, ein wichtiger Schritt zur friedlichen Koexistenz zwischen Katholiken und Protestanten im Reich, wie sie dann 1648 im Westfälischen Frieden nach dreißigjährigem Kriegführen verwirklicht wurde. Den Schritt zur Versöhnung hat Ferdinand nur zögernd getan und nicht ganz freiwillig, aber er hat ihn getan und dadurch mitgeholfen, einen bescheidenen Anfang zu setzen für eine Wendung zum Besseren.

Der Abend des Lebens

Im Jahr des Prager Friedens war Ferdinand 57 Jahre alt. Von seinen zahlreichen Geschwistern lebte längst keines mehr, und auch der Gefährte von Jugend auf, Eggenberg, der Freund, mit dem er Freude und Leid geteilt hatte, war tot, qualvoll gestorben im Sommer 1634. Auch Ferdinand war nun schwer krank. Nicht die Gicht plagte ihn, das Altersleiden jener Generationen, sondern die Wassersucht. Dick geschwollen waren seine Beine und unförmig aufgebläht sein Unterleib, weil der Körper die Flüssigkeit, die er aufnahm, nur mehr unvollständig verarbeiten konnte. Immer beschwerlicher fiel es Ferdinand, in den Donauauen zu streifen auf der Jagd nach dem Hirschen, dem Bären oder dem Luchs, und der zeitweilige Verzicht auf sein geliebtes Waidwerk machte ihn traurig. Man gab jetzt öfters Feste bei Hof, aber diese hohlen Vergnügungen konnten den passionierten Waidmann nur unzulänglich aufheitern. Viel freudiger stimmte ihn da schon der Besuch seines Vetters Maximilian im Juni 1635. Der Kurfürst kam nach Wien, um mit der Erzherzogin Maria Anna, Ferdinands älterer Tochter, Hochzeit zu halten. Der 62jährige Schwiegersohn aus Bayern, obwohl ebenfalls schon alt und grau, war immerhin noch rüstiger als sein um fünf Jahre jüngerer Schwiegervater: Mit der Habsburgerin zeugte Maximilian trotz seines fortgeschrittenen Alters einen Sohn, den späteren Kurfürsten Ferdinand Maria, der die Dynastie der bayerischen Wittelsbacher im Mannesstamme fortsetzte.

Während Vetter Maximilian daranging, sich spät noch

Nachkommenschaft zu sichern, war Ferdinand bestrebt, seinem ältesten Sohne die Macht ungeschmälert zu übergeben, denn er mußte mit seinem nahen Tode rechnen. Alle Kronen waren dem jungen Ferdinand längst sicher außer einer, der Krone des Heiligen Römischen Reiches. Vergeblich hatte sich der Kaiser bemüht, die Wahl seines Sohnes zum römischen König durchzusetzen, als seine Truppen unter Wallensteins Führung ganz Deutschland überschwemmten. Diese Zeiten waren nun endgültig vorbei. Ferdinand hatte Bereitschaft gezeigt, seine Machtansprüche zu beschränken, das Edikt zurückgenommen, mit dem er die Protestanten jahrelang geschreckt hatte, und die Katholischen brauchten sich vor seinem Heer nicht mehr zu fürchten. Und da kein absolutes Kaisertum mehr drohte, das ihre Freiheiten bedrohlich beschnitten hätte, waren auch die Kurfürsten bereit, ihren Beitrag zur Entspannung im Reiche zu leisten und den langgehegten Herzenswunsch des Kaisers zu erfüllen. Ein Reichstag in Regensburg, so war geplant, sollte die Versöhnung der Reichsstände mit ihrem Oberhaupt manifestieren und als sichtbares Zeichen des guten Einvernehmens den jungen Ferdinand III. zum römischen König erheben. Natürlich ließ es sich Ferdinand trotz seiner Krankheit nicht nehmen, dem großen Ereignis selbst zu präsidieren. Im Mai 1636 brach der alte Kaiser also noch einmal auf nach Regensburg. Alles zusammengenommen hatte er in dieser Reichsstadt gut zwei Jahre seines Lebens verbracht, und mehr schmerzliche als schöne Erinnerungen knüpften sich an diese Aufenthalte. Mit dem Reisen aber ließ Ferdinand sich wie üblich Zeit, weil auch die Kurfürsten sich Zeit ließen und er nicht als erster in Regensburg sein wollte, da dies seiner kaiserlichen Ehre und Reputation abträglich gewesen wäre. So wohnte also Ferdinand im Kloster Melk der Fronleichnamsprozession bei und reiste dann gemächlich weiter nach Linz, wo er bis Ende Juli blieb. In diesem Sommer 1636 scheint sich sein Gesundheitszustand noch einmal gebessert zu haben. Er wallfahrte zu den Klöstern in der Umgebung der Landeshauptstadt, vertrieb sich die Langeweile mit Jagen und Fischen und durfte auch sonst viel Schönes erleben. Wie freute sich der alte Mann, als er die Linzer zahlreich zur Messe pilgern sah, „indem ich vor meinem Tod an diesem Ort, allda man nicht gar längst wider das hochheilige

Sakrament allso giftig und gottlos gepredigt, und daraus als aus einer Brunnquellen des Übels ein Irrtum aus dem andern, eine Rebellion nach der andern entsprungen sind, anjetzo mit meinen Augen sehe eine große Anzahl Volks diesen Prozessionen beiwohnen...". Da habe er vor lauter Freude die Tränen nicht zurückhalten können, gestand Ferdinand seinem Beichtvater, und der gestrenge Pater Lamormaini, gerührt von der innigen Frömmigkeit seines kaiserlichen Beichtkindes, war nun selbst dem Weinen nahe.

Als Ferdinand nach fast dreimonatiger Reise am 7. August 1636 in Regensburg einzog, war immer noch kein Kurfürst anwesend. Die Ratsherren der Reichsstadt waren die einzigen Honoratioren, die den Kaiser beim Stadttor empfingen. Unverzüglich ließ Ferdinand seinen Reisewagen halten, gab den biederen Bürgern die Hand und richtete ein paar freundliche Worte an sie; wie ja überhaupt in Ferdinands Wesen keine Spur von Hochmut zu finden war. So hatte er auch früher gern mit Bürgern und Bauern geplaudert, und seine Freundlichkeit war sprichwörtlich.

Wie üblich dauerte es noch eine ganze Weile, bis die Kurfürsten, Fürsten und Stände oder ihre Vertreter vollzählig versammelt waren und die Beratungen des Reichstages in Schwung kamen. Lange Zeit verstrich auch, ehe die Kurfürsten endlich zur Wahl des römischen Königs schritten. Beinahe hätte Ferdinand diesen freudigen Augenblick nicht mehr erlebt. Am 8. November 1636 verlor er zwei Stunden lang das Bewußtsein, und die ratlosen Leibärzte befürchteten, er werde die Nacht nicht mehr überleben. Aber noch einmal trug das Leben den Sieg über den Tod davon. Ferdinand erholte sich wieder so weit, daß er der Krönung seines Sohnes im Dom zu Regensburg beiwohnen konnte. „Das Reich bedarf meiner nicht mehr", meinte er, „denn es ist mit einem tauglichen Nachfolger versehen." Er hatte mit seinem diesseitigen Leben abgeschlossen. Viele Fragen gab es auf dem Reichstag noch zu erörtern, was mit dem abtrünnigen Kurfürsten von Trier zu geschehen habe, der es mit Frankreich hielt; wie man endlich zu einem allgemeinen Frieden gelangen könnte; ob den Nachkommen des Fürsten Eggenberg der Rang von regierenden Herzögen zukomme; ob Dänemark einen Zoll auf der Elbe einheben dürfe. Diese Fragen interessierten Ferdinand jetzt nicht mehr, mochte sein Sohn sich mit ihnen abmühen. Er selbst nahm Abschied von Regensburg am 23. Jänner 1637, diesmal für immer. Er fühlte sich schwach und matt. In Straubing bat er den Beichtvater um Erlaubnis, sein Morgengebet abkürzen zu dürfen, denn es falle ihm schwer, täglich um vier Uhr aufzustehen. Wenn Ferdinand sein Beten einschränkte, dann stand es schlimm um ihn, wenngleich er immer noch beteuerte, er sei „gottlob wohlauf". Am 8. Februar erreichte der schwerkranke Kaiser seine Residenzstadt. Düstere Vorzeichen gemahnten die Wiener an nahendes Unheil: Ein paar Tage vor des Kaisers Ankunft war der Kirchturm der Schottenkirche plötzlich in sich zusammengestürzt. Dennoch hatten Adel und Bürgerschaft zu festlichem Empfang gerüstet. Ferdinand jedoch wollte von solchem Gepränge nichts mehr wissen. „Versparet dies für den römischen König, der bald eintreffen wird", ließ er den Wienern sagen. Als Ferdinand III. dann in Wien eintraf, gab es keinen Jubel mehr, sondern Trauer. Seine Krankheit machte rasche Fortschritte. Seine Schenkel waren unförmig geschwollen, und die Spezialkuren und Purgiertränklein, mit denen die ratlosen Ärzte ihren geduldigen Patienten traktierten, taten ihre Wirkung nicht. Trotz seines bedenklichen Zustandes nahm Ferdinand an den Sitzungen des Geheimen Rates teil, das erachtete er als seine Pflicht. Noch am 14. Februar schrieb er eigenhändig an seinen Sohn, dann aber waren seine Kräfte erschöpft. Am 15. Februar 1637 um 9 Uhr morgens starb Ferdinand fromm, wie er gelebt hatte, versehen mit den Sterbesakramenten, eine geweihte Kerze in der Hand. Die Ärzte öffneten den Leichnam und fanden die Eingeweide ganz verdorben, so daß sie sich wunderten, warum der Kaiser im Leben stets so heiter und gelassen habe erscheinen können. Die Trauerfeiern in Wien dauerten mehrere Wochen. Dann, am 21. März 1637, wurden die sterblichen Überreste des Kaisers nach Graz überführt. Als Toter kehrte Ferdinand heim in seine Vaterstadt, die er in den letzten 18 Jahren seines Lebens nicht mehr betreten hatte. Gemäß dem Wunsche des Verstorbenen bestattete man sein Herz an der Seite seiner Mutter im Klarissinnenkloster. Der Körper wurde in der Krypta seines Mausoleums beigesetzt. Dort ruht Kaiser Ferdinand in einer Grabnische hinter einer schlichten Mamorplatte und wartet auf seine Auferstehung, an die er im Leben so fest geglaubt hat. Wie er ja überhaupt mehr ein Mann des Glaubens gewesen ist, kein kühler, nüchterner Verstandesmensch. Deswegen haben ihn manche einen Heiligen genannt, andere einen Tyrannen. Er war wohl beides nicht. Er war ein einfacher, frommer Fürst, der in einer Zeit lebte, wo man Stellung nehmen mußte, und er hat immer eindeutig Stellung genommen. Den schweren Entscheidungen, die auf ihn zukamen, war er nicht immer gewachsen. In seinem frommen Eifer konnte er nur schwer beurteilen, was erreichbar war und was nicht, und hat dadurch die Leiden des großen Krieges verlängern und vermehren helfen. Getreu seinem Wahlspruch aber hat Ferdinand einen offenen, ehrlichen, wenn auch oft gnadenlosen Kampf gekämpft, und große Erfolge hat er errungen. Das Habsburgerreich hat er zusammengehalten, als es in den Stürmen der Zeit zu zerbrechen drohte, und hat es gefestigt, so daß es noch beinahe drei Jahrhunderte überdauern konnte. Er hat den Katholizismus in Österreich vor dem Untergang bewahrt, und wie immer man seine angewandten Methoden beurteilen mag, es war eine persönliche Leistung, die Anerkennung verdient. Und eines muß man noch in Erwägung ziehen, wenn man sein Leben, seine Taten betrachtet: Jene Zeit maß mit ganz anderen Maßstäben als die unsere. Treffend hat es ein Historiker formuliert: Man könne feststellen und verstehen, kaum aber urteilen und richten.

Quellen und Literatur

Andritsch Johann: Landesfürstliche Berater am Grazer Hof (1564 bis 1619), in: Alexander Novotny und Berthold Sutter (Hrsg.), Innerösterreich 1564—1619. Graz 1964, 73—118. (Joannea, Publikationen des steiermärkischen Landesmuseums und der steiermärkischen Landesbibliothek Band 3.)

Cerwinka Günther: Die Eroberung der Festung Kanizsa durch die Türken im Jahre 1600, in: Alexander Novotny und Berthold Sutter (Hrsg.), Innerösterreich 1564—1619. Graz 1964, 409—512. (Joannea, Publikationen des steiermärkischen Landesmuseums und der steiermärkischen Landesbibliothek Band 3.)

Chlumecky Peter Ritter von (Hrsg.): Briefe Albrechts von Waldstein, Herzogs von Friedland. Regesten der Archive im Markgrafthume Mähren. Band I. Brünn 1856.

Diwald Hellmut: Wallenstein. München 1969.

Dudik Bernhard: Correspondenz Kaiser Ferdinands II. und seiner erlauchten Familie mit Pater Martinus Becanus und Pater Wilhelm Lamormaini, in: AfÖG 54 (1876) 219—350.

Dudik Bernhard: Waldsteins Correspondenz. Eine Nachlese, Teil I und II, in: AfÖG 32 (1865) 337—416 und AfÖG 36 (1866) 185 bis 238.

Dudik Bernhard: Waldstein von seiner Enthebung bis zur abermaligen Übernahme des Armee-Ober-Commandos. Wien 1858.

Duhr Bernhard: Die Jesuiten an den deutschen Fürstenhöfen des 16. Jahrhunderts. Erläuterungen und Ergänzungen zu Jannssens Geschichte des deutschen Volkes. Band 2. Freiburg 1901.

Eder Karl: Rahmen und Hintergrund der Gestalt Ferdinands II, in: Berthold Sutter (Hrsg.), Festschrift für Julius Franz Schütz. Graz 1954, 315—324.

Förster Friedrich: Albrechts von Wallenstein, des Herzogs von Friedland und Mecklenburg, ungedruckte, eigenhändige, vertrauliche Briefe und amtliche Schreiben aus den Jahren 1627 bis 1634. 3 Bände. Berlin 1828/29.

Friedell Egon: Kulturgeschichte der Neuzeit, München 1931.

Gindely Anton: Geschichte der Gegenreformation in Böhmen. Leipzig 1894.

Gindely Anton: Geschichte des Dreißigjährigen Krieges. 4 Bände. Prag 1869—1880. (Unvollendet, reicht bis zum Jahre 1623.)

Gindely Anton: Geschichte des Dreißigjährigen Krieges in drei Abteilungen. Leipzig 1882.
Gindely Anton: Rudolf II. und seine Zeit. Prag 1863.
Gindely Anton: Waldstein während seines ersten Generalats im Lichte der gleichzeitigen Quellen 1625—1630. 2 Bände. Prag 1886.
Gnirs Anton: Österreichs Kampf für sein Südland am Isonzo 1615 bis 1617. Wien 1916.
Groß Lothar: Zur Geschichte des Wiener Vertrages vom 25. April 1606, in: MIÖG 11 Supl. (1929), 574—587.
Hallwich Hermann: Briefe und Akten zur Geschichte Wallensteins 1630—1634. 4 Bände. Wien 1912.
Hallwich Hermann: Fünf Bücher Geschichte Wallensteins. Leipzig 1910.
Hallwich Hermann: Wallensteins Ende. Ungedruckte Briefe. 2 Bände. Leipzig 1879.
Hammer-Purgstall Joseph Freiherr von: Khlesl's des Cardinals, Directors des geheimen Cabinetes Kaisers Mathias, Leben. 4 Bände. Wien 1847—1851.
Hansitz Markus: Germania sacra. 2 Bände. Augsburg 1729.
Hantsch Hugo: Die Geschichte Österreichs. Graz. 1. Band, 5. Auflage 1969; 2. Band, 4. Auflage 1968.
Hantsch Hugo: Kaiser Ferdinand II., in: Hugo Hantsch (Hrsg.), Gestalter der Geschicke Österreichs. Innsbruck 1962, 157—170.
Hemleben Johannes: Johannes Kepler in Augenzeugenberichten und Bilddokumenten. Hamburg 1971.
Hildebrand E.: Wallenstein und seine Verbindungen mit Schweden. Frankfurt am Main 1885.
Hirn Joseph: Erzherzog Ferdinand II. von Tirol. 2 Bände. Innsbruck 1885—1888.
Huber Alfons: Die Geschichte Österreichs. 5 Bände. Gotha 1885 bis 1896.
Hurter Friedrich von: Friedensbestrebungen Kaiser Ferdinands II. Wien 1860.
Hurter Friedrich von: Geschichte Kaiser Ferdinands II. und seiner Eltern. 11 Bände. Schaffhausen 1850—1864.
Hurter Friedrich von: Zur Geschichte Wallensteins. Schaffhausen 1855.
Hurter Friedrich von: Wallensteins vier letzte Lebensjahre. Wien 1862.
Jessen Hans: Der Dreißigjährige Krieg in Augenzeugenberichten. Düsseldorf 1963.
Khevenhüller Franz Christoph: Annales Ferdinandei. 12 Bände. Leipzig 1726.
Kodolitsch Georg: Drei steirische Mausoleen: Seckau, Graz und Ehrenhausen, in: Alexander Novotny und Berthold Sutter (Hrsg.), Innerösterreich 1564—1619. Graz 1964, 325—370. (Joannea, Publikationen des steiermärkischen Landesmuseums Band 3.)
Kohlbach Rochus: Die barocken Kirchen von Graz. Graz 1951.

Krones Ferdinand: Kardinal Melchior Klesl, in: Hugo Hantsch (Hrsg.), Gestalter der Geschicke Österreichs. Innsbruck 1962, 143 bis 156.
Loserth Johann: Reformation und Gegenreformation in den innerösterreichischen Ländern im 16. Jahrhundert. Stuttgart 1898.
Mann Golo: Wallenstein. Frankfurt am Main 1971.
Mann Golo: Das Zeitalter des Dreißigjährigen Krieges. Frankfurt am Main 1964. (Propyläenweltgeschichte Band 7.)
Mecenseffy Grete: Geschichte des Protestantismus in Österreich. Graz 1956.
Mecenseffy Grete: Habsburger im 17. Jahrhundert. Die Beziehungen der Höfe von Wien und Madrid während des Dreißigjährigen Krieges, in: AfÖG 121 (1957) 1—91.
Mezler-Andelberg Helmut: Zur Verehrung der Heiligen während des 16. und 17. Jahrhunderts in der Steiermark, in: Alexander Novotny und Berthold Sutter (Hrsg.), Innerösterreich 1564—1619. Graz 1964, 153—196. (Joannea, Publikationen des steiermärkischen Landesmuseums Band 3.)
Mitis Oskar von: Gundaker Liechtensteins Anteil an der kaiserlichen Zentralverwaltung (1606—1654). Wien 1908.
Müller Johannes: Die Vermittlungspolitik Khlesls 1613—1616, in: MIÖG 5 Suppl., 604—690.
Neunteufl Walter: Die Entwicklung der innerösterreichischen Länder, in: Alexander Novotny und Berthold Sutter (Hrsg.), Innerösterreich 1564—1619. Graz 1964, 513—524. (Joannea, Publikationen des steiermärkischen Landesmuseums, Band 3.)
Odontius Paulus: Kurze und wahrhafte historische Erzählung, wie und welcher Gestalt Paulus Odontius, gewesener Prediger zu Waldstein in Steiermark, wegen der Lehr und Predigt des heil. Evangelii von der Gräzerischen Inquisition gefänglich eingezogen... etc. Magdeburg, Dresden 1603.
Pfister Kurt: Kurfürst Maximilian von Bayern und sein Jahrhundert. München 1948.
Pick Friedrich: Der Prager Fenstersturz 1618. Prag 1918.
Posch Andreas: Zur Tätigkeit und Beurteilung Lamormainis, in: MIÖG 63 (1955) 375—390.
Ritter Moritz: Deutsche Geschichte im Zeitalter der Gegenreformation und des Dreißigjährigen Krieges. Band 3. Stuttgart 1901.
Ritter Moritz: Der Ursprung des Restitutionsedikts, in: HZ 76 (1895).
Rosolenz Jakob: Gründlicher Gegenbericht auf den falschen Bericht und vermeinte Erinnerung Davidis Rungii, Wittenbergischen Professors, von der bäpstischen Verfolgung des h. Evangelii in Steyermark, Kärndten und Crayn. Grätz 1607.
Schuster Leopold: Fürstbischof Martin Brenner. Ein Charakterbild aus der steirischen Reformationsgeschichte. Graz 1898.
Schwarzenfeld Gertrude von: Rudolf II., der saturnische Kaiser. München 1961.

Srbik Heinrich Ritter von: Wallensteins Ende. Wien 1952. 2. Auflage.
Stauffer Albrecht: Die Belagerung von Kanizsa durch die christlichen Truppen im Jahre 1601, in: MIÖG 7 (1886) 265—352.
Steinberger Ludwig: Die Jesuiten und die Friedensfrage 1635—1650. Freiburg 1906.
Steinwenter Artur: Steiermark und der Friedensvertrag von Zsitva Torok, in: AfÖG 106 (1918) 157—240.
Stieve Felix: Wittelsbacher Briefe, in: Abhandlungen der historischen Classe der bayerischen Akademie der Wissenschaften 17 (1886) 385ff und 18 (1889) 116ff.
Stobaei Georgii de Palmaburgo episcopi Lavantini... Epistolae ad diversos. Wiennae Austria 1758.
Stieve Felix: Ferdinand II. Abhandlungen, Vorträge und Reden. Leipzig 1900.
Strnadt Julius: Der Bauernkrieg in Oberösterreich. Wels 1930.
Sturmberger Hans: Aufstand in Böhmen. Der Beginn des Dreißigjährigen Krieges. München 1959.
Sturmberger Hans: Kaiser Ferdinand II. und das Problem des Absolutismus. Wien 1957.
Sturmberger Hans: Georg Erasmus Tschernembl. Religion, Libertät und Widerstand. Linz 1953.
Theatrum Europaeum. 3 Bände. Frankfurt am Main 1646—1670.
Völker Karl: Die „Sturmpetition" der evangelischen Stände in der Wiener Hofburg am 5. Juni 1619, in: Jahrbuch für Geschichte des Protestantismus in Österreich 57 (1936) 1—50.
Wandruszka Adam: Das Haus Habsburg. Geschichte einer europäischen Dynastie. Stuttgart 1956.
Wandruszka Adam: Reichspatriotismus und Reichspolitik zur Zeit des Prager Friedens von 1635. Graz 1955.
Wedgwood C. V.: Der Dreißigjährige Krieg. München 1967. (The Thirty Years War. London 1944.)
Wolf Adam: Bilder aus Österreich. 2 Bände. Wien 1878.
Zöllner Erich: Geschichte Österreichs, von den Anfängen bis zur Gegenwart. Wien 1962.
Zwiedineck-Südenhorst Hans von: Venetianische Gesandtschaftsberichte über die böhmische Rebellion (1618—1620). Graz 1880.
Zwiedineck-Südenhorst Hans von: Hans Ulrich von Eggenberg, Freund und erster Minister Kaiser Ferdinands II. Wien 1880.

Anmerkungen

Seite

7 *als einfältig hingestellt*] Stieve, Abhandlungen 125ff.
legitime certantibus corona] nach 2 Timotheus 2, 5: „Nam et qui certat in agone non coronabitur, nisi legitime certaverit."

8 *Die theologischen Schulstreitigkeiten*] Stieve, Abhandlungen 155.

9 *„kaum aber urteilen und richten"*] Eder, Festschrift 324.
Tugenden gerühmt] Lamormaini, Ferdinandi Virtutes bei Khevenhüller, Annales Ferdinandei 2382ff.
einen heiligen Fürsten] Nuntius Caraffas Relation bei Jessen, Der Dreißigjährige Krieg 61ff.
notae tyranni] Wolf, Bilder aus Österreich Bd. 1, 253.
mit einer Spinne verglichen] Hantsch, Gestalter der Geschicke Österreichs 168.
an politischem Verständnis gemangelt] Srbik, Wallensteins Ende 63ff.

10 *oder vierzigjährigen Krieg gefaßt machen*] Gindely, Geschichte des Dreißigjährigen Krieges Bd. 2, 49.
Von der kleinen Grazer Hofburg] Wolf, Bilder aus Österreich Bd. 1, 24.

13 *gerechtere Justiz*] Novotny, Absolutismus 57 und 59.

14 *Über den Landtag des Jahres 1566*] Hurter Bd. 1, 87ff.

15 *kaum anständige Bezahlung*] Wolf, Bilder aus Österreich Bd. 1, 130.

16 *Zerrüttung nicht wundern dürfe*] Huber, Geschichte Österreichs Bd. 4, 322.

17 *Über die Jesuiten in Graz*] Duhr, Die Jesuiten an den deutschen Fürstenhöfen des 16. Jahrhunderts 23ff.
Der Türke seye der Lutheraner Glück] Loserth, Gegenreformation 247.

18 *Über die Brucker Pazifikation und ihre Folgen*] Loserth, Gegenreformation 257ff.
Rechenschaft abgeben müssen] Schuster, Martin Brenner 181.

19 *Bedingungen zu verletzen*] Huber Bd. 4, 327.
religiöse Freiheiten wieder nehmen] Duhr, Fürstenhöfe 66.
Erzherzog Karls Testament] Hurter Bd. 2, 522—535.

22 *Datum der Taufe*] Khevenhüller, Annales Bd. 1 gibt den 20. Juli als Tag der Taufe an, Hurter Bd. 2, 216 spricht vom 23. Juli.

22 *Über Ferdinands Frömmigkeit*] Beispiele bei Hurter Bd. 2, 218.
23 *Dem Namen nach bekannt*] Andritsch, Landesfürstliche Berater 84.
mit Mühe entziffern] Hurter Bd. 2, 219.
Bei Wasser und Steinen] Hurter Bd. 2, 228.
verzagt und grüblerisch] Huber, Geschichte Österreichs Bd. 4, 338 und Hirn, Ferdinand von Tirol Bd. 2, 119.
24 *Unterwürfigkeit*] Stieve, Wittelsbacher Briefe Bd. 18, 116.
sein wohlwollendster Biograph] Hurter Bd. 2, 221.
energische Frau] Huber Bd. 4, 327, Anmerkung 5.
weiter bringen als anderswo] Hurter Bd. 2, 232.
25 *Luther über Ingolstadt*] Hurter Bd. 2, 243, Anm. 42.
26 *Über Giphanius*] Hurter Bd. 2, 243.
27 *aufs Essen nicht Zeit lassen*] Hurter Bd. 2, 253.
Kontroverse mit Maximilian] Stieve, Abhandlungen 127.
28 *aus Ingolstadt abzuberufen*] Hurter Bd. 2, 257.
Über Ferdinands Studien in Ingolstadt] Hurter Bd. 3, 201ff.
Kreuzesbild schleppen] Zwiedineck-Südenhorst, Eggenberg 12.
Cassium eingenommen] Hurter Bd. 3, 201.
29 *bei Entbehrung des Fleisches*] Hurter Bd. 3, 219.
Das erwähnte Porträt Ferdinands] aus dem Besitze des Wiener Kunsthistorischen Museums befindet sich in der Porträtgalerie auf Schloß Ambras bei Innsbruck.
Der Bericht des Äneas Gonzaga] Hurter Bd. 3, 210.
Über Ferdinands Verwachsung] Hurter Bd. 3, 220.
30 *Zwei Briefe Ferdinands aus Ingolstadt*] Hurter Bd. 3, Beilagen CXXXI und CXXXIII.
Der Ingolstädter Rektor über Ferdinand] Hurter Bd. 3, Beilage CXXIII.
ein feines Wesen] Hurter Bd. 2, 399.
blöde, verzagt und schwach] Huber Bd. 4, 338.
31 *exercitium armorum*] Hurter Bd. 2, 401.
mit Büchern in die Flucht schlagen] Hurter Bd. 2, 405.
32 *Kondolenzbrief Ferdinands*] In Katalog Innerösterreich Nr. 471.
Die Geschichte des Ruepp Binder] Loserth 561ff.
33 *wurde heftig gestritten*] Huber Bd. 4, 334.
Über die Prädikanten Fischer und Zimmermann] Schuster 317ff.
34 *türkische Auslegung des ius gentium*] Zöllner, Geschichte 203.
Über die Vorgänge bei Sissek] Huber Bd. 4, 375f.
35 *bei diesem Treffen mitgekämpft*] Hurter Bd. 2, 406.
Über Rudolf II.] siehe die im Literaturverzeichnis angeführten Werke von Gindely und Schwarzenfels.
36 *Ganz melancholisch gemacht*] Hurter Bd. 3, 208.
37 *Ein römisch Kaiser möge werden*] Hurter Bd. 2, 399.

37 *Verabschiedung Ferdinands*] Hurter Bd. 3, 234ff.
38 *Regentenspiegel Herzog Wilhelms*] Hurter Bd. 3, Beilage CXLII.
auf der letzten Strecke Weges] Schuster 328.
Briefe Wilhelms von Bayern] Stieve, Wittelsbacher Briefe Bd. 18, Nr. 61—64 und 74.
39 *Brief Scherers*] Hurter Bd. 3, 560.
Weiber- und Pfaffenregiment] Mecenseffy, Protestantismus 77.
Über die Lehren Villers und Ferdinands Abhängigkeit] Duhr, Fürstenhöfe 36ff; Sturmberger, Ferdinand II. 10.
40 *er brennt vor Begierde*] Duhr, Fürstenhöfe 42.
Über die Kontroverse um den Beichtvater] Duhr, Fürstenhöfe 48ff.
41 *unangefochten von Neidern und Widersachern*] Viller blieb 18 Jahre lang Ferdinands Beichtvater und starb hochbetagt 1626 in Wien.
viele seiner Kritiker] Vgl. Hurter Bd. 3, 242ff.
Über Hieronymus Graf Portia] Andritsch, Berater 95.
42 *am Galgen baumeln*] Mecenseffy, Protestantismus 79.
minime viri boni] Denkschrift bei Schuster 350ff.
43 *Maria an Wilhelm von Bayern, 4. Juni 1596*] Stieve, Wittelsbacher Briefe Bd. 18, Nr. 82.
44 *grüßten nicht*] Schuster, Martin Brenner 343.
in bloßem Hemde von dannen ziehen] Hurter Bd. 4, 41.
über die Erbhuldigung] Schuster 331f.
46 *es den Holländern gleichzutun*] Wolf, Bilder Bd. 1, 24.
47 *Bedenken der kaiserlichen Räte und Ferdinands Antwort*] Khevenhüller, Annales Bd. 4, 1717.
über die Abenteuer und Schicksale Franz Christoph Khevenhüllers] Wolf, Bilder aus Österreich Bd. 1, 146ff.
51 *in den Arrest gesteckt*] Mecenseffy, Protestantismus 78.
Gemüter der Historiographen] Hurter Bd. 3, 415ff.
52 *ein Irrtum*] Khevenhüller, Annales Bd. 4, 1869.
Man reiste in Kutschen] Zwiedineck-Südenhorst, Eggenberg 12.
Über Ferdinands Italienreise] Hurter Bd. 3 und die im Anhang mitgeteilten Briefe.
57 *Ferdinands Entschuldigung*] Hurter Bd. 3, Beilage CLIX.
das Land nicht mehr sicher wäre] Hemleben, Kepler 40.
58 *Übergriffe der Protestanten*] Hurter Bd. 3, 407ff.
„Pfaff, du lügst!"] Schuster 370.
59 *schmeckten einen Papisten*] Schuster 340.
über die Vorgänge in Eisenerz] Hansiz, Germania Sacra II, 698.
60 *höchste Gefahr des Leibes tractiert*] Khevenhüller, Annales 4, 2062.

60 *der Satan möge toben*] Hurter Bd. 4, 229.
Unleugbar war es höchst gefährlich] Schuster 361.
61 *lutherische Prädikanten aufzuhängen*] Vgl. mehrere Stellen aus Marias Briefen der Jahre 1598/99 an Ferdinand; Hurter Bd. 4, 389—490; Mecenseffy, Protestantismus 79.
über Stobäus] Andritsch, Berater 89.
Stobäus Gutachten „De auspicanda religionis reformatione in Styria, Carinthia, Carniola", das für die Durchführung der Gegenreformation von entscheidender Bedeutung war] Hansiz, Germania sacra II, 713ff.
62 *List und Drohungen*] Hurter Bd. 4, 33.
63 *in eines anderen Hirten Gebiet*] Schuster 360.
müßig zu gehen] Hurter Bd. 4, 50.
bei scheinender Sonne] Schuster 375.
64 *in dieser Causa kein Gehör geben*] Hurter Bd. 4, 54.
Brief Klesls vom 18. Jänner 1599] Schuster 384.
Kanonen auf die Stadt gerichtet] Schuster 388.
bis in ihre Grube verharren] Huber Bd. 4, 345
65 *und so fort in allen ihren Briefen*] Hurter Bd. 4, 178ff, Schuster 390.
er verfechte Gottes Sache] Schuster 362.
lutherische Gotteshäuser angezündet] Mecenseffy, Protestantismus 80.
Eid auf die römische Kirche] Die Eidesformel (nach Hurter Bd. 4, 230) lautete: „Ich armer, elender Sünder bekenne Euch, ehrwürdiger Herr, Priester an Gottes Statt, und der lieben Jungfrau Maria und allen lieben Heiligen, daß ich so lang und so viele Jahre der verführerischen, verdammlichen, gottlosen sectischen Lehre beigewohnt und in solchem schrecklichen Irrtum gesteckt bin, auch in ihrem greulichen Sakrament nichts anderes empfangen als ein schlechtes Bäckenbrot und aus dem Kelch nichts anderes als schlechten Wein vom Faß. Solchem greulichen Irrtum entsage ich und verspreche, der verdammlichen Lehre nimmermehr beizuwohnen. So wahr mir Gott helfe und alle lieben Heiligen."
66 *dem Vulcano geopfert*] Schuster 426.
ein steirischer Edelmann] Wolf, Bilder aus Österreich Bd. 1, 26.
67 *einmal ganz reinigen*] Schuster 433.
Ketzerhammer] Huber 4, 349.
Ergötzlichkeit von 1200 Talern] Schuster 455.
68 *solange gegenwärtige Regierung besteht*] Hemleben, Kepler 42.
das fleißige Aufwarten der Landleute] Hurter Bd. 4, 224.
69 *die Liste der gehorsamen und ungehorsamen Grazer*] Schuster 469ff.
70 *des Bücherzutragens sei noch kein Ende*] Hurter Bd. 4, 245.
„dem Vulcano destiniert"] Schuster 471.

70 *Apotheose der Gegenreformation*] Mezler-Andelberg, Heiligenverehrung, Innerösterreich 183.
71 *Zum Begriff „Gegenreformation"*] Sturmberger, Tschernembl 17.
72 *Die Protestanten nicht gehaßt*] Lamormaini, Virtutes 2439.
   die starken Worte] Hurter Bd. 3, 242, Bd. 4, 41.
73 *wohlgesonnene Leute*] Hirn, Ferdinand von Tirol, Bd. 2, 119.
   Unterwerfung unter ihren Willen] Stieve spricht in der Einleitung zu den Wittelsbacher Briefen Bd. 18, 116ff, von einer „von der Mutter auferlegten Knechtschaft".
74 *Marias Briefe an Ferdinand 1598/99*] bei Hurter Bd. 4, 389—490.
   bei den Jesuiten bleibe nichts verwahrt] Hurter Bd. 4, 187f.
75 *mütterliche Strafe*] Hurter Bd. 4, 144.
   2500 steirische Protestanten] Die Zahl bei Mecenseffy, Protestantismus 81.
   fast die Vermöglichsten] Huber Bd. 4, 354.
76 *schrieb ein Historiker*] Sturmberger, Ferdinand II. 18.
77 *nicht ernsthaft ins Auge gefaßt*] Stieve, Wittelsbacher Briefe Bd. 18, 83.
   teilte Ferdinand diese Pläne mit] Khevenhüller, Annales Bd. 4, 1717.
78 *kein Mann oder Doktor*] Duhr, Fürstenhöfe 46.
79 *körperliche Gesundheit und Schönheit*] Duhr, Fürstenhöfe 50.
   Gestalts halber ihrem Sohn gefalle] Hurter Bd. 4, 336.
80 *ihren Eltern nicht folgten*] Hurter Bd. 4, 340.
   Über die Hochzeitsfeierlichkeiten] Khevenhüller, Annales 4, 2201ff.
82 *eine halbe Tonne Goldes*] Hurter Bd. 4, 344.
   Schlüssel Deutschlands] Czerwinka, Kanizsa, Innerösterreich 412.
83 *ins Elend ziehen*] Czerwinka, Kanizsa, Innerösterreich 422.
84 *in die Hände gearbeitet*] Hurter Bd. 4, 359.
   Brief Klesls] Hammer-Purgstall, Klesl Bd. 1, Beilage 138.
   ein tolles Gerücht] Hurter Bd. 4, 360.
85 *auf warme Kleidung Bedacht nehmen*] Hurter Bd. 4, 371.
   Liebhaber schöner Frauen] Hurter Bd. 4, 373, Anmerkung 111.
86 *am Geburtstage des Propheten*] Hurter Bd. 4, 377.
   Jesuiter und Weiber Rat] Stauffer, Belagerung 268.
   Eroberung in guter Hoffnung stehe] Stauffer 297.
87 *„dreymal losgeprennt"*] Casal an Erzherzogin Maria, 23. September 1601, Stauffer 298.
   Urteil über Paradeiser] Czerwinka, Kanizsa, Beilage 4, 504ff.
88 *sehr betrübt und perplex*] Khevenhüller, Annales 4, 2373.
89 *keine geeigneten Katholiken*] Schuster 489.
90 *ein schwerer Schlag*] Huber Bd. 4, 352.

90 *über die Maß verdrossen*] Das Folgende ist, sofern nicht anders angegeben, dem „wahrhaften Bericht" des Odontius entnommen.
91 *papierenen Trost*] Schuster 519f.
   es mangle ihm an Verstand] Hurter Bd. 4, 214.
92 *ein begeisterter Zuschauer*] Hurter Bd. 6, 130.
93 *Die Geschichte mit den Hasen*] Stobei, epistulae 274.
94 *mehr Freude als am Gottesdienst*] Lamormaini, Virtutes 2390.
95 *einer starken Summe*] Hurter Bd. 5, 5.
   gering wie Kot] Lamormaini, Virtutes 2419.
   jeder Pfennig] Mann, Zeitalter 148.
97 *Elefant mit der Seele eines Hündchens*] Friedell, Kulturgeschichte Bd. 1, 364.
   von den Ständen bestritten] Vgl. Gindely, Dreißigjähriger Krieg Bd. 1, 159ff.
100 *über dessen Politik ein Urteil abgeben*] Hurter Bd. 3, 6.
102 *nicht ungeteilten Beifall*] Sturmberger, Tschernembl 81ff.
   um die Erhaltung Gottes und unseres Hauses] Mann, Zeitalter 148.
   Mangel an Phantasie] Diwald, Wallenstein 294.
103 *Rudolfs Melancholie*] Hurter Bd. 5, 73ff.
104 *des Kaisers kurzsichtige Räte*] Huber, Bd. 4, 447.
   mit Bällen nach ihm zu werfen] Khevenhüller, Annales Bd. 6, 2844.
105 *Vizekaiser*] Zöllner, Geschichte Österreichs 208.
106 *Leider sei es augenfällig*] Hurter Bd. 6, 2.
107 *die Cron vom Kopfe reißen*] Schwarzenfeld, Rudolf II. 213.
108 *im tiefsten Schlaf*] Hurter, Bd. 6, 5.
   wäre anderes zu versuchen] Huber, Bd. 4, 478.
109 *zu dessen Haupt und Säule*] Hammer-Purgstall, Klesl Bd. 1, 177.
111 *als ebenbürtig anerkannt*] Hammer-Purgstall, Klesl Bd. 4, 390ff.
   auf die drohenden Höllenstrafen] Huber Bd. 4, 467.
   im Geheimen erwogen] Hurter Bd. 5, 129.
112 *auf den Rat der Jesuiten hören*] Hurter Bd. 5, 126.
114 *über die Ereignisse in Donauwörth*] Huber Bd. 5, 6f.
115 *schleppende Verhandlungen*] Hurter Bd. 5, 138.
   unverbrüchlich zu halten begehren] Huber Bd. 4, 490.
116 *ich kann nimmermehr glauben*] sämtliche Zitate aus Ferdinands Briefen, abgedruckt bei Hurter Bd. 5, Beilage CLXXXIX.
117 *der verfluchte Vertrag*] Hurter Bd. 5, 192.
118 *so wenig an Brief und Siegel erinnern*] Hurter Bd. 5, Beilage CXCIX, 14. März 1608.
120ff *Zu den Regensburger Briefen*] 22 Originalbriefe Ferdinands, abgedruckt bei Hurter Bd. 5, Beilage CLXXXIX.
129 *harte Nuß zu knacken*] Hurter Bd. 6, 346.

130	*Die Not erfordere es*]	Sturmberger, Tschernembl 176ff.
131	*Es sei eine Torheit*]	Khevenhüller, Annales Bd. 12, 2435.
	wie Wasser und Feuer]	Hurter Bd. 6, 70.
132	*fast keine Stunde nüchtern*]	Hurter Bd. 6, 267.
134	*trotz aller Sympathien*]	Khevenhüller, Annales Bd. 7, 269.
	in Stiefeln und Sporen]	Hurter Bd. 6, 325.
	Zwei Schreiben des Kaisers]	Huber Bd. 5, 27.
135	*Böses ahnte Erzherzog Maximilian*]	Hurter Bd. 6, 351.
	Schaden von 2 Millionen Gulden]	Khevenhüller, Annales Bd. 7, 345.
136	*Der Verlauf der Ereignisse*]	ausführlich bei Gindely, Rudolf II. Bd. 2, 164—242.
	Selbst der Teufel]	Gindely, Rudolf II. Bd. 2, 207.
137	*die vorhabenden Freuden*]	Khevenhüller, Annales Bd. 7, 438.
	temporalis impotentia]	Hammer-Purgstall, Klesl Bd. 2, 44 und Beilage Nr. 246.
138	*trotz seiner brüderlichen Liebe*]	Hurter Bd. 6, 407.
139	*keine großen Sprünge machen*]	Hurter Bd. 7, 5.
140	*hoc est regere*]	Hammer-Purgstall, Klesl Bd. 3, 347.
141	*liebevoll beschrieben*]	Khevenhüller, Annales Bd. 8, 542f.
142	*alles aus den Fugen gehen*]	Huber Bd. 5, 50.
143	*gleichsam als Bittsteller*]	Gindely, Dreißigjähriger Krieg Bd. 1, 8.
144	*bemerkte spöttisch ein Kritiker*]	Hammer-Purgstall, Klesl Bd. 3, 97.
145	*die allhierigen Landwein gar zuwider*]	Kohlbach, Die barokken Kirchen von Graz 76.
146	*das Geld unnütz verschleudert*]	Kohlbach, Die barocken Kirchen von Graz 77.
149	*ein paar venezianischer Fischer wegen*]	Hurter Bd. 7, 99.
150	*Land und Leute verlieren*]	Hammer-Purgstall, Klesl Bd. 3, 245.
	Krieg habe er nicht gewollt]	Hurter Bd. 7, 103.
151	*Purlautere Flickerei*]	Hammer-Purgstall, Klesl Bd. 3, 318.
	Schreien müsse Ferdinand]	Hammer-Purgstall, Klesl Bd. 4, 403.
153	*keine übereilte Umwälzung*]	Ritter, Deutsche Geschichte Bd. 2, 396.
	Directorium fast das Imperium]	Hurter Bd. 7, 43.
	Nicht im Ernst sondern als Redeweise]	Hurter Bd. 7, 52.
154	*die Krone Böhmens aufs Haupt setzen*]	Hurter Bd. 7, 60.
	vortrefflicher Skribent]	Hurter Bd. 7, 59.
155	*Auf alle denkbaren Fälle gefaßt*]	Gindely, Dreißigjähriger Krieg Bd. 1, 35.
	Vergewaltigung der Fürsten]	Gindely, Dreißigjähriger Krieg Bd. 1, 40.
	einen schelmischen Pfaffen]	Huber Bd. 5, 90.
156	*ein solch blutiges Verfahren*]	Hurter Bd. 7, Beilage CCLVI.

157 *auf eigene Kosten im Lager aufwarten*] Diwald, Wallenstein 89.
159 *so lautete der Beschluß*] Huber Bd. 5, 52.
160 *terminus fatalis domus Austriae*] Mann, Wallenstein 123.
161 *einen alten Narren*] Hurter Bd. 6, 445.
162 *des spanischen Praktizierens*] Huber Bd. 5, 84.
163 *Über den Onatevertrag*] Gindely, Dreißigjähriger Krieg Bd. 1, 46ff.
Protestexplosion] Diwald, Wallenstein 86.
164 *zwei Köpfe zu haben*] Gindely, Dreißigjähriger Krieg Bd. 1, 159.
165 *Über die böhmische Königswahl*] Gindely, Dreißigjähriger Krieg Bd. 1, 159ff.
168 *ehrbar, deutsch und geradsinnig*] Hurter Bd. 7, 211.
169 *mit ihm sich zu erlustigen*] Hurter Bd. 7, 213, Anmerkung 35.
in kurzer Zeit katholisch würde] Gindely, Dreißigjähriger Krieg Bd. 1, 184.
170 *bei dem Hause Österreich leben und sterben*] Hammer-Purgstall, Klesl Bd. 3, Beilage Nr. 748.
173 *mera et libera electio*] Huber Bd. 5, 94.
174 *von Ungarn nichts übrig bleiben*] Hurter Bd. 7, 223.
verteidigte sich geschickt] Hammer-Purgstall, Klesl Bd. 4, 36.
eher zum Tode bereit] Khevenhüller, Annales Bd. 9, 17.
mit Fleiß oder Casu] Gindely, Dreißigjähriger Krieg Bd. 1, 222.
wie manche Historiker vermuteten] Hammer-Purgstall, Klesl Bd. 4, 37.
175 *Der Teufel möge die Kammer holen*] Hammer-Purgstall, Klesl Bd. 4, Beilage Nr. 849.
176 *ein Zeichen vom Himmel*] Hurter Bd. 7, 225.
nit per arma sondern durch gütigen Weg] Hammer-Purgstall, Klesl Bd. 4, Beilage Nr. 874.
178 *Kenner des böhmischen Staatsrechts*] Gindely, Dreißigjähriger Krieg Bd. 1, 62ff, besonders S. 69.
Nichts Rechtswidriges] Gindely, Dreißigjähriger Krieg Bd. 1, 259.
179 *den Herrn zu wechseln*] Huber Bd. 5, 104.
180 *sanft zu Boden geschwebt*] Diwald, Wallenstein 100.
182 *diese Lärmglocke*] Hurter Bd. 7, 283.
183 *Krieg sei leicht anzufangen*] Sturmberger, Tschernembl 266.
184 *die arma müßten notwendig appliziert werden*] Gutachten bei Hurter Bd. 7, Beilage CCIX, ohne Datum.
185 *Klesls Sturz*] Gindely, Dreißigjähriger Krieg Bd. 1, 333ff.
187 *Biß er ins Bettuch*] Khevenhüller Annales Bd. 9, 204.
lieber die zwei Kronen niederlegen] Gindely, Dreißigjähriger Krieg Bd. 1, 337.
wälzt alle Schuld auf den Kardinal] Jessen, Augenzeugenberichte 34.
dem losen Lecker] Gindely, Dreißigjähriger Krieg Bd. 1, 338.

188 *Gottlosigkeit und Falschheit*] Gindely, Dreißigjähriger Krieg Bd. 1, 339.
Ein schön Bußlied] Jessen, Augenzeugenberichte 34.
190 *Militärischer Spaziergang*] Gindely, Dreißigjähriger Krieg Bd. 1, 378.
Die Angelegenheiten Ferdinands] Jessen, Augenzeugenberichte 35.
sein Hemd vom Leibe geben] Huber Bd. 5, 116.
191 *Es stellt sich jeden Tag deutlicher heraus*] Jessen, Augenzeugenberichte 35.
192 *die fromme Lüge*] Gindely, Dreißigjähriger Krieg Bd. 1, 412.
diese schreckliche Fackel] Theatrum Europaeum Bd. 1, 77.
193 *in ein anderes Modell gegossen*] Huber Bd. 5, 117.
194 *unschuldiges Blut*] Gindely, Dreißigjähriger Krieg Bd. 2, 46.
195 *es zeigt sich immer mehr*] Huber Bd. 5, 121.
196 *die Rolle eines machtlosen Oberhauptes*] Gindely, Dreißigjähriger Krieg Bd. 2, 61.
198 *die Gefahren erwogen*] Gindely, Dreißigjähriger Krieg Bd. 2, 75.
200 *non te deseram*] Khevenhüller, Annales Bd. 12, 2388.
202 *erwähle Ferdinandum*] Khevenhüller, Annales Bd. 12, 2459.
man rümpfte die Nase] Gindely, Dreißigjähriger Krieg Bd. 2, 133.
204 *ich kenne Ferdinand*] Wedgwood, Der Dreißigjährige Krieg 86.
Sollte es aber wahr sein] Gindely, Dreißigjähriger Krieg Bd. 2, 116.
205 *als ginge es zum Tanz*] Wedgwood, Der Dreißigjährige Krieg 87.
206 *nur närrische und aberwitzige Leute*] Gindely, Dreißigjähriger Krieg Bd. 2, 228.
207 *über Ferdinands Kaiserkrönung*] Theatrum Europaeum Bd. 1, 164ff.
208 *Über die Vorgänge in Siebenbürgen*] Vergleiche die einschlägigen Kapitel bei Huber Bd. 4 und 5.
210 *Der Münchner Vertrag auszugsweise bei*] Jessen, Augenzeugenberichte 78ff.
212 *Schritt für Schritt*] Gindely, Dreißigjähriger Krieg Bd. 2, 196.
213 *Alle Tage seinen Rausch*] Huber, Bd. 5, 135.
den Verlust Böhmens nie verschmerzen] Mann, Wallenstein, 183f.
214 *Es ist ein Ruf von Gott*] Wedgwood, Der Dreißigjährige Krieg 85.
Du trägst die Pfalz nach Böhmen] Wedgwood, Der Dreißigjährige Krieg 90.
215 *sein teures Herz*] Jessen, Augenzeugenberichte 82.
219 *Für die Interessen Ferdinands*] Huber Bd. 5, 155.

219 *Ungeheure Bestechung*] Wedgwood, Der Dreißigjährige Krieg 156.
220 *Wir geben Apologien heraus*] Jessen, Augenzeugenberichte 85.
223 *Keine Stunde länger*] Hurter Bd. 8, 497.
224 *Mit Schriftenwechsel*] Sturmberger, Aufstand in Böhmen 85.
225 *Seine Generalissima*] Khevenhüller, Annales Bd. 12, 2405.
226 *Solche Exzesse*] Gindely, Dreißigjähriger Krieg Bd. 3, 100.
228 *Mit tränenden Augen*] Theatrum Europaeum Bd. 1, 413.
229 *Man wettete hohe Summen*] Gindely, Dreißigjähriger Krieg Bd. 3, 358.
Wüßten sie, was er wisse] Hurter Bd. 8, 521.
So sahen es kluge Historiker] Vgl. Mann, Wallenstein 227.
231 *Nach den Worten des Psalmisten*] Gindely, Dreißigjähriger Krieg Bd. 3, 362.
232 *Man müsse das Eisen schmieden*] Hurter Bd. 8, 661.
233 *Über die böhmischen Hochverratsprozesse 1621*] Ausführlich Gindely, Dreißigjähriger Krieg Bd. 4, 36ff.
235 *Tränen in den Augen*] Hurter Bd. 8, 597.
236 *Mein lieber Prälat*] Diwald, Wallenstein 149.
237 *Ehr' und Leben geschenkt*] Diwald, Wallenstein 149.
238 *So gering wie Kot*] Khevenhüller, Annales Bd. 12, 2419.
239 *Der Heilige Geist*] Huber Bd. 5, 216.
240 *30.000 Familien*] Huber Bd. 5, 220.
242 *Wahrhaft goldene Worte*] Jessen, Augenzeugenberichte 123.
245 *pietatem et virtutem*] Jessen, Augenzeugenberichte 85.
247 *werde ich ihn zurückgeben*] Wedgwood, Der Dreißigjährige Krieg 131.
248 *Man führt Krieg*] Hurter Bd. 9, 89.
249 *Ferdinands Testament*] Auszugsweise bei Hurter Bd. 9, 182ff bzw. 635ff.
Gewissens halber] Khevenhüller, Annales Bd. 9, 1229.
250 *Sklave der Unzucht*] Khevenhüller, Annales Bd. 12, 2422.
251 *Tagebuch des jungen Anhalt*] Auszugsweise bei Jessen, Augenzeugenberichte 112ff.
253 *Durch geheime Pforten*] Khevenhüller, Annales 9, 1615.
255 *selbst so gewünscht*] Hurter 9, 239.
Über die verschiedenen Rechtsstandpunkte bei der Absetzung Friedrichs von der Pfalz] Gindely, Dreißigjähriger Krieg Bd. 4, 439f.
257 *Die kurfürstliche Dignität*] Hurter Bd. 9, 162.
einen kuriosen Plan] Gindely, Dreißigjähriger Krieg Bd. 4, 380ff.
258 *Einzug des Kaisers in Regensburg*] Theatrum Europaeum Bd. 1, 712.
259 *Die katholische Kirche befestigt*] Jessen, Augenzeugenberichte 153.
Nach Recht und Billigkeit] Huber Bd. 5, 274.

260	*kratzte sich am Kopfe*]	Theatrum Europaeum Bd. 1, 731.
	wider Ihre kaiserliche Majestät erklären]	Khevenhüller, Annales Bd. 10, 66.
	unter das päpstliche Joch]	Theatrum Europaeum Bd. 1, 737.
262	*In den Händen der Jesuiten*]	Huber Bd. 5, 241.
263	*Den ganzen Judenschwarm*]	Hurter Bd. 10, 137.
	in den schönsten Friedenshoffnungen]	Huber Bd. 5, 283.
266	*Capo allen Volkes*]	Hallwich, Fünf Bücher Bd. 1, 119.
	keine Minuten zu verlieren]	Gindely, Wallenstein Bd. 1, 50.
267	*Leidentliche Contributiones*]	Huber Bd. 5, 291.
268	*Das merkwürdigste Dioskurenpaar*]	Diwald, Wallenstein 292.
269	*Klagen, Heulen und Seufzen*]	Optiz, Buch von der deutschen Poeterey, zitiert nach Mann, Wallenstein 730.
270	*wolle er steif halten*]	Hurter Bd. 9, 413.
	zu konjungieren verursacht würden]	Hallwich, Fünf Bücher Bd. 1, 215.
272	*Glaubt man dem Bericht des Nuntius*]	Hurter Bd. 10, 150.
	am Himmel drei Sonnen]	Theatrum Europaeum Bd. 1, 900.
273	*den Mansfelder aufs Haupt geschlagen*]	Hallwich, Fünf Bücher Bd. 3, 42.
	Bringt die Nachricht der Kaiserin]	Diwald, Wallenstein 346.
	ich zweifle nicht]	Hallwich, 5 Bücher Bd. 1, 358.
274	*über das Frankenburger Würfelspiel*]	Khevenhüller, Annales Bd. 10, 733ff.
275	*noch etwas opfern wollten*]	Khevenhüller, Annales Bd. 10, 1194.
	der Kaiser wollte sie gewähren]	Huber Bd. 5, 237.
276	*in dem unordentlichen Leben*]	Jessen, Augenzeugenberichte 184.
278	*rühmlich, nützlich und notwendig*]	Zwiedineck-Südenhorst, Eggenberg 77.
279	*ihr Hütlein abziehen*]	Khevenhüller, Annales 11, 62.
	in Reden und moribus etwas grob]	Mann, Zeitalter 176.
	wegen des Kriegsvalors]	Hallwich, 5 Bücher Bd. 3, 228.
280	*wie eine Komödie*]	Hurter Bd. 11, 578.
281	*den Hut vom Kopfe nahm*]	Hallwich, 5 Bücher Bd. 5, 358.
	gar schön bedankt]	Diwald, Wallenstein 404.
	Das Gutachten wegen Mecklenburg]	Khevenhüller, Annales 11, 62ff.
283	*ehestmöglich befriedigen*]	Hallwich, 5 Bücher Bd. 2, 389.
284	*Die Kapuzinerrelationen*]	Bei Hurter, Zur Geschichte Wallensteins 202ff.
285	*nicht einmal sich selbst zu beherrschen weiß*]	Jessen, Augenzeugenberichte 192.
	größere Übelstände zur Folge haben]	Jessen, Augenzeugenberichte 212.
286	*setzen wir uns zur Tafel*]	Hurter Bd. 11, 630.

286 *Die Relation Caraffas*] Hurter, Friedensbestrebungen 212ff.
287 *daß er alsbald verendete*] Hurter Bd. 11, 659.
288 *ich hasse im Rat die stummen Hunde*] Khevenhüller, Annales Bd. 12, 2436.
289 *Herr des kaiserlichen Willens*] Stieve, Abhandlungen 150.
„*militarisch*"] Srbik, Wallenstein 66.
wie ein Schaf dem Hirten] Steinberger, Jesuiten 15.
290 *ein Jesuiter werden*] Khevenhüller, Annales Bd. 12, 2452.
291 „*so werde nie mir Heil...*"] zitiert nach Hantsch, Geschichte Bd. 1, 364.
292 *die letzten protestantischen Adeligen*] Huber Bd. 5, 243.
293 *von diesem Manne nicht hintergangen werde*] Gindely, Wallenstein Bd. 2, 357.
fiel er in tiefe Melancholie] Gindely, Wallenstein Bd. 2, 22.
sein Haus zu stabilieren] Hurter, Zur Geschichte Wallensteins 259.
297 *jetzt stehe man gerüstet*] Hurter Bd. 10, 36.
wieder sich herstellen ließen] Hurter Bd. 10, 35.
etwas abfallen könnte] Huber Bd. 5, 353.
298 *nicht die eigene Commodität*] Hurter Bd. 10, 36.
in eine Waldwildnis verwandeln] Wedgwood, Der Dreißigjährige Krieg 212.
299 *das Edikt kann nicht Bestand haben*] Jessen, Augenzeugenberichte 210.
300 *eine Bestia mit vielen Köpfen*] Khevenhüller, Annales Bd. 11, 428.
einen Religionskrieg zu erregen] Khevenhüller, Annales Bd. 11, 183.
der ganze fructus] Chlumecky, Regesten 273.
301 *der Schwed soll nur kommen*] Jessen, Augenzeugenberichte 211.
voller Difficultäten] Hurter Bd. 10, 61.
302 *im Durcheinander der kaiserlichen Kanzlei*] Theatrum Europaeum Bd. 2, 25.
303 *mochten nur 20.000 hergeben*] Hurter Bd. 10, 276.
304 *barbarische Prozeduren*] Theatrum Europaeum Bd. 2, 89ff.
305 *möchte kassiert und abgestellet werden*] Theatrum Europaeum Bd. 2, 194.
sein Barett auf die Kanzel geschleudert] Srbik, Wallenstein 93.
sechs Fragen] Proposition Ferdinands, Theatrum Europaeum Bd 2, 175ff.
306 *der Armada einen solchen Capo vorzusetzen*] Gindely, Wallenstein Bd. 2, 270.
den von Friedland kassieren] Jessen, Augenzeugenberichte 222.
auf Kavaliersehre] Gindely, Dreißigjähriger Krieg (kleine Ausgabe) Bd. 1, 154.

306 *mit Glimpf zu entlassen sei*] Hurter Bd. 10, 283.
307 *pro Fridlando nihil spondeo*] Dudik, Correspondenz 273.
vor Gott und der Welt schuldlos sein] Khevenhüller, Annales Bd. 11, 1133.
habe es Siege geregnet] Hurter Bd. 10, 282.
309 *nun bald verspüren werden*] Hurter Bd. 10, 284.
drei entscheidende Fehler] Posch, Lamormaini 383.
„a Feindl mehr"] Diwald, Wallenstein 433.
310 *die Anrede „Majestät" verweigere*] Hurter Bd. 10, 330.
Hier streitet Gott und der Teufel] Jessen, Augenzeugenberichte 242.
311 *ein letztes verzweifeltes Manifest*] Theatrum Europaeum Bd. 2, 309.
bei Erlaß des Edikts] Hurter Bd. 10, 346.
312 *I. Majestät dauern mich*] Dudik, Wallenstein 70.
313 *Sie sind perplex*] Zwiedineck-Südenhorst, Eggenberg 102.
einen Kavalier affrontiert] Die Belege bei Huber Bd. 5, 391.
315 *seinen lieben Kaiser*] Theatrum Europaeum Bd. 2, 430f.
316 *„sollte ich Kaiser werden"*] Wedgwood, Der Dreißigjährige Krieg 273.
er ist ein tapferer Fürst] Hurter Bd. 11, 619.
317 *wissen nit quomodo*] Dudik, Wallenstein 120.
bei strömendem Regen] Khevenhüller, Annales Bd. 12, 2399.
Ihre Majestät sein sehr perplex] Zwiedineck-Südenhorst, Eggenberg 102.
318 *sich nach Graz zurückzuziehen*] Hurter Bd. 10, 448.
319 *Kam mit leeren Händen nach Hause*] Hurter Bd. 10, 498.
320 *wolle er des Teufels sein*] Hurter, Wallensteins letzte Lebensjahre 32.
mit bestürztem Gemüt] Förster, Briefe Bd. 2, 186.
viel weniger mich verlassen werden] Förster, Briefe Bd. 2, 187.
321 *mit ihren übel fundierten Maximen*] Dudik, Wallenstein 182.
an die Spitze der Truppen zu stellen] Hurter Bd. 10, 498.
Der Februarius...] Jessen, Augenzeugenberichte 307.
322 *unseretwegen gelitten*] Zwiedineck-Südenhorst, Eggenberg 198ff.
323 *des Kaisers Kaiser*] Vgl. Srbik, Wallenstein 48.
nichts als seine beständige Treue] Hallwich, Briefe und Akten Bd. 2, 355.
324 *von dem Feind befreit worden*] Förster, Briefe Bd. 2, 228.
sondern Eurer Majestät gebührt] Förster, Briefe Bd. 2, 237.
325 *Ein Dankschreiben*] Hurter, Wallensteins letzte Lebensjahre 160.
326 *ich congratuliere mir und Euer Liebden*] Gratulation Ferdinands bei Förster, Briefe Bd. 2, 307 (der Text hier nicht wörtlich, sondern sinngemäß wiedergegeben).
derowegen der Kaiser] Jessen, Augenzeugenberichte 325.

326 *Dieses 1633er Jahr*] Khevenhüller, Annales Bd. 12, 403.
327 *Gott könne auch anders helfen*] Das Gutachten bei Hallwich, Briefe und Akten Bd. 3, 744ff.
328 *keine Unkatholischen mehr zu sehen wünschte*] Jessen, Augenzeugenberichte 334f.
Man sprach über den Kaiser] Bubnas Bericht bei Hildebrand 27ff.
329 *die purlautere Unmöglichkeit*] Jessen, Augenzeugenberichte 334.
wahrlich ein schlechtes Fressen] Hallwich, Briefe und Akten Bd. 4, 340.
330 *will der Kaiser nicht Frieden machen*] Hallwich, Wallensteins Ende Bd. 2, 274.
den Kaiser nach Spania jagen] Huber Bd. 5, 438.
331 *durch Gewinnung von Zeit*] Hallwich, Wallensteins Ende Bd. 1, 432.
deren standhafter Treue und Devotion] Srbik, Wallenstein 78.
332 *aufs höchste erschrocken sein*] Gindely, Dreißigjähriger Krieg (kleine Ausgabe) Bd. 3, 17.
die Sonne der Gerechtigkeit] Diwald, Wallenstein 514.
im Lager der Feinde nützlicher sein] Khevenhüller, Annales Bd. 12, 594.
Tag und Nacht will ich eilen] Hallwich, Wallensteins Ende Bd. 2, 104.
333 *ich möchte wohl wissen*] Srbik, Wallenstein 84.
empörte sich Fürst Eggenberg] Jessen, Augenzeugenberichte 349.
ein Exempel zu nehmen haben] Förster, Briefe Bd. 3, 135.
334 *durchzusetzen entschlossen bin*] Srbik, Wallenstein 349, Anmerkung 133.
einen „Corregem an der Hand" habe] Förster, Briefe Bd. 3, 114.
336 *über die Denkschriften gegen Wallenstein*] Srbik, Wallenstein 90ff.
337 *ohne Versäumnis einer Stunde*] Srbik, Wallenstein 91.
338 *die Kriegsdirektion und das Generalat zu nehmen*] Jessen, Augenzeugenberichte 351.
339 *was nicht wider Gott ist*] Die Denkschrift Liechtensteins gedruckt bei: Mitis, Beiträge zur neueren Geschichte Österreichs 4 (1908) 103ff.
die Maskera abzulegen] der Inhalt des Briefes bei Huber Bd. 5, 459.
über den sg. ersten Pilsener Schluß] Srbik, Wallenstein 104f.
340 *über die Relation Piccolominis*] Srbik, Wallenstein 106ff.
342 *den Friedländer gleich umzubringen*] Huber Bd. 5, 471.
e numero mortalium exturbare] der Bericht Lamormainis übersetzt bei Jessen, Augenzeugenberichte 354ff.

342 *sub sigillo conscientiae*] Dudik, Correspondenz 276.
343 *seinem gewesten Feldhauptmann*] Förster, Briefe Bd. 3, 200.
344 *durch dergleichen Diffidenzen*] Hallwich, Wallensteins Ende Bd. 2, 237.
345 *viele hervorragende Historiker*] die wohl beste Darstellung bei Mann, Wallenstein 1087ff.
346 *seinen Anteil an der Bluttat abzuleugnen*] Srbik, Wallenstein 224ff.
347 *zu bewiesen aber sei er leider nicht*] Gutachten bei Hallwich, Wallensteins Ende Bd. 2, 527ff.
348 *Ferdinands spätes aber notwendiges Eingeständnis*] Srbik, Wallenstein 267.
3000 Messen lesen] Khevenhüller, Annales Bd. 12, 1164.
349 *Es raten zum Frieden*] Wandruszka, Reichspatriotismus 24.
350 *Den Sultan persuadieren wollen*] Wandruszka, Reichspatriotismus 24.
351 *wie der spanische Botschafter vermutete*] Huber Bd. 5, 497.
ohne schwere Todsünde] Wandruszka, Reichspatriotismus 33.
die Zeichen der Zeit besser zu deuten] Über die Beratungen wegen des Prager Friedens: Gindely, Dreißigjähriger Krieg (kleine Ausgabe) Bd. 3, 55ff.
352 *vox autem populi vox Dei*] Wandruszka, Reichspatriotismus 34.
355 *zahlreich zur Messe pilgern sah*] Khevenhüller, Annales Bd. 12, 2391.
356 *seine Freundlichkeit*] Hurter Bd. 11, 586.
Das Reich bedarf meiner nicht mehr] Diesen Ausspruch tat Ferdinand erst drei Tage vor seinem Tode. Er charakterisiert aber seine Einstellung zur Reichspolitik auch unmittelbar nach der Königswahl seines Sohnes. Khevenhüller, Annales Bd. 12, 2416.
357 *Das Morgengebet abkürzen*] Hurter Bd. 11, 561.
Versparet dies dem römischen König] Über Ferdinands letzte Tage: Theatrum Europaeum Bd. 3, 682ff, gleichlautend Khevenhüller, Annales Bd. 12, 2361ff, der den vagen Verdacht ausspricht, der Kaiser könne von Anhängern Wallensteins vergiftet worden sein.
358 *kaum aber urteilen und richten*] Eder, Rahmen und Hintergrund 324.

Personenregister

Abelinus, Journalist 306
Adolf Friedrich, Herzog von Mecklenburg 281
Agricola, Johann, Bischof von Seckau 22
Alba, Herzog von 183
Albrecht, Erzherzog 77, 129, 132f., 142, 152, 196, 203
Aldobrandini, Franz, päpstlicher Nepot 85
Aldringen, Johann von, kaiserlicher General 342f., 347
Aliaga, Luis von, Großinquisitor 219
Althan, Graf 134
Anhalt, Christian Fürst von (der Ältere) 115, 153, 160, 211f., 221f., 225f., 244f.
Anhalt, Christian Fürst von (der Jüngere) 227, 245, 250f.
Anna, Erzherzogin von Tirol, Gemahlin des Matthias 137, 154, 187
Antonius, Abt von Kremsmünster, Bischof von Wien 283, 289, 298, 327, 329, 334, 341, 350, 352
Aquaviva, Pater, Jesuitengeneral 41
Arnim, Hans Georg von, Heerführer und Politiker 285, 313, 317, 330f., 336
Attems, steirisches Adelsgeschlecht 15

Baden-Durlach, Markgraf Georg Friedrich von 246, 248
Bathori, Sigmund, Fürst von Siebenbürgen 209
Bethlen Gabor, Fürst von Siebenbürgen 182, 208ff., 214f., 220f., 225f., 229, 238, 241, 254, 261, 263, 274
Bocskay, Stephan, ungarischer Magnat 104, 108, 110
Brenner, Martin, Fürstbischof von Seckau 67, 69, 76, 80, 83, 89
Breuner, Freiherr von 186
Bubna, Johann von, böhmischer Emigrant 328
Budowa, Wenzel Budowetz von 164, 179f., 234, 236
Buquoy, Graf 190, 192, 197, 201, 216f., 222, 225f., 229
Butler, Walter, Oberst 345, 347f.

Cäcilia Renata, Tochter Ferdinands II. 263
Camerarius, Ratgeber Friedrichs V. von der Pfalz 244
Caraffa, päpstlicher Nuntius 9, 239, 272, 280, 286
Casal, Peter, Geheimschreiber 52, 56, 70, 86, 108, 138
Christian, Kurfürst von Sachsen 112, 132, 134

Christian von Braunschweig-Wolfenbüttel 246f., 261, 271, 276
Christian IV., König von Dänemark 260, 262, 264, 271, 276f., 281, 299
Clemens VIII., Papst 54, 56
Collalto, Rombaldo Graf 287, 300
Comenius, Amos 242
Corraduz, Rudolf von 37
Czernin, Dionys 234, 236

Dampierre, Graf 141, 157, 186, 189f., 197, 199f.
Devereux, Hauptmann 345, 347
Dietrichstein, Franz von, Kardinal 81, 167, 193f., 215f., 229, 241, 273, 311, 327, 351f.
Don Carlos, Sohn Philipps III. von Spanien 142
Don Matthias, natürlicher Sohn Rudolfs II. 253

Eder, Karl, Historiker 8
Eggenberg, Hans Ulrich von 52, 72, 143, 145, 151, 162f., 184, 191, 194, 202, 210f., 237, 250, 266f., 278, 332f., 282, 284, 289, 295, 307, 312, 320f., 340f., 344, 354, 356
Eggenberg, Ruprecht von 34
Eleonore, Gonzaga, 2. Gemahlin Ferdinands II. 250, 253f., 259, 280, 290, 308, 311
Elisabeth I., Königin von England 20
Elisabeth, Gemahlin Friedrichs von der Pfalz 211, 213f., 247
Ernst, Erzherzog 33
Ernst, Kurfürst von Köln 132
Eugen von Savoyen, Prinz 89

Fabricius, Sekretär 180, 202
Fadinger, Stephan 275
Fels, Colonna von 164, 179
Ferdinand I., Kaiser 22, 165
Ferdinand, Erzherzog von Tirol 19, 24, 27f., 33
Ferdinand, Erzbischof von Köln 10, 203f., 351
Ferdinand III. (Ferdinand Ernst), Sohn Ferdinands II. 126, 263, 280, 302, 311, 319, 336, 342, 348, 355f.
Ferdinand Maria, Kurfürst von Bayern 354
Fischer, Balthasar, Prädikant 33
Fischer von Erlach, Johann Bernhard 147
Friedrich III., Kaiser 12, 126
Friedrich V., Kurfürst von der Pfalz 155, 190, 196, 201f., 206, 211, 213f., 217, 220, 222, 227, 230, 243f., 248, 255f., 299, 305, 310, 353

Galilei, Galileo 8, 54
Gallas, Matthias, Graf 331, 341f., 347

Georg Wilhelm, Kurfürst von Brandenburg 304, 310, 315

Gindely, Anton, Historiker 161
Giphanius, Hubert 26
Giustiniani, Giorgio, venetianischer Botschafter 187, 190f., 195
Götz, Leonhard, Hofkanzler 169
Gonzaga, Äneas, Diplomat 29, 32, 201
Gordon, Johann 345, 347
Gregor XIII., Papst 18, 352
Gregor XV., Papst 257
Grillparzer, Franz 110, 291
Grimmelshausen, Hans Jakob Christoffel von 269
Gustav Adolf, König von Schweden 277, 281, 295, 300, 305f., 308f., 316f., 321, 323f.

Haniwald von Eckersdorf, Andreas 113, 116, 118
Harant, Christoph Freiherr von 234, 236
Harrach, Karl Leonhard Graf von 119, 166, 278
Hassan, Pascha von Bosnien 34
Hassan, Kommandant von Kanizsa 86
Hedwig, verwitwete Kurfürstin von Sachsen 169
Heinrich der Stolze, Herzog von Bayern 303
Heinrich IV., König von Frankreich 98, 116, 129f.
Heinrich Julius, Herzog von Braunschweig 132, 135
Herbersdorf, Maximilian von 274
Herberstein, Sigmund von 85
Herberstein, steirisches Adelsgeschlecht 15
Hoë von Hoënegg, sächsischer Hofprediger 233, 299, 352
Hofkirchen, Wolfgang Freiherr von 91f.
Holk, Heinrich, General 313
Hurter, Friedrich von, Historiker 23, 346
Hus, Johann 159, 239

Ibrahim Pascha, türkischer Wesir 83
Illezhazy, ungarischer Magnat 110
Ilow, Christian von 330, 334, 341f., 345
Isabella Clara Eugenia, Erzherzogin 77, 129, 247, 257f., 260

Jakob I., König von England 211, 213, 220, 245, 247, 257, 262
Jessenius, Doktor, Rektor der Universität Prag 234, 236
Jocher, bayerischer Geheimrat 248
Johann Albrecht, Herzog von Mecklenburg 271
Johann Georg, Kurfürst von Sachsen 155, 168f., 204, 206, 213, 219, 221f., 230, 233, 239, 244, 258, 297, 299, 301, 305, 311, 314f., 350, 353
Johann Karl, Erzherzog 123, 216

Johann Wilhelm, Herzog von Jülich 127
Johanna, „die Wahnsinnige" 22
Joseph, Kapuzinerpater 303

Kandelberger, Hans Georg 68
Kaplir, böhmischer Ritter 236
Karl von Innerösterreich 12f., 32f., 44, 58, 73, 148
Karl der Große 207
Kepler, Johannes 8, 50, 57, 63, 68f., 75, 288, 308
Khevenhüller, Bartholomäus 39, 48, 51
Khevenhüller, Franz Christoph Graf 47f., 52, 60, 81, 88, 137, 141, 158, 163, 170, 172, 219, 249, 253, 263, 300, 326
Kinsky, Wenzel 161
Kinsky, Wilhelm 339
Klesl, Melchior, Kardinal 64, 84, 105f., 111, 120, 139f., 150f., 162f., 166f., 170f., 178f., 182f., 185f., 189f., 198, 335
Kugelmann, Peter 59f.

Lamormaini, Wilhelm, Beichtvater 200, 238f., 250, 282, 289f., 295, 297, 305, 307, 321, 328, 335, 341f., 351f., 356f.
Lang, Philipp 103
Laurentius von Brindisi, Gründer des Kapuzinerordens 144
Lebzelter, sächsischer Gesandter 193
Leopold, Erzherzog 52, 74, 78, 103, 113, 118, 127f., 133f., 138f., 216, 233, 248
Leopold I., Kaiser 146
Leopold Wilhelm, Erzherzog 272, 297, 302, 353
Leslie, Walter Graf von 345f.
Liechtenstein, böhmisch-mährisches Adelsgeschlecht 159
Liechtenstein, Karl von 189, 232, 235f., 238
Liechtenstein, Gundakar von 338f., 341, 343
Lobkowitz, Georg Popel von 168
Lobkowitz, Polyxena von 181, 252
Lobkowitz, Wilhelm von 164, 179, 228, 235
Lobkowitz, Zdenko von 164, 184, 189, 202
Lohelius, Johann, Erzbischof von Prag 178, 181, 238
Ludwig, Landgraf von Hessen-Darmstadt 132, 259
Ludwig XIII., König von Frankreich 213, 221, 223, 245, 248, 262, 306
Luther, Martin 8, 25, 69

Machiavelli, Niccolo 8
Madrutz, Gaudenz von 85
Mansfeld, Ernst von 190, 192, 201, 238, 246, 248, 262, 267, 272f., 276, 299
Maria von Bayern, Mutter Ferdinands II. 19f., 27f., 33f., 42f., 52, 54, 61, 63f., 73f., 77f., 86, 93, 119f., 125

Maria Anna, 1. Gemahlin Ferdinands II.   77f., 82, 92, 96, 122, 145, 147
Maria Anna, Tochter Ferdinands II.   354
Maria Anna, spanische Infantin, Gemahlin Ferdinands III.   263, 311

Maria Christina, Erzherzogin   209
Markus Sittikus, Erzbischof von Salzburg   192
Martinitz, Jaroslaw Graf von   166, 179f., 184, 232, 238
Matthias, römischer Kaiser   80f., 84, 91f., 103, 105f., 110f., 113, 115f., 122, 129f, 138f., 144, 147, 150f., 157, 160f.,186f., 165, 167f., 172f., 177f., 182, 189, 191f., 195, 221, 238, 308
Maximilian I., römischer Kaiser   12
Maximilian II., römischer Kaiser   78, 106
Maximilian (III.), Erzherzog   33, 107, 132f., 142, 152f., 162f., 165, 169, 173f., 185f., 188
Maximilian, Kurfürst von Bayern   27f., 75, 80f., 95, 114, 119, 127, 132, 135, 181, 191, 201, 203f., 210f., 213f., 222f., 228f., 232f., 244f., 248, 255f., 259f., 270f., 274f., 279, 281f., 294, 297f., 302f., 306, 308, 318, 323f., 337f., 351, 353f.
Maximilian Ernst, Erzherzog   92, 107
Meggau, Helfried Graf von   290
Melanchthon, Philipp   69
Merian, Verleger   180
Mohr von Wald, Oberst   344

Neuburg, Pfalzgraf von   260, 280
Nevers, Karl von   295

Odontius, Paulus   90f.
Olivarez, Graf von   257
Onate, Graf von   162f., 171, 175, 184, 186, 189, 191, 197, 199, 210, 252, 258, 335, 341f.
Opitz, Martin   269
Oxenstierna, Axel Graf   327

Paar, Friedrich von   67
Padavin, venetianischer Gesandter   273
Pappenheim, Graf von, Reichsmarschall   259
Pappenheim, Gottfried Heinrich von   275, 325
Paradeiser, Georg   83f., 87
Pázmány, Peter von, Erzbischof von Gran   172, 174, 182, 319, 352
Philipp II., König von Spanien   77, 85, 97, 183
Philipp III., König von Spanien   142, 162, 172, 206, 219
Philipp IV., König von Spanien   163, 249, 257, 260, 263

Philipp von Bayern, Bischof von Regensburg 78
Piccolomini, Octavio 331, 340f., 347
Pomis, Peter de 70, 145f.
Portia, Hieronymus Graf 41, 52, 58f.

Questenberg, Gerhard Freiherr von 289f., 307, 312, 316, 320, 334

Ramee, Oberst 134f., 137
Rasin, Jaroslav 346
Richel, Bartholomäus 337f.
Richelieu, Jean Armand Duplessis Herzog von, Kardinal 262, 264, 300, 303, 341, 349
Rosenberg, böhmisches Adelsgeschlecht 159
Rosolenz Jakob 59, 75
Rudolf II., römischer Kaiser 35f., 46, 69, 77, 84, 87, 89, 102f., 105f., 110f., 114f., 128, 130, 132f., 137, 157, 165f., 168,308 172, 209, 253, 288, 291, 303,
Ruepp Binder, Grazer Bürger 32
Rumpf, Wolfgang Freiherr von 36, 103
Ruppa, Wenzel von 179, 233
Rußworm, Hermann Christoph Graf von 88

Sabinus, Kapuziner 231
Saurau, steirisches Adelsgeschlecht 15
Savoyen, Karl Emanuel Herzog von 182, 190, 213
Schaffgotsch, Hans Ulrich Graf von 347
Scherer, Georg, Jesuit 39, 105
Schiller, Friedrich, Historiker 10, 230f., 314
Schlick, Andreas Graf von 164f., 233, 236
Schlick, Heinrich Graf von 331f.
Schrattenbach, Balthasar von 26f., 80, 113
Schweikhard von Kronberg, Johann, Kurfürst von Mainz 202, 204f., 207, 258, 260
Sigismund, König von Polen 218
Sinan Pascha, türkischer Großwesir 34
Slawata, Wilhelm Graf von 166f., 179f., 184, 232f., 238, 240, 273, 282, 290, 316, 328, 335, 337, 339, 346
Solms, Graf von, pfälzischer Gesandter 204f.
Sonnabenter, Lorenz, Pfarrer 63
Spiegel, Andreas, Stadtrichter 32
Spinola, Ambrosio di 243
Starhemberg, Freiherr von 224
Sternberg, böhmisches Adelsgeschlecht 159
Stieve, Felix, Historiker 8
Stobäus von Palmburg, Georg, Bischof von Lavant 61f., 66, 81, 90, 94, 131

Stralendorf, Peter von   113, 234, 290, 327, 350, 352
Stubenberg, Georg von   83
Stubenberg, steirisches Adelsgeschlecht   15
Suleiman II., türkischer Sultan   14

Tennagel, Kanzler Erzherzog Leopolds   137
Teufel, Barbara von   49
Teufel, Karl von   49, 198

Thonradel, Andreas   199
Thurn, Heinrich Matthias Graf von   161f., 164f., 167f., 178f., 183, 185, 190, 192f., 197f., 200, 216f., 233f., 317f., 330f., 337, 346
Tiefenbach, mährischer Oberst   233
Tilly, Johann Tserclaes von   224, 248, 255, 261, 271, 308, 312f.
Trauttmansdorff, Maximilian Graf von   290, 327, 329, 334, 337f., 341, 350f.
Trcka, Adam   330, 334, 339, 342, 345

Ulm, Freiherr von, Reichsvizekanzler   243, 251f.
Urban VIII., Papst   262, 264, 318, 351

Viller, Bartholomäus, Beichtvater   39f., 52, 79, 113
Vinzenz, Herzog von Mantua   85, 87, 253f., 295

Waldstein, Adam von   183, 232
Wallenstein, Albrecht von, Herzog von Friedland   7, 10, 50, 157f., 193f., 236f., 261, 264f., 269f., 276f., 289, 293f., 299, 301f., 309, 312f., 319f., 328f., 333f., 348f.
Weimar, Bernhard von   327, 332f., 345, 353
Weingartner, Pater Johannes   305, 328, 335f., 339
Werdenberg, Verda Graf von   290, 307, 352
Westernacher, kaiserlicher Rat   113
Wilhelm, Herzog von Bayern   19, 24, 27f., 33, 38, 44, 77f., 85
Wilhelm, Landgraf von Hessen-Kassel   280
Windischgrätz, steirisches Adelsgeschlecht   90

Zierotin, Karl von   142, 189, 215
Zimmermann, Wilhelm, Prädikant   33
Zuñiga, Don Balthasar   136, 143

N&K